Hans-Jürgen Zimmermann
Lothar Gutsche

Multi-Criteria Analyse

Einführung in die Theorie
der Entscheidungen
bei Mehrfachzielsetzungen

Mit 78 Abbildungen

Springer-Verlag Berlin Heidelberg GmbH

Professor Dr. Dr. h. c. HANS-JÜRGEN ZIMMERMANN
Dipl.-Math. LOTHAR GUTSCHE, M.O.R.
Lehrstuhl für Unternehmensforschung
RWTH Aachen
Templergraben 64
D-5100 Aachen

ISBN 978-3-540-54483-8

Die Deutsche Bibliothek - CIP-Einheitsaufnahme.
Zimmermann, Hans-Jürgen: Multi-criteria-Analyse: Einführung in die Theorie der Entscheidungen bei Mehrfachzielsetzungen / Hans-Jürgen Zimmermann; Lothar Gutsche. - Berlin; Heidelberg; New York; London; Paris; Tokyo; Hong Kong; Barcelona; Budapest: Springer, 1991
(Heidelberger Lehrtexte Wirtschaftswissenschaften)
ISBN 978-3-540-54483-8   ISBN 978-3-642-58198-4 (eBook)
DOI 10.1007/978-3-642-58198-4
NE: Gutsche, Lothar:

Dieses Werk ist urheberrechtlich geschützt. Die dadurch begründeten Rechte, insbesondere die der Übersetzung, des Nachdrucks, des Vortrags, der Entnahme von Abbildungen und Tabellen, der Funksendung, der Mikroverfilmung oder der Vervielfältigung auf anderen Wegen und der Speicherung in Datenverarbeitungsanlagen, bleiben, auch bei nur auszugsweiser Verwertung, vorbehalten. Eine Vervielfältigung dieses Werkes oder von Teilen dieses Werkes ist auch im Einzelfall nur in den Grenzen der gesetzlichen Bestimmungen des Urheberrechtsgesetzes der Bundesrepublik Deutschland vom 9. September 1965 in der Fassung vom 24. Juni 1985 zulässig. Sie ist grundsätzlich vergütungspflichtig. Zuwiderhandlungen unterliegen den Strafbestimmungen des Urheberrechtsgesetzes.

© Springer-Verlag Berlin Heidelberg 1991
Ursprünglich erschienen bei Springer-Verlag Berlin Heidelberg 1991

Die Wiedergabe von Gebrauchsnamen, Handelsnamen, Warenbezeichnungen usw. in diesem Werk berechtigt auch ohne besondere Kennzeichnung nicht zu der Annahme, daß solche Namen im Sinne der Warenzeichen- und Markenschutz-Gesetzgebung als frei zu betrachten wären und daher von jedermann benutzt werden dürften.

Bindearbeiten: J. Schäffer GmbH u. Co. KG., Grünstadt
2142/7130-543210 - Gedruckt auf säurefreiem Papier

Vorwort

Selbst wenn Charnes und Cooper [Charnes/Cooper, 1961] schon Ende der fünziger und Anfang der sechziger Jahre von "Goalprogramming" im Sinne des Vektormaximumproblems sprachen, ist man sich der Problematik der "Mehrziel-Entscheidungsfällung" im wesentlichen erst in den siebziger und achtziger Jahren bewußt geworden. Dies hat sicherlich zwei hauptsächliche Ursachen: Zum einen ist es ein wissenschaftlich interessantes Gebiet, zu erforschen, was man als eine "optimale" Lösung in einem Modell betrachten kann, in dem über eine Menge von Lösungen durch mehrere Zielkriterien verschiedene Ordnungen generiert werden bzw. in dem die verschiedenen Ergebnisse nicht durch reelle (Nutzen) Zahlen, sondern durch wertende Vektoren oder (Nutzen) Verteilungen charakterisiert werden. Zum anderen haben sich Entscheidungsprozesse, wenigstens in der deutschen Wirtschaft, in den letzten zwei Jahrzehnten sehr verändert: Nicht nur ist man sich darüber klar geworden, daß nicht nur "Maximaler Gewinn" oder "Minimale Kosten" über die Güte einer Lösung entscheiden, sondern eine Vielzahl weiterer Kriterien. Darüber hinaus hat die "Demokratisierung der Entscheidungsprozesse" dazu geführt, daß das Bild des individuellen Unternehmers durch entscheidungsfällende oder entscheidungsbeeinflussende Gruppen zunehmend ersetzt wird. Solche Gruppen, bestehend aus Kapitaleignern, Management, Belegschaftsvertretern, Kunden oder Vertretern der Öffentlichkeit, bringen wiederum eine Vielzahl zusätzlicher, oft konfliktärer Maßstäbe und Wertungen ins Entscheidungskalkül. Diese Entwicklung hat dazu geführt, daß wir uns zunehmend einer Tatsache bewußt werden, die unbewußt bei fast allen, auch privaten, Entscheidungen eine große Rolle spielte: Entscheidungen werden nicht aufgrund eines Entscheidungskriteriums gefällt, sondern auf der Basis von Kriterienbündeln. Die Reduktion solcher Kriterienbündel zu einer möglichst in reellen Zahlen ausgedrückten Ordnung wird damit - im Gegensatz zur klassischen Nutzentheorie - zum eigenen Forschungs- und Betrachtungsobjekt, dem Inhalt der Multi-Criteria-Analyse. Das Kernproblem der Multi-Criteria-Analyse scheint recht einfach und allgemeingültig beschreibbar zu sein. Trotzdem sind die vorgeschlagenen Lösungsansätze auch formal gesehen sehr unterschiedlich: In der Multi-Attribut-Analyse betrachtet man die in der Praxis weitaus häufiger vorkommenden Probleme mit diskretem Lösungsraum, d.h. mit endlich vielen und sehr oft sehr wenigen Handlungsalternativen. Lösungsansätze hierzu müssen offensichtlich kombinatorischen Charakter haben. Sie unterscheiden sich daher ganz wesentlich von den zur Lösung des "Multi-Objective"- oder Vektormaximumproblems verwandten: Hierbei geht man davon aus, daß das Problem als ein mathematisches Programmierungsmodell formulierbar sei, also im allgemeinen einen stetigen Lösungsraum habe. Lösungsansätze stützen sich daher überwiegend auf Methoden aus dem Bereich des Linearen Programmierens.

In der Zwischenzeit bietet sich dem Betrachter eine Vielzahl von Lösungsansätzen und Hilfsmitteln. Sie reichen von formalwissenschaftlichen, entscheidungslogischen Theorien bis zu kommerziell erhältlichen und auf PC's laufenden Programmen, die die Entscheidungsffällung einschließlich des Modellierungsprozesses interaktiv unterstützen. Auch von der Zielsetzung und von den Informationsanforderungen her zeigt sich eine überraschende Vielfalt. Ein Teil der Veröffentlichungen versucht, "rationales Handeln" bei mehrfacher Zielsetzung zu explizieren. Hierbei wird im Sinne geschlossener Modelle gewöhnlich vorausgesetzt, daß die benötigte Information auf dem gewünschten Skalenniveau zur Verfügung steht und daß der Entscheidungsfäller eine vollständige Ordnung der Handlungsalternativen zu erhalten wünscht. Andere Autoren sind im Sinne einer pragmatischen Entscheidungstheorie mehr darum bemüht, tatsächliche Entscheidungsprozesse zu unterstützen. Sie berücksichtigen dabei, ob der Entscheidungsfäller tatsächlich eine vollständige Ordnung anstrebt, oder ob ihm nicht nur an der optimalen Lösung liegt und ihn die Ordnung der übrigen Alternativen wenig interessiert. Gemessen am Lösungsaufwand und an den zu stellenden Anforderungen an die benötigte Information bestehen hier sicherlich erhebliche Unterschiede. Diese Autoren berücksichtigen auch stärker, daß in realistischen Entscheidungssituationen Informationen nicht in der gewünschten Güte zur Verfügung stehen und daß menschliche Präferenzen oft eben nicht sehr wünschenswerte Eigenschaften, wie z.B. Transitivität etc., besitzen. Schließlich sehen diese Autoren Modellierungshilfen bis zur Visualisierung hin als sehr relevant an.

In die Lehre der deutschen Hochschulen hält die Multi-Criteria-Analyse seit geraumer Zeit ihren Einzug. Von Studenten und Kollegen wurde daher immer wieder der Wunsch nach einem möglichst gleichzeitig einführenden und umfassenden Lehrbuch geäußert. Wir hoffen, daß diese Wünsche durch das vorgelegte Buch erfüllt werden können. Es ist aus einer seit einigen Jahren gehaltenen Vorlesung entstanden. Herr Gutsche, ein Student dieser Vorlesung, hat versucht, das zu der Vorlesung bestehende Skriptum in ein Lehrbuch zu verwandeln. Ich meine, daß dies zwar eine mühsame Aufgabe war, sie aber erfolgreich gelöst wurde.

Nach einem einführenden Kapitel werden in Kapitel II diskrete Lösungsräume, in Kapitel III stetige Lösungsräume und in Kapitel IV entscheidungstechnologische Ansätze betrachtet. Innerhalb der Kapitel II und III wird dann jeweils die Art der zur Verfügung stehenden Information zur weiteren Strukturierung des Lehrstoffes herangezogen. Kapitel IV ist zwei Gebieten gewidmet, die in letzter Zeit besonderes Interesse gefunden haben: § 12 betrachtet die "europäische Schule" der Multi-Criteria-Analyse, die mehr ordnungsbezogen als aggretativ ist, und die eine realitätsnähere Betrachtung anstrebt als die klassische angelsächsische Richtung. In § 13 werden Multi-Criteria-Entscheidungen in schlecht strukturierten Situationen besprochen und Lösungsansätze auf der Grundlage der Theorie unscharfer Mengen angeboten.

Das gesamte Buch beschränkt sich auf die Behandlung von Entscheidungen bei Sicherheit. Risiko kann sicherlich als eine Komponente des Zielbündels betrachtet werden. Alternativ kann man die Unsicherheitsproblematik im klassischen stochastischen Sinne zumeist unter Verwendung der bekannten Ansätze der Entscheidungslogik erfassen und Multi-Criteria-Analyse auf die dann bereits reduzierten Modelle anwenden.

Möge dieses Buch Studenten wie auch Praktikern, die in das Gebiet der Multi-Criteria-Analyse eindringen wollen, nützlich sein und ihr Interesse an dieser Problematik wecken und vertiefen.

Aachen, Mai 1991   H.-J. Zimmermann

Inhaltsübersicht

KAPITEL I: Grundlagen — S. 1
§ 1 Einführung in die allgemeine Entscheidungstheorie — S. 2
§ 2 Elemente der Meßtheorie und der Nutzentheorie — S. 11
§ 3 Multi-Criteria-Entscheidungen — S. 21

KAPITEL II: Klassische MADM-Ansätze — S. 34
§ 4 Grundbegriffe des MADM — S. 35
§ 5 Entscheiden ohne Information über Präferenzen — S. 42
§ 6 Entscheiden mit Anspruchsniveaus oder ordinaler Attribut-Information — S. 47
§ 7 Methoden bei kardinaler Attribut-Information — S. 54

KAPITEL III: Multi-Objective-Entscheidungen (Vektormaximumprobleme) — S. 96
§ 8 Grundbegriffe des MODM — S. 97
§ 9 Entscheiden mit a priori Information — S.110
§ 10 Interaktive Verfahren mit explizitem Trade-off — S.137
§ 11 Interaktive Verfahren mit implizitem Trade-off — S.164

KAPITEL IV: Entscheidungstechnologische Ansätze — S.202
§ 12 Outranking — S.204
§ 13 Entscheiden bei unscharfer Information — S.240

KAPITEL V: Schlußbemerkungen — S.273
§ 14 Vergleichende Betrachtungen — S.274

Literaturverzeichnis — S.282

Sachwortverzeichnis — S.296

Inhaltsverzeichnis

KAPITEL I: Grundlagen — S. 1

§ 1 Einführung in die allgemeine Entscheidungstheorie — S. 2
1.1 Entscheidungslogik — S. 2
1.2 Deskriptive Entscheidungstheorie — S. 5
Literatur zu § 1 — S. 9

§ 2 Elemente der Meßtheorie und der Nutzentheorie — S. 11
2.1 Messen und Maßskalen — S. 11
  2.1.1 Skalenniveaus — S. 11
  2.1.2 Meßmethoden — S. 13
2.2 Elemente der Nutzentheorie — S. 15
  2.2.1 Ordnungsrelationen — S. 15
  2.2.2 Sätze über die Existenz einer Nutzenfunktion — S. 17
Literatur zu § 2 — S. 19

§ 3 Multi-Criteria-Entscheidungen — S. 21
3.1 Abgrenzung des Problems — S. 21
3.2 Prozeßcharakter der Entscheidung — S. 22
3.3 Klassifizierung von Multi-Criteria-Entscheidungen — S. 25
  3.3.1 Klassifikation von einigen klassischen MADM-Methoden — S. 27
  3.3.2 Klassifikation von entscheidungstechnologischen Ansätzen — S. 29
  3.3.3 Klassifikation von MODM-Methoden — S. 30
Literatur zu § 3 — S. 32

KAPITEL II: Klassische MADM-Ansätze S. 34

§ 4 Grundbegriffe des MADM S. 35
    4.1 Lösungsbegriffe S. 35
    4.2 Zielerreichungsmatrix S. 36
    4.3 Normierung S. 37
    Literatur zu § 4 S. 41

§ 5 Entscheiden ohne Information über Präferenzen S. 42
    5.1 Dominanz-Strategie S. 42
    5.2 Maximin-Strategie S. 43
    5.3 Maximax-Strategie S. 44
    Literatur zu § 5 S. 46

§ 6 Entscheiden mit Anspruchsniveaus oder ordinaler Attribut-Information S. 47
    6.1 Entscheiden bei gegebenen Anspruchsniveaus S. 47
        6.1.1 Konjunktives Vorgehen S. 47
        6.1.2 Disjunktives Vorgehen S. 48
    6.2 MADM bei ordinaler Information über die Attribute S. 48
        6.2.1 Lexikographische Methode S. 49
        6.2.2 Lexikographische Methode mit Halbordnung S. 50
        6.2.3 Aspektweise Elimination S. 51
    Literatur zu § 6 S. 53

§ 7 Methoden bei kardinaler Attribut-Information S. 54
    7.1 Bestimmung von Gewichten S. 54
        7.1.1 Der Gewichtevektor S. 54
        7.1.2 Methode der gewichteten kleinsten Quadrate S. 56
        7.1.3 Saatys Eigenvektor-Methode S. 57
    7.2 Lineare Zuordnungsmethode S. 60
    7.3 Einfache additive Gewichtung S. 62
    7.4 Der Analytic Hierarchy Process (AHP) S. 65
        7.4.1 Philosophie des AHP S. 65
        7.4.2 Theoretische Grundlagen des AHP S. 66
        7.4.3 Vorgehensweise des AHP S. 69
        7.4.4 Beispiele zum AHP S. 74

Inhaltsverzeichnis   XIII

      7.4.5 Kritische Bemerkungen zum AHP   S. 90
   Literatur zu § 7   S. 92

KAPITEL III: Multi-Objective-Entscheidungen (Vektormaximumprobleme)   S. 96

§ 8 Grundbegriffe des MODM   S. 97
   8.1 Definition des MODM-Problems   S. 97
   8.2 Lösungsbegriffe   S. 98
      8.2.1 Definitionen   S. 98
      8.2.2 Beispiele   S.100
   8.3 Bestimmung funktional-effizienter Lösungen   S.103
      8.3.1 Effizienztheoreme   S.104
      8.3.2 Skizze eines Algorithmus   S.105
   Literatur zu § 8   S.108

§ 9 Entscheiden mit a priori Information   S.110
   9.1 Allgemeine Definition von Kompromißmodellen   S.110
   9.2 Nutzenmodelle   S.111
      9.2.1 Existenz einer Nutzenfunktion   S.111
      9.2.2 Konstruktion einer Nutzenfunktion   S.112
      9.2.3 Spezialfall konstante Zielgewichtung   S.113
      9.2.4 Beispiele zur konstanten Zielgewichtung   S.115
   9.3 Verfahren mit Anspruchsniveaus   S.119
   9.4 Zielprogrammierung   S.121
      9.4.1 Archimedisches Zielprogrammieren   S.122
      9.4.2 Lexikographisches Zielprogrammieren   S.125
      9.4.3 Effizienz der Lösungen beim Zielprogrammieren   S.130
      9.4.4 Bemerkungen zum Zielprogrammieren   S.132
   Literatur zu § 9   S.133

§ 10 Interaktive Verfahren mit explizitem Trade-off   S.137
   10.1 Allgemeine Definition interaktiver Verfahren   S.137
      10.1.1 Kennzeichen interaktiver Verfahren   S.137
      10.1.2 Vor- und Nachteile interaktiver Verfahren im Vergleich zu nicht-interaktiven Verfahren   S.139
      10.1.3 Unterscheidung von interaktiven Verfahren mit expliziten und impliziten Trade-offs   S.141

10.2 Das Verfahren von Geoffrion, Dyer und Feinberg (GDF) — S.142
    10.2.1 Voraussetzungen des GDF-Verfahrens — S.142
    10.2.2 Grundlage des Verfahrens — S.143
    10.2.3 Ablauf des GDF-Verfahrens — S.145
    10.2.4 Kritik am GDF — S.149
10.3 Das Verfahren von Zionts und Wallenius — S.150
    10.3.1 Das Mehrziel-Simplextableau — S.150
    10.3.2 Grundversion des Verfahrens von Zionts und Wallenius — S.155
    10.3.3 Erweiterungen von Zionts und Wallenius — S.159
Literatur zu § 10 — S.162

§ 11 Interaktive Verfahren mit implizitem Trade-off — S.164

11.1 STEM — S.164
    11.1.1 Idee der Methode — S.164
    11.1.2 Ablauf des Verfahrens — S.165
    11.1.3 Modifikationen von STEM — S.168
    11.1.4 Kritik an STEM — S.169
11.2 Die Methode der verschobenen Ideallösung — S.171
    11.2.1 Der Algorithmus von Zeleny — S.171
    11.2.2 Erfassen der Unschärfe im Algorithmus — S.172
    11.2.3 Verschiebung der Ideallösung — S.175
    11.2.4 Verfeinerung der Methode — S.176
11.3 VIG - Der Ansatz von Korhonen — S.176
    11.3.1 Theoretische Grundlagen von Korhonen — S.176
    11.3.2 Vorgehen von VIG — S.180
    11.3.3 Kommentare zum VIG — S.183
11.4 Ein Verfahren von Steuer — S.183
    11.4.1 Überblick über das Verfahren — S.184
    11.4.2 Kontraktion des Kriterienkegels — S.185
    11.4.3 Ablauf des Verfahrens — S.191
    11.4.4 Bemerkungen — S.196
Literatur zu § 11 — S.198

KAPITEL IV: Entscheidungstechnologische Ansätze — S.202

§ 12 Outranking — S.204

12.1 Ausgangspunkte des Outranking	S.204
12.1.1 Erweiterung des Begriffs Präferenz	S.205
12.1.2 Erweiterung des Begriffs Entscheidung	S.206
12.2 ELECTRE	S.207
12.2.1 Idee des Verfahrens	S.207
12.2.2 Vorgehen von ELECTRE	S.208
12.2.3 Bemerkungen zu ELECTRE	S.212
12.2.4 Beispiel zu ELECTRE	S.213
12.3 PROMETHEE	S.220
12.3.1 Verallgemeinerte Kriterien	S.221
12.3.2 Bestimmung einer Outranking-Relation	S.226
12.3.3 Auswertung der Outranking-Relation	S.229
12.3.4 Beispiel zu PROMETHEE	S.230
12.4 Gemeinsamkeiten von ELECTRE und PROMETHEE	S.234
Literatur zu § 12	S.237

§ 13 Entscheiden bei unscharfer Information — S.240

13.1 Unscharfe Mengen	S.240
13.2 Operationen mit unscharfen Mengen	S.243
13.3 Unscharfe Entscheidungen	S.247
13.4 Unscharfe Mengen beim MODM	S.251
13.4.1 Unscharfe Version des linearen Vektormaximumproblems	S.252
13.4.2 Beispiel zur Anwendung unscharfer Mengen beim MODM	S.256
13.5 Unscharfe Mengen beim MADM	S.260
13.5.1 Das Verfahren von Yager	S.261
13.5.2 Das Verfahren von Jain	S.264
13.5.3 Kriterien zum Vergleich von MADM-Verfahren	S.267
Literatur zu § 13	S.270

KAPITEL V: Schlußbemerkungen — S.273

§ 14 Vergleichende Betrachtungen — S.274

14.1 Entsprechung der Problem- und Verfahrensstruktur	S.274
14.2 Güte der zu bestimmenden Lösungen	S.275
14.3 Effizienz	S.276

14.4 Benutzerfreundlichkeit	S.277
Literatur zu § 14	S.280

Literaturverzeichnis S.282

Sachwortverzeichnis S.296

Abbildungsverzeichnis S.303

Kapitel I: Grundlagen

In Kapitel I werden die begrifflichen Grundlagen für die folgenden Kapitel geschaffen. Dazu gehören die Grundelemente der allgemeinen Entscheidungstheorie in §1 ebenso wie der Vorgang des Messens und die Darstellbarkeit einer Präferenzordnung durch eine Nutzenfunktion in §2. In §3 wird schließlich das Problem der Multi-Criteria-Analyse vorgestellt und eine Klassifikation von Multi-Criteria-Entscheidungen vorgeschlagen.

§1 Einführung in die allgemeine Entscheidungstheorie

Die Entscheidungstheorie läßt sich von ihren Zielsetzungen her in drei Forschungsrichtungen aufteilen, nämlich in die deduktive Forschung der Entscheidungslogik (vgl. Abschnitt 1.1), die empirische Forschung der deskriptiven Entscheidungstheorie (vgl. Abschnitt 1.2) und die mathematisch orientierte Forschung der statistischen Entscheidungstheorie. Auf die statistische Entscheidungstheorie wird hier nicht eingegangen, da sie der Statistik zuzurechnen ist.

1.1 Entscheidungslogik

Die Entscheidungslogik, auch normative Entscheidungstheorie oder präskriptive Entscheidungstheorie genannt, ist eine *Formalwissenschaft*, d.h. eine Wissenschaft, die nicht den Anspruch erhebt, wahre und neue Aussagen über die Realität zu machen. Vielmehr geht sie von gewissen Axiomen aus und schafft damit verträgliche, in sich widerspruchsfreie Modelle und entwickelt logische Schlußfolgerungen aufgrund dieser Axiome. Die Entscheidungslogik sucht Antworten auf die Frage "Wie sollte sich ein Mensch in bestimmten Situationen entscheiden?". Die Entscheidungslogik bemüht sich, rationales Handeln zu erklären, wobei sie selbst zunächst den Begriff der Rationalität formal definiert.

Faktoren, die vom Entscheidungsfäller bei seiner Entscheidung zu beeinflussen sind, werden als *Entscheidungsvariable*, *Strategien*, *(Handlungs)alternativen* oder *Aktionen* bezeichnet. Die Faktoren, die nicht unter der Kontrolle des Entscheidungsfällenden stehen, sondern vom "Zufall" abhängen, heißen *nicht-kontrollierbare Faktoren*, *Parameter* oder *Zustände* (engl. "states").

Das Zusammenwirken von Aktion a_i und Zustand s_j erzeugt ein objektives Resultat, das *Ergebnis* e_{ij}. Die Wertschätzung möglicher Ergebnisse ist subjektiv bestimmt und wird *Nutzen* u_{ij} (engl. "utility") genannt. Die *Präferenzenfunktion* beschreibt den Zusammenhang zwischen Ergebnis und Nutzen, also die Präferenz des Entscheidungsfällers für bestimmte Ergebnisse, die ihm lieber sind als andere Ergebnisse. Mit Hilfe der Präferenzfunktion lassen sich die Ergebnisse in einer Reihenfolge steigender oder fallender Wertschätzung ordnen und damit von dem Entscheidungsfäller unterscheiden.Das soeben be-

Kapitel I: Grundlagen

schriebene Modell heißt *__Grundmodell der Entscheidungsfällung__* und wird in der folgenden Abbildung 1 veranschaulicht.

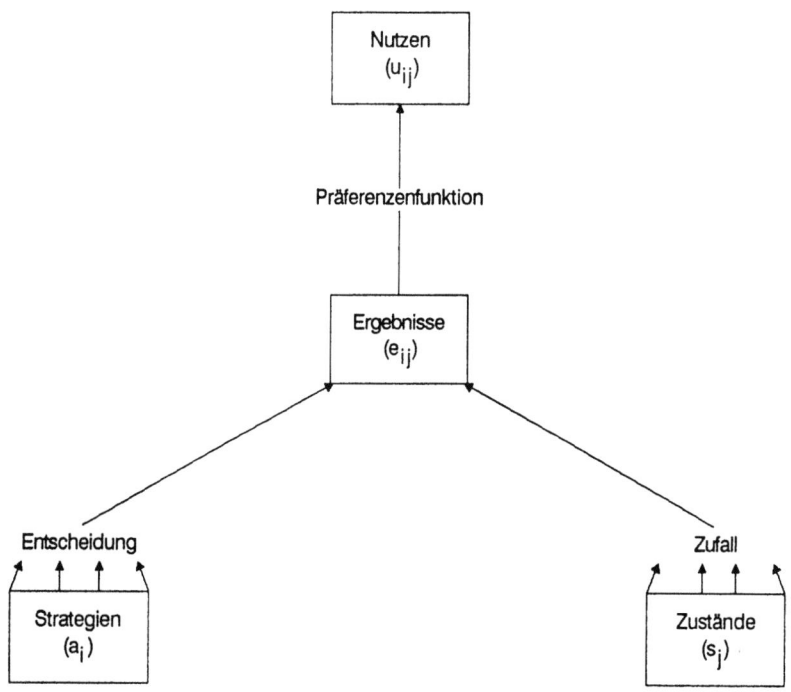

Abb. 1: *Schematische Darstellung des Grundmodells der Entscheidungsfällung*

	Ergebnisse	s_1	s_2	...	s_j	...	s_l
A k t i o n e n	a_1	e_{11}	e_{12}	...	e_{ij}	...	e_{1l}
	a_2	e_{21}	e_{22}	...	e_{2j}	...	e_{2l}
	.	.	.		.		.
	.	.	.		.		.
	a_i	e_{i1}	e_{i2}	...	e_{ij}	...	e_{il}
	.	.	.		.		.
	.	.	.		.		.
	a_m	e_{m1}	e_{m2}	...	e_{mj}	...	e_{ml}

Zustände

Abb. 2: *Ergebnismatrix*

Die Zuordnung von Strategie a_i und Zustand s_j zu einem Ergebnis e_{ij} läßt sich durch eine *Ergebnismatrix* angeben, in der jeder möglichen Strategie eine Zeile und jedem Zustand eine Spalte zugewiesen wird (vgl. Abbildung 2).

Die Zuordnung eines Nutzens u_{ij} zu dem Ergebnis e_{ij} wird analog durch die sogenannte *Entscheidungsmatrix* beschrieben.

Nach der Art der Information, die über das Eintreten der Zustände vorliegt, werden folgende Entscheidungssituationen unterschieden:

a) Für *Entscheidungen bei Sicherheit* steht mit Sicherheit fest, welcher Zustand eintreten wird.

b) Für *Entscheidungen bei Ungewißheit* werden zwei Fälle unterschieden, nämlich der Fall *Entscheiden bei Risiko*, in dem die Eintrittswahrscheinlichkeiten (engl. "probability") p_j der Zustände s_j bekannt sind, und der Fall *Entscheiden bei Unsicherheit*, in dem gar keine Information darüber vorliegt, welcher Zustand zu erwarten ist.

Für Entscheidungen bei Ungewißheit gibt es einige "klassische" Entscheidungsregeln und Entscheidungsprinzipien. *Entscheidungsregeln* beschreiben vollständig, wie eine Strategie zu wählen ist, während ein *Entscheidungsprinzip* eine Regel beschreibt, in der mindestens ein Parameter enthalten ist. Ist im folgenden a_i die i-te Strategie, a_j die j-te Strategie, p_k die Eintrittswahrscheinlichkeit von Zustand s_k, u_i der Nutzen der Aktion a_i im Zustand s_k und "$\succeq$" das Symbol für "vorziehenswürdig oder gleichwertig", dann lauten einige der bekanntesten Entscheidungsregeln und Entscheidungsprinzipien:

(1) Die <u>Minimax-Regel</u>

bezeichnet die Strategie als optimal, bei der das schlechteste Ergebnis am besten ist ("Pessimisten-Regel"):

$$a_i \succeq a_j \iff \min_k u_{ik} \geq \min_k u_{jk} \; .$$

(2) Das <u>Hurwicz-Prinzip</u>

verknüpft in einer Linearkombination mit dem Optimismusparameter $\lambda \in [0,1]$ das jeweils schlechteste Ergebnis mit dem jeweils besten Ergebnis:

$$a_i \gtrsim a_j \iff (1-\lambda) \cdot \min_k u_{ik} + \lambda \cdot \max_k u_{ik} \geq (1-\lambda) \cdot \min_k u_{jk} + \lambda \cdot \max_k u_{jk} \;.$$

(3) Die <u>Laplace-Regel</u>

bildet für jede Strategie die Zeilensumme in der Ergebnismatrix:

$$a_i \gtrsim a_j \iff \sum_k u_{ik} \geq \sum_k u_{jk} \;.$$

(4) Die <u>Bayes-Regel</u>

betrachtet die Strategie als optimal, deren Ergebnisse den höchsten Erwartungswert besitzen:

$$a_i \gtrsim a_j \iff \sum_k u_{ik} \cdot p_k \geq \sum_k u_{jk} \cdot p_k \;.$$

(5) Das <u>Hodges-Lehmann-Prinzip</u>

verbindet mit dem Vertrauensparameter $\lambda \in [0,1]$ die Minimax-Regel mit der Bayes-Regel konvex miteinander:

$$a_i \gtrsim a_j \iff \lambda \cdot \sum_k u_{ik} \cdot p_k + (1-\lambda) \cdot \min_k u_{ik} \geq \lambda \cdot \sum_k u_{jk} \cdot p_k + (1-\lambda) \cdot \min_k u_{jk} \;.$$

Die Entscheidungslogik nimmt an, daß dem Entscheidungsfäller Aktionen, Zustände, Ergebnisse und Nutzen vollständig bekannt sind, und arbeitet insofern mit einem *geschlossenen Modell*. *Entscheidung* ist im Rahmen der Entscheidungslogik der Wahlakt über die zu ergreifende Aktion. Wann eine Entscheidung als rational gilt, wird durch sogenannte Rationalitätsaxiome festgelegt, siehe [Zimmermann, 1987, S. 15-25].

1.2 Deskriptive Entscheidungstheorie

Die deskriptive Entscheidungstheorie, auch empirisch-kognitive Entscheidungstheorie genannt, versteht sich als *Realwissenschaft*, d.h., sie will wahre und möglichst neue Aussagen über die Realität machen, genauer, sie will reales Entscheidungsverhalten beschreiben, erklären und vorhersagen. Ihre Theorien müssen sich empirisch überprüfen lassen.

Im Rahmen der deskriptiven Entscheidungstheorie ist eine **_Entscheidung_** ein **_Informationsverarbeitungsprozeß_**, der je nach Komplexität der Entscheidungssituation eine kleinere oder größere Anzahl von Rückkopplungen enthält und der sich darüberhinaus durch folgende Eigenschaften auszeichnet (vgl. [Zimmermann, 1980, S. 403]):

(1) Es werden **_Wahlakte_** vollzogen.
(2) Der **_Entscheidungsprozeß_** endet mit dem Ergebnis, dem abschließenden Wahlakt oder dem Entschluß.
(3) Damit, daß der Entschluß bewußt vollzogen wird, ist sowohl der **_Wille zur Realisierung_** dieses Entschlusses als auch **_Verantwortung für die Folgen_** der Entscheidung verbunden.
(4) Der **_Mensch_** wirkt ganz wesentlich mit seinen Eigenschaften an den Informationsverarbeitungsprozessen mit. Seine Fähigkeit, ein Problem zu erkennen, seine Art, Informationen über Ziele und Alternativen sowie deren Konsequenzen zu suchen und zu verarbeiten, seine persönlichen Zielsetzungen, seine Fähigkeiten, Lösungen zu entwickeln, seine Bewertung dieser Lösungsvorschläge, seine Weise, einen Handlungsvorschlag auszuwählen und zu realisieren, seine Möglichkeiten, aus dessen Realisation zu lernen, die Handlung zu überprüfen und gegebenenfalls zu ändern, seine Abhängigkeit von speziellen Situationen, das alles spielt eine wichtige Rolle im Entscheidungsprozeß.

Abbildung 3 stellt den Entscheidungsbegriff der deskriptiven Entscheidungstheorie schematisch dar.

Der "objektiven" Rationalität der Entscheidungslogik, die durch Axiomensysteme formal definiert ist, steht in der deskriptiven Entscheidungstheorie der Begriff der "**_subjektiven Rationalität_**" gegenüber. Damit wird ein Entscheidungsverhalten als rational bezeichnet, das bezüglich des "**_inneren Modells_**" formal rational ist.

Das innere Modell, auch "Image" genannt, besteht aus den drei folgenden Elementeklassen (vgl. [Zimmermann, 1987, S. 41]):

a) Werten, Zielen, Kriterien, die vom Individuum zugrundegelegt werden,
b) Überzeugungen, die die möglichen Konsequenzen der Handlunsalternativen beschreiben und
c) den möglichen Verhaltensweisen.

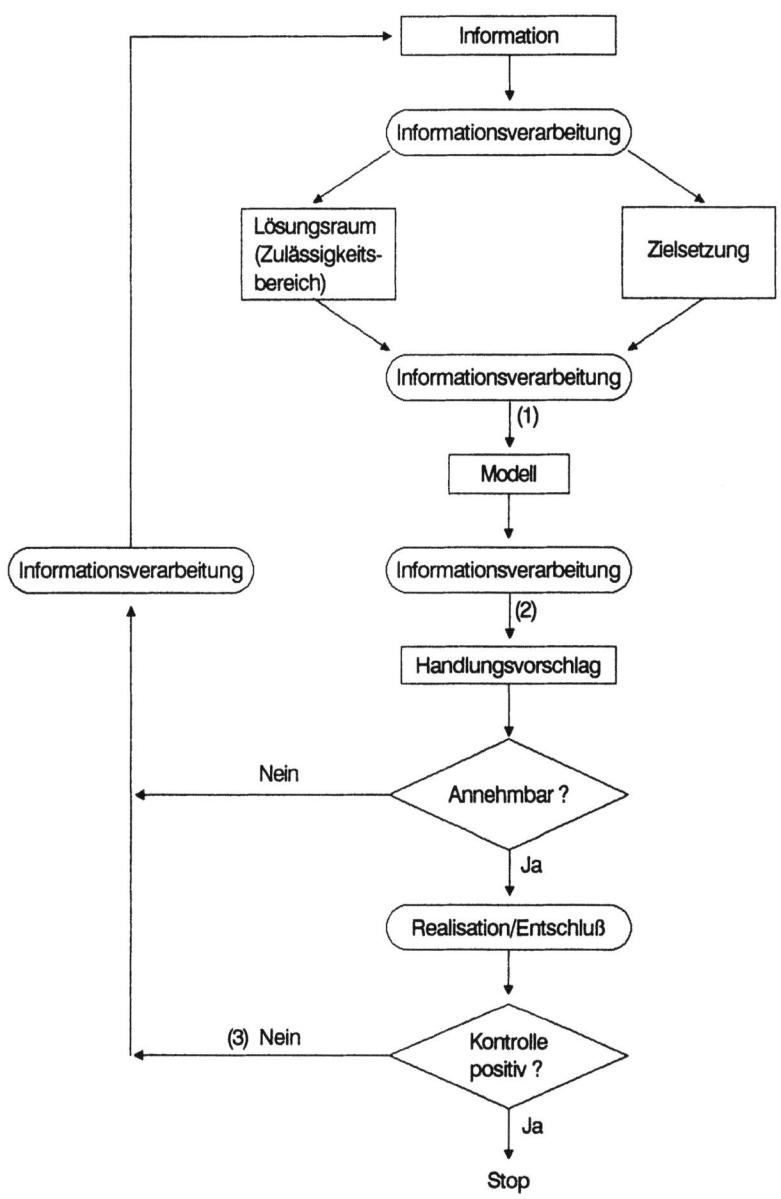

<u>Abb. 3:</u> *Entscheidung als Informationsverarbeitungsprozeß (in Anlehnung an [Zimmermann, 1987, S. 40])*

Die menschlichen Kapazitäten zur Informationsverarbeitung sind jedoch derart begrenzt, daß man oft auch von "beschränkter Rationalität" menschlichen Entscheidungsverhaltens spricht, siehe [Zimmermann, 1987, S. 41-42].

Exemplarisch sind in Abbildung 3 einige Punkte mit (1), (2), (3) markiert, an denen der Mensch im Entscheidungsprozeß im folgenden näher betrachtet werden soll, weil der Entscheidungsfäller sich dort unter bestimmten Bedingungen nicht immer rational im Sinne der subjektiven Rationalität verhält.

(1) Wird die Informationsverarbeitungskapazität des Menschen überlastet, so tritt *kognitiver Streß* auf, der hervorgerufen wird durch das Bewußtsein, überfordert zu werden. Kognitiver Streß wirkt sich in Vereinfachungen des Problems aus. Insbesondere sucht der Entscheidungsfäller nicht mehr wie ursprünglich eine Handlungsalternative, die bezüglich seines inneren Modells optimal ist, sondern er begnügt sich mit einer Lösung, die nur gewisse Anspruchsniveaus befriedigt.

(2) Fällt es dem Entscheidungsfäller schwer, sich zu entscheiden, weil etwa zu viele Aktionen gleichwertig erscheinen oder gar keine Aktion akzeptabel ist, dann liegen *intraindividuelle Konflikte* vor. Die Folge ist Entscheidungsunentschlossenheit.

(3) Der Vergleich der tatsächlichen Entscheidung ("Ist") mit den subjektiven Erwartungen ("Soll") kann im Entscheidungsfäller *kognitive Dissonanzen* auslösen. Der Entscheidungsfäller reagiert darauf, indem er seine Entscheidung oder seine persönlichen Erwartungen ändert. Oder aber er sucht nach neuen Informationen, die seine Entscheidung stützen. In jedem Fall bemüht er sich, die kognitiven Dissonanzen zu vermindern.

Kapitel I: Grundlagen

Literatur zu §1

Bamberg, Günter/Coenenberg, Adolf Gerhard: 1989, Betriebswirtschaftliche
    Entscheidungslehre, 272 Seiten
    Verlag Franz Vahlen, München, 5. Auflage 1989

Bitz, Michael: 1981, Entscheidungstheorie, 439 Seiten
    Verlag Franz Vahlen, München 1981

Dinkelbach, Werner: 1982, Entscheidungsmodelle, 285 Seiten
    Verlag Walter de Gruyter, Berlin/New York 1982

Gäfgen, Gérard: 1974, Theorie der wirtschaftlichen Entscheidung, 535 Seiten
    Verlag J.C.B. Mohr (Paul Siebeck), Tübingen 1974

Krelle, Wilhelm: 1968, Präferenz- und Entscheidungstheorie, 400 Seiten
    Verlag J.C.B. Mohr (Paul Siebeck), Tübingen 1968

Laux, Helmut: 1982/1988, Entscheidungstheorie, zwei Bände
    Band 1: Grundlagen, 349 Seiten, 1982
    Band 2: Erweiterung und Vertiefung, 280 Seiten, 2. Auflage 1988
    Springer-Verlag, Berlin/Heidelberg/New York

Mag, Wolfgang: 1990, Grundzüge der Entscheidungstheorie, 233 Seiten
    Verlag Franz Vahlen, München 1990

Neumann, John von/ Morgenstern, Oskar: 1961, Spieltheorie und wirtschaftliches
    Verhalten, 668 Seiten
    Physica-Verlag, Würzburg, 1. Auflage 1961

Schneeweiß, Hans: 1967, Entscheidungskriterien bei Risiko, 214 Seiten
    Springer-Verlag, Berlin/Heidelberg/New York 1967

Witte, Eberhard: 1972, Das Informationsverhalten in Entscheidungsprozessen, 222 Seiten
Verlag J.C.B. Mohr (Paul Siebeck), Tübingen 1972

Zimmermann, Hans-Jürgen: 1980, Entscheidungswissenschaften und Unternehmensführung, S. 395-419
in: Hahn, Dietger (Herausgeber):
Führungsprobleme industrieller Unternehmungen, 491 Seiten
Festschrift für Friedrich Thomée zum 60. Geburtstag
Walter de Gruyter-Verlag, Berlin/New York

Zimmermann, Hans-Jürgen: 1987, Methoden und Modelle des Operations Research, 364 Seiten
Vieweg-Verlag, Braunschweig/Wiesbaden
S. 10-25 und S. 39-42

§2 Elemente der Meßtheorie und der Nutzentheorie

2.1 Messen und Maßskalen

Grundlegend für alle Formen wissenschaftlicher Forschung ist der Vorgang des Messens. Mit Hilfe von Meßdaten lassen sich Theorien auf ihre Gültigkeit in der Praxis überprüfen. Erst mit einer Meßtheorie sind inhaltliche Aussagen über empirisch erhobene Daten sinnvoll.

Messen ist die Zuordnung von Zahlen zu beobachteten Objekten oder zu deren Eigenschaften nach bestimmten Regeln. Dabei sollen sich in den zugeordneten Zahlen die Beziehungen wiederspiegeln, die zwischen den Objekten bzw. deren Eigenschaften bestehen.

Die Interpretation und Weiter-Verwendung der erzielten Meßergebnisse ist abhängig vom sogenannten _Skalenniveau_ der Messung. Das Skalenniveau bestimmt, welche Rechenoperationen mit den Meßwerten ausgeführt werden dürfen. Wir unterscheiden folgende fünf Skalenniveaus:
Nominal-Skala, Ordinal-Skala, Intervall-Skala, Ratio-Skala und Absolut-Skala.

2.1.1 Skalenniveaus

a) Nominal-Skala
   Eine Nominal-Skala klassifiziert qualitative Daten. Die einzige Bedingung, die eine Nominal-Skala erfüllen muß, ist, daß jedem beobachteten Objekt eindeutig ein Meßwert zugeordnet werden kann. Meßwerte auf diesem niedrigen Skalenniveau gestatten keine Rechenoperationen über die Zuordnung hinaus. Damit sind insbesondere arithmetische Operationen unzulässig, und statistische Operationen sind nur insoweit erlaubt, als sie mit Häufigkeitszahlen auskommen.
   Beispiele: Kontonummern, Matrikelnummern, Numerierung von Fußballspielern

b) Ordinal-Skala
   Eine Ordinal-Skala ermöglicht Aussagen über die Größenrelationen der beobachteten Objekte im Sinne von "größer-kleiner" oder "mehr-weniger", nicht jedoch Aussagen über das Ausmaß der Größenunterschiede zwischen den verschiedenen

Elementen. Eine Ordinal-Skala stellt also eine Rangordnung der Meßwerte in der Form "1.,2.,3.,4.,..." her, ohne etwas über den Abstand zwischen zwei Rangplätzen auszusagen. Insbesondere dürfen die Zahlen einer Ordinalskala nicht addiert werden oder daraus Mittelwerte berechnet werden. Nur Vergleiche sind zulässig.

Beispiele: Schulnoten, Richtersche Erdbebenskala, Reihenfolge der Zielankunft beim 100m-Lauf

c) Intervall-Skala

Eine Intervall-Skala besitzt gleiche Abstände zwischen den Skaleneinheiten in Bezug auf das gemessene Merkmal. Da der Abstand zweier beliebiger Skalenwerte berechenbar ist, lassen sich die Meßwerte einer Intervall-Skala insbesondere addieren und subtrahieren, bei Mittelwertbildungen benutzen usw. Intervall-Skalen besitzen keinen oder nur einen willkürlich festgelegten Nullpunkt. Daher lassen sich keine Quotienten-Verhältnisse der gemessenen Größe ermitteln.

Beispiele: Temperaturskala in Grad Celsius und in Grad Fahrenheit, Datum und Uhrzeit

d) Ratio-Skalen

Eine Ratio-Skala besitzt konstante Maßeinheiten wie die Intervall-Skala und zusätzlich einen absoluten Nullpunkt, bei dem das gemessene Merkmal tatsächlich Null ist; bei dem Skalenwert 0 ist das gemessene Merkmal 0. Dadurch sind Aussagen der Form " A ist doppelt so groß wie B" erst möglich und sinnvoll. Daher wird eine Ratio-Skala oft auch Verhältnis-Skala genannt.

Beispiele: Längenskala, Gewicht, Masse, Zeit, Winkel, Temperatur in Kelvin

e) Absolut-Skala

Eine Absolut-Skala besteht aus reellen Zahlen, für die alle mathematischen Operationen erlaubt sind, und bestimmt somit das höchste Skalenniveau. Im Unterschied zu den Ratio-Skalen sind die Werte einer Absolut-Skala völlig dimensionslos.

Beispiele: Häufigkeiten, Wahrscheinlichkeiten

Ein wesentliches Charakteristikum eines Skalenniveaus ist die Menge der _**zulässigen Transformationen**_, die dadurch definiert sind, daß unter ihnen gewisse Relationen zwischen den Meßwerten invariant bleiben müssen.

Ist φ eine Skala für eine Gesamtheit X von Objekten, die jedem beobachteten Objekt $x \in X$ einen Meßwert $\varphi(x) \in \mathbb{R}$ zuordnet und damit die qualitativen Beziehungen zwischen den Objekten unverfälscht wiedergibt, dann ist die Abbildung $\Phi: \mathbb{R} \to \mathbb{R}$ eine zulässige Transformation, wenn die transformierte Funktion $\varphi' = \Phi \circ \varphi$, die jedem beobachteten

Objekt x∈X den numerischen Wert $\varphi'(x)=\Phi(\varphi(x))$ zuordnet, ebenfalls die Beziehungen zwischen den Objekten richtig darstellt.

Jedes Skalenniveau läßt sich eindeutig durch die Menge seiner zulässigen Transformationen charakterisieren, wie die folgende Übersicht zeigt.

Skalen-niveau	zulässige Transformation	invariant bleiben unter der zulässigen Transformation
Nominal-Skala	jede eindeutige Funktion Φ	Eindeutigkeit der Meßwerte
Ordinal-Skala	jede streng monoton steigende Funktion Φ	Rangordnung der Meßwerte
Intervall-Skala	jede positive lineare Funktion Φ, d.h. $\Phi(r)=u \cdot r+v$, $r \in \mathbb{R}$ mit reellen Parametern u,v und u>0	Verhältnisse der Intervalle zwischen Meßwerten
Ratio-Skala	jede Ähnlichkeitsfunktion Φ, d.h. $\Phi(r)=u \cdot r$, $r \in \mathbb{R}$ mit reellem Parameter u>0	Verhältnisse von Meßwerten
Absolut-Skala	jede Identitätsfunktion Φ, d.h. $\Phi(r)=r$, $r \in \mathbb{R}$	Meßwerte

<u>Abb. 4:</u> *Zulässige Transformationen von Skalenniveaus*

Oft werden Intervall-, Ratio- und Absolut-Skalen auch als metrische Skalen oder **<u>Kardinal-Skalen</u>** bezeichnet. Dann sind die verschiedenen Skalen eingeteilt in

· Nominal-Skala   · Ordinal-Skala   · Kardinal-Skala.

2.1.2 <u>Meßmethoden</u>

Bei Meßvorgängen in den Sozialwissenschaften wird eine Versuchsperson einem oder mehreren Reizen ausgesetzt, die Reize heißen auch Stimuli. Die Reaktionen der Versuchsperson auf die Reize werden kontrolliert beobachtet und gemessen. Im voraus wird dabei festgelegt, welche Reaktionen man überhaupt registrieren will. Man unterscheidet direkte und indirekte Meßmethoden.

Bei *direkten Meßmethoden* gibt die Versuchsperson über das Ausmaß ihrer Reaktion in Form quantitativer Urteile Auskunft. Man erhält also unmittelbar einen numerischen Wert für das Ausmaß der Reaktion von Versuchsperson x auf den Reiz y. Dabei ist vorauszusetzen, daß die Versuchsperson in der Lage ist, die Zahl zu finden, die dem wahrgenommenen Betrag des Merkmals entspricht. Um ein Merkmal zu skalieren, sind bei den direkten Meßmethoden nur relativ wenig Befragungen nötig.

Wenn beabsichtigt ist, eine Kardinalskala zu bilden, stellen die direkten Methoden sehr hohe Anforderungen an die Versuchsperson, weil die Zahlen für sie dieselbe Bedeutung wie für den Mathematiker haben müssen (vgl. [Sixtl, 1982, S. 68]). Aber der Mensch als Meßinstrument unterliegt zahlreichen Urteilsverfälschungen, die zum Teil von Störquellen in der Umgebung hervorgerufen werden, die eigentlich nicht untersucht werden sollen. Manche Urteilsfehler werden von persönlichen Stimmungslagen der Versuchsperson verursacht und stehen in keinerlei Zusammenhang mit dem zu beobachtenden Reiz.

Bei *indirekten Meßmethoden* zeigt die Versuchsperson das Ausmaß ihrer Reaktion auf die Reize mittels bestimmter Antwortkategorien (ja-nein, mehr-weniger) an. Den Antwortkategorien ist zunächst kein numerischer Wert zugeordnet. Ein solcher Zahlenwert ergibt sich erst dadurch, daß man nachträglich bestimmte Meßmodelle wie z.B. das "Law of Comparative Judgement" (vgl. [Sixtl, 1982, S. 49, S. 57]) oder das "Law of Categorial Judgement" (vgl [Sixtl, 1982, S. 58]) anwendet.

Das einzelne Ordinalurteil enthält nur wenig Information. Deshalb sind bei den indirekten Meßmethoden in der Regel viele Urteile der Versuchsperson notwendig, was sie aufwendig macht (vgl. [Sixtl, 1982, S. 162]). Andererseits wird bei den indirekten Methoden lediglich vorausgesetzt, daß die Versuchsperson das ordinale Skalenniveau konsistent handhabt. Da Menschen aber mit der Ordinal-Skala sehr vertraut sind, sind die Anforderungen an die Versuchsperson für ein einzelnes Urteil gering und daher weniger empfindlich gegen Verzerrungen als die direkten Meßmethoden. Im Hinblick auf die unerwünschten Urteilsfehler ist daher den indirekten Meßmethoden trotz ihres hohen experimentellen Aufwandes der Vorzug vor direkten Methoden zu geben, wann immer das möglich ist.

Bislang ist allerdings keine indirekte Methode bekannt, deren Ergebnis mehr als eine Intervallskala liefert.

Kapitel I: Grundlagen 15

2.2 Elemente der Nutzentheorie

In jedem Entscheidungsprozeß ist es nötig, eine Präferenzordnung zu bilden. Eine *Präferenzordnung* (oft ≽ in Zeichen) ist eine zweistellige Ordnungsrelation, mit deren Hilfe man die Handlungsalternativen in eine Rangfolge bringen und die beste Alternative auswählen kann. Eine Präferenzordnung gibt die Präferenzvorstellungen des Entscheidungsfällers wieder, d.h. sie beschreibt die Vorziehenswürdigkeit einer Alternative gegenüber einer anderen aus der Sicht des Entscheidungsfällers.

In der Nutzentheorie wird versucht, die Präferenzordnung durch eine reellwertige Funktion, die sogenannte *Nutzenfunktion*, zu beschreiben. Die Nutzenfunktion ist eine Funktion, die jeder Handlungsalternative eine reelle Zahl als Nutzen zuordnet. Dann wird von zwei gegebenen Alternativen diejenige mit dem größeren Nutzenwert für besser gehalten, unter allen Alternativen diejenige mit dem höchsten Nutzenwert für die beste.

Im folgenden sollen einige Arten von Ordnungsrelationen unterschieden werden und beispielhaft zwei hinreichende Bedingungen dafür angegeben werden, daß zu einer Präferenzordnung eine Nutzenfunktion existiert.

2.2.1 Ordnungsrelationen

Es bezeichne A die Menge aller Handlungsalternativen und R eine *zweistellige Relation* auf A, d.h. R ist eine Teilmenge des Kreuzprodukts von A mit sich selbst, kurz
$R \subseteq A \times A = \{(x,y) \mid x \in A, y \in A\}$.
Gehört ein geordnetes Paar (x,y) zu R, so schreibt man statt $(x,y) \in R$ oft auch xRy. Dann heißt R

(1) *reflexiv*, wenn "aRa" für alle $a \in A$ gilt.

(2) *irreflexiv*, wenn "nicht aRa" für alle $a \in A$ gilt.

(3) *symmetrisch*, wenn "aRb => bRa" für alle $a,b \in A$ gilt.

(4) *transitiv*, wenn "aRb und bRc => aRc" für alle $a,b,c \in A$ gilt.

(5) *vollständig*, wenn "aRb oder bRa" (Inklusives "oder", also möglicherweise beides) für alle $a,b \in A$ mit $a \neq b$ gilt.

Mit diesen Bezeichnungen lassen sich einige Ordnungsbegriffe definieren. Sei R eine zweistellige Relation auf A. Dann heißt R eine

(1) *Äquivalenzordnung* <=> R ist transitiv, reflexiv und symmetrisch.

(2) *schwache Ordnung* <=> R ist transitiv, reflexiv und vollständig.

(3) *strenge Halbordnung* <=> R ist transitiv und irreflexiv.

(4) *strenge Ordnung* <=> R ist transitiv, irreflexiv und vollständig.

Eine Äquivalenzordnung R auf A definiert in natürlicher Weise eine Zerlegung von A in paarweise disjunkte, nichtleere Teilmengen von A, so daß zwei Elemente von A genau dann in derselben Teilmenge sind, wenn sie einander im Sinne von R äquivalent sind; diese Teilmengen heißen *Äquivalenzklassen*.

Für a∈A wird die Menge

$$[a]_R = \{b \in R : aRb\} \quad \text{Äquivalenzklasse von a genannt.}$$

Es gilt für a,b∈A

$$[a]_R = [b]_R \iff aRb \iff [a]_R \cap [b]_R \neq \emptyset.$$

Die Menge A/R aller Äquivalenzklassen von Elementen aus A heißt *Quotientenmenge von A nach R*, kurz

$$A/R = \{[a]_R \mid a \in A\}.$$

Nun ist die *Präferenzordnung* eine zweistellige Ordnungsrelation auf der Menge A aller Alternativen und wird im folgenden mit den Symbolen $\succ$, $\sim$ und $\succsim$ beschrieben. Dabei bezeichnet $\succ$ die strenge Präferenzordnung, a $\succ$ b steht also dafür, daß Alternative a der Alternative b vorgezogen wird. Dagegen beschreibt $\sim$ die *Indifferenz-Ordnung*, d.h. a $\sim$ b bedeutet, daß a als gleichwertig (oder "indifferent") zu b angesehen wird. Schließlich bezeichnet $\succsim$ die Präferenz-Indifferenz-Ordnung, wo a $\succsim$ b anzeigt, daß Alternative a wenigstens so vorziehenswürdig wie Alternative b ist.

Nimmt man eine der zwei Präferenz-Ordnungen als Grundlage, so lassen sich daraus die übrigen ableiten. Wird $\succsim$ wie in [Chankong/Haimes, 1983, S. 63] als gegebene Stamm-Ordnung benutzt, so lassen sich Indifferenz $\sim$ und strenge Präferenz $\succ$ wie folgt definieren:

$$a \sim b \iff (a \succsim b) \text{ und } (b \succsim a)$$
$$a \succ b \iff (a \succsim b) \text{ und } (\text{nicht } b \succsim a)$$

Kapitel I: Grundlagen

2.2.2 Sätze über die Existenz einer Nutzenfunktion Präferenz-Indifferenz $\succsim$ als schwache Ordnung (Existenzsatz)

Es sei die Präferenz-Indifferenz $\succsim$ eine schwache Ordnung auf der Menge A aller Alternativen. Es sei weiterhin die Quotientenmenge $A/_\sim$ von A nach der Indifferenzrelation endlich oder abzählbar unendlich.

(* $A/_\sim = \{[a]_\sim \mid a \in A\}$ mit $[a]_\sim = \{b \in A \mid b \sim a\}$ *)

Dann gibt es eine reellwertige Funktion u auf A mit der Eigenschaft, daß für alle Alternativen a,b∈A gilt

$$a \succ b \iff u(a) > u(b)$$
$$\text{und} \quad a \sim b \iff u(a) = u(b).$$

Oft wird u:A$\to$R als Nutzenfunktion bezeichnet (engl. "utility function").

Präferenz $\succ$ als strenge Halbordnung (Existenzsatz)

Es sei die Präferenz $\succ$ eine strenge Halbordnung auf der Menge A aller Alternativen. Ferner sei $\approx$ die zweistellige Äquivalenzrelation auf A, die für alle a,b∈A definiert ist durch

$$a \approx b \iff (a \sim c \text{ dann und nur dann, wenn } b \sim c \text{ für alle } c \in A)$$

und die Quotientenmenge $A/_\approx$ von A nach $\approx$ endlich oder abzählbar unendlich. Dann gibt es eine reellwertige Funktion u auf A derart, daß für alle a,b∈A gilt

$$a \succ b \Rightarrow u(a) > u(b)$$
$$\text{und} \quad a \approx b \Rightarrow u(a) = u(b).$$

Beweise zu den beiden Existenzsätzen finden sich bei [Fishburn 1970, S. 14/15 und S. 18].

Bemerkung zur Nutzenfunktion u:

Zu beachten ist, daß die Nutzenfunktion u nur die Präferenzvorstellungen des Entscheidungsfällers hinsichtlich der Präferenzordnung auf ordinalem Skalenniveau wiedergibt. Obwohl die Nutzenwerte u(a) von Alternativen a∈A reelle Zahlen sind, darf deshalb nur die Ordnungsstruktur der reellen Achse im Sinne eines Größer, Gleich oder Kleiner beim paarweisen Vergleich von Alternativen benutzt werden. Arithmetische Operationen wie Addition und Multiplikation von Nutzenwerten sind nicht zulässig, da sich die Nutzenwerte nur auf ordinalem Skalenniveau befinden. Zum Beispiel über die Stärke der Präferenz macht die Funktion u keine Aussage. Wegen dieser Gefahr, die Werte von u möglicherweise falsch zu gebrauchen, bezeichnet French (vgl. [French, 1988, S. 75]) die Funktion u als "ordinale Wertfunktion" (engl. "ordinal value function").

Neben den hier behandelten ordinalen Nutzenfunktionen findet man in der Literatur auch Nutzenfunktionen auf kardinalem Skalenniveau, vgl. [Chankong/Haimes, 1983, S. 82-88, Dyer/ Sarin, 1979 und Fishburn, 1970, S. 80ff]. Zur Definition ihrer Rationalität sind analog zu den oben genannten Axiomen bzgl. der Präferenz Axiome über die Differenzen von Nutzenwerten zu definieren.

Literatur zu §2

zu 2.1 Messen und Maßskalen

Ahrens, Hans Joachim: 1988, Messung und Skalierung, S. 445-454
    in: Handwörterbuch der Psychologie
    herausgegeben von Roland Asanger und Gerd Wenninger
    4. Auflage 1988, Psychologie-Verlags-Union, München/Weinheim

Chankong, Vira/Haimes, Yacov Y.: 1983, Multiobjective Decision Making:
    Theorie and Methodology
    Verlag North Holland, New York/Amsterdam/Oxford 1983,
    S. 25-30

Dorsch, Friedrich: 1987, Psychologisches Wörterbuch,
    11. Auflage 1987
    Verlag Hans Huber, Bern/Stuttgart/Toronto

Gutjahr, Walter: 1981, Skalentypen, S. 567-568
    in: Wörterbuch der Psychologie
    herausgegeben von Günter Clauß et. al.
    VEB Bibliographisches Institut Leipzig 1981

Sixtl, Friedrich: 1982, Meßmethoden der Psychologie:
    Theoretische Grundlagen und Probleme
    517 Seiten, 2. Auflage, Beltz-Verlag, Weinheim/Basel 1982
    (* Führt mathematisch tiefgehend in die Theorie und
      Praxis des Messens in den Sozialwissenschaften ein *)

Ven, Ad van der: 1980, Einführung in die Skalierung,
    409 Seiten
    übersetzt und herausgegeben von Jo Groebel
    Verlag Hans Huber, Bern/Stuttgart/Wien 1980
    (* bietet einen elementaren Einstieg in Modelle und
      Techniken der Skalierung *)

zu 2.2 Elemente der Nutzentheorie

(* Vorab sei darauf hingewiesen, daß die folgenden Autoren verschiedene
Definitionen mit derselben Bezeichnung versehen haben, z.B. schwache Ordnung
"weak order". Deshalb sind unbedingt die jeweiligen Grundlagen zu den Sätzen
und Definitionen mitzulesen! *)

Chankong, Vira/Haimes, Yacov Y.: 1983, Multiobjective Decision Making:
    Theory und Methodology, 406 Seiten
    Verlag North Holland, New York/Amsterdam/Oxford 1983,
    S. 62-72 und S. 82-88
    (* enthält weitere Ordnungsbegriffe und Existenzaussagen
      für Nutzenfunktionen *)

Dyer, James S./Sarin, Rakesh K.: 1979, Measurable Multiattribute Value Functions,
    Operations Research, Volume 27, No. 4, July-August 1979
    S. 810-822
    (* in dem Artikel und in den dort angegebenen Referenzen
      wird ausführlich auf Nutzenfunktionen auf kardinalem
      Skalenniveau eingegangen *)

Fishburn, Peter C.: 1970, Utility Theory for Decision Making, 234 Seiten
    John Wiley & Sons, Inc. 1970, New York/London/Sydney/ Toronto, S. 9-23 und S. 80ff
    (* ausführliches Standardwerk zur Nutzentheorie mit
      sämtlichen Beweisen *)

French, Simon: 1988, Decision Theory
    An Introduction to the Mathematics of Rationality,
    448 Seiten
    Ellis Horwood Limited, Chichester 1988, S. 61-96
    (* moderne Einführung in die Theorie der Präferenz-Ordnungen
      nebst Beispielen und Hinweisen auf Fehlerquellen *)

§3 Multi-Criteria-Entscheidungen

3.1 Abgrenzung des Problems

Multi-Criteria-Entscheidungen beziehen sich auf Entscheidungssituationen mit mehreren Zielen, die häufig in einem Konfliktverhältnis zueinander stehen. Fast alle wichtigen Probleme in der Realität beinhalten mehrere Ziele. Da ist zum Beispiel der Stellenbewerber, der einen Arbeitsplatz mit folgenden Eigenschaften sucht: hoher Lohn, gute Aufstiegschancen, angenehmes Betriebsklima, geringe Gesundheitsgefahr bei der Arbeit, Nähe zur derzeitigen Wohnung, usw. Oder in einer Abteilung für Produktionsplanung wird versucht, geringe Gesamtkosten, wenig Überstunden, hohe Kapazitätsauslastung, kurze Durchlaufzeiten, hohe Lieferbereitschaft, geringe Lagerbestände, etc. zu erreichen. Ein Autokäufer sucht einen Wagen, der möglichst preiswert in der Anschaffung ist, wenig Kraftstoff benötigt, wenig reparaturanfällig ist, schnell fährt, hohen Komfort und hohen Prestigewert besitzt, eine moderne Form hat, wenig Parkraum benötigt usw. Die Liste von Multi-Criteria-Problemen im wirtschaftlichen oder privaten Alltag ließe sich beliebig fortsetzen. Alle besitzen jedoch trotz ihrer Verschiedenheit folgende charakteristische Merkmale:

(1) <u>Mehrere Ziele:</u>
Jedes Problem besitzt mehrere Ziele oder gewünschte Eigenschaften. Die Ziele, die für die jeweilige Problemstellung relevant sind, muß der Entscheidungsfäller angeben.

(2) <u>Zielkonflikt:</u>
Üblicherweise widersprechen sich die Ziele in dem Sinne, daß eine Verbesserung hinsichtlich eines Zieles das Ergebnis bzgl. eines anderen Zieles verschlechtert.

(3) <u>Unvergleichbare Einheiten:</u>
Gewöhnlich werden die Ziele mit unterschiedlichen Maßstäben gemessen, die untereinander nicht vergleichbar sind.

(4) <u>Berechnung/Auswahl einer Lösung:</u>
Gelöst wird das Entscheidungsproblem durch die Berechnung oder die Auswahl einer besten Handlungsalternative, das ist die Alternative, die der Entscheidungsfäller im Hinblick auf alle Ziele gemeinsam am meisten bevorzugt. Wenn im voraus die Menge aller Alternativen im einzelnen angegeben ist und diese

Menge endlich ist, dann besteht die Lösung des Problems in der Auswahl der besten Alternative. Ist dagegen die Menge aller Handlungsalternativen unendlich oder nur implizit durch irgendwelche Nebenbedingungen definiert, dann besteht die Lösung des Problems in der Berechnung der besten Alternative, d.h. in dem Auffinden und der expliziten Angabe der besten Alternative.

Den Entscheidungssituationen, die in diesem und allen folgenden Paragraphen betrachtet werden, sind darüber hinaus noch zwei weitere Eigenschaften gemeinsam:

(5) Ein Entscheidungsträger:
Der Fall der Gruppenentscheidung wird hier nicht näher untersucht, sondern es wird stets von einem einzelnen Entscheidungsträger mit mehrfacher Zielsetzung ausgegangen.

(6) Sicherheit:
Entscheidungen bei Ungewißheit werden hier ausgeklammert und ausschließlich Entscheidungssituationen bei Sicherheit behandelt.

Für Entscheidungssituationen bei Mehrfachzielen unter Risiko für Gruppen sei auf die Arbeit von *Weber, 1983*, hingewiesen.

Wenn mehrere Ziele miteinander konkurrieren, also wenn ein Zielkonflikt vorliegt, benötigt der Entscheidungsfäller irgendein sinnvolles Kriterium, mit dem er die Alternativen beurteilen kann. Er muß für jede Alternative die Vor- und Nachteile der verschiedenen Zielgrößen gegeneinander abwägen (vgl. [Laux, 1982, S. 66/67]).
Die Aufgabe der Multi-Criteria-Analyse besteht nun darin, den Entscheidungsfäller bei diesem Problem zu unterstützen. Die Unterstützung kann daraus bestehen, bei der Strukturierung und genauen Definition des Problems zu beraten, die Verarbeitung von Informationen zu erleichtern, dem Entscheidungsfäller Bewertungskriterien anzubieten, ihm begründete Handlungsvorschläge zu unterbreiten usw. Kurzum, die Multi-Criteria-Analyse soll dem Entscheidungsfäller möglichst während des gesamten Entscheidungsprozesses mit Methoden und Instrumenten helfen.

3.2 Prozeßcharakter der Entscheidung

Nach [Chankong/Haimes, 1983, S. 4/5], verläuft eine Multi-Criteria-Entscheidung in einem fünfstufigen Prozeß, der aus einem Anfangs-Schritt, einem Problem-

Formulierungs-Schritt, einem Modellierungs-Schritt, einem Analyse- und Bewertungs-Schritt sowie einem Durchführungs-Schritt besteht.

Der Prozeß beginnt im Anfangsschritt damit, daß der Entscheidungsfäller das System, mit dem er sich beschäftigt, verändern will. Die Situation wird untersucht und allgemeine Aussagen über Gesamtziele oder Gesamtbedürfnisse werden gemacht. Im anschließenden Problem-Formulierungs-Schritt wird das Entscheidungsproblem genauer definiert. Dabei werden unscharf beschriebene Gesamtziele in berechenbare, einzeln angebbare Ziele überführt, und alle wesentlichen Elemente des Problems, seine Grenzen und seine Umgebung werden klar und deutlich beschrieben. Mit Hilfe geeigneter Maßstäbe soll sozusagen wie mit einem Zollstock später ermittelt werden können, inwieweit eine Alternative die einzelnen Ziele erreicht.

Danach wird ein passendes Modell im Modellierungs-Schritt konstruiert. Ein Modell ist eine vereinfachte, zweckorientierte Abbildung der Entscheidungssituation. Es stellt die Schlüsselgrößen des Problems und deren wechselseitige Beziehungen so dar, daß sie einer genauen Untersuchung zugänglich sind.

Das Modell ermöglicht den Analyse- und Bewertungs-Schritt. Eine Aufgabe des Modells besteht darin, die Menge X aller zulässigen oder möglichen Handlungsalternativen zu erzeugen. Jede einzelne Alternative $x \in X$ wird durch n Zielwerte $f_1(x), f_2(x), ..., f_n(x)$ entsprechend den n Zielen bewertet. Die Bewertung $x \mapsto f_i(x)$ von x bezüglich des i. Ziels erfolgt entweder aufgrund eines objektiven Zielmaßes oder durch subjektive Werturteile. Dann wird jede Alternative relativ zu den übrigen Alternativen entsprechend einer Entscheidungsregel bewertet, die der Entscheidungsfäller vorschreibt. Dadurch werden die zulässigen Alternativen in einer Rangfolge angeordnet. Die Alternative mit dem höchsten Rang wird für die Durchführung gewählt. Diese Entscheidung beschließt den Analyse- und Bewertungs-Schritt.

Im Durchführungs-Schritt endet der Entscheidungsprozeß mit der Realisierung der gewählten Alternative, falls das gefundene Ergebnis zufriedenstellend ist. Ansonsten kehrt man zurück zum Problem-Formulierungs-Schritt und hofft, durch zusätzliche Überlegungen und Berechnungen das unbefriedigende Resultat verbessern zu können.

Die Entscheidungssituation beinhaltet unter anderem auch Angaben über die Art und die Menge der benötigten und tatsächlich verfügbaren Daten. Im Falle unsicherer Erwartungen spielt der gerade vorliegende Umweltzustand eine wichtige Rolle.

Ein wesentlicher Bestandteil im Entscheidungsprozeß sind die Werturteile, die keinen objektiven Fakten entsprechen und sich damit nicht wissenschaftlich auf Wahrheit prüfen lassen, sondern die das subjektive Empfinden des Entscheidungsfällers widerspiegeln. Insbesondere das Erkennen von Notwendigkeiten und Wünschen im Anfangs-Schritt, die Festlegung von Zielen im Problem-Formulierungs-Schritt, die

Bewertung von Alternativen und die Wahl von Entscheidungsregeln im Analyse- und Bewertungs-Schritt, das Gefühl der Unzufriedenheit im Durchführungs-Schritt, sie alle beruhen stark auf den subjektiven Einstellungen des Entscheidungsfällers.

Die folgende Abbildung veranschaulicht die fünf Schritte des soeben skizzierten Entscheidungsprozesses (in Anlehnung an [Chankong/Haimes, 1983, S. 5]).

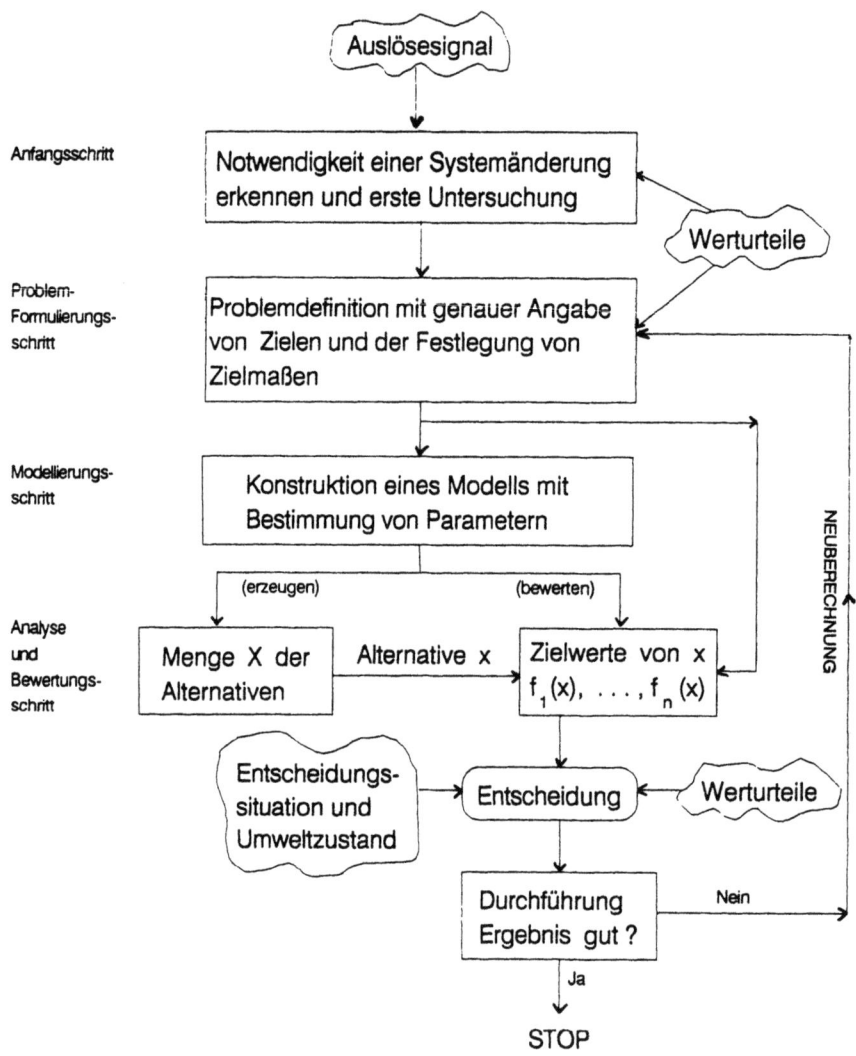

Abb 5.: Multi-Criteria-Entscheidung als fünfstufiger Prozeß (nach Chankong/Haimes)

3.3 Klassifizierung von Multi-Criteria-Entscheidungen

Nach Hwang/Yoon werden die Multi-Criteria-Probleme üblicherweise in zwei Klassen eingeteilt, nämlich in die Klasse der *Multi-Attribut-Entscheidungen* (engl. "Multi Attribute Decision Making", kurz *MADM*) und in die Klasse der *Multi-Objective-Entscheidungen* (engl. "Multi Objective Decision Making", kurz *MODM*). Die beiden Klassen unterscheiden sich in der Struktur des zugrunde gelegten Multi-Criteria-Problems und durch ihre Art, das Problem zu lösen. Ein MADM-Verfahren löst das Problem durch Auswahl einer Handlungsalternative, ein MODM-Verfahren durch Berechnung einer Alternative.

Bei MADM-Verfahren ist die Menge der zulässigen Handlungsalternativen ganz vorbestimmt, sie besteht aus einer endlichen, meist sehr kleinen Zahl von Alternativen, die oft sämtlich im voraus explizit bekannt sind. Man spricht deshalb vielfach von diskreten Lösungsräumen. Beurteilt wird jede Alternative hinsichtlich ihrer Attribute. Attribute verkörpern in der Sprache des MADM die Ziele des Entscheidungsfällers; Attribute müssen nicht notwendig in Zahlen beschreibbar sein.

Die abschließende Entscheidung für eine bestimmte der Alternativen, die von Anfang an vor dem Entscheidungsfäller ausgebreitet liegen, wird gefällt, indem einerseits die Attribute untereinander verglichen werden und andererseits die Ausprägungen verschiedener Alternativen bezüglich jeweils eines Attributs. Beim Vergleich der Alternativen sind in der Regel "Tradeoffs" möglich, das heißt, eine Alternative A kann im Vergleich mit einer Alternative B einen schlechten Attributwert durch eine gute Ausprägung in einem anderen Attribut ausgleichen (Kompensation).

Bei MODM-Verfahren ist die Menge aller Alternativen nicht explizit vorbestimmt, sondern als zulässig gelten alle die Alternativen, welche gewisse, wohldefinierte Nebenbedingungen erfüllen. Da die Menge der zulässigen Alternativen dadurch meist unendlich viele Elemente enthält, oft handelt es sich um zusammenhängende Teilmengen des $\mathbb{R}^n$, spricht man auch von stetigen Lösungsräumen.

Die Ziele sind ausdrücklich durch klare, quantifizierbare Zielfunktionen (engl. "objectives") gegeben. Damit kann jeder Alternative bezüglich jedes Ziels, wann immer nötig, ein bestimmter Wert zugeordnet werden. Die Lösung wird in einem Prozeß, meist ebenfalls mit der Möglichkeit von Tradeoffs, ermittelt. Die dann gefundene "beste" Alternative wird also aus dem Lösungsraum heraus berechnet. Angesichts der vorgegebenen Zielfunktionen, die gleichzeitig zu optimieren sind, bezeichnet man MODM-Modelle auch als *Vektoroptimierungsmodelle*.

Einige MADM-Verfahren benötigen keine oder nur sehr wenig Information über die Attribute, machen aber andererseits meist auch keine brauchbaren Entscheidungsvorschläge (vgl. Genaueres in §5 und §6). Sieht man einmal von diesen relativ einfachen Verfahren ab, verbleiben nur MADM-Methoden, die einen sehr hohen Informationsbedarf über die Attribute haben. Z.B. sind Informationen über die relative Wichtigkeit der Attribute untereinander in Form von Gewichten erforderlich, oder es wird die Präferenzunabhängigkeit der Attribute vorausgesetzt (vgl. Definition in Abschnitt 7.3).
Ungenaue, unzuverlässige, subjektive oder unscharfe Informationen werden dort oft völlig vernachlässigt oder nur unzureichend berücksichtigt, obwohl gerade solche Daten ausschlaggebend für die zu treffende Entscheidung sein können. Darauf wird ausführlich in §13 über "unscharfes Entscheiden" eingegangen.
Bei der überwiegenden Zahl von MADM-Verfahren steht die Suche nach einer "optimalen" Entscheidung im Vordergrund oder, besser noch, die Suche nach einer vollständigen Rangordnung sämtlicher Alternativen (strenge Ordnung, vgl. Abschnitt 2.2).
Durch zum Teil recht aufwendige Rechentechniken wird dem Entscheidungsträger eine Genauigkeit des MADM-Verfahrens vorgespiegelt, die in Wirklichkeit mangels exakter Ausgangsdaten gar nicht vorhanden sein kann. Die "optimale" Entscheidung wird dem Entscheidungsträger manchmal geradezu aufgezwungen, häufig wird das durch ein Streben nach sogenannter "Rationalität" gerechtfertigt (vgl. auch [Roy, 1980, S. 469-471]).

Die genannten Kritikpunkte sind nur mögliche Schwächen klassischer MADM-Verfahren, die in §5 bis §7 vorgestellt werden. Im konkreten Einzelfall müssen diese Schwächen nicht bestehen oder sie können irrelevant sein. Die Kritikpunkte zeigen potentielle Gefahren auf, denen die Anwendung klassischer MADM-Ansätze unterliegt.

Von den klassischen MADM-Ansätzen und den MODM-Methoden sollen hier entscheidungstechnologische Ansätze unterschieden werden. Entscheidungstechnologien (Entscheidungstechniken) sind nach [Pfohl, 1976, S. 74] (auch [Zimmermann, 1980, S. 398]) Methoden und Instrumente zur Informationsverarbeitung, mit denen der Entscheidungs- oder Problemlösungsprozeß effizienter gestaltet werden kann. Effizienter soll dabei heißen, daß das Ausmaß der Zielerreichung unter Berücksichtigung des Ressourceneinsatzes gesteigert wird [Pfohl, 1976, S. 74].
Entscheidungstechnologische Ansätze im Bereich der Multi-Criteria-Analyse verstehen sich bewußt nur als Entscheidungshilfe (engl. "decision aid"). Es wird versucht, soweit wie möglich unscharfe, unvollständige oder gar widersprüchliche Informationen in den Entscheidungsprozeß mit einzubeziehen. Ferner wird die abschließende Entscheidung dem Entscheidungsträger überlassen. Nur wenn es der Entscheidungsträger ausdrücklich wünscht, wird ihm eine "optimale" oder "optimierende" Entscheidung

Kapitel I: Grundlagen 27

vorgeschlagen. Die Begriffe Präferenz und Entscheidung werden bei entscheidungstechnologischen Ansätzen neu definiert (vgl. §8 und §9).

Daher erscheint es sinnvoll, die hier zu behandelnden Multi-Criteria-Entscheidungen wie in Abbildung 6 einzuteilen. Die Einteilung von Abbildung 6 ist nicht als scharfe und vollständige Abgrenzung der verschiedenen Tätigkeitsfelder der Multi-Criteria-Analyse gedacht. So kann z.B. das Entscheiden bei unscharfer Information in gewissen Teilen dem MADM, in anderen Teilen dagegen dem MODM zugeordnet werde. Des weiteren bleibt offen, wo z.B. Vektormaximumprobleme mit Ganzzahligkeitsbedingungen einzuordnen sind.

Die hier gegebene Einteilung in Abbildung 6 erfolgt wie die Klassifikationen in Abbildung 7 weniger aus dem Verlangen nach einer überschneidungsfreien Taxonomie, sondern mehr aus didaktischen Gründen. Dadurch soll zum einen ein grober Überblick über das weite Gebiet der Multi-Criteria-Analyse vermittelt werden und zum anderen der Aufbau der folgenden Kapitel und Paragraphen motiviert werden.

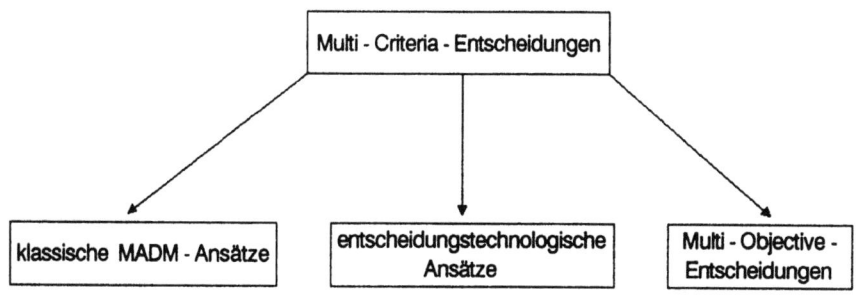

Abb 6: Einteilung der hier zu behandelnden Multi-Criteria-Entscheidungen

3.3.1 Klassifikation von einigen klassischen MADM-Methoden

Eine MADM-Methode ist ein Verfahren zur Lösung eines Multi-Attribut-Problems. Das Verfahren gibt an, wie Informationen über die Attribute verarbeitet werden sollen, um die Auswahl einer Handlungsalternative zu erreichen. Die bekannten MADM-Methoden lassen sich auf viele Arten klassifizieren.

Oft werden die Verfahren nach ihrem "kompensatorischen" Charakter eingeteilt [Hwang/Yoon, 1981, S. 24/25]. Die **nichtkompensatorischen** Modelle gestatten keinen Ausgleich zwischen den Attributen, d.h. ein ungünstiger Wert in einem Attribut kann nicht durch eine gute Ausprägung in einem anderen Attribut ausgeglichen ("kompensiert") werden. Dagegen erlauben die _**kompensatorischen**_ Modelle einen Ausgleich zwischen den Attributen.

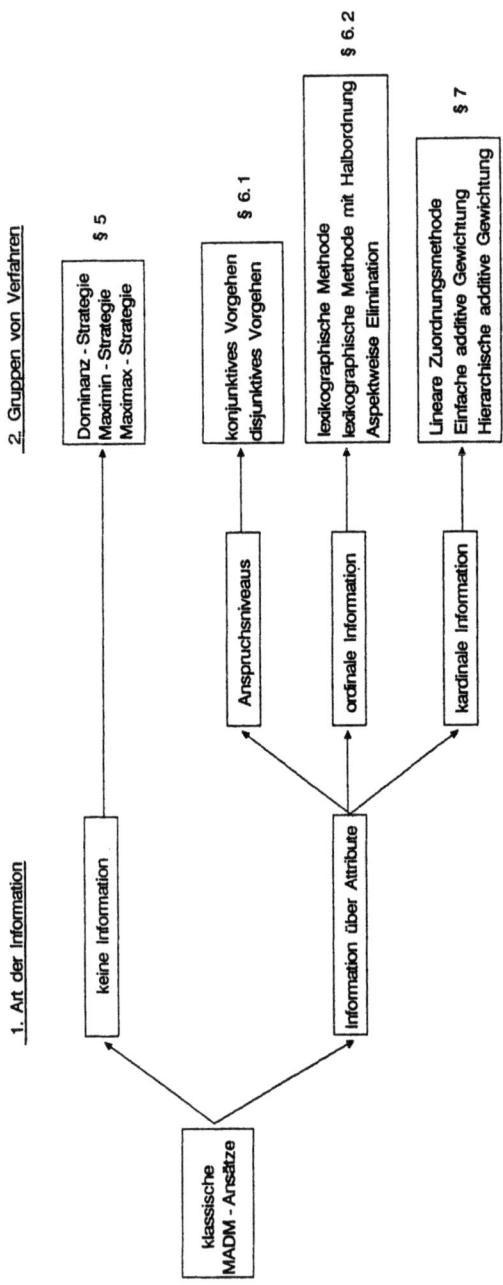

Abb. 7: Einteilung einiger klassischer MADM-Ansätze nach der Art der gegebenen Information

Hier sollen diejenigen klassischen MADM-Verfahren, die in den folgenden Paragraphen 5 bis 7 näher beschrieben werden sollen, nach der Art der gegebenen Information über das Entscheidungsproblem eingeteilt werden.

Je nach Problemstellung und Urteilsvermögen des Entscheidungsfällers sind verschiedene Informationen zu dem MADM-Problem verfügbar. Es können Informationen über die Attribute oder über die Alternativen vorliegen, in denen der Entscheidungsfäller seine Präferenzvorstellungen ausdrückt. Sofern die Informationen nicht völlig fehlen (vgl. §5), können sie ganz unterschiedliche Qualität besitzen. Sie können darin bestehen, daß für einzelne Attribute Anspruchsniveaus ihrer Ausprägungen vorgegeben sind (vgl. Abschnitt 6.1) oder daß die relative Wichtigkeit der Attribute untereinander auf ordinalem Skalenniveau bekannt ist (vgl. Abschnitt 6.2) oder daß die relative Wichtigkeit der Attribute sogar auf kardinalem Skalenniveau verfügbar ist (vgl. §7).

Die Übersicht in Abbildung 7 ist keineswegs vollständig, vgl. [Hwang/Yoon, 1981, S. 9], an die die Darstellung angelehnt ist.

Beispielsweise wird hier nicht der wichtige Fall betrachtet, daß die Attribut-Information in Form von _Grenzraten der Substitution_ gegeben ist. Die Grenzraten der Substitution, auch Austauschraten oder Tradeoffs genannt, geben beim Vergleich zweier Attribute an, wieviel von Attribut 1 der Entscheidungsfäller bereit ist abzugeben, um sich im 2. Attribut um eine Einheit zu verbessern. Die Grenzraten der Substitution hängen im allgemeinen von dem bereits erreichten Ausprägungsniveau in den beiden Attributen ab, [Hwang/Yoon, 1981, S. 141 ff, Eisenführ, 1989, Kapitel 1.2.2, S. 121-124].

3.3.2 Klassifikation von entscheidungstechnologischen Ansätzen

Bereits in Abschnitt 3.3 wurde erläutert, wodurch sich entscheidungstechnologische Ansätze von klassischen MADM-Methoden und MODM-Methoden unterscheiden. In erster Linie betreffen die Unterschiede die benötigte Information und die Art der Ergebnisse. Bei Entscheidungstechnologien sind auch unscharfe, unvollständige, subjektive oder widersprüchliche Informationen über Attribute und Handlungsalternativen zugelassen. Als Ergebnis wird nicht mehr in jedem Falle nur eine einzige, sogenannte "optimale" Alternative dem Entscheidungsträger vorgeschlagen, sondern im allgemeinen eine ganze Reihe von möglichen "guten" Alternativen.

Ausführlich wird darauf in §12 (Outranking) und in §13 (Entscheiden bei unscharfer Information) des Kapitels IV eingegangen. Abbildung 8 zeigt den Aufbau von Kapitel IV.

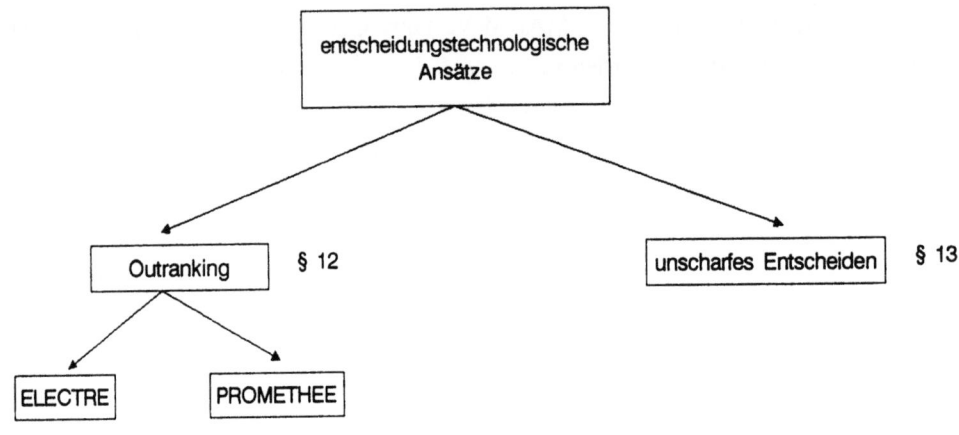

Abb 8: Gliederung einiger entscheidungstechnologischer Ansätze

3.3.3 Klassifikation von MODM-Methoden

Eine MODM-Methode ist ein Verfahren zur Lösung eines Multi-Objective-Entscheidungsproblems. Die MODM-Methoden, die hier in Kapitel III vorgestellt werden, lassen sich danach klassifizieren, wann der Entscheidungsfäller seine Präferenzvorstellungen in das Problem einfließen läßt. Erfolgt die Präferenzinformation erst, nachdem das MODM-Verfahren angewandt worden ist, spricht man von a posteriori Information (vgl. §8). Ist die Präferenzinformation dagegen vor dem Einsatz des MODM-Verfahrens bekannt, dann liegt eine a priori Information vor (vgl. §9). Wird die Information in einem interaktiven Prozeß erlangt, während das Verfahren durchgeführt wird, so zeichnet sich das Verfahren durch eine sogenannte "progressive Information" aus. Wenn der Entscheidungsfäller dabei Substitutionsraten, Tradeoffs, zwischen den Zielfunktionen angeben muß, dann spricht man von MODM-Verfahren mit expliziten Tradeoffs (vgl. §10), sonst von MODM-Verfahren mit impliziten Tradeoffs (vgl. §11).

Eine Übersicht veranschaulicht diese Klassifikation. Die vorliegende Darstellung der MODM-Verfahren erhebt keineswegs den Anspruch auf Vollständigkeit, z.B. bei [Hwang/Masud, 1979, dort insbesondere S. 8], finden sich zahlreiche weitere Verfahren.

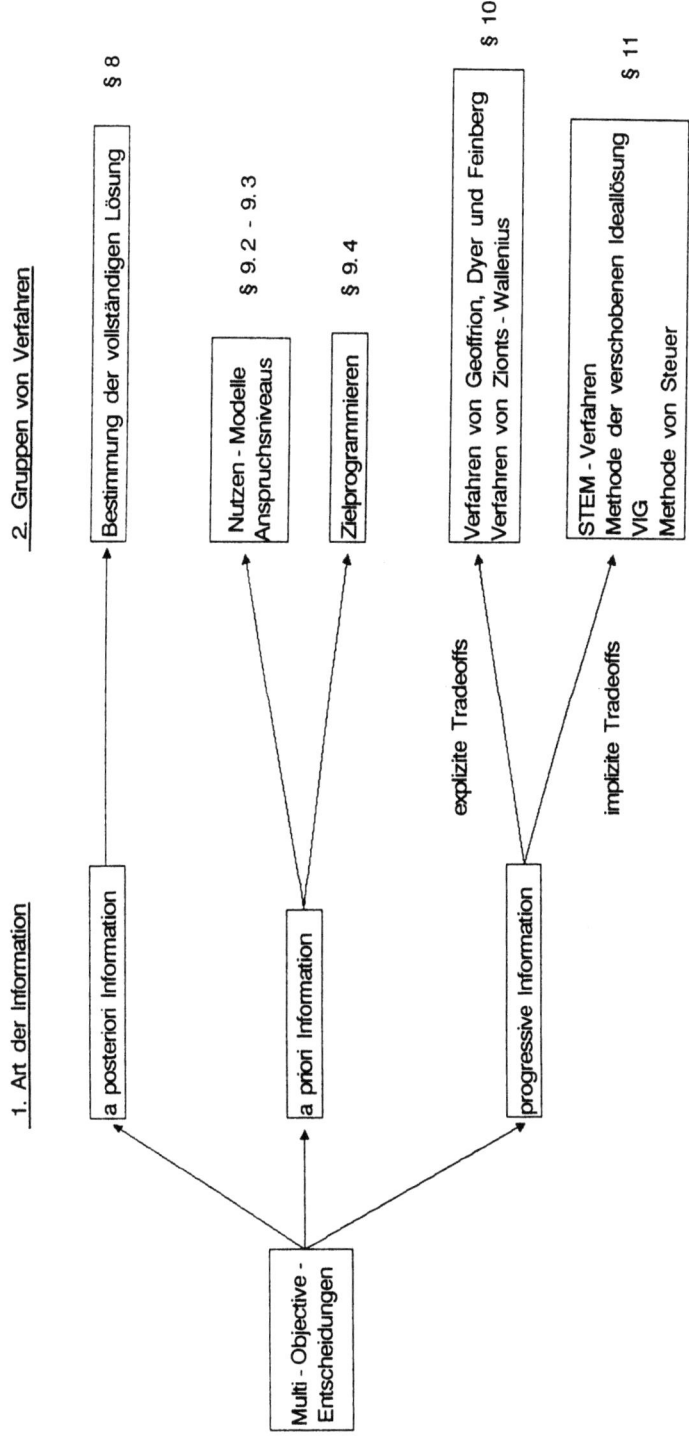

Abb 9: Einteilung der MODM-Verfahren nach der Art der gegebenen Information

Literatur zu §3

Chankong, Vira/Haimes, Yacov Y.: 1983, Multiobjective Decision Making:
    Theory and Methodology, 406 Seiten
    Verlag North Holland, New York/Amsterdam/Oxford, 1983,
    S. 4-17

Eisenführ, Franz: 1989, Betriebswirtschaftliche Planung und Entscheidung,
    151 Seiten
    Skript zur Vorlesung an der RWTH Aachen,
    2. Auflage WS 1989/90
    Verlag Augustinus-Buchhandlung, Aachen
    Kapitel 12.2, S. 121-124

Hwang, Chin-Lai/Masud, Abu Syed Md.: 1979, Multiple Objective
    Decision Making - Methods and Applications, 351 Seiten
    Springer-Verlag, Berlin/Heidelberg/New York 1979, S. 7-11

Hwang, Chin-Lai/Yoon, Kwangsun: 1981, Multiple Attribute Decision Making,
    Methods and Applications, 259 Seiten
    Springer-Verlag, Berlin/Heidelberg/New York 1981
    S. 1-4, S. 8-9, S. 24-25

Laux, Helmut: 1982, Entscheidungstheorie, Band 1. Grundlagen, 349 Seiten
    Springer Verlag, Berlin/Heidelberg/New York 1982
    S. 64-67

Pfohl, Hans-Christian: 1976, Praktische Relevanz von Entscheidungstechniken
    Die Unternehmung (Schweizerische Zeitschrift für Betriebswirtschaft) Heft 2
    1976, S. 73-93

Roy, Bernard: 1980, Selektieren, Sortieren und Ordnen mit Hilfe von
    Prävalenzrelationen: Neue Ansätze auf dem Gebiet der Entscheidungshilfe für
    Multikriteria-Probleme (deutsch von Arno Jaeger und Heinz-Michael Winkels)
    Zeitschrift für betriebswirtschaftliche Forschung, Gabler-Verlag, Wiesbaden, 32.
    Jahrgang 1980, S. 465-497

Weber, Martin: 1983, Entscheidungen bei Mehrfachzielen: Verfahren zur Unterstützung
 von Individual- und Gruppenentscheidungen, 225 Seiten
 Gabler-Verlag, Wiesbaden 1983 (Band 26 der Bochumer Beiträge zur
 Unternehmensführung und Unternehmensforschung)

Zimmermann, Hans-Jürgen: 1980, Entscheidungswissenschaften und
 Unternehmensführung, S. 395-419
 in: Hahn, Dietger (Herausgeber): Führungsprobleme industrieller
 Unternehmungen, 491 Seiten
 Festschrift für Friedrich Thommée zum 60. Geburtstag
 Walter de Gruyter-Verlag, Berlin/New York 1980

Kapitel II: Klassische MADM-Ansätze

Das Adjektiv "klassisch" im Titel von Kapitel II dient der Abgrenzung von den entscheidungstechnologischen Ansätzen in Kapitel IV. Ausführlich wurde diese Unterscheidung in Abschnitt 3.3 dargelegt.

Bevor in den Paragraphen 5-7 verschiedene klassische MADM-Verfahren vorgestellt werden, sollen in §4 einige grundlegende Begriffe geklärt und Bezeichnungsweisen festgelegt werden.

§4 Grundbegriffe des MADM

4.1 Lösungsbegriffe

Nachstehend werden verschiedene Lösungsbegriffe für allgemeine MADM-Probleme aufgeführt. Grundsätzlich gelten sie in dieser Form auch für allgemeine MODM-Probleme, doch lassen sich die Begriffe dort dank der mathematischen Struktur beim MODM formal präzisieren (vgl. Abschnitt 8.2.1).

Individuelle Optimallösung ist jede Alternative, die mindestens bezüglich eines einzigen Attributs optimal ist; die optimale Attributsausprägung selbst heißt oft *individuelles Optimum*.

Perfekte Lösung ist eine zulässige Alternative, die bezüglich aller Attribute gleichzeitig optimal ist; eine perfekte Lösung existiert in den meisten MADM-Problemen nicht.

Idealer Attributwertvektor ist ein Vektor, dessen Komponenten die Attributwerte der individuellen Optima angeben.

Ideale Lösung ist die (im Zulässigkeitsbereich meist nicht vorhandene) Alternative, deren Attributwerte alle optimal sind.

Funktional-effiziente Lösung, auch nicht-dominierte Lösung oder paretooptimale Lösung genannt, ist eine Alternative A, zu der es keine andere Alternative gibt, die in mindestens einem Attribut besser und in keinem Attribut schlechter ist als A. Mit anderen Worten, bei einer funktional-effizienten Lösung läßt sich keine Attributausprägung verbessern, ohne mindestens eine andere zu verschlechtern.

Vollständige Lösung ist die Menge aller funktional-effizienten Lösungen.

Befriedigende Lösung ist jede Alternative, die alle Anspruchsniveaus des Entscheidungsfällers erfüllt und daher als akzeptabel angesehen wird (vgl. auch §6.1). Befriedigende Lösungen sind nicht notwendigerweise funktional-effizient.

Kompromiß-Lösung ist jede funktional-effiziente Lösung, die der Entscheidungsfäller gegenüber allen anderen Lösungen vorzieht.

Sämtliche Aussagen über Optimalität und damit auch alle Lösungsbegriffe beziehen sich auf eine fest vorgegebene Menge zulässiger Handlungsalternativen und eine ebenso feste Menge vorgegebener Attribute.

4.2 Zielerreichungsmatrix

In allen folgenden Paragraphen zum MADM wird stets die Entscheidungssituation bei Sicherheit betrachtet, also eine Entscheidungssituation, in der hundertprozentig feststeht, welcher Zustand in Zukunft eintreten wird. Bei nur einem Ziel würde sich die Entscheidungsmatrix aus §1 auf eine einzige Spalte verkleinern.

Nun sind aber die m Alternativen $A_1, A_2, ..., A_m$ beim MADM-Problem im Hinblick auf insgesamt n Attribute $C_1, C_2, ..., C_n$ zu bewerten. Bezeichnet x_{ij} die erreichte Ausprägung der Alternative A_i im Hinblick auf Attribut C_j, so wird Alternative A_i durch den Zeilenvektor $(x_{i1}, x_{i2}, ..., x_{in})$ beschrieben und das Attribut C_j durch den Spaltenvektor $(x_{1j}, x_{2j}, ..., x_{mj})^T$. Insgesamt läßt sich das MADM-Problem demnach durch die sogenannte *Zielerreichungsmatrix*

$$X = (x_{ij})^m_{i=1}, {}^n_{j=1} \quad \text{darstellen.}$$

$$\begin{array}{c|cccccc}
 & \text{Attrb. } C_1 & \text{Attrb. } C_2 & \cdots & \text{Attrb. } C_j & \cdots & \text{Attrb. } C_n \\
\text{Altern. } A_1 & x_{11} & x_{12} & \cdots & x_{1j} & \cdots & x_{1n} \\
\text{Altern. } A_2 & x_{21} & x_{22} & \cdots & x_{2j} & \cdots & x_{2n} \\
\vdots & \vdots & \vdots & \cdots & \vdots & \cdots & \vdots \\
\text{Altern. } A_i & x_{i1} & x_{i2} & \cdots & x_{ij} & \cdots & x_{in} \\
\vdots & \vdots & \vdots & \cdots & \vdots & \cdots & \vdots \\
\text{Altern. } A_m & x_{m1} & x_{m2} & \cdots & x_{mj} & \cdots & x_{mn}
\end{array} = X$$

Abb 10: Zielerreichungsmatrix

Damit sich die Zielerreichungsmatrix sinnvoll zur Bildung einer Rangfolge der Alternativen einsetzen läßt, ist es notwendig, daß die Koeffizienten x_{ij} der Zielerreichungsmatrix zumindest auf ordinalem Skalenniveau vorliegen. Dazu müssen insbesondere die Ausprägungen von Attributen, die zunächst nur qualitativ gegeben sind, in Zahlen umgeformt werden. Solch eine Quantifizierung ist ein schwieriges Problem und nicht frei von einer gewissen Willkür lösbar.

Ein Attribut, dessen zugehörige Präferenz monoton mit seiner Ausprägung wächst, besitze etwa die qualitative Bewertung "sehr hoch" (= besonders gut), "hoch", "durchschnittlich", "niedrig", "sehr niedrig" (= extrem schlecht). Dann ließe sich das Attribut wie folgt an einer 10-Punkte-Skala eichen, wenn die schlechteste Ausprägung den Wert 0 und die beste den Wert 10 erhält:

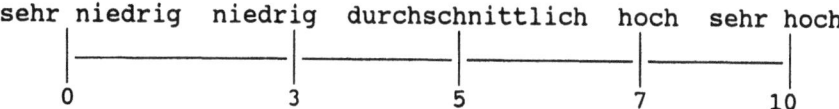

Abb. 11: *Quantifizierung qualitativer Attributausprägungen*

Die Zuordnung von Zahlen zu den qualitativen Attributwerten birgt aber noch weitere Schwierigkeiten in sich. Werden die soeben ermittelten Zahlen später bei Additionen und Multiplikationen verwendet, so ist zu fragen, ob die Zahlen dafür überhaupt das erforderliche Skalenniveau besitzen (vgl.§2.1). Konkret im Beispiel aus Abbildung 11 ist zu fragen: Entsprechen der gleichen Differenz von zwei Skalenpunkten zwischen 3 und 5 sowie zwischen 5 und 7 tatsächlich gleiche Präferenzunterschiede zwischen "niedrig" und "durchschnittlich" und "hoch"? Spiegelt das Verhältnis 10:5 eine wirklich doppelt so starke Bevorzugung einer "sehr hohen" Ausprägung gegenüber einer "durchschnittlichen" korrekt wieder? Lassen sich die Skalenwerte eines Attributs bedenkenlos mit denen eines anderen Attributs vergleichen?

Diese Fragen könnten bedenkenlos mit "Ja" beantwortet werden, wenn sichergestellt wäre, daß alle Attributausprägungen durch Zahlenwerte auf Ratio-Skalenniveau wiedergegeben werden. Doch das ist im allgemeinen nicht der Fall, weil kein Algorithmus oder physikalisches Meßinstrument, sondern ein Mensch den qualitativen Attributausprägungen Zahlen zuordnet. Der Mensch kann jedoch nur auf Ordinal-Skalen zuverlässig schätzen. Menschliche Schätzungen auf kardinalem Skalenniveau sind dagegen von vielfältigen Verzerrungen beeinflußt und daher nur mit Vorsicht zu behandeln (vgl. auch Abschnitt 2.1.2).

Das Problem, qualitative Attributausprägungen zu quantifizieren, greift auch die Theorie unscharfer Mengen (vgl. §13) auf, unter anderem mit dem Konzept der linguistischen Variable. Aber selbst dort existiert wieder die Schnittstelle zwischen qualitativer Aussage und numerischen Werten, und damit taucht auch die obige Schwierigkeit wieder auf.

4.3 Normierung

Ziel der Normierung ist, die Skalen verschiedener Attribute vergleichbar zu machen. Eine Normierung der Attributwerte ist zwar nicht immer notwendig, doch für einige MADM-Methoden wie z.B. Maximin-Strategie, einfache additive Gewichtung und

ELECTRE ist sie wesentlich, um Rechenprobleme zu vereinfachen. Beispielhaft werden hier als Möglichkeiten der Normierung die Vektor-Normierung und die linearen Skalen-Transformationen vorgestellt. Vorausgesetzt wird, daß alle Koeffizienten x_{ij} der Zielerreichungsmatrix $X = (x_{ij})^m{}_{i=1},{}^n{}_{j=1}$ positive numerische Werte sind.

Bei der *Vektor-Normierung* wird jeder Spaltenvektor der Zielerreichungsmatrix X durch seine euklidische Norm dividiert, so daß sich die Koeffizienten r_{ij} der normierten Zielerreichungsmatrix R für alle Alternativen A_i ($1 \leq i \leq m$) und alle Attribute C_j ($1 \leq j \leq n$) errechnen als

$$r_{ij} = \frac{x_{ij}}{\sqrt{\sum_{k=1}^{m} (x_{kj})^2}}$$

Damit haben alle Spaltenvektoren die gleiche euklidische Länge

$$\sqrt{\sum_{i=1}^{m} (r_{ij})^2} = 1 \quad .$$

Der Vorteil der Vektor-Normierung ist die Dimensionslosigkeit aller Bewertungen r_{ij}, was den Vergleich zwischen verschiedenen Attributen erleichtert. Trotzdem kann nicht einfach ein direkter Vergleich durchgeführt werden, weil sich die Minimal- und Maximalwerte der Skala im allgemeinen für jedes Attribut unterscheiden und damit die Skalenweiten vom Attribut abhängen.

Die *linearen Skalen-Transformationen* orientieren sich am Minimum und/oder am Maximum der Spalten in der Zielerreichungsmatrix X. Ist die Präferenz um so größer, je größer die Ausprägung bezüglich des Attributs C_j ist, dann lautet der zu x_{ij} gehörige normierte Zielerreichungskoeffizient

$$r_{ij} = \frac{x_{ij}}{x_j^{max}} \qquad (1)$$

mit $x_j^{max} = \max_{\substack{i \\ 1 \leq i \leq m}} x_{ij}$ = Maximum der j. Spalte von X. Dann gilt

$0 \leq r_{ij} \leq 1$ und je mehr sich r_{ij} der 1 nähert, desto günstiger ist die Alternative A_i hinsichtlich des Attributs C_j zu beurteilen. Alle Ausprägungen werden linear transformiert, so daß die relativen Größenverhältnisse unter den Ausprägungen bezüglich eines Attributs unverändert bleiben.

Analog errechnet sich der normierte Zielerreichungskoeffizient r_{ij} für zu minimierende Attribute C_j als

$$r_{ij} = 1 - \frac{x_{ij}}{x_j^{max}} \qquad (2)$$

Tauchen im Entscheidungsproblem sowohl zu maximierende Attribute als auch zu minimierende Attribute auf, dann sollten die beiden vorangegangenen Normierungen (1) und (2) nicht gleichzeitig benutzt werden, weil die Skalen dann verschieden begrenzt werden. Es gilt nämlich

$$r_{ij} \in \left[\frac{x_j^{max}}{x_j^{min}}, 1 \right] \quad \text{für zu maximierende Kriterien und}$$

$$r_{ij} \in \left[0, 1 - \frac{x_j^{min}}{x_j^{max}} \right] \quad \text{für zu minimierende Kriterien,}$$

wobei $x_j^{min} = \min_{\substack{i \\ 1 \leq i \leq m}} x_{ij}$ das Minimum der Spalte zum Attribut C_j ist.

Zu minimierende Attribute C_j lassen sich aber wie zu maximierende Kriterien behandeln, wenn man die Kehrwerte der zugehörigen Koeffizienten x_{ij} in Gleichung (1) einsetzt, also

$$r_{ij} = \frac{\left(1/x_{ij} \right)}{\max\limits_{\substack{i \\ 1 \leq i \leq m}} \left(1/x_{ij} \right)} = \frac{x_j^{min}}{x_{ij}} \qquad (3) \; .$$

In analoger Weise ließe sich jedes zu maximierende Kriterium durch eine solche Kehrwertbildung in Gleichung (2) wie ein zu minimierendes Kriterium normieren.

Damit die Wertebereiche der Skalen für jedes Attribut stets genau 0 bis 1 reichen, können zu maximierende Attribute C_j normiert werden gemäß

$$r_{ij} = \frac{x_{ij} - x_j^{min}}{x_j^{max} - x_j^{min}} \qquad (4)$$

und zu minimierende Attribute C_j gemäß

$$r_{ij} = \frac{x_j^{max} - x_{ij}}{x_j^{max} - x_j^{min}} \qquad (5)$$

Dann erhält nämlich die jeweils beste Ausprägung den normierten Wert $r_{ij} = 1$ und die jeweils schlechteste Ausprägung den normierten Wert $r_{ij} = 0$. Allerdings transformieren die Gleichungen (4) und (5) die Ausprägungen x_{ij} nicht proportional, so daß sich die relativen Größenverhältnisse der Ausprägungen umwandeln, d.h., daß z.B. aus $x_{1j} = 3 \cdot x_{2j}$ im allgemeinen nicht $r_{1j} = 3 \cdot r_{2j}$ folgt.

Literatur zu §4

Hwang, Chin-Lai/Yoon, Kwangsun: 1981, Multiple Attribute Decision Making,
   Methods and Applications, 259 Seiten
   Springer-Verlag, Berlin/Heidelberg/New York 1981
   S. 18-24 für Abschnitt 4.1
   S. 17 und S. 26-29 für Abschnitt 4.2
   S. 29-31 für Abschnitt 4.3

§5 Entscheiden ohne Information über Präferenzen

Es gibt einige klassische Entscheidungsregeln wie Dominanz-, Maximin- und Maximax-Strategien, die sich stets für MADM-Probleme eignen. Sie benötigen keine Informationen über die Präferenzen des Entscheidungsfällers und liefern dementsprechend rein sachliche Ergebnisse. Gegeben sind also nur die m Handlungsalternativen, die n Attribute und ihre Ausprägungen mindestens auf ordinalem Skalenniveau.

5.1 Dominanz-Strategie

Eine Alternative heißt **_dominiert_**, wenn eine andere Alternative sie bezüglich eines oder mehrerer Attribute übertrifft und bezüglich der anderen Attribute gleichwertig ist. Offenbar ist eine Alternative genau dann nicht dominiert, wenn sie funktional-effizient ist (vgl. §4.1). Die Anzahl der Alternativen kann durch Elimination der dominierten Alternativen verkleinert werden. Übrig bleibt die meist immer noch recht große Menge der nicht-dominierten Alternativen, die vollständige Lösung.
Der Algorithmus verläuft wie folgt:
Vergleiche die beiden ersten Alternativen und wenn eine durch die andere dominiert wird, streiche die dominierte Alternative. Dann vergleiche die nicht-dominierte Alternative mit der dritten Alternative und streiche die dominierte Alternative. Dann betrachte die vierte Alternative usw. Nach (m-1) Stufen mit insgesamt maximal m·(m-1)/2 Vergleichen ist die Menge der nicht-dominierten Alternativen bestimmt.

Gewöhnlich ist die Menge der nicht-dominierten Alternativen noch derart groß, daß das Dominanz-Verfahren nur als Vorauswahl oder filternde Auswahl anwendbar ist, während die eigentliche Wahl einer Alternative noch vollzogen werden muß.
Die erwartete Anzahl nicht-dominierter Lösungen läßt sich nach Calpine und Golding errechnen, wenn m Handlungsalternativen bezüglich n Attributen verglichen werden, vgl. [Hwang, Yoon, S. 59/60]. Simulationsuntersuchungen zeigen, daß es bei großer Zahl n von Attributen (etwa n≥28) kaum dominierte Alternativen gibt, während sich bei geringer Zahl n von Attributen (etwa n≤4) die Zahl der Alternativen durch die Dominanz-Strategie deutlich verringern läßt. Dieses Ergebnis veranschaulicht die nächste Grafik für m=10, m=100 und m=1000 Handlungsalternativen.

Kapitel II: Klassische MADM-Ansätze 43

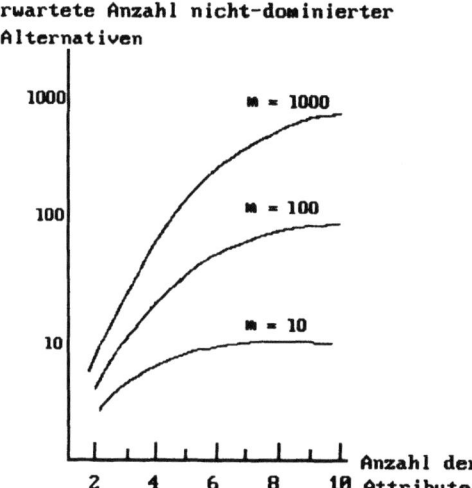

Abb. 12: Wirksamkeit der Dominanz-Strategie in Abhängigkeit von der Anzahl der Attribute aus [Hwang/Yoon, S. 60]

Das zunächst vielleicht überraschende Resultat läßt sich durch folgende Überlegung plausibel machen: Jedes zusätzliche Attribut führt eine weitere Rangordnung der Alternativen ein und vermindert damit die Chance, daß gewisse Alternativen andere dominieren.

5.2 Maximin-Strategie

In einer Situation, wo die gesamte Durchführung einer Alternative durch das schlechteste Attribut bestimmt wird, würde ein Entscheidungsfäller die Attributausprägungen jeder Alternative untersuchen, den niedrigsten Wert für jede Alternative feststellen und dann die Alternative als optimale auswählen, deren schlechtestes Attribut den am besten akzeptablen Wert besitzt. Das ist die Auswahl des Maximums vom Minimum sämtlicher Attributausprägungen, eine Auswahl, die über alle Alternativen zu erstrecken ist. Darin besteht die Maximin-Strategie.
Bei der Maximin-Strategie wird die ganze Alternative nur durch ihr schwächstes Attribut dargestellt, während die übrigen(n-1) Attribute unberücksichtigt bleiben. Wenn die niedrigsten Attributwerte bei verschiedenen Alternativen von verschiedenen Attributen herrühren, dann gründet sich die Auswahl einer optimalen Alternative gemäß der Maximin-Strategie bloß auf einzelnen Werten von Attributen, die wiederum von Alternative zu Alternative verschieden sein können. Um die Maximin-Strategie also überhaupt sinnvoll einsetzen zu können, müssen die Ausprägungen verschiedener

Attribute vergleichbar sein, d.h. alle Attribute müssen auf einer gemeinsamen Skala gemessen werden.

Diejenige Alternative A_{i^*} wird als optimal angesehen, für deren Ausprägungen x_{i^*j} bezüglich der n Attribute gilt

$$\min_{\substack{j \\ 1 \leq j \leq n}} x_{i^*j} = \max_{\substack{i \\ 1 \leq i \leq m}} \left\{ \min_{\substack{j \\ 1 \leq j \leq n}} x_{ij} \right\} \quad ,$$

sofern alle Attribute auf einer gemeinsamen Skala gemessen werden.
Die Voraussetzung der gleichen Skala läßt sich mit Mitteln aus Abschnitt 4.3 erreichen.

In der Maximin-Strategie drückt sich eine äußerst pessimistische Grundhaltung des Entscheidungsfällers aus. Statt die gesamte verfügbare Information zu nutzen, orientiert er sich bei seiner Entscheidung nur an einem einzigen Attribut je Alternative, dem Attribut mit dem niedrigsten Wert. Darin zeigt sich implizit eine extreme Gewichtung (vgl. §7.1), nämlich das Gewicht 1 für die schlechteste Attribut-Ausprägung und Gewicht 0 für alle übrigen. Die Möglichkeit, den schlechtesten Wert in einem Attribut durch sehr gute Ergebnisse in anderen Attributen auszugleichen, d.h. die Möglichkeit der Kompensation, besteht nicht.
Die Maximin-Strategie erscheint nur sinnvoll in solchen Situationen, in denen der Wert jeder Alternative tatsächlich allein durch ihre schlechteste Attributausprägung bestimmt wird, so wie die Stärke einer Kette nur von ihrem schwächsten Glied abhängt.

5.3 Maximax-Strategie

Ein sehr optimistischer Entscheidungsfäller richtet sich bei der Auswahl einer Handlungsalternative ausschließlich am größten Attributwert. Für jede Alternative wird die höchste Attributausprägung bestimmt und diejenige Alternative als optimal angesehen, für die dieser Wert am größten ist; die übrigen (n-1) Attributausprägungen werden vernachlässigt.
Damit ein solches Vorgehen, Maximax-Strategie genannt, sinnvoll ist, müssen wiederum alle Attribute auf einer gemeinsamen Skala gemessen werden.

Bei der Maximax-Strategie wird dann die Alternative A_{i^*} als optimal bezeichnet, deren maximale Attributausprägung

Kapitel II: Klassische MADM-Ansätze

$$\max_{\substack{j \\ 1 \leq j \leq n}} x_{i*j} \qquad \text{die Gleichung}$$

$$\max_{\substack{j \\ 1 \leq j \leq n}} x_{i*j} = \max_{\substack{i \\ 1 \leq i \leq m}} \left\{ \max_{\substack{j \\ 1 \leq j \leq n}} x_{ij} \right\}$$

erfüllt.

Auch hier liegt eine extreme Gewichtung der Attribute vor, nämlich Gewicht 1 für die beste Attributausprägung und Gewicht 0 für alle übrigen. Das dürfte nur in Ausnahmefällen die wirklichen Präferenzen des Entscheidungsfällers wiederspiegeln.

Literatur zu §5

Hwang, Chin-Lai/Yoon, Kwangsun: 1981, Multiple Attribute Decision Making,
    Methods and Applications, 259 Seiten
    Springer-Verlag, Berlin/Heidelberg/New York 1981
    S. 58-65

§6 Entscheiden mit Anspruchsniveaus oder ordinaler Attribut-Information

In diesem Paragraphen wird von der Entscheidungssituation ausgegangen, in der Informationen über die Attribute in Form von Anspruchsniveaus für ihre Ausprägungen vorliegen (Abschnitt 6.1) oder auf einer Ordinalskala beschrieben sind (Abschnitt 6.2). Ohne Einschränkung der Allgemeinheit setzen wir voraus, daß eine Alternative für umso besser gehalten wird, je größer ihre Attributausprägungen sind, d.h., daß die Präferenz monoton mit den Attributausprägungen wächst.

6.1 Entscheiden bei gegebenen Anspruchsniveaus

Anspruchsniveaus sind minimale Attribut-Werte, die der Entscheidungsfäller für jedes Attribut akzeptiert. Sie spielen die Schlüsselrolle bei der Elimination von nichtzufriedenstellenden Alternativen.

6.1.1 Konjunktives Vorgehen

Für alle Attribute werden Mindestgrenzen festgelegt. Akzeptiert werden die Alternativen, welche alle Bedingungen erfüllen, während diejenigen Alternativen, die mindestens ein Anspruchsniveau unterschreiten, abgelehnt werden.

Bezeichnet $x_j°$ das Anspruchsniveau für das j-te Attribut, so wird die Alternative A_i mit $1 \leq i \leq m$ genau dann akzeptiert, wenn für alle Attributausprägungen x_{ij} gilt:

```
        xij≥xj°    für alle j mit 1≤j≤n
bzw.    xij≥xj°    für j=1 und j=2 und ... und j=n.
```

Aus der letzten Darstellung ergibt sich auch die Bezeichnung "konjunktives" Vorgehen.

Bemerkungen:
· Das Verfahren ist nicht-kompensatorisch, da nur die minimalen Schnittwerte $x_j°$ für jedes Attribut betrachtet werden, ohne dabei besonders gute Attributausprägungen zu berücksichtigen.
· Erhöht man die Anspruchsniveaus iterativ, läßt sich die Menge der akzeptablen Alternativen zwar verkleinern, im Extremfall bis auf ein einziges Element, das dann

als "optimale" Handlungsalternative zu "wählen" ist. Doch läßt sich ein solches Vorgehen kaum vernünftig und eindeutig steuern, weil die Frage, welches Anspruchsniveau als nächstes in welchem Ausmaß zu erhöhen ist, nur willkürliche Antworten gestattet. Damit erscheint das konjunktive Vorgehen als ungeeignet zur endgültigen Auswahl einer Alternative.
- Das Verfahren benötigt nur sehr wenig Information über die Attribute, z.B. braucht es keine Kenntnis irgendwelcher Gewichte.
- Das konjunktive Vorgehen klassifiziert die Alternativen, nämlich in akzeptable und nicht-akzeptable, und ist daher geeignet als Mittel zur Vorauswahl aus einer großen Alternativenmenge, indem es die Alternativenmenge verkleinert.

6.1.2 Disjunktives Vorgehen

Für alle Attribute seien wieder Anspruchsniveaus festgelegt. Jetzt werden alle diejenigen Alternativen zugelassen, die mindestens bei einem Attribut das Anspruchsniveau erfüllen. Damit wird eine Alternative nur nach dem größten Wert in einem einzigen Attribut beurteilt.

Bezeichnet $x_j°$ das gewünschte Niveau des j-ten Attributs, so wird Alterative A_i genau dann als akzeptabel angesehen, wenn für ihre Attributausprägung x_{ij} ($1 \le j \le n$) gilt:

$$x_{ij} \ge x_j° \quad \text{für mindestens ein } j \text{ mit } 1 \le j \le n$$

bzw. $\quad x_{ij} \ge x_j° \quad$ für j=1 oder j=2 oder ... oder j=n.

Daher stammt auch der Name "disjunktives" Vorgehen.

Bemerkung:
- Das disjunktive Verfahren ist in extremer Weise kompensatorisch, da die gute Ausprägung nur eines einzigen Attributes zur Akzeptanz der Alternative führt, unabhängig davon, wie gut die Alternative bezüglich der übrigen (n-1) Attribute ist.

6.2 MADM bei ordinaler Information über die Attribute

Für den Entscheidungsfäller ist es oft einfacher, die relative Wichtigkeit unter den Attributen auf einer Ordinal-Skala als auf einer Kardinal-Skala zu bestimmen. Trotz ihrer Schwächen haben deshalb die folgenden Verfahren eine Daseinsberechtigung.

6.2.1 Lexikographische Methode

In gewissen Entscheidungssituationen herrscht ein einzelnes Attribut vor in dem Sinne, daß sich die Auswahl einer Alternative "in erster Linie" an diesem "wichtigen" Attribut orientiert. Dann kann eine Entscheidung wie folgt vollzogen werden: Vergleiche die Alternativen bezüglich des wichtigsten Attributs. Hat eine Alternative eine höhere Ausprägung als alle anderen bezüglich dieses Attributs, so werde die Alternative gewählt und der Entscheidungsprozeß endet. Falls jedoch mehrere Alternativen bezüglich des wichtigsten Attributs gleiche Ausprägungen besitzen, dann vergleiche man die ununterscheidbaren Alternativen im Hinblick auf das zweitwichtigste Attribut. Der Prozeß wird solange fortgesetzt, bis entweder eine einzelne Alternative gewählt worden ist oder alle n Attribute betrachtet worden sind.

Seien $C_1, C_2, ..., C_n$ die n Attribute in der ordinalen Reihenfolge ihrer Wichtigkeit, die der Entscheidungsfäller vorgeben muß, d.h. C_1 ist für den Entscheidungsfäller das wichtigste Attribut, C_2 das zweitwichtigste Attribut, usw., C_n das unwichtigste Attribut. Dann setze

$I^0 = \{1, 2, ..., m\}$ = Menge der Indizes aller Alternativen.

$I^1 = \{i \in I^0 \mid x_{i1} = \max_{j \in I^0} x_{j1}\}$ = Menge der Indizes derjenigen Alternativen A_i, deren Ausprägung x_{i1} bezüglich Attribut C_1 relativ zu allen anderen Alternativen maximal ist.

Falls I^1 = einelementig = $\{i^*\}$, ist A_{i^*} die am meisten bevorzugte Alternative, sonst besitzt die Indexmenge I^1 noch mehrere Elemente und betrachte

$I^2 = \{i \in I^1 \mid x_{i2} = \max_{j \in I^1} x_{j2}\}$ = Menge der Indizes aus der Indexmenge I^1, deren Ausprägung x_{i2} bezüglich des 2. Attributs maximal ist relativ zu allen anderen Alternativen mit Index aus I^1.

Falls I^2 = einelementig = $\{i^*\}$, ist A_{i^*} die am meisten bevorzugte Alternative, sonst betrachte

$I^3 = \{i \in I^2 \mid x_{i3} = \max_{j \in I^2} x_{j3}\} \ldots$

Setze dieses Vorgehen fort, bis entweder irgendeine Indexmenge I^k für ein $k \in \{1, 2, ..., n\}$ einelementig = $\{i^*\}$ ist und damit A_{i^*} die am meisten präferierte Alternative, oder bis alle n Attribute betrachtet worden sind und somit alle Alternativen A_i mit Index $i \in I^n$ als gleichwertig anzusehen sind.

Bemerkung:
- Die Orientierung der Entscheidung ausschließlich am jeweils wichtigsten Attribut ist zwar einfach zu handhaben, gestattet aber keine Kompensation eines schlechten Wertes einer Alternative in einem wichtigen Attribut durch sehr gute Ausprägungen in anderen, etwas weniger wichtigen Attributen. Insofern nutzt das lexikographische Vorgehen nicht die gesamte verfügbare Information.
- Der Name "lexikographisch" stammt daher, daß die Alternativen entsprechend der Rangfolge der verschiedenen Attribute geordnet werden, und zwar genau so wie Worte in einem Lexikon entsprechend der alphabetischen Anordnung.

6.2.2 Lexikographische Methode mit Halbordnung

In vielen Fällen ist es sinnvoll und wirklichkeitsnah, zwei Alternativen nur dann zu unterscheiden und Dominanz der einen über die andere Alternative zu behaupten, wenn sich ihre Attributausprägungen merklich voneinander unterscheiden, wenn ein bedeutsamer ("signifikanter") Unterschied zwischen den Werten besteht. Eine Alternative soll nicht deswegen besser beurteilt werden, weil sie in einem Attribut einen geringfügig höheren Wert als eine zweite Alternative annimmt.

Damit läßt sich die lexikographische Methode in der folgenden, wirklichkeitsnäheren Form abändern:

Die Indexmenge

$$I^k = \{i \in I^{k-1} \mid x_{ik} \approx \max_{j \in I^{k-1}} x_{jk}\}$$

enthält nicht nur die Indizes derjenigen Alternativen, für die die Ausprägung x_{ik} bezüglich des k. Attributs genau gleich der maximalen Ausprägung $\max_{j \in I^{k-1}} x_{jk}$ ist, sondern auch die Indizes der Alternativen, deren Ausprägung x_{ik} nicht signifikant von $\max_{j \in I^{k-1}} x_{jk}$ abweicht, also für die x_{ik} "ungefähr gleich" (kurz $\approx$) der maximalen Ausprägung bezüglich des k. Attributs ist relativ zu allen Alternativen mit Index aus der Indexmenge I^{k-1}. Die Größe der Abweichung, die als nicht signifikant gilt, muß natürlich vom Entscheidungsfäller für jedes Attribut vorgegeben werden.

Nachteil dieser lexikographischen Methode mit Halbordnung ist die Möglichkeit, daß Intransitivitäten auftreten können, also $A_1 \succ A_2$ und $A_2 \succ A_3$ und $A_3 \succ A_1$, wie folgendes Beispiel zeigt [Hwang/Yoon, 1981, S. 75]:

Gegeben sei eine Entscheidungssituation mit drei Alternativen A_1, A_2 und A_3, zwei Nutzen-Attributen C_1 und C_2, wobei C_1 wichtiger als C_2 sei, und der Zielerreichungsmatrix

$$X = \begin{matrix} & C_1 & C_2 & \\ & \begin{bmatrix} 2 & 6 \\ 3 & 4 \\ 4 & 2 \end{bmatrix} & \begin{matrix} A_1 \\ A_2 \\ A_3 \end{matrix} \end{matrix}$$

Vorausgesetzt sei ferner, daß sowohl bezüglich Attribut C_1 als auch bezüglich Attribut C_2 eine Differenz der Ausprägungen von 1 oder weniger als nicht-signifikant angesehen wird.

Dann ergibt sich

$A_1 \succ A_2$, da der Unterschied bzgl. C_1 nicht-signifikant ist und A_2 bzgl. C_2 von A_1 dominiert wird,

$A_2 \succ A_3$, da der Unterschied bzgl. C_1 ebenfalls nicht-signifikant ist und A_3 bzgl. C_2 von A_2 dominiert wird,

aber auch

$A_3 \succ A_1$, da der Unterschied in dem wichtigen Attribut C_1 größer als 1 und damit signifikant ist.

6.2.3 Aspektweise Elimination

Für jedes Attribut habe der Entscheidungsfäller Anspruchsniveaus definiert. Nach der Auswahl eines Attributs werden alle diejenigen Alternativen eliminiert, die dem zugehörigen Anspruchsniveau dieses Attributs nicht genügen. Dann wiederholt man mit einem nächsten Attribut das Vorgehen. Das Verfahren wird solange fortgesetzt, bis alle Alternativen bis auf eine eliminiert sind. Die Reihenfolge, in der die Attribute einzeln und nacheinander betrachtet werden, richtet sich nicht nach ihrer relativen Wichtigkeit, sondern nach ihrem "Diskriminationsvermögen", d.h. nach ihrer Fähigkeit, verschiedene Ausprägungen tatsächlich als unterschiedlich zu erkennen.

Die Bezeichnung "aspektweise" Elimination für das beschriebene Verfahren geht auf A. Tversky zurück, der jede Handlungsalternative als eine Menge von "Aspekten" ansieht. Aspekte stellen quantitative oder qualitative Attributausprägungen dar. Der

Eliminationsprozeß, der letztlich die Handlungsalternative bestimmt, wird durch die sukzessive Auswahl von Aspekten statt durch Anspruchsniveaus gesteuert; in die Auswahl der Aspekte werden Wahrscheinlichkeits-Aussagen einbezogen.

Die aspektweise Elimination läßt sich entstanden denken aus der konjunktiven und der lexikographischen Methode und besitzt daher ebenfalls einen nicht-kompensatorischen Charakter. Im Extremfall wird nur ein einziges Attribut berücksichtigt, nämlich dann, wenn im 1. Schritt ein Aspekt ausgewählt wird, der nur eine einzige Alternative besitzt. Da in das Auswahlverfahren der Aspekte stochastische Überlegungen einfließen, hängt die Reihenfolge, in der die Aspekte zur Elimination betrachtet werden, von der jeweiligen Entscheidungssituation ab.

Für Einzelheiten der aspektweisen Elimination sei auf die Orginalarbeiten von Amos Tversky aus dem Jahre 1972 verwiesen.

Literatur zu §6

Eisenführ, Franz: 1989, Betriebswirtschaftliche Planung und Entscheidung, 151 Seiten
    Skript zur Vorlesung an der RWTH Aachen, 2. Auflage
    WS 1989/90
    Verlag Augustinus-Buchhandlung, Aachen
    S. 118-119
    (* zu Anspruchsniveaus und lexikographischer Ordnung *)

Hwang, Chin-Lai/Yoon, Kwangsun: 1981, Multiple Attribute Decision Making,
    Methods and Applications, 259 Seiten
    Springer-Verlag, Berlin/Heidelberg/New York 1981
    S. 68-83

Tversky, Amos: 1972, Choice by Elimination
    Journal of Mathematical Psychology, Volume 9, Number 4, November 1972
    S. 341-367
    (* enthält eine mehr mathematische, theoretische Beschreibung der
    aspektweisen Elimination *)

Tversky, Amos: 1972, Elimination by Aspects: A Theory of Choice
    Psychological Review, Volume 79, Number 4, July 1972
    S. 281-299
    (* diskutiert mehr die die strategischen Folgerungen und die
    psychologischen Deutungen der aspektweisen Elimination *)

§7 Methoden bei kardinaler Attribut-Information

In diesem Paragraphen wird vorausgesetzt, daß der Entscheidungsfäller die relative Wichtigkeit unter den Attributen auf einer kardinalen Skala ausdrückt. Das geschieht meist in Form von Gewichten, die sich gemäß Abschnitt 7.1 auf verschiedene Arten bestimmen lassen. Alle Methoden in §7 beinhalten die Möglichkeit der Kompensation, sie unterscheiden sich allerdings stark in ihrem rechnerischen Vorgehen.

7.1 Bestimmung von Gewichten

Viele MADM-Methoden setzen voraus, daß die relative Wichtigkeit der Attribute untereinander durch Gewichte ausgedrückt wird. Zu jedem der insgesamt n Attribute C_j gehört eindeutig ein Gewicht w_j. Das *Gewicht* w_j (engl. "weight") ist eine nichtnegative Zahl, die auf kardinalem Skalenniveau die Bedeutung des zugehörigen Attributs C_j im Vergleich zu den übrigen Attributen wiedergeben soll. Meist werden die Gewichte w_j ($1 \leq j \leq n$) durch die zusätzliche Forderung $\sum_{j=1}^{n} w_j = 1$ auf das Intervall [0,1] normiert und zu einem Gewichtevektor $w \in \mathbb{R}^n$ mit $w^T = (w_1, w_2, ..., w_n)$ zusammengefaßt.

7.1.1 Der Gewichtevektor

Vorausgesetzt wird, daß der Entscheidungsfäller die relative Wichtigkeit von je zwei Attributen beurteilt hat, also bein Attributen $C_1, C_2, ..., C_n$ durch $\frac{1}{2} \cdot n \cdot (n-1)$ viele Vergleiche ausgedrückt hat, um wieviel wichtiger Attribut C_i im Vergleich zu Attribut C_j ist ($1 \leq i,j \leq n$). Diese Beurteilungen dürfen im folgenden fehlerbehaftet ("inkonsistent") sein.
Es sei $A = (a_{ij})^n_{i=1},^n_{j=1} \in \mathbb{R}^{n \times n}$ die vom Entscheidungsfäller angegebene Matrix der Paarvergleiche, wo a_{ij} die relative Wichtigkeit vom i. Attribut gegenüber dem j. Attribut ausdrückt. Beispielsweise könnte der Entscheidungsfäller als Paarvergleichsmatrix A für vier Attribute C_1, C_2, C_3 und C_4 die Matrix

Kapitel II: Klassische MADM-Ansätze

$$A = \begin{pmatrix} 1 & 8 & 2 & 16/5 \\ 1/8 & 1 & 1/4 & 2/5 \\ 1/2 & 4 & 1 & 8/5 \\ 5/16 & 5/2 & 5/8 & 1 \end{pmatrix}$$

angeben. Im Falle völlig widerspruchsfreier ("konsistenter") Schätzungen gilt für die Vergleichsmatrix A die *Konsistenzbedingung*

(1) $a_{ik} \cdot a_{kj} = a_{ij}$ für alle $1 \leq i, j, k \leq n$,

d.h. die relative Wichtigkeit a_{ij} des i-ten Attributs gegenüber dem j-ten Attribut läßt sich ermitteln, indem man die relative Wichtigkeit a_{ik} des i-ten Attributs gegenüber irgendeinem dritten Attribut C_k multipliziert mit der relativen Wichtigkeit a_{kj} dieses Attributs C_k gegenüber dem j-ten Attribut. Zum Beispiel aus $a_{13}=2$ und $a_{32}=4$, d.h. daraus, daß Attribut C_1 doppelt so wichtig ist wie Attribut C_3 und Attribut C_3 viermal so wichtig ist wie Attribut C_2, daraus folgt, daß Attribut C_1 achtmal so wichtig ist wie Attribut C_2, da nämlich $a_{12}=a_{12} \cdot a_{32}=2 \cdot 4=8$. Offenbar ist die obige Matrix völlig konsistent.

Gilt außerdem für die Werte a_{ij} der Paarvergleichsmatrix A die Beziehung

(2) $a_{ij} > 0$ für alle $1 \leq i, j \leq n$,

so folgt aus der Konsistenzbedingung zum einen, daß A eine *reziproke Matrix* ist, d.h. es gilt

$$a_{ij} = \frac{1}{a_{ji}} \quad \text{für alle } 1 \leq i, j \leq n.$$

Zum anderen folgt aus (1) und (2) die Existenz eines Gewichtevektors $w=(w_1, w_2, ..., w_n)^T \in \mathbb{R}^n$ mit $w_j > 0$ für alle $1 \leq j \leq n$ derart, daß sich die Koeffizienten a_{ij} der Matrix A durch w darstellen lassen gemäß

(3) $a_{ij} = \dfrac{w_i}{w_j}$ für alle $1 \leq i, j \leq n.$

Stellt man zusätzlich mit

$$(4) \quad \sum_{j=1}^{n} w_j = 1$$

eine Normierungsbedingung, so ist der Gewichtevektor w durch (3) sogar eindeutig bestimmt.

Damit läßt sich die gesamte Information über die relative Wichtigkeit der Kriterien untereinander, die in der reziproken (nxn)-Matrix A der Paarvergleiche enthalten ist, im Falle völliger Konsistenz der Vergleichswerte also schon durch einen einzigen n-dimensionalen Vektor ausdrücken, nämlich den Gewichtevektor w.

Wäre die Matrix A mit Hilfe völlig konsistenter Schätzungen gebildet worden, so ließe sich der Gewichtevektor w aus A durch Normierung der j-ten Spalte von A berechnen als

$$(5) \quad w_i = \frac{a_{ij}}{\sum_{k=1}^{n} a_{kj}} \quad \text{für alle i mit } 1 \le i \le n,$$

was sich aus (3) und (4) herleitet.

Für das obige Beispiel mit den vier Attributen ergibt sich der Gewichtevektor $w=(16/31, 2/31, 8/31, 5/31)^T$. Mit Hilfe der Gewichte w_j, $1 \le j \le 4$, läßt sich die völlige Konsistenz der Paarvergleichsmatrix gemäß Gleichung (3) rasch nachweisen.

Doch leider unterlaufen dem menschlichen Entscheidungsfäller in seinen Paarvergleichen Fehler. Daher gelten die Konsistenzbedingungen (3) und alle darauf beruhenden Resultate wie etwa (5) nur näherungsweise. Im folgenden werden zwei Wege angegeben, um den unbekannten Gewichtevektor w aus einer gegebenen, aber womöglich inkonsistenten Paarvergleichsmatrix A zu bestimmen. Zum einen wird die Methode der gewichteten kleinsten Quadrate vorgestellt, zum anderen die Eigenvektor-Methode.

7.1.2 Methode der gewichteten kleinsten Quadrate

Bei der Methode der gewichteten kleinsten Quadrate wird von der reziproken Matrix A und der Beziehung (3) $\quad a_{ij} = \dfrac{w_i}{w_j}$

Kapitel II: Klassische MADM-Ansätze

für alle $1 \leq i,j \leq n$ ausgegangen. Gesucht werden Gewichte w_i, wie diese Bedingung bzw. die damit äquivalente Gleichung $a_{ij} \cdot w_j = w_i$ für alle $1 \leq i,j \leq n$ bei gegebenen a_{ij} "möglichst gut" erfüllen.

Dazu wird folgendes quadratisches Optimierungsproblem gelöst, das die mittlere quadratische Abweichung $(a_{ij} \cdot w_j - w_i)^2$ für alle Indexkombinationen i und j gleichzeitig zu minimieren sucht:

(6)
$$\min z = \sum_{j=1}^{n} \sum_{j=1}^{n} (a_{ij} \cdot w_j - w_i)^2$$
$$\text{s.d.} \quad \sum_{j=1}^{n} w_j = 1$$
$$w_i > 0 \text{ für alle } 1 \leq i \leq n$$

Mittels eines Lagrange-Ansatzes läßt sich diese Minimierungsaufgabe in ein lineares Gleichungssystem in dem unbekannten Gewichtevektor $w \in \mathbb{R}^n$ und dem ebenfalls unbekannten Lagrange-Multiplikator $\lambda \in \mathbb{R}^1$ überführen. Das entstehende Gleichungssystem lautet

(7)
$$\sum_{i=1}^{n} 2 \cdot (a_{il} \cdot w_l - w_i) a_{il} - \sum_{j=1}^{n} 2 \cdot (a_{lj} \cdot w_j - w_l) + \lambda = 0$$
$$\text{für } l = 1, 2, \ldots, n$$
$$\sum_{j=1}^{n} w_j = 1$$

und ist deshalb sehr leicht lösbar.

7.1.3 Saatys Eigenvektor-Methode

Um die Paarvergleiche mit Zahlen in Form von Quotienten w_i/w_j zu bewerten, gibt Thomas L. Saaty unter anderem eine 9-Punkte-Skala nebst Interpretation an (vgl. Abb. 13).

Skalenwert	Definition	Interpretation
1	gleiche Bedeutung	Beide verglichenen Elemente haben die gleiche Bedeutung für das nächsthöhere Element (Ziel).
3	etwas größere Bedeutung	Erfahrung und Einschätzung sprechen für eine etwas größere Bedeutung eines Elements im Vergleich zu einem anderen.
5	erheblich größere Bedeutung	Erfahrung und Einschätzung sprechen für eine erheblich größere Bedeutung eines Elements im Vergleich zu einem anderen.
7	sehr viel größere Bedeutung	Die sehr viel größere Bedeutung eines Elements hat sich in der Vergangenheit klar gezeigt.
9	absolut dominierend	Es handelt sich um den größtmöglichen Bedeutungsunterschied zwischen zwei Elementen.
2,4,6,8	Zwischenwerte	Zwischen zwei benachbarten Urteilen muß eine Übereinkunft getroffen werden, ein Kompromiß.

Abb. 13: 9-Punkte-Skala von Saaty für die Paarvergleiche (nach [Haedrich/Kuß/Kreilkamp, 1986, S. 123])

Damit kommen für die Paarvergleichsmatrix A nur die Koeffizienten 1,2,3,4,5,6,7,8,9 und die Kehrwerte 1,1/2,1/3,1/4,1/5, 1/6,1/7,1/8,1/9 in Betracht.

Saatys Vorgehen beruht auf der besonderen Eigenschaft einer völlig konsistenten reziproken Matrix $A \in \mathbf{R}^{n \times n}$, den Eigenwert n zu besitzen mit dem Gewichtevektor w als einem zugehörigen Eigenvektor. Gilt also exakt $A_{ij}=w_i/w_j$ für alle $1 \leq i,j \leq n$, dann ist $A \cdot w = n \cdot w$.

Im Falle der Inkonsistenz besitzt die vom Entscheidungsfäller angegebene Matrix A zwar nicht genau diese Eigenschaft, doch weil bekanntlich kleine Störungen der Koeffizienten von A nur kleine Veränderungen der Eigenwerte nach sich ziehen, berechnet Saaty den gesuchten Gewichtevektor w als Eigenvektor von A zum größten Eigenwert λ_{max} von A, wobei w zusätzlich der Bedingung $\sum_{j=1}^{n} w_j = 1$ genügen muß.

Kapitel II: Klassische MADM-Ansätze

Kurz zusammengefaßt lautet die Aufgabe und Lösung von Saaty:

gegeben: Matrix $A \in \mathbb{R}^{n \times n}$ der paarweisen Attributvergleiche vom Entscheidungsfäller

gesucht: Gewichtevektor $w \in \mathbb{R}^n$ mit $\sum_{j=1}^{n} w_j = 1$

Lösung nach Saaty:
1. Berechne den größten Eigenwert λ_{max} von A als das Größte $\lambda \in \mathbb{R}$, das die Gleichung $\det(A - \lambda \cdot I) = 0$ mit I=Einheitsmatrix der Dimension n erfüllt.
2. Bestimme eine Lösung $\tilde{w} \in \mathbb{R}^n$ mit $\tilde{w} \neq 0 \in \mathbb{R}^n$ des linearen Gleichungssystems $(A - \lambda \cdot I) \cdot \tilde{w} = 0$ mit $\tilde{w}_i \geq 0$ für alle $1 \leq i \leq n$.
3. Berechne die Komponenten von w als $w_j = \dfrac{\tilde{w}_j}{\sum_{i=1}^{n} \tilde{w}_i}$ für alle $1 \leq j \leq n$.

Im Falle konsistenter Matrizen gilt $\lambda_{max} = n$ und alle übrigen Eigenwerte sind gleich 0, während für inkonsistente Matrizen $\lambda_{max} > n$ gilt. Als Maßgröße für die Konsistenz wird der

$$\text{Konsistenzindex} \quad KI = \frac{\lambda_{max} - n}{n - 1}$$

verwendet. Dies geschieht wie folgt:
Für jede Matrixgröße n wurden reziproke Zufallsmatrizen auf Grundlage der Saatyschen Skala 1/9,1/8,1/7,...,1,2,...,7,8,9 erzeugt, deren durchschnittlicher Konsistenzindex berechnet und als RI (Random Index) bezeichnet. Die Ergebnisse zeigt die nachstehende Tabelle.

n	1	2	3	4	5	6	7	8	9	10
RI(n)	0,00	0,00	0,58	0,90	1,12	1,24	1,32	1,41	1,45	1,49

n	11	12	13	14	15
RI(n)	1,51	1,48	1,56	1,57	1,59

Abb. 14: Tabelle der RI-Werte (aus [Harker, 1989, S. 32])

Nun wird für die gegebene Paarvergleichsmatrix $A \in \mathbb{R}^{n \times n}$ ein Konsistenzwert KW=KW(A) ermittelt, der den Konsistenzindex KI=KI(A) von A in ein Verhältnis setzt zu dem RI-Wert einer gleichgroßen Matrix gemäß

$$KW(A) = \frac{KI(A)}{RI(n)} .$$

Damit wird die gegebene Matrix A einer völlig zufälligen Beantwortung der Paarvergleichsfragen gegenübergestellt. Gilt für den Konsistenzwert KW(A)≤0,1, so wird A als ausreichend konsistent angesehen, d.h. die Paarvergleiche gelten als akzeptabel, während für KW(A)>0,1 die Bewertungen überprüft und verbessert werden sollten.

Die Saatysche Eigenwert-Methode läßt sich als Durchschnittsbildung interpretieren. Dazu deute man den am Ende bestimmten Gewichtevektor als Durchschnitt über alle denkbaren Möglichkeiten, die gegebenen Alternativen bzw. Attribute zu vergleichen (vgl. [Harker, 1989, S. 31] und sehr ausführlich in [Harker/Vargas, 1987, S. 1392-1394]).

7.2 Lineare Zuordnungsmethode

Bernardo und Blin entwickelten 1977 die lineare Zuordnungs-Methode, die auf einer Menge von attributweisen Rangordnungen der Alternativen und einem Gewichtevektor für die Attribute aufbaut. Ihr Verfahren ist durch einen linearen Prozeß gekennzeichnet, der die Wechselwirkung der Attribute kompensatorisch berücksichtigt. Die Vorteile des Verfahrens bestehen darin, daß es

(i) bis auf den Gewichtevektor nur ordinale Daten des Attributvergleichs benutzt, daß also insbesondere qualitative Attributausprägungen nicht erst skaliert werden müssen,

(ii) einen kompensatorischen Charakter besitzt,

(iii) effizient lösbar ist.

Gegeben seien m Alternativen $A_1, A_2, ..., A_m$ und n Attribute $C_1, C_2, ..., C_n$ sowie die Rangfolgen sämtlicher Alternativen bezüglich jedes einzelnen Attributs auf ordinalem Skalenniveau. Ferner sei ein Gewichtevektor $w \in \mathbb{R}^n$ mit $w^T=(w_1,w_2,...,w_n)$, $\sum_{j=1}^{n} w_j = 1$ und $w_j \geq 0$ für alle $1 \leq j \leq n$ bekannt, der die relative Wichtigkeit der Attribute untereinander ausdrückt.

Dann wird eine Alternative-Rangplatz-Matrix $Q \in \mathbb{R}^{m \times m}$ berechnet, eine quadratische Matrix der Dimension m mit nichtnegativen Einträgen, bei der der Koeffizient Q_{jk} in der

Kapitel II: Klassische MADM-Ansätze

i-ten Zeile und der k-ten Spalte sich auf die Alternative A_i und den jeweils k-ten Rangplatz der attributweisen Rangfolgen bezieht. Dazu wird eine Indexmenge I_{ik} definiert als

$$I_{ik} = \{j \mid 1 \leq j \leq n \text{ und im Vergleich der Alternativen bezüglich des } j\text{-ten Attributs nimmt Alternative } A_i \text{ den } k\text{-ten Rang ein}\}$$

und damit

$$Q_{ik} = \sum_{j \in I_{ik}} w_j ,$$

d.h., Q_{ik} ist die Summer aller derjenigen Gewichte w_j, in deren zugehörigen Attributvergleichen Alternative A_i an k-ter Stelle auftritt. In diesem Sinne mißt Q_{ik} den Beitrag der Alternative A_i zur unbekannten Gesamtrangfolge über alle Attribute, wenn A_i dort die k-te Stelle einnimmt ($1 \leq i \leq m$, $1 \leq k \leq m$).

Man beachte, daß durch die obige Konstruktion der Alternative-Rangplatz-Matrix Q die gesamten verfügbaren Informationen über die attributweisen Rangfolgen verwendet werden und nicht nur etwa die Spitzenplätze ins Kalkül einbezogen werden.

Offensichtlich gilt $Q_{ik} \in [0,1]$. Je größer der Wert von Q_{ik} ist, umso mehr spricht dafür, daß Alternative A_i in der gesuchten Gesamtrangfolge über alle Attribute den k-ten Rang einnimmt. Oder anders ausgedrückt, je näher Q_{ik} bei 1 liegt, umso höhere Übereinstimmung mit den vorgegebenen Einzelrangfolgen und Gewichtungen liegt vor, wenn A_i in der zu ermittelnden Gesamtrangfolge den k-ten Platz besetzt.

Zu bestimmen ist nun eine Gesamtreihenfolge der Alternativen über sämtliche Attribute, so daß jeder Rangplatz k durch eine Alternative A_i besetzt wird, welche die Summe

$$\sum_{k=1}^{m} Q_{ik} \text{ maximiert.}$$

Insgesamt gibt es $m \cdot (m-1) \cdot (m-2) \cdot \ldots \cdot 3 \cdot 2 \cdot 1 = m!$ viele Möglichkeiten, die m Alternativen in einer Gesamtrangfolge über alle Attribute anzuordnen, d.h. es sind m! viele Vergleiche bezüglich der Q-Werte durchzuführen.

Für große Werte von m wird daher ein lineares Zuordnungsproblem vorgeschlagen, um die Aufgabe zu lösen. Dazu definiert man eine Permutationsmatrix $P \in \mathbb{R}^{m \times m}$ mit dem Koeffizienten

$$P_{ik} = \begin{cases} 1, & \text{falls Alternative } A_i \text{ in der Gesamtfolge Platz k einnimmt} \\ 0, & \text{sonst} \end{cases}$$

für $1 \leq i, k \leq m$. Dann ist über den Entscheidungsvariablen P_{ik} folgendes LP zu lösen:

$$\max \sum_{i=1}^{m} \sum_{k=1}^{m} Q_{ik} P_{ik}$$

$$\text{s.d.} \quad \sum_{k=1}^{m} P_{ik} = 1 \quad \text{für alle } 1 \leq i \leq m$$

$$\sum_{i=1}^{m} P_{ik} = 1 \quad \text{für alle } 1 \leq k \leq m$$

$$P_{ik} \in \{0,1\} \quad \text{für alle } 1 \leq i, k \leq m$$

Die Nebenbedingung $\sum_{k=1}^{m} P_{ik} = 1$ drückt aus, daß jede Alternative A_i nur einen einzigen Rang besitzt, während die Restriktion $\sum_{i=1}^{m} P_{ik} = 1$ widerspiegelt, daß jeder Rang k umgekehrt auch nur von einer Alternative A_i besetzt werden kann.

Errechnet man die Werte P^*_{ik} für $1 \leq i, k \leq m$ als optimale Lösung dieses Zuordnungsproblems und faßt sie zur optimalen Permutationsmatrix $P^* \in \mathbb{R}^{m \times m}$ zusammen, so ergibt sich die nach der linearen Zuordnungsmethode optimale Gesamtrangfolge $(A^{(1)}_{\text{optimal}}, A^{(2)}_{\text{optimal}}, A^{(3)}_{\text{optimal}}, ..., A^{(m)}_{\text{optimal}})$ der Alternativen $A_1, A_2, ..., A_m$ gemäß

$$(A^{(1)}_{\text{optimal}}, A^{(2)}_{\text{optimal}}, ..., A^{(m)}_{\text{optimal}}) = (A_1, A_2, ..., A_m) \cdot P^*,$$

wobei $A^{(1)}_{\text{optimal}} \succ A^{(2)}_{\text{optimal}} \; ... \; \succ A^{(m)}_{\text{optimal}}$.

7.3 Einfache additive Gewichtung

Vorausgesetzt wird, daß für die n Attribute ein Gewichtevektor $w \in \mathbb{R}^n$ mit $w_j > 0$ für alle $1 \leq j \leq n$ und $\sum_{j=1}^{n} w_j = 1$ gegeben ist. Weiter sei für jedes der n Attribute C_j eine Einzelwertfunktion v_j bekannt.

Eine *Einzelwertfunktion* (engl. "value function") ist eine Abbildung von der Menge aller Ausprägungen bezüglich des j-ten Attributs in die reellen Zahlen und zeigt den Nutzen oder Wert der jeweiligen Ausprägung für den Entscheidungsfäller an.

Kapitel II: Klassische MADM-Ansätze

Hier seien die Einzelwertfunktionen auf den Wertebereich [0,1] normiert, wobei die bestmögliche Ausprägung x_{ij} bezüglich des j-ten Attributs den Wert 1 und die schlechteste den Wert 0 erhält.

Mit Hilfe der Einzelwertfunktionen werden alle Attributausprägungen x_{ij} in vergleichbare reelle Zahlen auf ordinalem Skalenniveau umgewandelt. Vergleichbar heißt, daß "gute" Ausprägungen in einem Attribut etwa gleich hohe numerische Einzelwerte wie "gute" Ausprägungen bezüglich anderer Attribute bekommen.
Dann läßt sich rein rechnerisch für die Alternative A_i die Größe

$$v(A_i) = \sum_{j=1}^{n} w_j \cdot v_j(x_{ij})$$

problemlos als die gewichtete Summe aller Einzelwerte $v_j(x_{ij})$ dieser Alternative ermitteln.

Mit der Darstellung des Gesamtwertes $v(A_i)$ als gewichtete Summe läßt sich auch die Bedeutung des Gewichtes w_k für das k. Attribut erklären. w_k gibt nämlich denjenigen Zuwachs des Gesamtwertes $v(A_i)$ an, der dadurch entsteht, daß das k. Attribut von der schlechtesten Ausprägung $x_k^{min} = \min_{1 \leq i \leq m} x_{ik}$ mit Einzelnutzen $v_k(x_k^{min})=0$ auf die beste Ausprägung $x_k^{max} = \max_{1 \leq i \leq m} x_{ik}$ mit Einzelnutzen $v_k(x_k^{max})=1$ steigt, während alle anderen Attributausprägungen unverändert bleiben. Formal: Es seien zwei hypothetische Alternativen A und B gegeben mit den Attributausprägungen

$x_{A1}, x_{A2}, \ldots, x_{A(k-1)}, x_k^{min}, x_{A(k+1)}, \ldots, x_{An}$ (für A)
$x_{A1}, x_{A2}, \ldots, x_{A(k-1)}, x_k^{max}, x_{A(k+1)}, \ldots, x_{An}$ (für B)

Dann ist $v(B)-v(A)=w_k$.

Je nachdem, wie groß die **_Bandbreite_** $x_k^{max} - x_k^{min}$ (**_Spannweite_**, engl. "range") des k. Attributs ist, verspürt der Entscheidungsträger im allgemeinen verschieden große Wertzuwächse oder Wertminderungen einer Alternative durch Veränderungen des k. Attributs. Da diese Wertvariationen durch das Gewicht w_k in der oben angegebenen Weise wiedergegeben werden sollen, ist daher das Gewicht w_k in Abhängigkeit von der Bandbreite des k. Attributs zu bestimmen. Wird das nicht beachtet, können sich die Gesamtbewertungen unerwünscht verzerren (vgl. Beispiel 13.1 in [Eisenführ, 1989, S. 135]).

Damit $v(A_i)$ aber auch sinnvoll als Gesamtwert der Alternative A_i verstanden werden kann, müssen die Attribute *präferenzunabhängig* voneinander sein, d.h., eine vorzügliche Ausprägung in einem Attribut darf den Nutzen eines anderen Attributs weder erhöhen noch verringern. Denn erst bei Präferenzunabhängigkeit der Attribute dürfen die Attribute zunächst getrennt betrachtet und anschließend einfach additiv gewichtet zusammengefaßt werden. Genauer gilt (vgl. [Keeney/ Raiffa, 1976, S. 108 ff.]):

Eine Menge von Attributen $A \subset \{C_1, C_2, ..., C_n\}$ heißt *präferenzunabhängig von ihrer Komplementärmenge* $B = \{C_1, C_2, ..., C_n\} \setminus A$ genau dann, wenn für die Vektoren der Attributausprägung a^1 einer beliebigen 1. Alternative und a^2 einer beliebigen 2. Alternative bezüglich der Attribute aus A gilt:

$(a^1, b°) \succsim (a^2, b°)$ für irgendeinen Vektor $b°$ von Attributausprägungen aus B
$\Rightarrow (a^1, b) \succsim (a^2, b)$ für alle Vektoren b von Attributausprägungen bezüglich der Attribute aus B.

Mit anderen Worten, die Präferenz der 1. Alternative gegenüber der 2. Alternative hängt nicht von der Höhe der Ausprägungen in denjenigen Attributen ab, bezüglich denen sich die beiden Alternativen unterscheiden.

Die Attribute $C_1, C_2, ..., C_n$ heißen *wechselseitig präferenzunabhängig* genau dann, wenn jede Teilmenge A dieser Attribute präferenzunabhängig von ihrer Komplementärmenge ist.

Nun läßt sich ein Satz formulieren, der den Zusammenhang zwischen dem Begriff der wechselseitigen Präferenzunabhängigkeit und der additiven Gestalt der Gesamtwertfunktion herstellt (vgl. [Keeney/Raiffa, 1976, S. 111]):
Es seien $n \geq 3$ Attribute $C_1, C_2, ..., C_n$ gegeben. Dann setzt sich die Gesamtwertfunktion v einer Alternative A genau dann additiv aus ihren Einzelwerten $\tilde{v}_i(A)$ bezüglich Attribut C_i für $1 \leq i \leq n$ zusammen, d.h. sie ist von der Form

$$v(A) = \sum_{i=1}^{n} \tilde{v}_i(A),$$

wenn die Attribute wechselseitig präferenzunabhängig sind.

Als optimal wird die Alternative A_i* mit dem höchsten Gesamtwert $v(A_i*) = \sum_{j=1}^{n} w_j v_j(x_i*_j)$ angesehen, also die Alternative A_i* mit $v(A_i*) = \max_{i} v(A_i)$
$1 \leq i \leq m$.

7.4 Der Analytic Hierarchy Process (AHP)

7.4.1 Philosophie des AHP

Von Thomas L. Saaty wurde zu Beginn der 70er Jahre das Verfahren AHP entwickelt, das es auf relativ einfache und verständliche Weise gestattet, Problemsituationen zu analysieren und Entscheidungen vorzubereiten. In dem Namen für das Verfahren, "Analytic Hierarchy Process", verbergen sich schon die drei Hauptbestandteile der Philosophie, die hinter der Saatyschen Methode steht, nämlich analytisch zu arbeiten, eine Hierarchie aufzubauen und Prozeßcharakter zu tragen. Das soll im folgenden näher erläutert werden.

Analytic
"Analytisch" bedeutet, daß das AHP Zahlen benutzt. Das Verfahren wendet mathematische, logische Schlüsse auf numerische Werte an, damit der Entscheidungsfäller anderen Personen seine Entscheidung beschreiben und verständlich machen kann.

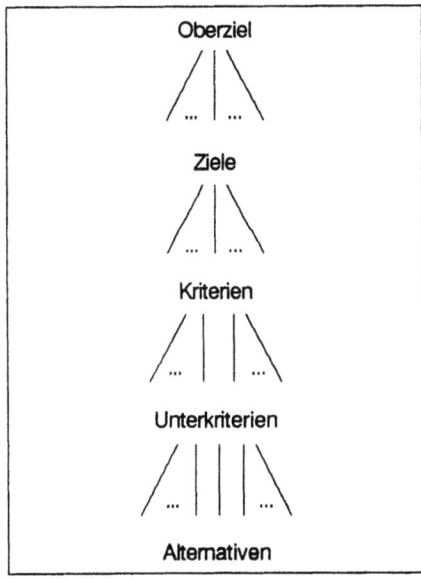

Abb. 15: Hierarchie eines Entscheidungsproblems

Hierarchy

Eine "Hierarchie" ist allgemein ein System, dessen Elemente in separate Gruppen, sogenannte "Ebenen", unterteilt werden können, die jeweils nur eine andere "höhere" Gruppe beeinflussen und selbst nur von einer "niedrigeren" Gruppe beeinflußt werden. Die Elemente innerhalb einer Gruppe dürfen sich nicht beeinflussen.

Das AHP strukturiert das Entscheidungsproblem in Ebenen, die dem Verständnis des Entscheidungsfällers entsprechen, nämlich in Ziele, in Kriterien, Unterkriterien und Alternativen. Es gibt genau ein Ziel, das allen anderen Zielen übergeordnet ist, das sogenannte _Oberziel_ oder _Erfolgsziel_. Aus diesem Oberziel auf der höchsten Hierarchieebene leiten sich alle anderen Ziele als Unterziele ab.

Den Aufbau einer Hierarchie veranschaulicht Abbildung 15.

Dadurch kann sich der Entscheidungsfäller auf kleine, überschaubare Teile des Problems konzentrieren und die wirksamen Beziehungen zwischen den Elementen der Hierarchie näher untersuchen. Ein solches Vorgehen ist in komplexen Situationen geradezu notwendig, weil nach Erkenntnissen der Psychologie der Mensch nur 5 bis 9 Dinge gleichzeitig miteinander vergleichen kann.

Process

Wirklich wichtige Entscheidungen können nicht in einer einzigen Sitzung gefällt werden, sondern erfordern Zeit, Zeit, um über das Problem nachzudenken, Zeit, um neue Informationen zu beschaffen, Zeit, um etwa bei Gruppenentscheidungen zu verhandeln. Reale Entscheidungsprobleme umfassen einen Prozeß des Lernens, des Erörterns, des Überprüfens von Prioritäten. Diesen Entscheidungsprozeß will das AHP keineswegs ersetzen, vielmehr will es ihn unterstützen und möglichst verkürzen. Das AHP weist beispielsweise auf Stellen hin, wo weitere Information benötigt wird, wo die Ursachen für Widersprüche liegen. Doch trotz allem bleibt es nur ein wissenschaftliches, analytisches Hilfsmittel des Menschen dafür, eine zufriedenstellende Entscheidung zu treffen.

7.4.2 Theoretische Grundlagen des AHP

Das AHP beruht im wesentlichen auf vier Axiomen, die in ihrer streng mathematischen Form zum Beispiel bei [Rozanne W. Saaty, 1987, S. 166-168], zu finden sind. Im folgenden seien die vier Axiome nur frei wiedergegeben und ausführlich kommentiert, um ihre Bedeutung und die Annahmen des AHP verständlich zu machen. Während Axiom 1 und Axiom 2 gewisse Forderungen an die Art der Paarvergleiche stellen, nach denen letztlich

Kapitel II: Klassische MADM-Ansätze

die Entscheidung gefällt wird, beziehen sich Axiom 3 und Axiom 4 auf die Aufgabe des AHP, das Entscheidungsproblem als Hierarchie abzubilden und entsprechend zu lösen.

Axiom 1

Gegeben seien zwei beliebige Alternativen (oder Unterkriterien) i und j aus der endlichen Menge A sämtlicher Alternativen. Dann ist der Entscheidungsfäller in der Lage, auf einer Ratio-Skala einen Wert a_{ij} für den Vergleich dieser beiden Alternativen im Hinblick auf irgendein Kriterium aus der Menge C aller Kriterien anzugeben, so daß gilt

$$a_{ij} = \frac{1}{a_{ji}} \qquad \text{für alle } i,j \in A.$$

Kommentar zu Axiom 1

Axiom 1 fordert, daß jede Matrix von Paarvergleichen reziprok sein muß. Hält der Entscheidungsfäller z.B. die Alternative i für fünfmal wichtiger als die Alternative j, so sollte er auch der reziproken Aussage zustimmen, die besagt, daß die Alternative j ein Fünftel so wichtig wie Alternative i ist. Eine Konsequenz der Reziprozität ist, daß beim Paarvergleich von insgesamt n Alternativen nur ½·n·(n-1) viele Vergleiche nötig sind, um die Paarvergleichsmatrix $(a_{ij})_{1 \leq i,j \leq n}$ vollständig zu füllen.

Axiom 2

Beim Vergleich zweier beliebiger Alternativen i,j∈A bewertet der Entscheidungsfäller niemals die eine als unendlich viel besser als die andere Alternative im Hinblick auf irgendein Kriterium aus C, d.h.

$$a_{ij} \neq \infty \qquad \text{für alle } i,j \in A.$$

Kommentar zu Axiom 2

Axiom 2 verbietet unendlich große Präferenzen, weil sonst keine richtige Entscheidungssituation vorliegt, in welcher der Entscheidungsfäller Hilfe bräuchte. Bei unendlich starker Bevorzugung einer Alternative im Hinblick auf das betrachtete Kriterium bleiben praktisch alle anderen Alternativen unberücksichtigt und es besteht überhaupt keine Wahlmöglichkeit.

Axiom 3

Man kann das Entscheidungsproblem durch eine Hierarchie darstellen.

Kommentar zu Axiom 3

Axiom 3 setzt voraus, daß die Entscheidungssituation angemessen in einer hierarchischen Struktur wiedergegeben werden kann. Wenn sich Kriterien, Unterkriterien, Alternativen,

Ziele und all ihre wechselseitigen Beziehungen deutlich voneinander abgrenzen lassen, dann ist es sehr wahrscheinlich, daß sich das Entscheidungsproblem hierarchisch formulieren läßt.

Die Hierarchie darf keine irrelevanten Alternativen enthalten, sondern nur klar getrennte, sich deutlich voneinander unterscheidende Alternativen sollten in die Hierarchie aufgenommen werden. Sind also zwei Alternativen im Hinblick auf ein gegebenes Kriterium sehr ähnlich, muß entweder die Menge der Kriterien geändert oder eine der beiden ähnlichen Alternativen gestrichen werden. Um die so eliminierten Alternativen zu bewerten, werden als Grundlage für einen Vergleich die übrigen, im AHP betrachteten Alternativen herangezogen.

Der Paarvergleich zweier Elemente einer Hierarchieebene im Hinblick auf ein Element der darüber liegenden Hierarchieebene muß unabhängig sein von den Bewertungen in unteren oder höheren Ebenen der Hierarchie. Nach [Harker, 1989, S. 25], kann man diese Unabhängigkeit wie folgt prüfen:

Man "kehre" die Frage zum Vergleich zweier Elemente der k. Ebene im Hinblick auf ein Element der darüber liegenden (k-1). Hierarchieebene "um", indem man die Rollen der beiden betrachteten Ebenen miteinander vertauscht. Statt der Gewichtung zwischen je zwei Elementen der k-ten Ebene im Hinblick auf ein Element der (k-1)-ten Ebene wird jetzt die relative Wichtigkeit zwischen je zwei Elementen der (k-1)-ten Ebene bezüglich eines bestimmten Elements der darunter liegenden k-ten Ebene vom Entscheidungsfäller erfragt (vgl. Abbildung 16). Ist die Frage sinnvoll und ändern sich die ermittelten Gewichte in Abhängigkeit von dem gewählten Bezugselement der k. Ebene, dann ist das Entscheidungsproblem nicht hierarchisch strukturiert.

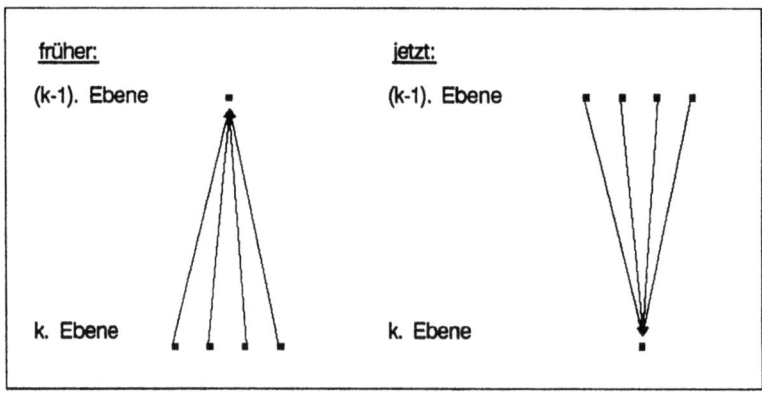

Abb. 16: "Umkehrung" der Fragerichtung beim Paarvergleich

Für solche Situationen, in denen nicht klar ist, was denn nun Alternativen und was Kriterien sind, oder was Kriterien und was Unterkriterien, hat Thomas L. Saaty das AHP um eine sogenannte "Supermatrix-Technik" erweitert, die hier nicht näher beschrieben werden soll, vgl. [Harker, 1989, S. 33-34].

Axiom 4
Alle Kriterien und Alternativen sowie ihre Bewertungen, die das gegebene Entscheidungsproblem betreffen, müssen in der Hierarchie so dargestellt werden, daß sie die Vorstellungen des Entscheidungsfällers möglichst angemessen wiedergeben.

Kommentar zu Axiom 4
Das vierte Axiom verlangt, daß sämtliche Kriterien und Alternativen, die aus der Sicht des Entscheidungsfällers relevant sind, tatsächlich in der Hierarchie enthalten sind und zwar entsprechend den Präferenzen des Entscheidungsfällers.
Falls das Axiom 4 nicht erfüllt ist und die Alternativen auf der Basis relativer Vergleiche zueinander bewertet werden und nicht auf einer absoluten Skala, dann kann eine sehr unerwünschte Erscheinung auftreten. Es kann sich nämlich die Rangfolge der ursprünglich betrachteten Alternativen ändern, wenn neue Alternativen eingeführt oder alte Alternativen gestrichen werden; ein Beispiel dazu findet sich bei [Rozanne W. Saaty, 1987, S. 172-174].

7.4.3 Vorgehensweise des AHP

Das algorithmische Vorgehen des AHP soll durch ein Flußdiagramm wiedergegeben werden. (siehe Abbildung 17)

Im Falle der Inkonsistenz, d.h. genauer, wenn die Konsistenzbedingungen (1) aus 7.1.1 derart stark verletzt werden, daß der Konsistenzwert KW einer Paarvergleichsmatrix größer als 0,1 ist, werden die Schritte (2) bis (4) wiederholt. Der Entscheidungsfäller muß dann seine Prioritäten überdenken, erkennt Fehlschlüsse und muß womöglich neue Informationen sammeln. In dieser Rückkopplung zeigt sich deutlich der Prozeßcharakter des AHP.

Erläuterung zu Schritt (2) Paarvergleiche
Die Bewertungen erfolgen mit Hilfe der 9-Punkte-Skala aus Abbildung 13 und beantworten die Frage "In welchem Maße dominiert das eine Element das andere Element des betrachteten Paares im Hinblick auf ein bestimmtes Element der nächst-

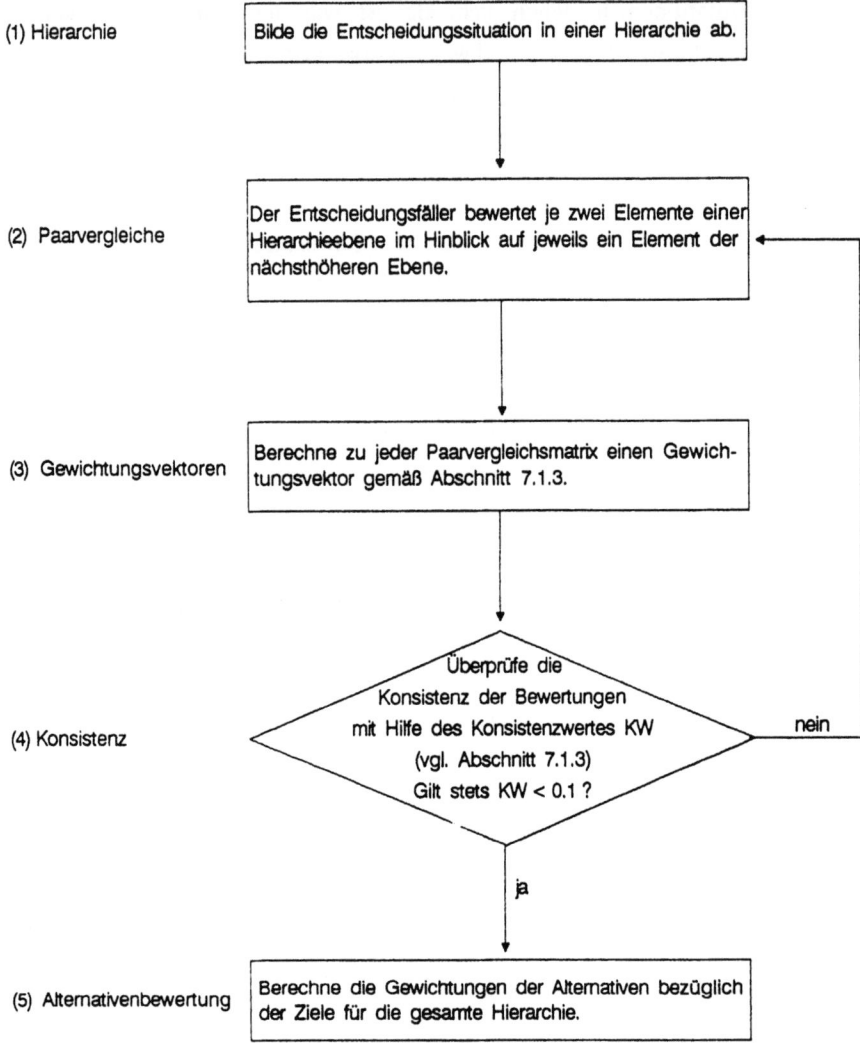

Abb. 17: Flußdiagramm zum AHP

höheren Hierarchieebene?".

Der Paarvergleichs-Schritt liefert als Ergebnis im allgemeinen eine ganze Reihe von Matrizen. Denn für jedes Element des hierarchischen Systems, unter dem sich noch mindestens eine weitere Hierarchieebene befindet, ist eine Paarvergleichsmatrix zu ermitteln.

Erläuterung zu Schritt (5) Alternativenbewertung

Durch eine einfache lineare additive Funktion (siehe unten Gleichung (*)) werden iterativ die Gewichtevektoren aller Paarvergleichsmatrizen kombiniert, um das Gewicht der einzelnen Handlungsalternativen auf der untersten Hierarchieebene im Hinblick auf das Oberziel auf der höchsten Hierarchieebene zu bestimmen.

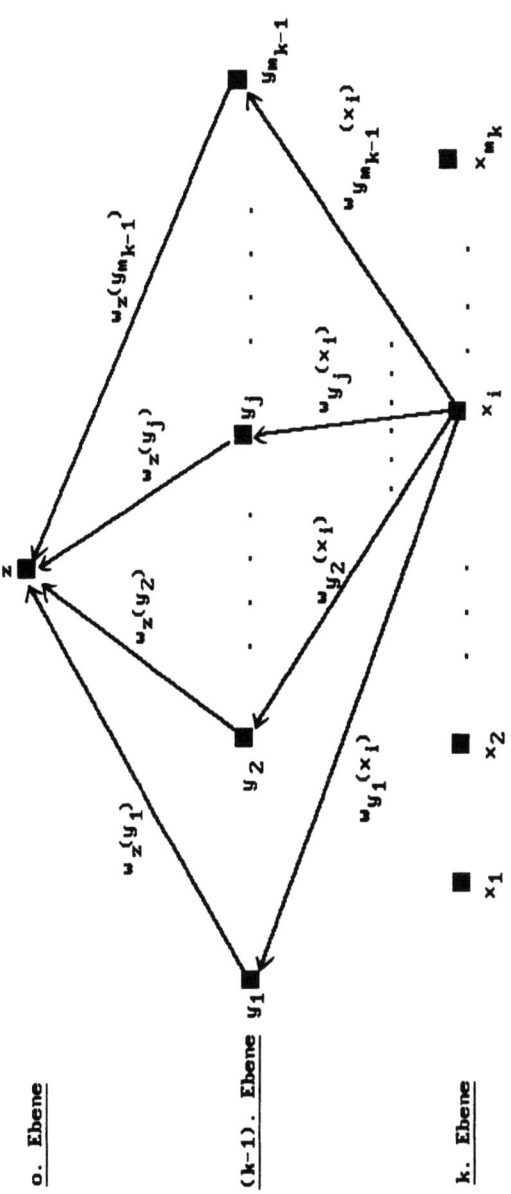

Abb. 18: Bewertung eines Elementes x_i im Hinblick auf das Oberziel z

Es bezeichne z das Oberziel auf der 0. Hierarchieebene. Seien $y_1, y_2, \ldots, y_j, \ldots, y_{m_{k-1}}$ die Elemente der (k-1). Hierarchieebene und $x_1, x_2, \ldots, x_i, \ldots, x_{m_k}$ die Elemente der darunter liegenden k. Hierarchieebene, k irgendeine natürliche Zahl. Ferner sei $w_{y_j}(x_i)$ das Gewicht von x_i aus Schritt (3) beim Vergleich der k. Ebene im Hinblick auf y_j. $w_z(y_j)$ sei das bereits bekannte Gewicht von y_j aus der (k-1). Ebene im Hinblick auf das Oberziel z. Im Falle k=1 ist $m_{k-1} = m_0 = 1$ und $y_{m_{k-1}} = y_{m_0} = z$ mit Gewicht $w_{y_j}(z) = w_z(z) = 1$ zu setzen.

Dann errechnet sich im k. Iterationsschritt das Gewicht $w_z(x_i)$ von x_i aus der k. Ebene im Hinblick auf das Oberziel z gemäß

(*) $\qquad w_z(x_i) = \sum_{j=1}^{m_{k-1}} w_{y_j}(x_i) w_z(y_j) \quad$ für alle i mit $1 \leq i \leq m_k$.

Hinter der komplizierten Schreibweise steckt ein einfacher Gedanke, das Gewicht $w_z(x_i)$ zu bestimmen, wie Abbildung 18 veranschaulicht. Demnach ist $w_z(x_i)$ gleich der Summe aller Wege der Länge zwei von x_i nach z in dem dort eingezeichneten Graphen, wobei der Weg über y_j mit dem Produkt der Gewichte $w_{y_j}(x_i)$ und $w_z(y_j)$ bewertet wird.

Nachdem die Formel (*) für alle Elemente x_i der k. Hierarchieebene angewendet wurde, gilt die relevante Information aus der (k-1). Ebene als vollständig verarbeitet. Abbildung 19 zeigt die Situation, die für die Elemente x_i der k. Hierarchieebene im k. Iterationsschritt entstanden ist.

Ist man nun bereits bei den Handlungsalternativen auf der untersten Ebene der Hierarchie angekommen, endet die Rechnung. Ansonsten ist das Verfahren fortzusetzen, indem man sich iterativ mit Hilfe von Gleichung (*) von der 0. Hierarchieebene des Oberziels über die 1.,2.,3., usw. Hierarchieebene auf die Ebene der Alternativen zubewegt. Offensichtlich kann dieses Bewertungsprinzip über beliebig viele Ebenen fortgesetzt werden, vgl. auch [Hwang/Yoon, 1981, S. 107] sowie [R. Saaty, 1987, S. 169], und [T.L. Saaty, 1980, S. 73-78].

Am Ende der Alternativenbewertung liegt also für jede der m Alternativen A_i, $1 \leq i \leq m$, ein Gewicht $w_z(A_i)$ von A_i im Hinblick auf das Oberziel z vor. Das Gewicht $w_z(A_i)$ ist eine reelle Zahl zwischen Null und Eins.

Kapitel II: Klassische MADM-Ansätze

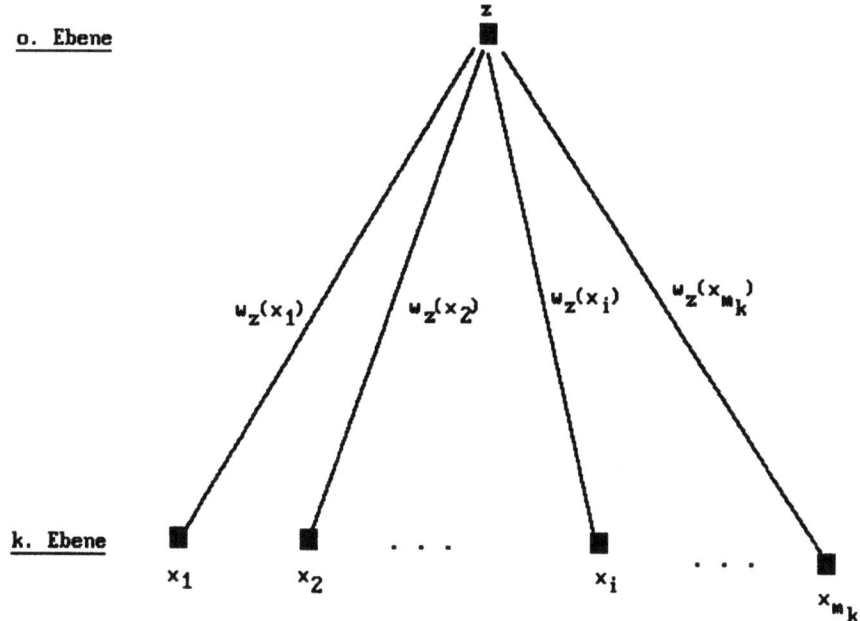

Abb. 19: Ergebnis des k. Iterationsschrittes

Wenn das Oberziel z zu maximieren ist, dann wird von zwei Alternativen A_i und A_j ($1 \leq i,j \leq m$ mit $i \neq j$) die Alternative mit dem größten Gewicht präferiert, d.h.

$$A_i \succ A_j \iff w_z(A_i) > w_z(A_j),$$

und als optimal gilt die Alternative A_{i*} mit dem größten Gewicht, d.h. mit

$$w_z(A_{i*}) = \max_{\substack{i \\ 1 \leq i \leq m}} w_z(A_i).$$

Wenn jedoch das Oberziel z zu minimieren ist, dann ist die Alternative mit dem kleineren Gewicht im Hinblick auf z besser, d.h.

$$A_i \succ A_j \iff w_z(A_i) < w_z(A_j),$$

und eine Alternative A_{i*} ist optimal im Sinne des AHP, wenn

$$w_z(A_{i*}) = \min_{\substack{i \\ 1 \leq i \leq m}} w_z(A_i).$$

7.4.4 Beispiele zum AHP

Anhand von zwei Beispielen soll die allgemeine Vorgehensweise des AHP verdeutlicht werden. In dem ersten Beispiel "Kauf eines Autos" werden für die Paarvergleiche ausschließlich objektive Daten herangezogen, nämlich Kostengrößen. Das soll zeigen, daß der AHP bei seinen Paarvergleichen nicht an die 9-Punkte-Skala von Saaty gebunden ist, sondern durchaus auch andere Formen der Bewertung erlaubt. Gegenüber üblichen Lösungswegen fällt dabei auf, daß die Bewertungen wegen der Quotientenbildung alle dimensionslos sind und die Frage nach den Bewertungseinheiten gar nicht auftritt.

In dem zweiten Beispiel "Stellensuche" nimmt dagegen der Entscheidungsfäller subjektive Bewertungen vor, um die reziproken Paarvergleichsmatrizen zu erstellen. Dazu benutzt er die 9-Punkte-Skala Saatys. Durch die etwas größere Hierarchie in dem zweiten Beispiel soll insbesondere der Schritt der Alternativenbewertung verständlicher werden.

Beispiel 7.1: Kauf eines Autos
Das Beispiel ist an [Saaty/Kearns, 1985, S. 50-52], angelehnt.

Eine Person möchte ein Auto kaufen, das minimale Kosten verursacht. Für entscheidungsrelevant hält der Käufer die Anschaffungskosten (AK), die Kosten für Steuer und Versicherung (KStV), die Benzinkosten (BK) und die sonstigen Kosten (SK). Unter die sonstigen Kosten fallen zum Beispiel die Ausgaben für Wartung und erwartete Reparaturen. Allen Daten ist eine feste, identische Nutzungsdauer von drei Jahren und eine Nutzungsleistung von 50.000 Kilometern zugrunde gelegt. In den Anschaffungskosten seien schon die Wiederverkaufswerte berücksichtigt. Zinseffekte werden vernachlässigt.
Zur Auswahl stehen drei gebrauchte Kleinwagen A, B und C mit den folgenden Daten:

Kosten / Auto	AK	KStV	BK	SK
A	6.000 DM	1.800 DM	4.500 DM	1.500 DM
B	8.000 DM	1.200 DM	2.250 DM	750 DM
C	10.000 DM	600 DM	1.125 DM	500 DM

Eine einfache, direkte Rechnung ergibt als Gesamtkosten

Kapitel II: Klassische MADM-Ansätze

```
für A:   6.000 DM + 1.800 DM + 4.500 DM + 1.500 DM = 13.800 DM
für B:   8.000 DM + 1.200 DM + 2.250 DM +   750 DM = 12.200 DM
für C:  10.000 DM +   600 DM + 1.125 DM +   500 DM = 12.225 DM.
```

Demnach besitzt Wagen B die geringsten Gesamtkosten. Wie läßt sich diese Lösung mit dem AHP ermitteln?

(1.) Hierarchie

Das Entscheidungsproblem kann man durch eine Hierarchie darstellen, vgl. Abbildung 20.

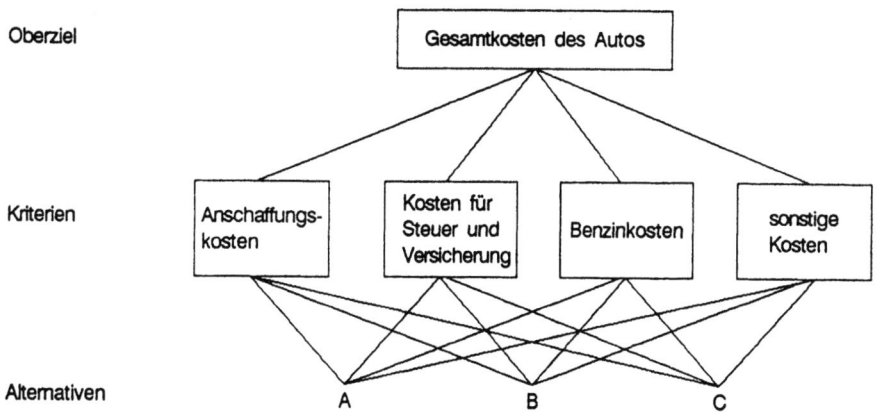

Abb. 20: Hierarchie zu dem Beispiel "Kauf eines Autos"

(2.) Paarvergleiche

Mit Hilfe der gegebenen Kostendaten lassen sich die folgenden Paarvergleiche anstellen:
Vergleich der Alternativen im Hinblick auf die Anschaffungskosten (AK):

AK	A	B	C		AK	A	B	C
A	$\dfrac{6000\ DM}{6000\ DM}$	$\dfrac{6000\ DM}{8000\ DM}$	$\dfrac{6000\ DM}{10000\ DM}$		A	1	3/4	3/5
B	$\dfrac{8000\ DM}{6000\ DM}$	$\dfrac{8000\ DM}{8000\ DM}$	$\dfrac{8000\ DM}{10000\ DM}$	bzw.	B	4/3	1	4/5
C	$\dfrac{10000\ DM}{6000\ DM}$	$\dfrac{10000\ DM}{8000\ DM}$	$\dfrac{10000\ DM}{10000\ DM}$		C	5/3	5/4	1

Vergleich der Alternativen im Hinblick auf die Kosten für Steuer und Versicherung (KStV):

KStV	A	B	C		AK	A	B	C
A	$\dfrac{1800\ \text{DM}}{1800\ \text{DM}}$	$\dfrac{1800\ \text{DM}}{1200\ \text{DM}}$	$\dfrac{1800\ \text{DM}}{600\ \text{DM}}$		A	1	3/2	3
B	$\dfrac{1200\ \text{DM}}{1800\ \text{DM}}$	$\dfrac{1200\ \text{DM}}{1200\ \text{DM}}$	$\dfrac{1200\ \text{DM}}{600\ \text{DM}}$	bzw.	B	1/3	1	2
C	$\dfrac{600\ \text{DM}}{1800\ \text{DM}}$	$\dfrac{600\ \text{DM}}{1200\ \text{DM}}$	$\dfrac{600\ \text{DM}}{600\ \text{DM}}$		C	1/3	1/2	1

Vergleich der Alternativen im Hinblick auf die Benzinkosten (BK):

BK	A	B	C		AK	A	B	C
A	$\dfrac{4500\ \text{DM}}{4500\ \text{DM}}$	$\dfrac{4500\ \text{DM}}{2250\ \text{DM}}$	$\dfrac{4500\ \text{DM}}{1125\ \text{DM}}$		A	1	2	4
B	$\dfrac{2250\ \text{DM}}{4500\ \text{DM}}$	$\dfrac{2250\ \text{DM}}{2250\ \text{DM}}$	$\dfrac{2250\ \text{DM}}{1125\ \text{DM}}$	bzw.	B	1/2	1	2
C	$\dfrac{1125\ \text{DM}}{4500\ \text{DM}}$	$\dfrac{1125\ \text{DM}}{2250\ \text{DM}}$	$\dfrac{1125\ \text{DM}}{1125\ \text{DM}}$		C	1/4	1/2	1

Vergleich der Alternativen im Hinblick auf die sonstigen Kosten (SK):

SK	A	B	C		AK	A	B	C
A	$\dfrac{1500\ \text{DM}}{1500\ \text{DM}}$	$\dfrac{1500\ \text{DM}}{750\ \text{DM}}$	$\dfrac{1500\ \text{DM}}{500\ \text{DM}}$		A	1	2	3
B	$\dfrac{750\ \text{DM}}{1500\ \text{DM}}$	$\dfrac{750\ \text{DM}}{750\ \text{DM}}$	$\dfrac{750\ \text{DM}}{500\ \text{DM}}$	bzw.	B	1/2	1	3/2
C	$\dfrac{500\ \text{DM}}{1500\ \text{DM}}$	$\dfrac{500\ \text{DM}}{750\ \text{DM}}$	$\dfrac{500\ \text{DM}}{500\ \text{DM}}$		C	1/3	2/3	1

Vergleich der Alternativen im Hinblick auf das Oberziel (O):
Dazu werden jedem Kriterium die gesamten Kosten für die Alternativen bezüglich dieses Kriteriums als Vergleichsgröße zugeordnet, d.h.

für AK	6.000 DM +	8.000 DM +	10.000 DM =	24.000 DM,		
für KStV	1.800 DM +	1.200 DM +	600 DM =	3.600 DM,		
für BK	4.500 DM +	2.250 DM +	1.125 DM =	7.875 DM	und	
für SK	1.500 DM +	750 DM +	500 DM =	2.750 DM.		

Damit ergibt sich als Paarvergleichsmatrix

O	AK	KStV	BK	SK
AK	$\dfrac{24000 \text{ DM}}{24000 \text{ DM}}$	$\dfrac{24000 \text{ DM}}{3600 \text{ DM}}$	$\dfrac{24000 \text{ DM}}{7875 \text{ DM}}$	$\dfrac{24000 \text{ DM}}{2750 \text{ DM}}$
KStV	$\dfrac{3600 \text{ DM}}{24000 \text{ DM}}$	$\dfrac{3600 \text{ DM}}{3600 \text{ DM}}$	$\dfrac{3600 \text{ DM}}{7875 \text{ DM}}$	$\dfrac{3600 \text{ DM}}{2750 \text{ DM}}$
BK	$\dfrac{7850 \text{ DM}}{24000 \text{ DM}}$	$\dfrac{7875 \text{ DM}}{3600 \text{ DM}}$	$\dfrac{7875 \text{ DM}}{7875 \text{ DM}}$	$\dfrac{7875 \text{ DM}}{2750 \text{ DM}}$
SK	$\dfrac{2750 \text{ DM}}{24000 \text{ DM}}$	$\dfrac{2750 \text{ DM}}{3600 \text{ DM}}$	$\dfrac{2750 \text{ DM}}{7875 \text{ DM}}$	$\dfrac{2750 \text{ DM}}{2750 \text{ DM}}$

bzw.

O	AK	KStV	BK	SK
AK	1	20/3	64/21	96/11
KStV	3/20	1	16/35	72/55
BK	21/64	35/16	1	63/22
SK	11/96	55/72	22/63	1

(3.) Gewichtungsvektoren

Nach Konstruktion sind alle Paarvergleichsmatrizen völlig konsistent. Die Konsistenzbedingungen $a_{ik} \cdot a_{kj} = a_{ij}$ ließen sich auch direkt nachprüfen. Entsprechend der Gleichung (5)

$$w_i = \frac{a_{ij}}{\sum_{k=1}^{n} a_{kj}} \quad \text{für alle i mit } 1 \leq i \leq n$$

aus Abschnitt 7.1.1 ergeben sich die gesuchten Gewichtungsvektoren w einfach durch Normierung irgendeiner Spalte der jeweiligen Paarvergleichsmatrix aus dem $\mathbb{R}^{n \times n}$. Die so ermittelten Gewichtungsvektoren sind zugleich Eigenvektoren der betrachteten Paarvergleichsmatrix zum maximalen Eigenwert $\lambda_{max} = n$.

Für die Anschaffungskosten ergibt sich

mit $\sum_{k=1}^{3} a_{k1}$ = Summe der Elemente in der 1. Spalte von AK
     = 1+4/3+5/3=4

$$w_1 = \frac{a_{11}}{4} = \frac{1}{4}, \quad w_2 = \frac{a_{21}}{4} = \frac{4/3}{4} = \frac{1}{3}, \quad w_3 = \frac{a_{31}}{4} = \frac{5/3}{4} = \frac{5}{12}, \text{ also}$$

$$w_{AK} = \begin{pmatrix} 1/4 \\ 1/3 \\ 5/12 \end{pmatrix} \quad \text{zum Eigenwert } \lambda_{max}(AK) = 3.$$

Bei den Kosten für Steuer und Versicherung erhält man

mit $\sum_{k=1}^{3} a_{k3}$ = Summe der Elemente in der 3. Spalte von KStV
     = 3+2+1=6

$$w_1 = \frac{a_{13}}{6} = \frac{3}{6} = \frac{1}{2}, \quad w_2 = \frac{a_{23}}{6} = \frac{2}{6} = \frac{1}{3}, \quad w_3 = \frac{a_{33}}{6} = \frac{1}{6}, \text{ also}$$

$$w_{KStV} = \begin{pmatrix} 1/2 \\ 1/3 \\ 1/6 \end{pmatrix} \quad \text{zum Eigenwert } \lambda_{max}(KStV) = 3$$

Für die Benzinkosten errechnet man

mit $\sum_{k=1}^{3} a_{k3}$ = Summe der Elemente in der 3. Spalte von BK
     = 4+2+1=7

Kapitel II: Klassische MADM-Ansätze

$$w_1 = \frac{a_{13}}{7} = \frac{4}{7}, \quad w_2 = \frac{a_{23}}{7} = \frac{2}{7}, \quad w_3 = \frac{a_{33}}{7} = \frac{1}{7}, \quad \text{also}$$

$$w_{BK} = \begin{pmatrix} 4/7 \\ 2/7 \\ 1/7 \end{pmatrix} \quad \text{zum Eigenwert } \lambda_{max}(BK) = 3$$

Die Paarvergleichsmatrix für die sonstigen Kosten liefert

mit $\sum_{k=1}^{3} a_{k2}$ = Summe der Elemente in der 2. Spalte von SK

$$= 2 + 1 + 2/3 = 11/3$$

$$w_1 = \frac{a_{12}}{11/3} = \frac{2}{11/3} = \frac{6}{11}, \quad w_2 = \frac{a_{22}}{11/3} = \frac{1}{11/3} = \frac{3}{11},$$

$$w_3 = \frac{a_{32}}{11/3} = \frac{2/3}{11/3} = \frac{2}{11}, \quad \text{d.h.}$$

$$w_{SK} = \begin{pmatrix} 6/11 \\ 3/11 \\ 2/11 \end{pmatrix} \quad \text{zum Eigenwert } \lambda_{max}(SK) = 3$$

Für das Oberziel folgt

mit $\sum_{k=1}^{4} a_{k4}$ = Summe der Elemente in der 4. Spalte von O

$$= 96/11 + 72/55 + 63/22 + 1 = 139/10$$

$$w_1 = \frac{a_{14}}{139/10} = \frac{96/11}{139/10} = \frac{960}{1529} \approx 0.6279,$$

$$w_2 = \frac{a_{24}}{139/10} = \frac{72/55}{139/10} = \frac{144}{1529} \approx 0.0942,$$

$$w_3 = \frac{a_{34}}{139/10} = \frac{63/22}{139/10} = \frac{315}{1529} \approx 0.2060,$$

$$w_4 = \frac{a_{44}}{139/10} = \frac{1}{139/10} = \frac{10}{139} \approx 0.0719, \quad \text{also}$$

$$w_O = \begin{pmatrix} 0.6279 \\ 0.0942 \\ 0.2060 \\ 0.0719 \end{pmatrix} \quad \text{zum Eigenwert } \lambda_{max}(O) = 4.$$

(4.) Konsistenz

Wie schon erwähnt wurde, sind alle Paarvergleichsmatrizen völlig konsistent. Daher sind alle Konsistenzindizes KI und somit alle Konsistenzwerte KW gleich Null.

(5.) Alternativenbewertung

Versieht man die Hierarchie mit den Gewichten aus Schritt (3.), ergibt sich Abbildung 21.

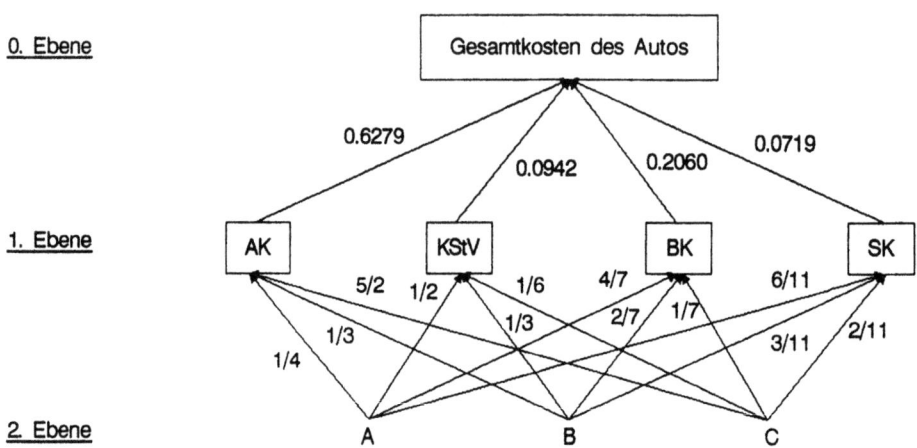

Abb. 21: Bewertete Hierarchie zu dem Beispiel "Kauf eines Autos"

Das Gewicht $w_O(A)$ der Alternative A aus der 2. Ebene im Hinblick auf das Oberziel in der 0.Ebene ergibt sich daher als

$$w_O(A) = \sum_{E \in 1.\text{Ebene}} w_E(A) \cdot w_O(E)$$

$$= w_{AK}(A) \cdot w_O(AK) + w_{KStV}(A) \cdot w_O(KStV) + w_{BK}(A) \cdot w_O(BK) + w_{SK}(A) \cdot w_O(SK)$$

$$= 1/4 \cdot 0.6279 + 1/2 \cdot 0.0942 + 4/7 \cdot 0.2060 + 6/11 \cdot 0.0719$$

$$= 552/1529 \approx 0.3610$$

Ebenso errechnen sich die Gewichte $w_O(B)$ und $w_O(C)$ der Alternativen B und C im Hinblick auf das Oberziel O:

$$w_O(B) = 1/3 \cdot 0.6279 + 1/3 \cdot 0.0942 + 2/7 \cdot 0.2060 + 3/11 \cdot 0.0719$$
$$= 488/1529 \approx 0.3191$$

$$w_O(C) = 5/12 \cdot 0.6279 + 1/6 \cdot 0.0942 + 1/7 \cdot 0.2060 + 2/11 \cdot 0.0719$$
$$= 489/1529 \approx 0.3198.$$

Kapitel II: Klassische MADM-Ansätze

Diese abschließende Bewertung der Alternativen veranschaulicht Abbildung 22.
Da das Oberziel "Gesamtkosten des Autos" minimiert werden soll, ist der Wagen mit dem kleinsten Gewicht w_O im Hinblick auf das Oberziel als beste Alternative zu wählen, das ist hier Wagen B.

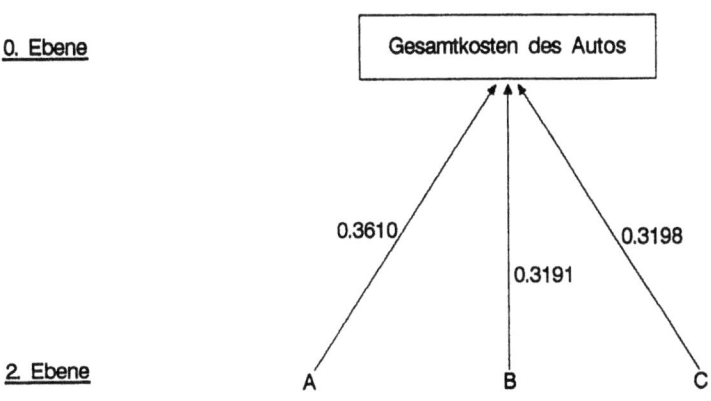

Abb. 22: Alternativenbewertung in dem Beispiel "Kauf eines Autos"

Beispiel 7.2: Stellensuche
Der Absolvent eines Maschinenbau-Studiums hat drei Stellenangebote A, B und C bekommen und will die für ihn beste Stelle auswählen. Dazu strukturiert er das Entscheidungsproblem durch eine Hierarchie, siehe Abbildung 23.

(1.) Hierarchie

Unter den Zusatzleistungen sind unter anderem betriebliche Versicherungen gegen Krankheit und Unfall und für Familienangehörige zu verstehen, soweit sie über die gesetzlichen und tariflichen Bestimmungen hinausgehen. Ferner gehören auch der Dienstwagen und die Werkswohnung zu den Zusatzleistungen.
Die Arbeitsbedingungen umfassen neben der wöchentlichen und täglichen Arbeitszeit und den Urlaubsregelungen auch das Verhältnis zu Vorgesetzten und Kollegen, das allgemeine Betriebsklima. Ebenfalls soll in den Arbeitsbedingungen beschrieben werden, wie selbständig oder weisungsgebunden die Arbeit ausgeführt werden kann.

§7: Methoden bei kardinaler Attribut-Information

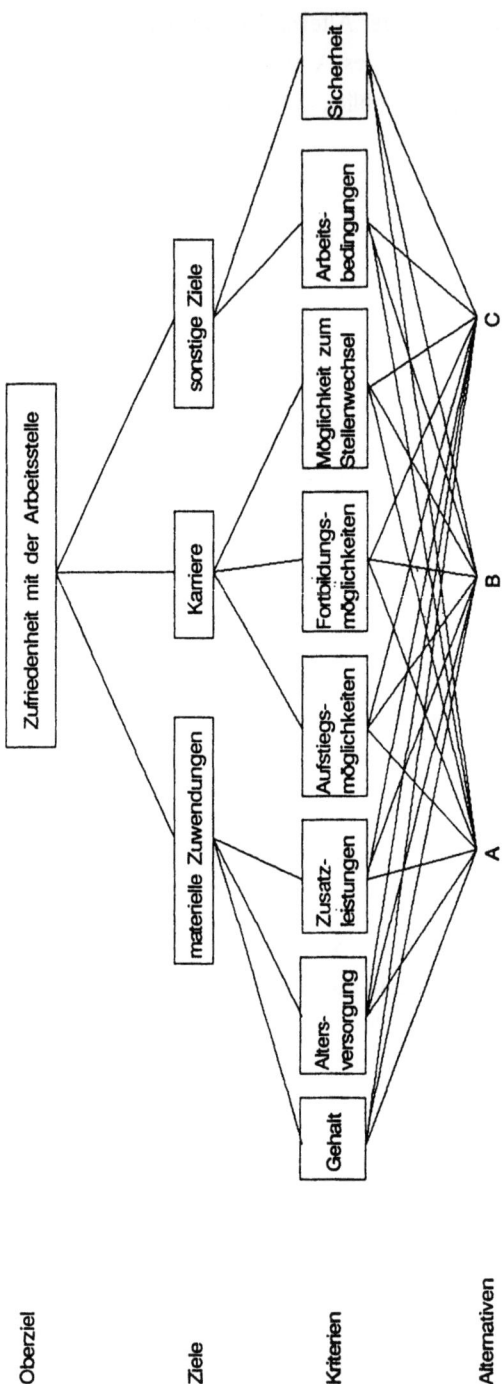

Abb. 23: Hierarchie zu dem Beispiel "Stellensuche"

Kapitel II: Klassische MADM-Ansätze

(2.) Paarvergleiche

Anhand der Saatyschen 9-Punkte-Skala beurteilt der Stellensuchende je zwei Elemente einer Hierarchieebene im Hinblick auf ein Element der unmittelbar darüber liegenden Hierarchieebene. Das ergibt die folgenden Vergleichmatrizen.

Vergleich der Ziele materielle Zuwendung (mZ), Karriere (Ka) und sonstige Ziele (sZ) bzgl. des Oberziels (Z):

Z	mZ	Ka	sZ
mZ	1	1	1
Ka	1	1	1
sZ	1	1	1

Vergleich der Kriterien Gehalt (Ge), Altersversorgung (AV) und Zusatzleistungen (ZL) im Hinblick auf das Ziel materielle Zuwendung (mZ):

mZ	Ge	AV	ZL
Ge	1	4	6
AV	1/4	1	3
ZL	1/6	1/3	1

Vergleich der Kriterien Aufstiegsmöglichkeiten (AM), Fortbildungsmöglichkeiten (FM) und Möglichkeit zum Stellenwechsel (MS) im Hinblick auf das Ziel Karriere (Ka):

Ka	AM	FM	MS
AM	1	5	3
FM	1/5	1	2
MS	1/3	1/2	1

Vergleich der Kriterien Arbeitsbedingungen (AB) und Sicherheit (Si) im Hinblick auf das Ziel sonstige Ziele (sZ):

sZ	AB	Si
AB	1	1
Si	1	1

Vergleich der Alternativen im Hinblick auf das Kriterium Gehalt (Ge):

GE	A	B	C
A	1	1/2	1/7
B	2	1	1/6
C	7	6	1

Vergleich der Alternativen im Hinblick auf das Kriterium Altersversorgung (AV):

AV	A	B	C
A	1	4	5
B	1/4	1	3
C	1/5	1/3	1

Vergleich der Alternativen im Hinblick auf das Kriterium Zusatzleistungen (ZL):

ZL	A	B	C
A	1	5	7
B	1/5	1	6
C	1/7	1/6	1

Vergleich der Alternativen im Hinblick auf das Kriterium Aufstiegsmöglichkeiten (AM):

AM	A	B	C
A	1	3	7
B	1/3	1	4
C	1/7	1/4	1

Vergleich der Alternativen in Hinblick auf das Kriterium Fortbildungsmöglichkeiten (FM):

FM	A	B	C
A	1	1/4	3
B	4	1	6
C	1/3	1/6	1

Vergleich der Alternativen im Hinblick auf das Kriterium Möglichkeit zum Stellenwechsel (MS):

MS	A	B	C
A	1	1/7	1/5
B	7	1	3
C	5	1/3	1

Vergleich der Alternativen im Hinblick auf das Kriterium Arbeitsbedingungen (AB):

AB	A	B	C
A	1	5	4
B	1/5	1	1/3
C	1/4	3	1

Vergleich der Alternativen in Hinblick auf das Kriterium Sicherheit (Si):

Si	A	B	C
A	1	1/2	1/2
B	2	1	1
C	2	1	1

(3.) <u>Gewichtungsvektoren</u>
Aus einer Paarvergleichsmatrix A ergibt sich durch Lösen der charakteristischen Gleichung $\det(A-\lambda I)=0$ der maximale Eigenwert λ_{max} von A und damit durch Lösen

des linearen Gleichungssystems $(A-\lambda_{max}I)\cdot x=0$ ein zugehöriger Eigenvektor $x\in\mathbb{R}^n$ und daraus durch Normieren der gesuchte Gewichtevektor $w\in\mathbb{R}^n$.
Mit den Paarvergleichsmatrizen aus Schritt (2.) findet man so

für das Oberziel Z

den Gewichtungsvektor $w_Z = \begin{pmatrix} 1/3 \\ 1/3 \\ 1/3 \end{pmatrix}$ zum Eigenwert $\lambda_{max}(Z)=3$,

für das Ziel Karriere (Ka)

den Gewichtungsvektor $w_{Ka}= \begin{pmatrix} 0.6571 \\ 0.1963 \\ 0.1466 \end{pmatrix}$ zum Eigenwert $\lambda_{max}(Ka)=3.1632$,

für das Ziel sonstige Ziele (sZ)

den Gewichtungsvektor $w_{sZ}= \begin{pmatrix} 1/2 \\ 1/2 \end{pmatrix}$ zum Eigenwert $\lambda_{max}(sZ)=2$,

für das Ziel materielle Zuwendungen (mZ)

den Gewichtungsvektor $w_{mZ}= \begin{pmatrix} 0.6910 \\ 0.2176 \\ 0.0914 \end{pmatrix}$ zum Eigenwert $\lambda_{max}(mZ)=3.0536$,

für das Kriterium Gehalt (Ge)

den Gewichtungsvektor $w_{Ge}= \begin{pmatrix} 0.0905 \\ 0.1512 \\ 0.7583 \end{pmatrix}$ zum Eigenwert $\lambda_{max}(Ge)=3.0324$,

für das Kriterium Altersversorgung (AV)

den Gewichtungsvektor $w_{AV}= \begin{pmatrix} 0.6738 \\ 0.2255 \\ 0.1007 \end{pmatrix}$ zum Eigenwert $\lambda_{max}(AV)=3.0858$,

für das Kriterium Zusatzleistungen (ZL)

den Gewichtungsvektor $w_{ZL}= \begin{pmatrix} 0.7078 \\ 0.2299 \\ 0.0623 \end{pmatrix}$ zum Eigenwert $\lambda_{max}(ZL)=3.2400$,

Kapitel II: Klassische MADM-Ansätze

für das Kriterium Aufstiegsmöglichkeiten (AM)

$$w_{AM} = \begin{pmatrix} 0.6586 \\ 0.2628 \\ 0.0786 \end{pmatrix} \quad \text{zum Eigenwert} \quad \lambda_{max}(AM) = 3.0323,$$

für das Kriterium Fortbildungsmöglichkeiten (FM)

$$w_{FM} = \begin{pmatrix} 0.2176 \\ 0.6910 \\ 0.0914 \end{pmatrix} \quad \text{zum Eigenwert} \quad \lambda_{max}(FM) = 3.0536,$$

für das Kriterium Möglichkeit zum Stellenwechsel (MS)

$$w_{MS} = \begin{pmatrix} 0.0719 \\ 0.6491 \\ 0.2790 \end{pmatrix} \quad \text{zum Eigenwert} \quad \lambda_{max}(MS) = 3.0649,$$

für das Kriterium Arbeitsbedingungen (AB)

$$w_{AB} = \begin{pmatrix} 0.6738 \\ 0.1007 \\ 0.2255 \end{pmatrix} \quad \text{zum Eigenwert} \quad \lambda_{max}(AB) = 3.0858,$$

für das Kriterium Sicherheit (Si)

$$w_{Si} = \begin{pmatrix} 0.2 \\ 0.4 \\ 0.4 \end{pmatrix} \quad \text{zum Eigenwert} \quad \lambda_{max}(Si) = 3.$$

(4.) <u>Konsistenz</u>
Für Paarvergleichsmatrizen aus dem $\mathbb{R}^{3\times 3}$ errechnet sich der Konsistenzindex gemäß

$$KI = \frac{\lambda_{max} - 3}{2}$$

und mit Hilfe des durchschnittlichen Konsistenzindex RI(3)=0.58 der Konsistenzwert

$$KW = \frac{KI}{0.58} \quad .$$

Reziproke Paarvergleichsmatrizen aus dem $\mathbb{R}^{2\times 2}$ sind immer völlig konsistent. Es ergibt sich

Paarvergleichsmatrix im Hinblick auf das Element	Konsistenzindex KI	Konsistenzwert KW	KW≤0.1
Oberziel (Z)	0	0	ja
materielle Zuwendungen (mZ)	0.0268	0.0462	ja
Karriere (Ka)	0.0816	0.1407	nein
sonstige Ziele (sZ)	völlig konsistent	völlig konsistent	-
Gehalt (Ge)	0.0162	0.0279	ja
Altersversorgung (AV)	0.0429	0.0740	ja
Zusatzleistungen (ZL)	0.1200	0.2069	nein
Aufstiegsmöglichkeiten (AM)	0.0162	0.0278	ja
Fortbildungsmöglichkeiten (FM)	0.0268	0.0462	ja
Möglichkeit zum Stellenwechsel (MS)	0.0325	0.0559	ja
Arbeitsbedingungen (AB)	0.0429	0.0740	ja
Sicherheit (Si)	0	0	ja

Die Konsistenzwerte 0.1407 bzw. 0.2069 für die Paarvergleichsmatrix im Hinblick auf die Karriere bzw. im Hinblick auf die Zusatzleistungen liegen oberhalb von 0.1 und deuten an, daß die beiden zugehörigen Matrizen nicht genügend konsistent sind und die Bewertungen dort überprüft werden sollten. Auf eine solche Revision wird hier jedoch verzichtet und mit den bisher ermittelten Gewichtungsvektoren weitergerechnet.

(5.) Alternativenbewertung

Die obersten drei Ebenen der Hierarchie, gewichtet mit den entsprechenden Werten aus Schritt (3.), zeigt Abbildung 24. Die Aggregation der Gewichte führt zu Abbildung 25.

Kapitel II: Klassische MADM-Ansätze

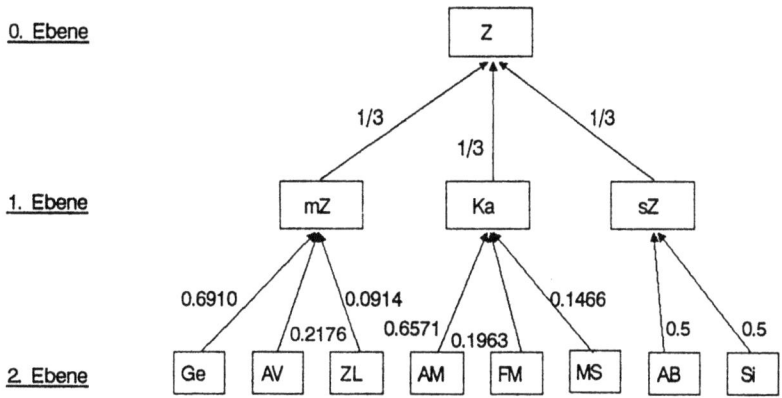

Abb. 24: Bewertung der obersten drei Hierarchieebenen in dem Beispiel "Stellensuche"

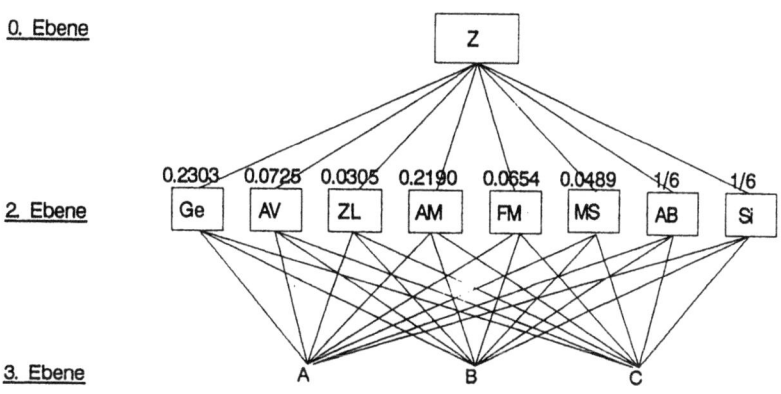

Abb. 25: Ergebnis der Bewertung für die 2. Ebene im Hinblick auf das Oberziel Z (Beispiel "Stellensuche")

Daraus ergibt sich die Bewertung der Alternativen A, B und C auf der 3. Ebene der Hierarchie im Hinblick auf das Oberziel Z gemäß

$$
\begin{aligned}
w_Z(A) = {} & w_{Ge}(A) \cdot w_Z(Ge) + w_{AV}(A) \cdot w_Z(AV) + w_{ZL}(A) \cdot w_Z(ZL) + \\
& w_{AM}(A) \cdot w_Z(AM) + w_{FM}(A) \cdot w_Z(FM) + w_{MS}(A) \cdot w_Z(MS) + \\
& w_{AB}(A) \cdot w_Z(AB) + w_{Si}(A) \cdot w_Z(Si) \\
= {} & 0.0905 \cdot 0.2303 + 0.6738 \cdot 0.0725 + 0.7078 \cdot 0.0305 + \\
& 0.6586 \cdot 0.2190 + 0.2176 \cdot 0.0654 + 0.0719 \cdot 0.0489 + \\
& 0.6738 \cdot 1/6 \quad + 0.2 \cdot 1/6 \\
= {} & 0.3989,
\end{aligned}
$$

$$\begin{aligned}
w_Z(B) = &\; w_{Ge}(B) \cdot w_Z(Ge) + w_{AV}(B) \cdot w_Z(AV) + w_{ZL}(B) \cdot w_Z(ZL) + \\
&\; w_{AM}(B) \cdot w_Z(AM) + w_{FM}(B) \cdot w_Z(FM) + w_{MS}(B) \cdot w_Z(MS) + \\
&\; w_{AB}(B) \cdot w_Z(AB) + w_{Si}(B) \cdot w_Z(Si) \\
= &\; 0.1512 \cdot 0.2303 + 0.2255 \cdot 0.0725 + 0.2299 \cdot 0.0305 + \\
&\; 0.2628 \cdot 0.2190 + 0.6910 \cdot 0.0654 + 0.6491 \cdot 0.0489 + \\
&\; 0.1007 \cdot 1/6 \quad + 0.4 \cdot 1/6 \\
= &\; 0.2761,
\end{aligned}$$

$$\begin{aligned}
w_Z(C) = &\; w_{Ge}(C) \cdot w_Z(Ge) + w_{AV}(C) \cdot w_Z(AV) + w_{ZL}(C) \cdot w_Z(ZL) + \\
&\; w_{AM}(C) \cdot w_Z(AM) + w_{FM}(C) \cdot w_Z(FM) + w_{MS}(C) \cdot w_Z(MS) + \\
&\; w_{AB}(C) \cdot w_Z(AB) + w_{Si}(C) \cdot w_Z(Si) \\
= &\; 0.7583 \cdot 0.2303 + 0.1007 \cdot 0.0725 + 0.0623 \cdot 0.0305 + \\
&\; 0.0786 \cdot 0.2190 + 0.0914 \cdot 0.0654 + 0.2790 \cdot 0.0489 + \\
&\; 0.2255 \cdot 1/6 \quad + 0.4 \cdot 1/6 \\
= &\; 0.3249.
\end{aligned}$$

Das Ergebnis der Alternativenbewertung zeigt Abbildung 26. Da das Oberziel zu maximieren ist, gilt die Alternative mit dem größten Gewicht als beste, d.h. hier ist die Arbeitsstelle A optimal im Sinne des AHP.

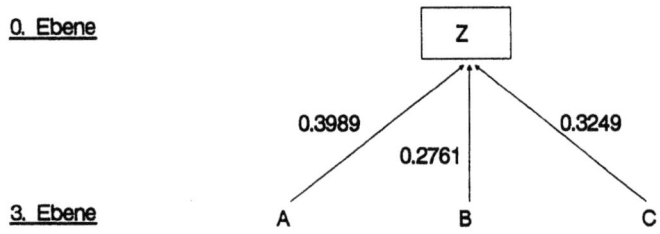

Abb. 26: Alternativenbewertung in dem Beispiel "Stellensuche"

7.4.5 Kritische Bemerkungen zum AHP

Die folgenden vier Kritikpunkte sind [French, 1988, S. 359-361], entnommen. French hegt starke Zweifel an der Rationalität des AHP. Die aufgeführten Punkte wurden aber schon 1987 von zwei Anhängern des Verfahrens von Saaty aufgegriffen und für nicht stichhaltig befunden. Für die "Gegendarstellung" zur folgenden Kritik sei daher die Lektüre von [Harker/Vargas, 1987] empfohlen.

1. Es ist zu prüfen, ob sich die Alternativen wirklich entsprechend einer additiven Wertfunktion bewerten lassen.

2. Um die reziproken Matrizen aufstellen zu können, müssen sich die Einzelbewertungen auf Ratio-Skalenniveau befinden. Bekanntlich [French, 1988, S. 120, Theorem 4.6] liegen die Einzelwertfunktionen bei additiven Wertfunktionen nur auf Intervall-Skalenniveau. Bislang ist ungeklärt, unter welchen Voraussetzungen die reziproken Matrizen als sinnvoll konstruiert anzusehen sind.

3. Die 9-Punkte-Skala Saatys ist rational nicht gerechtfertigt worden. Zum einen können andere Skalen zu anderen Rangordnungen der Alternativen führen. Zum anderen ist die Definition der Präferenz in den Paarvergleichen äußerst schwammig (vgl. Abbildung 13). Was bedeutet es, wenn eine Alternative "erheblich" stärker gegenüber einer anderen präferiert wird (Skalenwert 5)? Wie äußert sich solch eine Präferenz?

4. Wie schon im Kommentar zu Axiom 4 bemerkt wird, verletzt das AHP das Rationalitätspostulat "Unabhängigkeit von irrelevanten Alternativen". Nun ist aber bislang nicht nachgewiesen worden, daß diese Änderung der Rangfolge von Alternativen genau die ist, welche der Entscheidungsfäller wünscht und die auftreten sollte.

Für [Dyer, 1990, S. 252], ist die im 4. Punkt genannte Rangumkehr ein Anzeichen dafür, daß die Rangfolgen der Alternativen insgesamt völlig willkürlich sind, wenn man sie mit dem AHP in seiner bisherigen Form ermittelt. Die Gewichte der Kriterien hängen im allgemeinen von den betrachteten Alternativen ab, davon, wie deren Wertebereich aussieht. Um die Schwierigkeit der Rangumkehr zu lösen, empfiehlt Dyer eine neue Skalierung, bei der die Spannweiten (engl. "ranges") der Alternativenwerte in die Berechnung der Gewichte einbezogen werden.
Wie das konkret nach [Dyer, 1990, S. 256/257], zu realisieren ist und was Thomas L. Saaty sowie Harker und Vargas von dem Vorschlag Dyers halten, entnehme man einer ausführlichen Diskussion mit Pro und Contra zum AHP in der Ausgabe des Management Science vom März 1990 (man vergleiche auch [Nitzsch, 1990]).

Literatur zu §7

zu 7.1 Bestimmung von Gewichten

Haedrich, Günther/Kuß, Alfred/Kreilkamp, Edgar: 1986,
    Der Analytic Hierarchy Proccess, Zeitschrift
    "Wirtschaftswissenschaftliches Studium" (WiSt), Heft 3, März 1986
    S. 120-126

Harker, Patrick T.: 1989, The Art and Science of Decision Making:
    The Analytic Hierarchy Process, S. 3-36
    in: Golden, Bruce L./Wasil, Edward E./Harker, Patrick T. (Editors):
    The Analytic Hierarchy Process: Applications and Studies
    Springer-Verlag, Berlin/Heidelberg/New York/Tokio 1989

Harker, Patrick T./Vargas, Luis G.: 1987, The Theory of Ratio Scale Estimation:
    Saaty's Analytic Hierarchy Process
    Management Science, Volume 33, Number 11, November 1987
    S. 1383-1403

Hwang, Chin-Lai/Yoon, Kwangsun: 1981, Multiple Attribute Decision Making:
    Methods and Applications, 259 Seiten
    Springer-Verlag, Berlin/Heidelberg/New York 1981
    S. 41-51 und S. 104-114
    (* dort finden sich auf den Seiten 52-57 weitere Verfahren

zu 7.2 Lineare Zuordnungsmethode

Bernardo, John J./Blin, J. M.: 1977, A Programming Model of Consumer Choice
    among Multi-Attributed Brands
    Journal of Consumer Research, Volume 4, September 1977
    S. 111-118

Hwang, Chin-Lai/Yoon, Kwangsun: 1981, Multiple Attribute Decision Making:
    Methods and Applications, 259 Seiten
    Springer-Verlag, Berlin/Heidelberg/New York 1981
    S. 93-98

Kapitel II: Klassische MADM-Ansätze

zu 7.3 Einfache additive Gewichtung

Eisenführ, Franz: 1989, Betriebswirtschaftliche Planung und Entscheidung, 151 Seiten
    Skript zur Vorlesung an der RWTH Aachen, 2. Auflage
    WS 1989/90
    Verlag Augustinus-Buchhandlung, Aachen
    S. 129-138
    (* hier wird auch beschrieben, wie die Einzelwertfunk-
      tionen konkret zu bestimmen sind *)

Hwang, Chin-Lai/Yoon, Kwangsun: 1981, Multiple Attribute Decision Making:
    Methods and Applications, 259 Seiten
    Springer-Verlag, Berlin/Heidelberg/New York 1981
    S. 99-103

Keeney, Ralph E./Raiffa, Howard: 1976, Decisions with Multiple Objectives:
    Preferences and Value Trade offs, 569 Seiten
    John Wiley & Sons, Inc., New York/Chichester/Brisbane/ Toronto/Singapore 1976
    S. 108-111

zu 7.4 Der Analytic Hierarchy Process (AHP)

(* zusätzlich zu den unter 7.1 angegebenen Literaturstellen *)

French, Simon: 1988, Decision Theory: An Introduction to the Mathematics of
    Rationality, 448 Seiten
    Ellis Howard Limited, Chichester 1988
    S. 359-361

Saaty, Rozanne W.: 1987, The Analytic Hierarchy Process - What It Is
    and How It Is Used
    Mathematical Modelling, Volume 9, No. 3-5,
    pp. 161-176, 1987

Saaty, Thomas L.: 1990, How to make a decision: The Analytic Hierarchy Process
European Journal of Operational Research, Volume 48, Number 1,
September 5, 1990
(Special Issue: Decision Making by the Analytic Hierarchy Process:
Theory and Applications)
S. 9-26
(* enthält neben üblichen theoretischen Ergebnissen auch einige
bemerkenswerte Interpretationen von einzelnen Rechenvorgängen
und zahlreiche Hinweise auf mögliche Irrtümer bei der Anwendung
des AHP *)

Saaty, Thomas Lorie: 1980, The Analytic Hierarchy Process,
287 Seiten
McGraw-Hill, Inc., New York/London/Toronto u.a. 1980

Saaty, Thomas L./Kearns, Kevin P.: 1985, Analytical planning:
the organisation of systems, 208 Seiten
International series in modern applied mathematics and computer science,
Volume 7
Pergamon Press, Oxford/New York/Toronto/Sydney/
Frankfurt 1985

Vargas, Luis G.: 1990, An overview of the Analytic Hierarchy Process and its applications
European Journal of Operational Research, Volume 48, Number 1, September 5, 1990
(Special Issue: Decision Making by the Analytic Hierarchy Process: Theory and Applications)
S. 2-8
(* bespricht neuere Entwicklungen in Forschung und Anwendung des AHP
mit ausführlichen Referenzen *)

zu 7.4.5 aktuelle Diskussion des AHP

Management Science, Volume 36, Number 3; März 1990,
S. 247-275:

Winkler, Robert L.: Decision Modelling and Rational Choice: AHP and Utility Theory,
S. 247/248

Dyer, James S.: Remarks on the Analytic Hierarchy Process, S. 249-258

Saaty, Thomas L.: An Exposition of the AHP in Reply to the Paper "Remarks on the Analytic Hierarchy Process",
S. 259-268

Harker, Patrick T./Vargas, Luis G.: Reply to "Remarks on the Analytic Hierarchy Process" by J.S. Dyer, S. 269-273

Dyer, James S.: A Clarification of "Remarks on the Analytic Hierarchy Process", S. 274/275

Nitzsch, Rüdiger von: 1990, Präferenzmodellierung in der Nutzwertanalyse, im AHP und in der multiattributiven Nutzentheorie - Ein Vergleich, 17 Seiten
Arbeitsbericht Nr. 90-02, Institut für Wirtschaftswissenschaften, RWTH Aachen, Aachen 1990

Kapitel III: Multi-Objective-Entscheidungen (Vektormaximumprobleme)

In Kapitel III werden MODM-Probleme allgemein definiert und verschiedene Lösungsansätze vorgestellt. In § 8 wird das Vektormaximumproblem in seiner mathematischen Form mit den zugehörigen Lösungsbegriffen vorgestellt. Besonders Augenmerk gilt dabei dem Begriff der Funktional-Effizienz einer Lösung. § 9 beschäftigt sich mit Kompromißmodellen, im wesentlichen mit Nutzenmodellen und dem Zielprogrammieren. Die in der Praxis überaus beliebte einfache Zielgewichtung wird dabei kritisch beleuchtet. § 10 und § 11 schließlich sind den interaktiven Verfahren gewidmet, von denen hier jedoch nur eine kleine Auswahl präsentiert werden kann.

§8 Grundbegriffe des MODM

Für die späteren Paragraphen sollen hier grundsätzliche Definitionen angegeben werden und insbesondere der Begriff der Effizienz näher untersucht werden.

8.1 Definition des MODM-Problems

Zunächst soll die verbale Beschreibung von allgemeinen MODM-Problemen aus Abschnitt 3.3 jetzt mathematisch präzisiert werden.

Es seien insgesamt k reellwertige Zielfunktionen $z_1, z_2, ..., z_k$ gegeben, die alle über der Menge X der zulässigen Lösungen mit $X \subset \mathbb{R}^n$ gleichzeitig zu maximieren sind. Damit läßt sich das *MODM-Problem* wie folgt kurz darstellen:

$$"max" \left\{ z(x) = \begin{pmatrix} z_1(x) \\ z_2(x) \\ \cdot \\ \cdot \\ \cdot \\ z_k(x) \end{pmatrix} \;\middle|\; x \in X \right\}.$$

Dabei sei k eine natürliche Zahl echt größer 1.

Da hierbei alle k Zielfunktionen zu maximieren sind und sie zusammen einen k-dimensionalen Vektor, nämlich den Zielfunktionsvektor z mit den Komponenten z_j für alle $1 \leq j \leq k$, bilden, heißt das vorliegende MODM-Problem oft auch *Vektormaximumproblem*.

Im gesamten Kapitel IV sollen ausschließlich MODM-Probleme mit zu maximierenden Zielfunktionen betrachtet werden. Damit ist keine Einschränkung der Allgemeinheit verbunden. Denn ist irgendeine Zielfunktion z_j ursprünglich zu minimieren, weil sie z.B. Kosten beschreibt, dann multipliziere man sämtliche Zielfunktionswerte $z_j(x)$ mit (-1) und erhält wegen

$$\min_{x \in X} z_j(x) = -\max_{x \in X} (-z_j(x))$$

eine Maximierungsaufgabe bezüglich der j. Zielfunktion.

Häufig wird der Zulässigkeitsbereich X mit m skalaren Funktionen $g_1, g_2, ..., g_m$ auf $\mathbb{R}^n$ beschrieben als

$X = \{x \in \mathbb{R}^n \mid g_i(x) \leq 0 \text{ für alle i mit } 1 \leq i \leq m\}$.

Bei linearen Problemen findet sich oft auch mit einer technologischen Matrix $A \in \mathbb{R}^{m \times n}$ und einem Ressourcenvektor $b \in \mathbb{R}^m$

$X = \{x \in \mathbb{R}^n \mid Ax = b \text{ und } x \geq 0\}$.

Bei linearen Zielfunktionen $z_1(x) = c^1 x, z_2(x) = c^2 x, ..., z_k(x) = c^k x$ werden die Zielfunktionskoeffizientenvektoren $c^j \in \mathbb{R}^{1 \times n}$ für alle $1 \leq j \leq k$ oft zu einer Zielfunktionskoeffizienten-Matrix $C \in \mathbb{R}^{k \times n}$ zusammengefaßt gemäß

$$C = \begin{pmatrix} c^1 \\ c^2 \\ \vdots \\ c^k \end{pmatrix}.$$

Sind sämtliche Zielfunktionen und Restriktionen linear, also $z(x) = C \cdot x$ und $X = \{x \in \mathbb{R}^n \mid Ax = b, x \geq 0\}$, dann heißt das Problem "max"$\{z(x) \mid x \in X\}$ *lineares Vektormaximumproblem* und wird dargestellt als

$$\begin{aligned} \text{"max"} \quad & z(x) = C \cdot x \\ \text{s.d.} \quad & Ax = b \\ & x \geq 0 \end{aligned}.$$

8.2 Lösungsbegriffe

Zwar gelten die Lösungsbegriffe aus Abschnitt 4.1 auch für MODM-Modelle, doch sollen sie jetzt durch mathematische Gleichungen und Ungleichungen genauer beschrieben werden.

8.2.1 Definitionen

Bezüglich des Vektormaximumproblems "max"$\{z(x) \mid x \in X\}$ lassen sich nun folgende Lösungsbegriffe unterscheiden:

Individuelle Optimallösung ist eine zulässige Lösung x*, die bezüglich mindestens einer skalaren Zielfunktion optimal ist, d.h. x*∈X und es gibt mindestens ein j∈{1,2,...,k} mit

$$z_j(x^*) = \max_{x \in X} z_j(x)$$

Der Wert $z_j(x^*)$ heißt *individuelles Optimum*.

Idealer Zielwertvektor ist ein Vektor $\hat{z} \in \mathbb{R}^k$, dessen Komponenten die Werte der individuellen Optima angeben, d.h.

$$\hat{z}_j = \max_{x \in X} z_j(x) \quad \text{für alle j mit } 1 \leq j \leq k.$$

Perfekte Lösung ist eine zulässige Lösung x*, die bezüglich <u>aller</u> skalaren Zielfunktionen gleichzeitig optimal ist, d.h. x*∈X und

$$z_j(x^*) = \max_{x \in X} z_j(x) \quad \text{für alle } j \in \{1,2,\ldots,k\}.$$

Ideale Lösung (utopische Lösung) ist eine meist unzulässige Lösung $\hat{x}$, die bezüglich <u>aller</u> skalaren Zielfunktionen gleichzeitig optimal ist, d.h. $\hat{x} \in \mathbb{R}^n$ (beliebig!) und

$$z_j(\hat{x}) = \max_{x \in X} z_j(x) \quad \text{für alle } j \in \{1,2,\ldots,k\}.$$

Funktional-effiziente Lösung bzgl. X und z ist eine zulässige Lösung x*, wenn es keine zulässige Lösung x gibt, die in allen Zielfunktionswerten mindestens so gut wie x* ist und bezüglich mindestens einer Zielfunktion echt besser als x* ist,

d.h. zu x*∈X existiert kein x∈X
  mit $z_j(x) \geq z_j(x^*)$ für alle $1 \leq j \leq k$
  <u>und</u> $z_i(x) > z_i(x^*)$ für mindestens ein i∈{1,2,...,k}.

Mit anderen Worten, zu x*∈X existiert kein x∈X mit $z(x) \geq z(x^*)$ und $z(x) \neq z(x^*)$. Dabei sind Ungleichungen zwischen zwei Vektoren a und b aus dem $\mathbb{R}^q$ (mit q eine beliebige natürliche Zahl) komponentenweise zu verstehen, d.h.

$$a \geq b \stackrel{\text{def.}}{\Longleftrightarrow} a_i \geq b_i \quad \text{für alle } 1 \leq i \leq q$$
$$a > b \stackrel{\text{def.}}{\Longleftrightarrow} a_i > b_i \quad \text{für alle } 1 \leq i \leq q.$$

Noch anders läßt sich die Funktional-Effizienz einer zulässigen Lösung x* ausdrücken gemäß: zu x* kann man keine zulässige Lösung x finden, die den Zielfunktionswert von x* in mindestens einem Ziel weiter erhöht, ohne den Wert in mindestens einer anderen Zielfunktion zu vermindern.

Vollständige Lösung bzgl. X und z ist die Menge aller funktional-effizienten Lösungen bzgl. X und z.

Man beachte, daß die Begriffe "funktional-effiziente Lösung" und "vollständige Lösung" immer nur in Bezug auf einen fest vorgegebenen Zulässigkeitsbereich X und einen fest vorgegebenen Zielfunktionsvektor z verwendet werden dürfen.

8.2.2 Beispiele

Zur Veranschaulichung der verschiedenen Lösungsbegriffe dienen die beiden folgenden Beispiele.

Beispiel 8.1:
Gegeben sei mit dem Zulässigkeitsbereich $X = \{x \in \mathbb{R}^2 \mid 0 \leq x_1 \leq 3,\ 0 \leq x_2 \leq 3\}$ das lineare Vektormaximum-Problem

$$\begin{aligned} \text{"max"} \quad & z_1(x) = x_1 + x_2 \\ & z_2(x) = -x_1 + x_2 \\ \text{s.d.} \quad & x \in X \end{aligned}$$

Der Zulässigkeitsbereich ist in Abbildung 27 durch das Quadrat mit den Ecken A, B, C und D gegeben. Des weiteren zeigt Abbildung 27 die Lage der Zielfunktion und die Richtungen, in denen sich die Zielausprägungen verbessern.

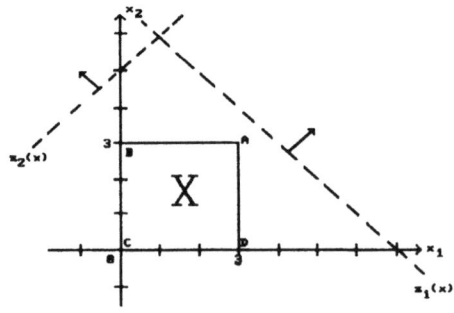

Abb. 27: Darstellung des Vektormaximumproblems im x_1-x_2-Raum der Lösungen (Aktionsraum)

Nun gilt:

$$\begin{Bmatrix} \max\ (z_1(x)=x_1+x_2) \\ \text{s.d.}\ x\in X \end{Bmatrix} = 6 = z_1\begin{pmatrix} 3 \\ 3 \end{pmatrix},\ \text{d.h. der Punkt A}= \begin{pmatrix} 3 \\ 3 \end{pmatrix}$$

ist eine <u>individuelle Optimallösung</u> bezüglich der Zielfunktion z_1 mit Wert 6.

$$\begin{Bmatrix} \max\ (z_2(x)=x_2-x_1) \\ \text{s.d.}\ x\in X \end{Bmatrix} = 3 = z_2\begin{pmatrix} 0 \\ 3 \end{pmatrix},\ \text{d.h. der Punkt B}= \begin{pmatrix} 0 \\ 3 \end{pmatrix}$$

ist eine <u>individuelle Optimallösung</u> bezüglich der Zielfunktion z_2 mit Wert 3.

Damit lautet der <u>ideale Zielwertvektor</u> $\hat{z}\in \mathbb{R}^2$ hier $\hat{z}= \begin{pmatrix} 6 \\ 3 \end{pmatrix}$

Die <u>ideale Lösung</u> ergibt sich aus

$$\begin{Bmatrix} z_1(x)=6 \\ z_2(x)=3 \end{Bmatrix} \Longleftrightarrow \begin{Bmatrix} x_1+x_2=6 \\ -x_1+x_2=3 \end{Bmatrix} \Longleftrightarrow \begin{Bmatrix} x_1+x_2=6 \\ 2x_2=9 \end{Bmatrix} \Longleftrightarrow \begin{Bmatrix} x_1=1,5 \\ x_2=4,5 \end{Bmatrix}$$

eindeutig zu $\hat{x} = \begin{pmatrix} 1,5 \\ 4,5 \end{pmatrix}$.

Der Punkt $\hat{x}$ ist aber nicht zulässig, da $\begin{pmatrix} 1,5 \\ 4,5 \end{pmatrix} \notin X$. Also existiert keine <u>perfekte Lösung</u>.

Die vollständige Lösung besteht aus allen Punkten der Verbindungslinie zwischen A= $\begin{pmatrix} 3 \\ 3 \end{pmatrix}$ und B= $\begin{pmatrix} 0 \\ 3 \end{pmatrix}$ auf dem Rand des Zulässigkeitsbereiches. Das heißt, die

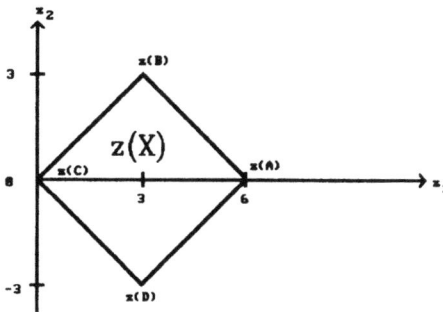

<u>Abb. 28:</u> *Darstellung des Vektormaximumproblems im z_1-z_2-Raum der Zielfunktionswerte (Funktionalraum)*

<u>vollständige Lösung</u> ist gleich der Menge

$$\left\{ \begin{bmatrix} x_1 \\ x_2 \end{bmatrix} \in \mathbb{R}^2 \mid 0 \leq x_1 \leq 3 \text{ und } x_2 = 3 \right\}.$$

Dies ist leicht im z_1-z_2-Raum der Zielfunktionswerte einzusehen, den Abbildung 28 zeigt. Das dortige Quadrat mit den Ecken z(A), z(B), z(C) und z(D) beschreibt die Menge aller Bilder von X unter der Funktion z. Die Werte der funktional-effizienten Lösungen bzgl. X und z liegen auf dem Geradenstück zwischen z(A) und z(B).

Beispiel 8.2:
Gegeben sei das lineare Vektormaximumproblem

$$\begin{aligned} \text{"max"} \quad & z_1(x) = x_2 \\ & z_2(x) = x_2 - x_1 \\ \text{s.d.} \quad & x \in X \end{aligned}$$

über dem Zulässigkeitsbereich $X = \{x \in \mathbb{R}^2 \mid 0 \leq x_1 \leq 3, 0 \leq x_2 \leq 3\}$.
Das Problem wird in Abbildung 29 skizziert.

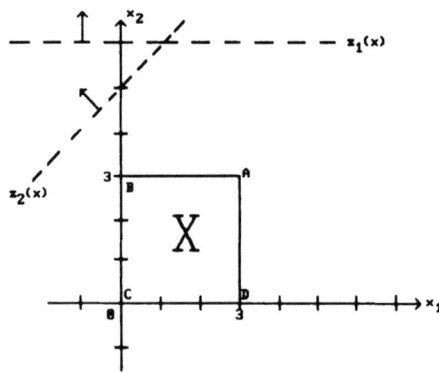

Abb. 29: Darstellung des Vektormaximumproblems im x_1-x_2-Raum der Lösungen (Aktionsraum)

Wegen $\begin{pmatrix} \max \ (z_1(x) = x_2) \\ \text{s.d.} \ x \in X \end{pmatrix} = 3 = z_1 \begin{pmatrix} 0 \\ 3 \end{pmatrix}$, ist der Punkt $B = \begin{pmatrix} 0 \\ 3 \end{pmatrix}$

individuelle Optimallösung bezüglich der Zielfunktion z_1 mit Wert 3.

Ferner ist $B = \begin{pmatrix} 0 \\ 3 \end{pmatrix}$ wegen $\max_{\text{s.d.} \ x \in X} (z_2(x) = x_2 - x_1) = 3 = z_2 \begin{pmatrix} 0 \\ 3 \end{pmatrix}$ auch

individuelle Optimallösung bezüglich der Zielfunktion z_2 mit Wert 3.

Kapitel III: Multi-Objective-Entscheidungen   103

Damit lautet der ideale Zielwertvektor $\hat{z} \in \mathbb{R}^2$ hier $\hat{z} = \begin{pmatrix} 3 \\ 3 \end{pmatrix}$ und wird in zulässigen Punkt B angenommen, d.h. der Punkt B ist perfekte Lösung des MODM-Problems.

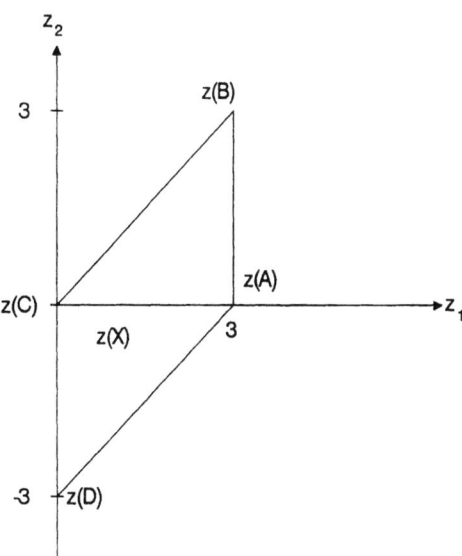

Abb. 30: Darstellung des Vektormaximumproblems im z_1-z_2-Raum der Zielfunktionswerte (Funktionalraum)

Aus der Darstellung des z_1-z_2-Raumes der Zielfunktionswerte, vgl. Abbildung 30, wird sofort ersichtlich, daß $B = \begin{pmatrix} 0 \\ 3 \end{pmatrix}$ die einzige funktional-effiziente Lösung bezüglich des Zulässigkeitsbereiches X und der Zielfunktion $z = \begin{pmatrix} z_1 \\ z_2 \end{pmatrix}$ ist.

8.3 Bestimmung funktional-effizienter Lösungen

Im folgenden sollen einige Ideen angedeutet werden, die die Ermittlung der vollständigen Lösung speziell bei linearen Vektormaximumproblemen steuern. Warum hier nicht ein kompletter Algorithmus sondern nur eine Skizze eines Algorithmus angegeben wird, um alle funktional-effizienten Lösungen zu bestimmen, hat zwei Ursachen.

1. Die bisher bekannten Lösungsverfahren sind rechnerisch zu aufwendig.

2. Häufig ist die Gesamtzahl der effizienten Lösungen derart groß, daß der Entscheidungsträger sie nicht mehr überschauen kann und deshalb nicht in der

Lage ist, eine von ihm besonders bevorzugte Lösung als Kompromißlösung zuwählen.

Der interessierte Leser wird daher zur Vertiefung auf die Veröffentlichungen von [Gal, 1977, 1983] und [Isermann, 1977] sowie die dort angegebene Literatur verwiesen.

8.3.1 Effizienztheoreme

Die beiden nächsten Sätze stellen einen Zusammenhang zwischen den funktional-effizienten Lösungen eines allgemeinen bzw. linearen Vektormaximumproblems und der mehrparametrischen Optimierung her.

allgemeines Effizienztheorem
Es seien k reellwertige Funktionen $z_1(x), z_2(x), ..., z_k(x)$ streng konkav über der konvexen Menge $X \subset \mathbb{R}^n$. Dann gilt mit der Abkürzung $z(x)^T = (z_1(x), z_2(x), ..., z_k(x))$:
$x^* \in X$ ist genau dann eine funktional-effiziente Lösung des Vektormaximumproblems

$$\text{"max"} \{z(x) \mid x \in X\},$$

wenn ein Vektor $t \in \mathbb{R}^k$ mit $t_i \geq 0$ für alle $1 \leq i \leq k$ und $\sum_{i=1}^{k} t_i = 1$ derart existiert, daß x^* eine optimale Lösung des eindimensionalen Optimierungsproblems

$$\max \{t^T \cdot z(x) \mid x \in X\}$$

ist.
Beweis: siehe [Dinkelbach, 1969, S. 160-162]

Effizienztheorem für lineare Vektormaximumprobleme:
Es sei $A \in \mathbb{R}^{m \times n}$, $b \in \mathbb{R}^m$ sowie $C \in \mathbb{R}^{k \times n}$. Dann gilt:
$x^* \in \mathbb{R}^n$ mit $Ax^* = b$ und $x^* \geq 0$ ist genau dann eine funktional-effiziente Lösung des linearen Vektormaximumproblems

$$\text{"max"} \{Cx \mid Ax = b \text{ und } x \geq 0\}$$

wenn ein Vektor $t \in \mathbb{R}^k$ existiert, der ausschließlich echt positive Komponenten besitzt, also $t_i > 0$ für alle $1 \leq i \leq k$, und für den $\sum_{i=1}^{k} t_i = 1$ gilt, so daß x* optimale Lösung des eindimensionalen Optimierungsproblems

$$\max \{t^T Cx \mid Ax=b \text{ und } x \geq 0\}$$

ist.

Beweis: siehe [Steuer, 1986, S. 215/216]

Die reellwertige Zielfunktion $t^T z(x) = \sum_{i=1}^{k} t_i z_i(x)$ in dem mehrparametrischen Optimierungsproblem

$$\max \{t^T z(x) \mid x \in X\} \text{ zum Parameter } t \in \mathbb{R}^k$$

läßt sich formal auffassen als additive Gewichtung der k Einzelziele $z_1, z_2, ..., z_k$ zu einer einzigen Gesamtzielfunktion, wobei der Vektor $t \in \mathbb{R}^k$ mit $t_i \geq 0$ bzw. $t_i > 0$ für alle $1 \leq i \leq k$ und $\sum_{i=1}^{k} t_i = 1$ als Gewichtevektor zu verstehen ist. Doch inhaltlich ist eine solche additive Zusammenfassung der Einzelziele im allgemeinen äußerst fragwürdig, wenn nämlich die Einzelziele nicht derart bewertet sind, daß sie sämtlich gleicher Dimension sind und ihre gewichtete Summe eine sinnvolle interpretierbare Größe liefert.

Daher ist für Dinkelbach die einzige Rechtfertigung, Zielkonflikte im Vektormaximumproblem durch Gewichtung zu lösen, die enge Beziehung zwischen dem Vektormaximumproblem und der vektorparametrischen Programmierung, wie sie sich in den Effizienztheoremen ausdrückt [Dinkelbach, 1969, S. 159].

8.3.2 Skizze eines Algorithmus

Als Beispiel für einen Algorithmus, mit dem man die vollständige Lösung eines linearen Vektormaximumproblems bestimmen kann, werde nun das dreiphasige Verfahren von Isermann in seinen Grundzügen vorgestellt. Dabei wird hier jedoch nicht auf algorithmische Details eingegangen, vgl. dazu [Isermann, 1976 und 1977].

Betrachtet wird das Problem

(P)
$$\begin{aligned} \text{"max"} \quad & z(x) = C \cdot x \\ \text{s.d.} \quad & Ax = b \\ & x \geq 0 \end{aligned}$$

mit $A \in \mathbb{R}^{m \times n}$ eine Matrix vom Rang m, $b \in \mathbb{R}^m$, $C \in \mathbb{R}^{k \times n}$ und Entscheidungsvariablen $x \in \mathbb{R}^n$.

Phase 1: (Initialphase)
In der ersten Phase des Verfahrens wird festgestellt, ob das Problem (P) überhaupt eine funktional-effiziente Lösung besitzt, und gegebenenfalls eine erste effiziente Basislösung bestimmt.

Phase 2: (Iterationsphase)
In der zweiten Phase werden ausgehend von der ersten effizienten Basislösung systematisch alle effizienten Basislösungen von (P) und alle diejenigen Fundamentallösungen von Ax=0, x≥0 bestimmt, die effiziente extremale Richtungsvektoren erzeugen. Dies geschieht mit einem verallgemeinerten Simplex-Verfahren. Dabei wird ausgenutzt, daß sämtliche effizienten Basislösungen und fundamentalen Lösungen des homogenen Systems Ax=0, x≥0 in einem besonderen "Nachbarschafts"-Verhältnis stehen. Dazu definiert man:
Zwei bezüglich (P) funktional-effiziente Basislösungen x und y heißen genau dann _**zueinander benachbart**_, wenn x und y genau m-1 Basisvariable gemeinsam haben und jede Konvexkombination von x und y, also jeder Vektor der Gestalt $\lambda x + (1-\lambda)y$ für beliebiges $\lambda \in [0,1]$, bezüglich (P) funktional-effizient ist.
Eine bezüglich (P) funktional-effiziente Basislösung y und eine fundamentale Lösung x des Systems Ax=0, x≥0 heißen genau dann _**zueinander benachbart**_, wenn x eine fundamentale Lösung des homogenen Systems $B^{-1}Ax=0$, x≥0 ist, wobei B die zu y gehörige Basismatrix ist, und jeder Vektor der Form $y + \alpha \cdot x$ mit nichtnegativer reeller Zahl α bezüglich (P) funktional-effizient ist.
Bezeichnet nun E die Menge aller bezüglich (P) funktional-effizienten Basislösungen und aller fundamentalen Lösungen von Ax=0, x≥0, dann sei

K={(x,y)∈ExE | x und y sind zueinander benachbart}.

Damit läßt sich der _**dem Problem (P) zugeordnete Lösungsgraph**_ G definieren als G=(E,K), d.h. als der ungerichtete Graph, dessen Eckenmengen durch E und dessen Kantenmenge durch K gegeben ist. Dann gilt der wichtige

Kapitel III: Multi-Objective-Entscheidungen

<u>Satz:</u>
Der einem linearen Vektormaximumproblem zugeordnete Lösungsgraph G=(E,K) ist endlich und zusammenhängend.

<u>Beweis:</u> siehe [Isermann, 1977]

Mit dem Begriff des Lösungsgraphen und seiner Eigenschaft, zusammenhängend zu sein, läßt sich die Iterationsphase auch graphentheoretisch charakterisieren. Man beginnt mit der in Phase 1 bestimmten ersten Ecke des Lösungsgraphen und ermittelt alle ihre Nachbarn. Dann wird zu diesen Ecken die Gesamtheit ihrer Nachbarn bestimmt usw. Das Verfahren endet, sobald sich unter den Nachbarn der bereits bekannten Ecken keine neue Ecke mehr befindet.

<u>Phase 3:</u> (Konstruktionsphase)
Die vollständige Lösung von Problem (P) ist im allgemeinen selbst keine konvexe Menge, aber sie läßt sich stets als endliche Vereinigung konvexer Teilmengen darstellen. In dieser dritten Phase werden mittels der Ergebnisse von Phase 2 jene endlich vielen Teilmengen effizienter Lösungen gebildet.

Hinter dem Titel "Ein Algorithmus zur Lösung linearer Vektormaximumprobleme" einer Arbeit von Heinz Isermann aus dem Jahre 1976 verbirgt sich ein Stück der Philosophie, die in den siebziger Jahren Teile der MODM-Forschung beherrschte. Bedenkt man nämlich, daß diese Arbeit "nur" einen Algorithmus beschreibt, mit dessen Hilfe alle funktional-effizienten Lösungen des linearen Vektormaximumproblems bestimmt werden können, so wird klar, daß für einige Forscher auf dem Gebiet der Multi-Criteria-Analyse in jener Zeit die Gleichheit

Lösung eines Vektormaximumproblems = Ermittlung der vollständigen Lösung

bestand. Ein solches Lösungsverständnis scheitert aber in der Praxis oft an der Vielzahl effizienter Lösungen, abgesehen von rechentechnischen Schwierigkeiten. Dem Entscheidungsträger müssen daher weitere Entscheidungshilfen an die Hand gegeben werden. Bei der Auswahl einer speziellen funktional-effizienten Lösung müssen zwangsläufig die Grenzen der reinen Mathematik überschritten werden, damit die subjektiven Präferenzen des Entscheidungsfällers Raum finden können.

Literatur zu § 8

Dinkelbach, Werner: 1969, Sensitivitätsanalysen und parametrische Programmierung, 190 Seiten
    Springer-Verlag, Berlin/Heidelberg/New York 1969
    Abschnitt 6.1.3 Zielgewichtung und parametrische Programmierung
    S. 158-162

Gal, Tomas: 1977, A general method for determining the set of all efficient solutions to a linear vectormaximum problem
    European Journal of Operational Research, Band 1, 1977
    S. 307-322

Gal, Tomas: 1983, On Efficient Sets in Vector Maximum Problems - A Brief Survey
    in: Hansen, Pierre (Herausgeber): Essays and Surveys on Multiple Criteria Decision Making, 441 Seiten
    Springer-Verlag, Berlin/Heidelberg/New York 1983
    S. 94-114

Hwang, Chin-Lai/Masud, Abu Syed Md.: 1979, Multiple Objective Decision Making - Methods and Applications, 351 Seiten
    Springer-Verlag, Berlin/Heidelberg/New York 1979
    S. 15-20

Isermann, Heinz: 1976, Ein Algorithmus zur Lösung linearer Vektormaximumprobleme
    in: Kohlas, J./Seifert, O./ Stähly, P./Zimmermann, H.-J. (Herausgeber):
    Proceedings in Operations Research Band 5
    Vorträge der Jahrestagung 1975 von DGOR/SVOR
    Physica-Velag, Würzburg/Wien 1976
    S. 55-65

Isermann, Heinz: 1987, Optimierung bei mehrfacher Zielsetzung, S. 421-497
    in: Gal, Tomas (Herausgeber): Grundlagen des Operations Research Band 1, 583 Seiten
    Springer-Verlag, Berlin/Heidelberg/New York 1987
    davon S. 426-432

Isermann, Heinz: 1977, The Enumeration of the Set of All Efficient Solutions for a
  Linear Multiple Objective Program
  Operations Research Quarterly, Volume 28,
  Number 3, ii, 1977
  S. 711-725

Steuer, Ralph E.: 1986, Multiple Criteria Optimization: Theory, Computation, and
  Application, 546 Seiten
  Verlag John Wiley & Sons, Inc., New York/Toronto/
  Singapore/Chichester/Brisbane 1986
  S. 214-216

§9 Entscheiden mit a priori Information

Nach der allgemeinen Definition von Kompromißmodellen sollen drei Ansätze im folgenden näher beschrieben werden, ein Kompromißmodell zu erstellen, wenn der Entscheidungsträger <u>vor</u> dem Einsatz des MODM-Verfahrens Informationen über seine Präferenzvorstellungen bekannt gibt. Daher trägt dieser Paragraph auch den Titel "Entscheiden mit <u>a priori</u> Information".

Bei Nutzenmodellen (Abschnitt 9.2) gibt der Entscheidungsträger a priori Auskunft über eine Gesamtnutzenfunktion, bei den Verfahren aus Abschnitt 9.3 mit Anspruchsniveaus nennt er a priori für einige Ziele Mindestwerte, und beim Zielprogrammieren (Abschnitt 9.4) teilt er a priori ein erstrebenswertes Gesamtziel und eine Abstandsnorm mit.

Weitere Lösungsansätze finden sich bei [Dinkelbach, 1982, S. 180-200], und bei [Bamberg/Coenenberg, 1989, S. 49-56].

9.1 Allgemeine Definition von Kompromißmodellen

Im allgemeinen besteht das Problem bei MODM-Aufgaben darin, Vektoren von Zielfunktionswerten miteinander zu vergleichen. Falls die vollständige Lösung nicht gerade einelementig ist, werden die k-dimensionalen Zielfunktionsvektoren $z(x) \in \mathbb{R}^k$ des Vektormaximumproblems

$$(1) \quad \text{"max"} \ \{z(x) \mid x \in X\}$$

häufig durch eine eindimensionale, reellwertige Funktion f bewertet, die die Präferenzvorstellungen des Entscheidungsträgers wiedergeben soll. Diese Funktion $f: \mathbb{R}^k \to \mathbb{R}$ heißt *Kompromißzielfunktion*. Das Vektormaximumproblem wird damit durch folgendes *Kompromißmodell* ersetzt [Dinkelbach, 1982, S. 179]:

$$(2) \quad \max \ \{f(z(x)) \mid x \in X \cap X^Z\}.$$

Dabei bezeichnet X^Z eine Teilmenge des $\mathbb{R}^n$, die gewisse Ziele des Zielfunktionsvektors z durch Nebenbedingungen erfaßt. Werden alle Ziele bereits durch die skalare Kompromißzielfunktion f zusammengefaßt, dann ist X^Z gleich dem $\mathbb{R}^n$ zu setzen, so daß die ursprüngliche Alternativenmenge X nicht durch X^Z eingeschränkt wird.

Der Name "Kompromißmodell" wird erst verwendet, wenn eine weitere Voraussetzung erfüllt ist: Das Modell (2) soll in jedem Fall numerisch lösbar sein und unter den Opti-

Kapitel III: Multi-Objective-Entscheidungen

mallösungen von (2) soll sich in jedem Fall eine Lösung befinden, die bezüglich des Vektormaximumproblems (1) funktional-effizient ist. Das heißt, es muß ein Vektor $\tilde{x} \in X \cap X^z$ existieren, der bezüglich X und z funktional-effizient ist und für den

$$f(z(\tilde{x})) = \max \{f(z(x)) \mid x \in X \cap X^z\}.$$

Eine derartige Lösung $\tilde{x}$ des Kompromißmodells (2) heißt **Kompromißlösung**.

9.2 Nutzenmodelle

Um Mißverständnissen mit den Bezeichnungsweisen anderer Autoren vorzubeugen, sei zunächst nochmals betont, daß hier ausschließlich Entscheidungssituationen bei Sicherheit behandelt werden. In der Terminologie von Abschnitt 7.3 zum MADM heißen die im folgenden diskutierten "Nutzenfunktionen" Wertfunktionen.

Nutzenmodelle gehen von der Idee einer Gesamtnutzenfunktion aus. Sie fassen sämtliche Zielfunktionskomponenten $z_j(x)$, $1 \leq j \leq k$, zu einer gemeinsamen Nutzenfunktion $U = U(z_1(x), z_2(x), ..., z_k(x))$ zusammen, die über der Menge X aller zulässigen Alternativen zu maximieren ist. Für eine Alternative $x \in X$ ist der Nutzen $U(z_1(x), z_2(x), ..., z_k(x))$ eine reelle Zahl, die den Wert von x für den Entscheidungsfäller im Hinblick auf alle Ziele angibt. Das Kompromißmodell lautet demnach:

$$(3) \quad \max \{U(z_1(x), z_2(x), ..., z_k(x)) \mid x \in X\}.$$

Existiert aber überhaupt eine solche Nutzenfunktion U?

9.2.1 Existenz einer Nutzenfunktion

Durch Sätze der Art wie in Abschnitt 2.2 wird zwar die Existenz einer Nutzenfunktion gesichert, doch liefern diese Sätze nur auf formaler Ebene notwendige und hinreichende Bedingungen: sie wandeln die Frage nach der Existenz einer Nutzenfunktion um in eine Frage nach gewissen Eigenschaften, die die Menge X aller Alternativen aufweisen sollte. Dinkelbach meint zu diesem Punkt: "Damit ist die Frage der Existenz einer Nutzenfunktion auf eine andere Ebene verlagert. Die Frage ihrer Existenz in dem Sinne, ob ent-

scheidende Individuen in der Tat Nutzenfunktionen besitzen, bleibt unbeantwortet." [Dinkelbach, 1982, S. 135].
Sollte ein Entscheidungsträger beispielsweise gemäß einer lexikographischen Ordnung über $X = R^2$ entscheiden, so läßt sich seine Präferenzordnung selbst formal-mathematisch nicht durch eine skalare Nutzenfunktion darstellen, Beweis siehe [Rauhut/ Schmitz/Zachow, 1979, S. 34].

Wenn aber eine Nutzenfunktion existiert und real gegeben ist, das heißt, wenn die Nutzenfunktion U explizit bekannt ist, dann liefert das Kompromißmodell (3) eine Lösung, die den Entscheidungsfäller am meisten befriedigt.
Wie jedoch bekommt man Kenntnis einer Nutzenfunktion? Wie ist sie zu konstruieren?

9.2.2 Konstruktion einer Nutzenfunktion

Die Gestalt einer Nutzenfunktion, ihre Funktionsvorschrift, ist zunächst unbekannt. Sind die Ziele insbesondere nicht wechselseitig präferenzunabhängig (vgl. Definition in Abschnitt 7.3), dann setzt sich der Gesamtnutzen U nicht einfach additiv aus k eindimensionalen Einzelnutzenfunktionen U_j zusammen gemäß

$$(4) \quad U(z_1(x), z_2(x), \ldots, z_k(x)) = \sum_{j=1}^{k} U_j(z_j(x)),$$

sondern U muß direkt bestimmt werden. Das soll heißen, daß der Entscheidungsträger zu jedem Vektor $(z_1(x), z_2(x), \ldots, z_k(x))$ möglicher Zielausprägungen eine reelle Zahl als Gesamtnutzen $U(z_1(x), z_2(x), \ldots, z_k(x))$ angeben muß.
Das stellt hohe Anforderungen an den Informanden, den Entscheidungsträger, da der Befragungsaufwand stark wächst. Bamberg und Coenenberg nennen das Unterfangen, die Gesamtnutzenfunktion U ohne jegliche Annahmen über ihre Gestalt zu ermitteln, "selbst unter Laborbedingungen fast hoffnungslos", [Bamberg/Coenenberg, 1989, S. 56].

Nach Meinung einiger Autoren, vgl. z.B. [von Winterfeldt/ Edwards, 1986, S. 309], kann man oft (oder vielleicht gar immer?) die wechselseitige Präferenzunabhängigkeit der Ziele und damit die additive Trennbarkeit der Gesamtnutzenfunktion zumindest approximativ erreichen.
So kann man z.B. die Ziele neu definieren, indem man einige präferenzabhängige Größen zu einer übergeordneten Zielgröße zusammenfaßt; Beispiele finden sich bei [Eisenführ, 1989, S. 133/134]. Oder man engt den Raum der zulässigen Alternativen ein,

Kapitel III: Multi-Objective-Entscheidungen 113

etwa durch Anspruchsniveaus als zusätzliche Restriktionen, um die Präferenzabhängigkeit zu beseitigen [Bamberg/Coenenberg, 1989, S. 45].
In solchen Fällen erfolgt die Konstruktion einer Nutzenfunktion oder, genauer gesagt, das Schaffen der Voraussetzungen für die Konstruktion einer additiven Nutzenfunktion aber nach der "hohen Kunst des Modellierens", die sich nicht rational steuern oder gar algorithmisch erfassen läßt.

Sollten die Unabhängigkeitsbedingungen für eine Nutzenfunktion der Gestalt (4) trotz geschickter Modellierung nicht erfüllt werden, so kann man versuchen, die Einzelnutzenfunktionen U_j auf andere Weise zu einer Gesamtnutzenfunktion U zusammenzufassen, z.B. multiplikativ oder multilinear [Keeney/ Raiffa, 1976, Kapitel 6, S. 288-294 und S. 324-332]. Wenn die Gesamtnutzenfunktion U jedoch nichtlinear im Sinne des mathematischen Programmierens ist, dann können sich bei der Lösung von Kompromißmodell (3) numerische Schwierigkeiten ergeben.

9.2.3 Spezialfall konstante Zielgewichtung

Häufig haben Kompromißmodelle die Form

$$(5) \quad \max \{ \sum_{j=1}^{k} w_j\, z_j(x) \mid x \in X \}$$

wobei $w_j > 0$ für alle $1 \leq j \leq k$, meist mit $\sum_{j=1}^{k} w_j = 1$, konstante Gewichte sind. Die Rechtfertigung, das Vektormaximumproblem (1) durch (5) zu ersetzen, kann einerseits vor dem Hintergrund der Effizienztheoreme aus Abschnitt 8.2 geschehen. Sind nämlich die Zielfunktionskomponenten $z_j(x)$ alle streng konkav oder bei linearen Restriktionen alle linear, so sind die optimalen Lösungen des Kompromißmodells (5) funktional-effizient bezüglich X und z.

Andererseits kann das Kompromißmodell (5) der konstanten Zielgewichtung auch als ein sehr einfacher Spezialfall der additiven Gesamtnutzenfunktion (4) aufgefaßt werden. Dazu nehme man an, daß der Teilnutzen $U_j(z_j(x))$ des j. Ziels proportional zur Zielausprägung $z_j(x)$ wächst mit dem konstanten Proportionalitätsfaktor w_j. Die Gewichtungsfaktoren w_j legen das Verhältnis der Nutzenwerte einzelner Ergebnisse zum Gesamtnutzenwert U fest und sind vom Entscheidungsträger anzugeben. Die Gewichte können direkt oder über Paarvergleiche zur relativen Wichtigkeit der Ziele untereinander wie in Abschnitt 7.1 oder aber durch Erfragen von Austauschraten ermittelt werden.

Beim Erfragen von Austauschraten muß der Entscheidungsfäller angeben, um wieviel das l-te Ziel z_l zu senken ist, damit eine Erhöhung des i-ten Ziels z_i um eine Einheit gerade kompensiert wird, wenn dabei alle übrigen Zielfunktionswerte $z_j(x)$ für $j \neq i, j \neq l$ unverändert bleiben. Die Antwort des Entscheidungsfällers sei d_{il}, die Austauschrate zwischen Ziel i und Ziel l. Der Indifferenz der Zielausprägungen

$$z^{(1)} = (z_1(x), \ldots, z_{i-1}(x), z_i(x), z_{i+1}(x), \ldots, z_{l-1}(x), z_l(x), z_{l+1}(x), \ldots, z_k(x))$$

und

$$z^{(2)} = (z_1(x), \ldots, z_{i-1}(x), z_i(x)+1, z_{i+1}(x), \ldots, z_{l-1}(x), z_l(x)-d_{il}, z_{l+1}(x), \ldots, z_k(x))$$

entspricht die Gleichheit der Gesamtnutzenwerte $U(z^{(1)})$ und $U(z^{(2)})$, d.h. mit

$$U(z) = \sum_{j=1}^{k} w_j\, z_j$$

ist gerade

$$\sum_{j=1}^{k} w_j\, z_j(x) = \sum_{\substack{j=1 \\ j \neq i, j \neq l}}^{k} w_j\, z_j(x) + w_i \cdot [z_i(x)+1] + w_l \cdot [z_l(x) - d_{il}]$$

$$\Longleftrightarrow \sum_{j=1}^{k} w_j\, z_j(x) = \sum_{j=1}^{k} w_j\, z_j(x) + w_i \cdot 1 + w_l \cdot (-d_{il})$$

$$\Longleftrightarrow 0 = w_i - w_l \cdot d_{il}$$

$$\Longleftrightarrow d_{il} = \frac{w_i}{w_l}$$

Aus insgesamt k bzw., falls $\sum_{j=1}^{k} w_j = 1$ gefordert wird, insgesamt (k-1) Austauschraten d_{il} lassen sich die Gewichte $w_1, \ldots, w_k$ errechnen.

Die konstante Zielgewichtung in Kompromißmodell (5) unterstellt die Bereitschaft des Entscheidungsträgers, die Verbesserung des i-ten Zielwertes $z_i(x)$ durch eine Verschlechterung des l-ten Zielwertes $z_l(x)$ gemäß der konstanten

Kapitel III: Multi-Objective-Entscheidungen

Austauschrate $d_{il} = \dfrac{w_i}{w_l}$ auszugleichen, unabhängig vom bereits erreichten Zielniveau.
Es erscheint unrealistisch, diese Substitutionsbereitschaft des Entscheidungsfällers für beliebige Niveaus der Zielfunktionswerte anzunehmen. Vielmehr sollten als zusätzliche Nebenbedingungen in (5) Unter- und Obergrenzen formuliert werden, innerhalb derer die Austauschraten tatsächlich konstant sind.

9.2.4 Beispiele zur konstanten Zielgewichtung

Anhand zweier Beispiele sollen zwei weniger bekannte und vielleicht überraschende Eigenschaften der konstanten Zielgewichtung verdeutlicht werden. Die kritischen Bemerkungen sind dabei nicht als Einwände gegen die allgemeine Nutzentheorie zu verstehen, sondern richten sich in erster Linie gegen eine unüberlegte, voreilige konstante Zielgewichtung, bei der keinerlei Gedanken z.B. über die Zulässigkeit des <u>additiven</u> Modells und die Angemessenheit <u>konstanter</u> Gewichte verloren werden.

Beispiel 9.1:

Das Beispiel soll zeigen, wie in Kompromißmodellen mit konstanter Zielgewichtung die optimale Lösung von den Gewichten abhängt und wie sich diese Abhängigkeit interpretieren läßt.
Betrachtet wird das einfache lineare Vektormaximumproblem

$$
\begin{array}{rl}
\text{"max"} & z_1 = x_1 \\
& z_2 = x_2 \\
\text{s.d.} & x_1 + x_2 \leq 3 \\
& x_1 + 2x_2 \leq 4 \\
& x_1, x_2 \geq 0
\end{array}
$$

Der Zulässigkeitsbereich $X = \{x \in \mathbb{R}^2 \mid x_1 + x_2 \leq 3, x_1 + 2x_2 \leq 4, x_1 \geq 0, x_2 \geq 0\}$ ist in Abbildung 31 schraffiert dargestellt. Die individuellen Optima sind $z_1^* = 3$ im Punkt $(x_1, x_2) = (3, 0)$ für das erste Ziel und $z_2^* = 2$ im Punkt $(x_1, x_2) = (0, 2)$ für das zweite Ziel.

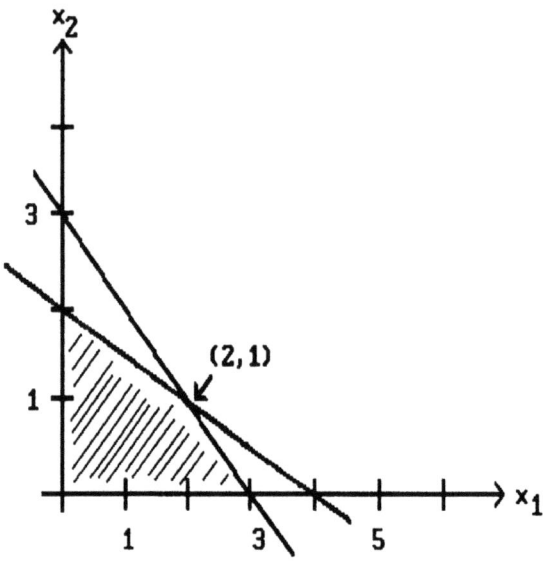

Abb. 31: Der Zulässigkeitsbereich im Beispiel 9.1 (schraffiert)

Mit einem Gewicht $t\in(0,1)$ lautet das zugehörige Kompromißmodell (5)

```
max    tx₁ + (1-t)x₂
s.d.   x₁ +   x₂ ≤ 3
       x₁ + 2x₂ ≤ 4
       x₁,x₂ ≥ 0
```

Angenommen, dem Entscheidungsfäller ist das erste Ziel z_1 viel wichtiger als das zweite Ziel z_2 und gewichtet deshalb z_1 mit 0,8 und z_2 mit 0,2, so ergibt sich als Kompromißlösung $(x_1,x_2)=(3,0)$, also der Optimalpunkt des individuellen Optimums für das erste Ziel. Meint nun der Entscheidungsfäller, daß die Bedeutung des 1. Ziels im Vergleich zum 2. Ziel doch nicht so stark ist, und gewichtet daher z_1 mit 0,6 und z_2 mit 0,4, dann erhält er als Kompromißvorschlag immer noch $(x_1,x_2)=(3,0)$, wo der Einfluß des 2. Ziels ebenfalls nicht erkennbar ist. Eine exakte Antwort auf die Frage, in welchen Bereichen von Gewichten welche Lösung optimal bezüglich des Kompromißmodells ist, liefert die parametrische Programmierung, Parameter sind dabei die Gewichte. Die Ergebnisse für dieses Beispiel enthält die nachstehende Tabelle:

Parameterbereich	optimale Kompromißlösung	Zielfunktionswert $tz_1 + (1-t)z_2$
$0 < t \leq 1/3$	$(x_1, x_2) = (0,2)$	$2 - 2t$
$t = 1/3$	alle Punkte auf der Verbindungslinie zwischen (0,2) u. (2,1)	$4/3$
$1/3 \leq t \leq 1/2$	$(x_1, x_2) = (2,1)$	$1 + t$
$t = 1/2$	alle Punkte auf der Verbindungslinie zwischen (2,1) u. (3,0)	$3/2$
$1/2 \leq t < 1$	$(x_1, x_2) = (3,0)$	$3t$

Offenbar spiegeln die Gewichte die relative Wichtigkeit der Ziele untereinander in einem nicht-proportionalen Sinn wider. Die optimale Kompromißlösung ist - in diesem Beispiel, in den jeweiligen Parameterbereichen - wenig empfindlich gegenüber Änderungen der Gewichte. Das erschwert es dem Entscheidungsträger, die Gewichte geeignet zu schätzen.

Diese mangelnde Sensitivität der optimalen Kompromißlösung bezüglich der Gewichte kann man aber auch als positive Eigenschaft begrüßen, nämlich als Stabilität. Gewisse Unsicherheiten des Entscheidungsträgers über die genaue Höhe der konstanten Austauschraten spielen keine Rolle.

Beispiel 9.2: [Dinkelbach, 1982, S. 189-191]

Das Beispiel soll zeigen, daß Kompromißmodelle mit konstanter Zielgewichtung gewisse funktional-effiziente Lösungen des zugrunde liegenden Vektormaximumproblems niemals als Kompromißlösung vorschlagen können.

Betrachtet wird ein Vektormaximumproblem mit zwei Zielen z_1 und z_2 sowie einer sechselementigen Alternativenmenge $X = \{a_1, a_2, a_3, a_4, a_5, a_6\}$

$$\text{"max"} \ z(x) = \begin{pmatrix} z_1(x) \\ z_2(x) \end{pmatrix}$$

s.d. $x \in X$

mit $z(a_1) = \begin{pmatrix} 1 \\ 9 \end{pmatrix}$, $z(a_2) = \begin{pmatrix} 3 \\ 6 \end{pmatrix}$, $z(a_3) = \begin{pmatrix} 4 \\ 5 \end{pmatrix}$, $z(a_4) = \begin{pmatrix} 5 \\ 4 \end{pmatrix}$,

$z(a_5) = \begin{pmatrix} 7 \\ 2 \end{pmatrix}$ und $z(a_6) = \begin{pmatrix} 9 \\ 2 \end{pmatrix}$.

Ein paarweiser Vergleich der Alternativen ergibt, daß bezüglich X und z die Alternativen a_1, a_2, a_3, a_4 und a_6 funktional-effizient sind. Das individuelle Optimum $z_1^*=9$ des 1. Ziels wird für Alternative a_6 angenommen, das individuelle Optimum des 2. Ziels ist $z_2^*=9$ für Alternative a_1.

Das zugehörige Kompromißmodell mit Parameter $t\in(0,1)$ lautet

```
    max  f_t(x) = t·z_1(x) + (1-t)·z_2(x)
    s.d. x∈X
```

Es ist $f_t(a_1)=9-8t$, $f_t(a_2)=6-3t$, $f_t(a_3)=5-t$, $f_t(a_4)=4+t$, $f_t(a_5)=2+5t$ und $f_t(a_6)=2+7t$. Bezeichnet man mit $F(t)= \max\{f_t(x)|x\in X\}$ das von t abhängige Maximum des Kompromißmodells, dann ergibt sich:

Parameterbereich	optimale Alternative für das Kompromißmodell	F(t)
$0 < t < 7/15$	a_1	$9 - 8t$
$t = 7/15$	a_1, a_6	$79/15$
$7/15 < t < 1$	a_6	$2 + 7t$

Die Alternativen a_1 und a_6 können als optimal bezüglich des Kompromißmodells erkannt werden, während die übrigen bzgl. X und z funktional-effizienten Alternativen a_2, a_3 und a_4 überhaupt nicht als optimale Lösungen des Kompromißmodells in Frage kommen.

Anschaulich, intuitiv, scheinen aber besonders die Alternativen a_3 und a_4 als Kompromißlösung geeignet, weil ihre Zielwerte $z_1(a_3)=4$ bzw. $z_1(a_4)=5$ und $z_2(a_3)=5$ bzw. $z_2(a_4)=4$ bezüglich beider Ziele mitten zwischen den jeweils schlechtesten Ausprägungen der Höhe 1 bzw. 2 und der jeweils besten Ausprägung von 9 liegen, d.h. weil beide Alternativen einen echten Ausgleich zwischen den zwei konfliktären Zielen suchen.

Das Verwerfen der bezüglich X und z funktional-effizienten Alternativen a_2, a_3 und a_4 ist eine höchst unliebsame Nebenwirkung der konstanten Zielgewichtung und wird dadurch verursacht, daß die Menge der Zielwertvektoren $\{z(x)|x\in X\}$ nicht konvex ist. Weiterführende Überlegungen dazu mit Hilfe des zusätzlichen Begriffs der "wesentlichen Effizienz" finden sich bei [Isermann, 1987, S. 458/459], wo ein ähnliches Beispiel wie das hier vorgestellte diskutiert wird.

9.3 Verfahren mit Anspruchsniveaus

Wenn der Entscheidungsfäller für alle Ziele bis auf eines reelle Zahlen u als Mindestwerte vorgibt, dann lautet ein Kompromißmodell zum Vektormaximumproblem "max"$\{z(x) | x \in X\}$

(6)
$$\begin{aligned}
&\max \ z_r(x) \\
&\text{s.d.} \ x \in X \\
&z_j(x) \geq u_j \ \text{für alle} \ 1 \leq j \leq k \ \text{mit} \ j \neq r
\end{aligned}$$

Dabei bildet $f(z(x)) := z_r(x)$ die Kompromißzielfunktion, die zu maximieren ist unter der Nebenbedingung, daß x eine zulässige Alternative aus X ist und sämtliche Anspruchsniveaus für die übrigen (k-1) Ziele erfüllt. Um das Kompromißmodell (6) vollends als Spezialfall der allgemeinen Definition eines Kompromißmodells der Form (2) zu erkenne, setze man

$$X^z := \{x \in R^n | z_j(x) \geq u_j \ \text{für alle} \ 1 \leq j \leq k \ \text{mit} \ j \neq r\}$$

Das Anstreben von Zielwerten, die ein einzelnes Anspruchsniveau erreichen oder überschreiten, heißt nach [Dinkelbach, 1982, S. 155 und S. 216] auch ein *Satisfizierungsziel*.

Wenn in Modell (6) die Zielausprägungen $z_j(x)$ einer Alternative $x \in X$ das zugehörige Anspruchsniveau u_j für alle $j \in \{1,2,...,k\} \setminus \{r\}$ erreichen oder überschreiten, dann erfüllt x insgesamt (k-1) Satisfizierungsziele und wird deshalb als zufriedenstellend angesehen. Ob dabei das vorgegebene Zufriedenheitsniveau u_j nur mit Gleichheit erreicht wird oder ob es wesentlich überschritten wird, hat in Kompromißmodell (6) keine Auswirkung auf die Präferenz. Unter der Voraussetzung, daß sich Kompromißmodell (6) zur Beschreibung der Entscheidungssituation eignet, sind demnach z.B. zwei Alternativen $a \in X$ und $b \in X$ mit

$$z_r(a) = z_r(b) \ \text{und} \ z_j(a) > z_j(b) \geq u_j \ \text{für alle} \ 1 \leq j \leq k \ \text{mit} \ j \neq r$$

für den Entscheidungsfäller gleichwertig.
Alternativen, die eines der Anspruchsniveaus nicht erfüllen, gelten in Bezug auf Modell (6) als unzulässig.

Kann der Entscheidungsfäller für alle Ziele bis auf eines durch untere Schranken u und obere Schranken o den akzeptablen Wertebereich einschränken, so läßt sich das Vektormaximumproblem überführen in das Kompromißmodell

(7)
$$\begin{aligned} &\max \; z_r(x) \\ &\text{s.d.} \; x \in X \\ &u_j \leq z_j(x) \leq o_j \; \text{für alle} \; 1 \leq j \leq k \; \text{mit} \; j \neq r \end{aligned}$$

Da der Entscheidungsfäller die Anspruchniveaus a priori, vor Anwendung des Verfahrens, festlegen muß, ohne daß er z.B. individuelle Optima oder funktionaleffiziente Alternativen kennt, kann es passieren, daß die Modelle (6) bzw. (7) überhaupt keine zulässige Lösung besitzen, d.h., daß eben keine Alternative $x \in X$ existiert, die allen seinen Anforderungen genügt. Die Bestimmung geeigneter Anspruchsniveaus bereitet aber selbst dann noch Schwierigkeiten, wenn aus irgendwelchen Gründen sichergestellt werden kann, daß die Modelle (6) bzw. (7) Lösungen haben. Denn die am Ende vorgeschlagene Kompromißlösung kann für den Entscheidungsfäller sehr unbefriedigend sein, falls nämlich der ursprüngliche Lösungsraum X durch die Anspruchsniveaus derart stark verkleinert wird, daß die Maximierung der r-ten Zielfunktion z_r nur zu ungenügend kleinen Werten führt. Ein ähnliches Gefühl der Unzufriedenheit kann entstehen, wenn das r-te Ziel in konfliktärem Verhältnis zu den übrigen Zielen steht und bei seiner Maximierung die übrigen Ziele z_j an die unteren Schranken u_j aus $\mathbb{R}$ gedrückt werden, so daß insgesamt kein "gutes" Ergebnis, sondern ein "gerade noch akzeptables" als Kompromißvorschlag herauskommt.

Ein weiteres Problem besteht darin, welche Zielfunktionskomponente des Zielvektors $z(x)$ als Kompromißzielfunktion ausgewählt werden soll und dann die Rolle von $z_r(x)$ in den Modellen (6) bzw. (7) spielt.

Wegen all dieser Schwierigkeiten werden die Verfahren mit Anspruchsniveaus nur selten in der Form (6) oder (7) benutzt, ihre Idee läßt sich jedoch in manchen interaktiven Verfahren wiederfinden, z.B. STEM (vgl. Abschnitt 11.1).

Einige Schwierigkeiten z.B. mit Modell (6) kann man nach [Dinkelbach, 1982, S. 217] beheben, indem man für jede Zielfunktion z_j eine binäre Hilfsvariable y_j einführt, die den Wert 1 annimmt, wenn die betrachtete Alternative den Mindestwert u_j überschreitet, und 0 sonst. Das Erfüllen möglichst vieler Anspruchsniveaus läßt sich dann modellieren durch

Kapitel III: Multi-Objective-Entscheidungen

(8)
$$\begin{array}{l} \max \sum_{j=1}^{k} y_j(x) \\ \text{s.d } x \in X \\ \text{wobei } y_j(x) := \begin{cases} 1, & \text{falls } z_j(x) \geq u_j \\ 0, & \text{falls } z_j(x) < u_j \end{cases} \text{ ist} \end{array}$$

Möglicherweise besitzt das Kompromißmodell (8) jedoch sehr viele Alternativen $x \in X$ mit gleichem optimalen Zielfunktionswert. Will man die Größe der Unterschreitung des j-ten Anspruchniveaus als weiteres Unterscheidungskriterium heranziehen, so bietet sich als Maß für die Unterschreitung die Differenz $z_j(x) - u_j$ an, sofern sie negativ ist. Möchte man nun die eventuellen Unterschreitungen aller Anspruchniveaus gleichzeitig minimieren, eignet sich nach Dinkelbach das Kompromißmodell

(9)
$$\begin{array}{l} \max \sum_{j=1}^{k} \min \{0, z_j(x) - u_j\} \\ \text{s.d. } x \in X \end{array}$$

9.4 Zielprogrammierung

Ausgegangen wird beim **_Zielprogrammieren_** (engl. **_Goal Programming_**) davon, daß für alle Ziele bestimmte, fest vorgegebene Zahlenwerte anzustreben sind, die der Entscheidungsträger angeben muß. Die Zielvorgaben (engl. **_Goals_**) sind ideale Planzahlen, die der Entscheidungsträger möglichst genau erreichen möchte.

Da es aber im allgemeinen praktisch nicht möglich ist, alle Zielvorgaben gleichzeitig zu erfüllen, müssen Abweichungen davon in Kauf genommen werden. Die grundlegende Idee der Zielprogrammierung besteht nun darin, diejenige Alternative $x^* \in X$ als optimale Kompromißlösung zu bezeichnen, bei der der Abstand zwischen dem idealen Goal-Vektor $g \in \mathbb{R}^k$ und den tatsächlich erreichbaren Zielfunktionswerten $z(x) \in \mathbb{R}^k$ minimal wird.

Die Kompromißzielfunktion $f(z(x))$ im Modell (2) nimmt daher die Gestalt einer Abstandsfunktion an, die für jede zulässige Alternative x den Abstand des zugehörigen Zielwertvektors $z(x)$ von der erstrebten Zielvorgabe g mißt.

Nach der Art der Annäherung an die Goal-Werte g_j unterscheidet man Archimedisches Zielprogrammieren (vgl. Abschnitt 9.4.1) und lexikographisches Zielprogrammieren (vgl. Abschnitt 9.4.2). In Abschnitt 9.4.3 wird untersucht, welche Rolle der Begriff der Funktional-Effizienz beim Goal Programming spielt. Ein kurzer Rückblick in 9.4.4 beschließt die Ausführungen zum Zielprogrammieren.

9.4.1 Archimedisches Zielprogrammieren

Beim _Archimedischen Zielprogrammieren_ sucht man eine Alternative $x \in X$, deren Zielwerte möglichst nah am Goal-Vektor g liegen, wobei die "Nähe" von $z(x)$ zu g durch eine Abstandsfunktion im $\mathbb{R}^k$ gemessen wird.

Aus der Vielzahl möglicher Abstandsdefinitionen im $\mathbb{R}^k$ beschränken wir uns im folgenden auf gewichtete l_p-Normen ($1 \leq p \leq \infty$). Das Kompromißmodell lautet also

(10)
$$\min \| g - z(x) \|_p$$
$$\text{s.d.} \quad x \in X$$

$$\text{mit } \|g-z(x)\|_p := \begin{cases} \left(\sum_{j=1}^{k} w_j \mid g_j - z_j(x) \mid^p \right)^{1/p}, & \text{falls } 1 \leq p \leq \infty \\ \max_{1 \leq j \leq k} w_j \cdot \mid g_j - z_j(x) \mid, & \text{falls } p = \infty \end{cases}$$

wobei g = vorgegebener Zielwertvektor $\in \mathbb{R}^k$
w = vorgegebener Gewichtevektor $\in \mathbb{R}^k$ mit nichtnegativen Komponenten.

In seiner recht allgemeinen Formulierung enthält das Modell (10) viele Spezialfälle, von denen einige bekannte beispielhaft hervorgehoben seien. Setzt man in (10)

(i) $p=1$, $g \geq$ idealer Zielwertvektor, also $g_j \geq \max_{x \in X} z_j(x)$ für alle

$1 \leq j \leq k$, $w > 0$ mit $\sum_{j=1}^{k} w_j = 1$,

dann ergibt sich wegen $\mid g_j - z_j(x) \mid = g_j - z_j(x)$ als Zielfunktion

Kapitel III: Multi-Objective-Entscheidungen

$$\| g - z(x) \|_p = \sum_{j=1}^{k} w_j (g_j - z_j(x)) = \sum_{j=1}^{k} w_j g_j - \sum_{j=1}^{k} w_j \cdot z_j(x)$$

$$= \text{const.} + \left[- \sum_{j=1}^{k} w_j z_j(x) \right]$$

und als Kompromißmodell

$$\min_{x \in X} \| g - z(x) \|_p = \text{const.} + \min_{x \in X} \left[- \sum_{j=1}^{k} w_j z_j(x) \right]$$

$$= \text{const.} - \max_{x \in X} \sum_{j=1}^{k} w_j z_j(x)$$

bis auf eine additive Konstante und ein Vorzeichen die konstante Zielgewichtung, siehe Modell (5).

(ii) $p=2$, $g \in \mathbb{R}^k$ beliebig, $w_j = 1$ für alle $1 \leq j \leq k$, dann ergibt sich als Zielfunktion

$$\| g - z(x) \|_p = \left(\sum_{j=1}^{k} 1 \cdot | g_j - z_j(x) |^2 \right)^{\frac{1}{2}}$$

$$= \left(\sum_{j=1}^{k} (g_j - z_j(x))^2 \right)^{\frac{1}{2}}$$

der euklidische Abstand der Lösung z(x) vom vorgegebenen Zielwertvektor g. Wegen der strengen Monotonie der Wurzelfunktion ist bei praktischen Rechnungen nur

$$\sum_{j=1}^{k} (g_j - z_j(x))^2 \text{ über X zu minimieren, um die Kompromißlösung zu finden.}$$

(iii) $p = \infty$, $g \in \mathbb{R}^k$ beliebig, $w_j = 1$ für alle $1 \leq j \leq k$, dann lautet die Kompromißzielfunktion

$$\| g - z(x) \|_p = \max_{\substack{j \\ 1 \leq j \leq k}} | g_j - z_j(x) | \quad \text{die übliche Maximum- oder Tschebyscheff-Norm.}$$

Das Kompromißmodell (10) minimiert hier die maximale Abweichung der möglichen Zielausprägungen vom vorgegebenen Zielwertvektor g.

Im Modell (10) werden Überschreitungen und Unterschreitungen des j-ten Ziels g_j für gleich schwerwiegend gehalten und daher mit dem gleichen Gewicht w_j bewertet. Damit der Entscheidungsträger zwischen beiden Arten der Zielverfehlung unterscheiden kann, bietet es sich an, für jedes Ziel z_j im Modell (10) zwei **_Abweichungsvariablen_** a_j^+ und a_j^- einzuführen, wobei

$a_j^+(x) := \max\{0, z_j(x)-g_j\}$ die positive Abweichung

und

$a_j^-(x) := \max\{0, g_j-z_j(x)\}$ die negative Abweichung

des betrachteten Zielwertvektors $z(x)$ vom erstrebten Zielvektor g bezeichnet. Offenbar gilt:

1. $a_j^+(x) \geq 0$, $a_j^-(x) \geq 0$
2. $a_j^+(x) + a_j^-(x) = |g_j - z_j(x)|$
3. $a_j^+(x) - a_j^-(x) = z_j(x) - g_j$
4. $a_j^+(x) \cdot a_j^-(x) = 0$

Durch die Bedingungen **2.** und **3.** ebenso wie durch die betragsfreien Bedingungen **1.**, **3.** und **4.** sind $a_j^+(x)$ und $a_j^-(x)$ eindeutig bestimmt. Gewichtet man in (10) die positive Abweichung a_j^+ mit einem Gewicht $w_j^+ \geq 0$ und die negative Abweichung a_j^- mit einem Gewicht $w_j^- \geq 0$, so ergibt sich als neues Kompromißmodell im Falle $1 \leq p < \infty$

(11a)
$$\min \left[\sum_{j=1}^{k} (w_j^+ a_j^+ + w_j^- a_j^-)^p \right]^{1/p}$$
$$\text{s.d. } x \in X$$
$$z_j(x) - a_j^+ + a_j^- = g_j \quad \text{für alle } 1 \leq j \leq k$$
$$a_j^+ \cdot a_j^- = 0 \quad \text{für alle } 1 \leq j \leq k$$
$$a_j^+ \geq 0, a_j^- \geq 0 \quad \text{für alle } 1 \leq j \leq k$$

und im Fall $p=\infty$

(11b)
$$\min \left[\max_{\substack{j \\ 1 \leq j \leq k}} (w_j^+ a_j^+ + w_j^- a_j^-) \right]$$
$$\text{s.d. } x \in X$$
$$z_j(x) - a_j^+ + a_j^- = g_j, a_j^+ \cdot a_j^- = 0, a_j^+ \geq 0, a_j^- \geq 0 \quad \text{für alle } 1 \leq j \leq k$$

wobei g= vorgegebener Zielwertvektor $\in \mathbb{R}^k$, w_j^+ und w_j^- = vorgegebene Gewichtevektoren $\in \mathbb{R}^k$ mit $w^+ \geq 0$ und $w^- \geq 0$.

Handelt es sich bei dem zugrunde liegenden MODM-Problem (1) um ein lineares Vektormaximumproblem, so sind offensichtlich für p=1 und für p=∞ die Modelle (11) einfache eindimensionale lineare Programme, bis auf die multiplikativen Bedingungen $a_j^+ \cdot a_j^- = 0$ für alle $1 \leq j \leq k$. In (11b) ist dabei nur noch mittels einer Hilfsvariablen h das Problem äquivalent umzuformulieren zu

min h
s.d. $h \geq w_j^+ a_j^+ + w_j^- a_j^-$ für alle $1 \leq j \leq k$
$z_j(x) - a_j^+ + a_j^- = g_j$, $a_j^+ \cdot a_j^- = 0$, $a_j^+ \geq 0$, $a_j^- \geq 0$ für alle $1 \leq j \leq k$
$x \in X$

Die Bedingungen $a_j^+ \cdot a_j^- = 0$ stellen sicher, daß nicht gleichzeitig eine Überschreitung des j-ten Ziels eintritt. Beide genannten Kompromißmodelle lassen sich aber bei einer kleinen Modifikation der Aufnahmeregel für die Basisvariable mit dem üblichen Simplex-Algorithmus lösen: Man muß nur für jedes j mit $1 \leq j \leq k$ gewährleisten, daß a_j^+ und a_j^- nicht gleichzeitig in der Basis sind.

Da die Funktion $\begin{cases} \mathbb{R} \to \mathbb{R} \\ u \mapsto u^p \end{cases}$ streng monoton wächst, sind die Bedingungen $a_j^+ \cdot a_j^- = 0$ überflüssig. Denn gibt es eine Lösung (a,x) mit einem Index i derart, daß $a_i^+ \cdot a_i^- > 0$ ist, dann betrachte man die Lösung $(\tilde{a},x)$, die mit (a,x) übereinstimmt bis auf

$\tilde{a}_i^+ = a_i^+ - \min(a_i^+, a_i^-) \geq 0$
$\tilde{a}_i^- = a_i^- - \min(a_i^+, a_i^-) \geq 0$

Die Lösung $(\tilde{a},x)$ ist genau dann zulässig, wenn (a,x) zulässig ist, und $(\tilde{a},x)$ besitzt einen echt kleineren Zielfunktionswert als (a,x) bezüglich Modell (11a). Eine optimale Lösung von Modell (11a) ohne die multiplikativen Bedingungen erfüllt also stets $a_j^+ \cdot a_j^- = 0$ für alle $1 \leq j \leq k$. Läßt man in Modell (11b) die multiplikativen Bedingungen weg, dann bleibt davon immerhin der optimale Zielfunktionswert unberührt.

9.4.2 Lexikographisches Zielprogrammieren

Das *lexikographische Zielprogrammieren* strebt im Unterschied zum Archimedischen Zielprogrammieren nicht alle Goal-Werte g_j, $1 \leq j \leq k$, gleichzeitig an, sondern die Goal-Werte

g_j werden hintereinander in einer lexikographischen Reihenfolge angestrebt.

Bei der lexikographischen Zielprogrammierung ordnet der Entscheidungsfäller die k Ziele entsprechend ihrer Dringlichkeit in verschiedene Prioritätsklassen, etwa L Stück mit $1 \leq L \leq k$. Es bezeichne J_l die Menge der Indizes j, deren zugehöriges Ziel z_j zur l-ten Prioritätsklasse gehört. Die Ziele der l-ten Prioritätsklasse seien wichtiger als Ziele der nachfolgenden (l+1)-ten Prioritätsklasse für alle l mit $1 \leq l \leq L$.

Dann werden Prioritätsklasse für Prioritätsklasse die idealen Zielwerte angestrebt, und zwar in der Reihenfolge aufsteigender Prioritätsklassen-Nummern. Die Ziele g_j der l-ten Prioritätsklasse werden aber nur unter der zusätzlichen Nebenbedingung angenähert, daß die Zielerreichung aller höheren Prioritätsklassen, also der 1., 2., ..., (l-1). Prioritätsklassen, sich nicht verschlechtern. Das Verfahren wird solange wiederholt, bis entweder eine eindeutige Lösung gefunden wurde oder bis alle L Prioritätsklassen betrachtet wurden. Enthält im letzten Falle die Menge der optimalen Lösungen mehrere Elemente, wählt der Entscheidungsträger subjektiv eine beliebige Lösung aus.

Das l-te Teilproblem (P_l), das sich auf die Optimierung der l-ten Prioritätsklasse bezieht, lautet daher bei einer Abstandsmessung mit einer gewichteten l_p-Norm, $1 \leq p < \infty$:

(P_l)

$$(12) \quad \min p_l = \left(\sum_{j \in J_l} (w_j^+ a_j^+ + w_j^- a_j^-)^p \right)^{1/p}$$

unter den Nebenbedingungen

$$(13) \quad x \in X$$

$$z_j(x) - a_j^+ + a_j^- = g_j, \quad a_j^+ \cdot a_j^- = 0, \quad a_j^+ \geq 0, \quad a_j^- \geq 0$$
für alle $j \in J_l$

und unter den zusätzlichen Nebenbedingungen

$$(14) \quad \left(\sum_{j \in J_i} (w_j^+ a_j^+ + w_j^- a_j^-)^p \right)^{1/p} \leq p_i^*$$

$$z_j(x) - a_j^+ + a_j^- = g_j, \quad a_j^+ \cdot a_j^- = 0, \quad a_j^+ \geq 0, \quad a_j^- \geq 0$$
für alle $j \in J_i$

für alle i mit $1 \leq i \leq l-1$.

Das Problem (P_l) ist zu lösen, wenn das vorangehende (l-1)-te Teilproblem (P_{l-1}) noch keine eindeutige Lösung besaß. Die Werte p_i^* bezeichnen die minimalen Gesamtabstände der Ziele $(z_j)_j \in J_i$ vom Goal-Vektor $(g_j)_j \in J_i$, d.h. die optimalen Zielfunktionswerte der Teilprobleme (P_i), $1 \leq i \leq l-1$.

Die Restriktionen (13) und (14) wurden absichtlich nicht weiter zusammengefaßt, um zu verdeutlichen, daß man sich das lexikographische Zielprogrammieren entstanden denken kann, indem man das lexikographische Vorgehen aus Abschnitt 6.2.1 mit dem Archimedischen Zielprogrammieren gemäß (11a) kombiniert. Die Zielfunktion (12) bildet mit den Nebenbedingungen (13) gerade ein Archimedisches Zielprogramm der Form (11a), wobei statt k Zielen jetzt nur $|J_l|$ viele Ziele anzustreben sind. Dagegen stellen die Restriktionen (14) das lexikographische Element dar.

Ähnlich wie in der Multi-Attribut-Theorie, vgl. Abschnitt 6.2.2, kann auch hier das streng lexikographische Vorgehen abgeschwächt werden, wenn man in den Restriktionen (14) p_i^* ersetzt durch $p_i^*+d_i$. Dabei ist d_i eine positive reelle Zahl, die angibt, um wieviel sich die Gesamtabweichung der i-ten Prioritätsklasse vergrößern darf, ohne daß der Entscheidungsfäller die zugehörige Lösung für schlechter hält als eine Lösung mit Gesamtabweichung p_i^* in der i-ten Prioritätsklasse, $1 \leq i \leq l-1$. Dadurch erhofft man sich eine wesentlich bessere Zielerreichung in der aktuell betrachteten l-ten Prioritätsklasse.

Oft werden durch solche Relaxationen Ziele geringerer Wichtigkeit überhaupt erst berücksichtigt. Denn häufig legen die höchsten Prioritätsklassen schon eine eindeutige Lösung fest, so daß die lexikographische Zielprogrammierung gar nicht bis zu den unteren Prioritätsklassen vordringt.

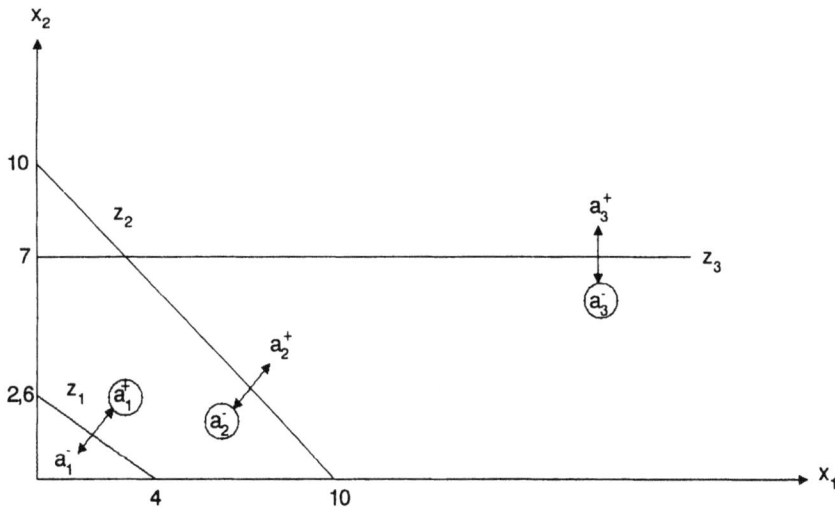

Abb. 32: Graphische Darstellung des Beispiels zum lexikographischen Zielprogrammieren

Beispiel: [Ignizio, 1976, S. 32-35]

Gegeben sei ein MODM-Problem mit k=3 Zielfunktionen z_1, z_2 und z_3. Dabei sei

$z_1(x) = 10x_1 + 15x_2 \leq 40 = g_1$,
$z_2(x) = 100x_1 + 100x_2 \geq 1000 = g_2$ und
$z_3(x) = \qquad\quad x_2 \geq 7 = g_3$

anzustreben. Ferner sei $x=(x_1,x_2)^T \in X = \{x \in \mathbb{R}^2 | x \geq 0\}$.

Die L=3 Prioritatsklassen seien alle einelementig, genauer

$$J_1 = \{1\}, \quad J_2 = \{2\} \quad \text{und} \quad J_3 = \{3\}.$$

Die drei Ziele sind in Abbildung 32 nur im Hinblick auf die Entscheidungsvariablen x_1 und x_2 eingezeichnet. Wie sich ein Anwachsen der Abweichungsvariable (a_1^-, a_2^-, a_3^-, a_1^+, a_2^+ und a_3^+) von ihrem aktuellen Wert Null auf die Zielfunktionen auswirkt, wird dort durch Pfeile angezeigt. Die Abweichungsvariablen, die entsprechend der Zielsetzung zu minimieren sind, wurden eingekreist.

Legt man mit p=1 eine l_1-Norm zugrunde, lautet das 1. Teilproblem

$$(P_1) \quad \begin{aligned} &\min p_1 = a_1^+ \\ &\text{s.d.} \quad x \in X \\ &\qquad z_1(x) - a_1^+ + a_1^- = g_1 \\ &\qquad a_1^+ \cdot a_1^- = 0, \; a_1^+ \geq 0, \; a_1^- \geq 0 \end{aligned}$$

bzw.

$$(P_1) \quad \boxed{\begin{aligned} &\min p_1 = a_1^+ \\ &\text{s.d.} \quad x \geq 0 \\ &\qquad 10x_1 + 15x_2 - a_1^+ + a_1^- = 40 \\ &\qquad a_1^+ \cdot a_1^- = 0, \; a_1^+ \geq 0, \; a_1^- \geq 0 \end{aligned}}$$

Der optimale Zielfunktionswert $p_1^*=0$ von (P_1) wird für alle diejenigen $x \geq 0$ angenommen, für die $10x_1+15x_2 \leq 40$ ist. Der Lösungsbereich von (P_1) im x_1-x_2-Raum ist in Abbildung 33 schraffiert. Im Optimum gilt ferner $a_1^+=0$ und $a_1^-=40-10x_1-15x_2$.

Da das Teilproblem (P_1) eine mehrdeutige Lösung besitzt, sind als nächstes die Ziele auf der zweiten Prioritätsstufe anzustreben, das ist hier einfach $z_2(x) \leq g_2$. Das 2. Teilproblem (P_2) lautet

Kapitel III: Multi-Objective-Entscheidungen

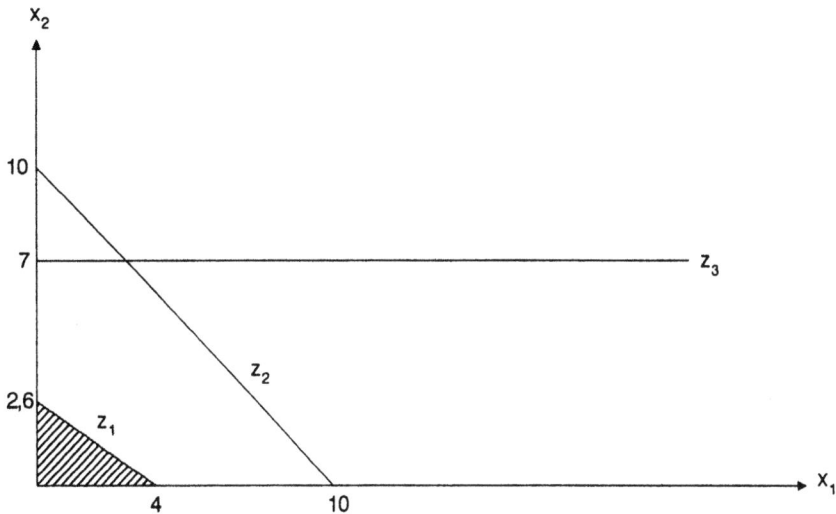

Abb. 33: Lösungsmenge des 1. Teilproblems (P_1) (schraffiert)

(P$_2$) $\quad$ min $p_2 = a_2^-$
$\quad\quad$ s.d. $x \in X$
$\quad\quad\quad z_2(x) - a_2^+ + a_2^- = g_2$
$\quad\quad\quad a_2^+ \cdot a_2^- = 0, \; a_2^+ \geq 0, \; a_2^- \geq 0$
$\quad$ und unter den zusätzlichen Nebenbedingungen
$\quad\quad\quad a_1^+ \leq 0$
$\quad\quad\quad z_1(x) - a_1^+ + a_1^- = g_1$
$\quad\quad\quad a_1^+ \cdot a_1^- = 0, \; a_1^+ \geq 0, \; a_1^- \geq 0$

bzw.

(P$_2$)
$\quad$ min $p_2 = a_2^-$
$\quad$ s.d. $x \geq 0$
$\quad\quad 100x_1 + 100x_2 - a_2^+ + a_2^- = 1000$
$\quad\quad a_2^+ \cdot a_2^- = 0, \; a_2^+ \geq 0, \; a_2^- \geq 0$
$\quad$ und unter der zusätzlichen Nebenbedingung
$\quad\quad 10x_1 + 15x_2 \leq 40$

Der optimale Zielfunktionswert p_2^* von Teilproblem (P_2) ist $p_2^*=600$ und wird nur im Punkte $x^*=(x_1^*,x_2^*)^T=(4,0)^T$ angenommen. Weiterhin gilt im Optimum $a_2^+=0$ und $a_2^-=600$. Da das 2. Teilproblem (P_2) eine eindeutige Lösung hat, muß das dritte Teilproblem (P_3) nicht mehr gelöst werden. Im ermittelten Optimalpunkt $x^*=(4,0)^T$ wird das erste Ziel $z_1(x) \leq 40$ voll erfüllt, das zweite Ziel $z_2(x) \geq 1000$ mit einer negativen Abweichung $a_2^-=600$ und das dritte Ziel mit $z_3(x) \geq 7$ mit einer negativen Abweichung von $a_3^-=7$.

9.4.3 Effizienz der Lösungen beim Zielprogrammieren

Ist der Goalvektor g in den Modellen (11a) bzw. (11b) gleich dem idealen Zielwertvektor und sind die Gewichte sämtlich strikt positiv, dann sind alle Kompromißlösungen von (11a) funktional-effizient bezüglich X und z und unter den Optimallösungen von (11b) befindet sich mindestens eine Lösung $x \in X$, die funktional-effizient bezüglich X und z ist [Dinkelbach, 1982, S. 195].

Im allgemeinen sind optimale Lösungen von Zielprogrammierungsmodellen jedoch nicht funktional-effizient bezüglich Xund z. Dies ist den Verfahren der Zielprogrammierung aber nur dann als Nachteil auszulegen, wenn die Zielprogrammierungsmodelle als Kompromißmodelle zum Vektormaximumproblem (1), "max"$\{z(x)|x \in X\}$, aufgefaßt werden, weil nur in dem Falle der Begriff der Funktional-Effizienz bezüglich X und z sinnvoll verwendet werden kann (vgl. Abschnitt 9.1). Liegt aber hier wirklich ein Vektormaximumproblem vor, aus dem man sich die Zielprogrammierungsmodelle hergeleitet denken muß?

Man könnte die Aufgabe, die dem Goal-Programming-Ansatz zugrunde liegt, allein darin sehen, den erwünschten Goalvektor g anzustreben, und nicht darin, alle Komponenten des Zielfunktionsvektors z(x) zu maximieren. Mit einer solch neuen Sichtweise der Aufgabenstellung ließe sich die Indexmenge $I=\{1,2,...,k\}$ der eindimensionalen Ziele $z_1, z_2, ..., z_k$ ganz allgemein in fünf paarweise disjunktive Klassen aufteilen, d.h. jedes der k Ziele läßt sich genau einer der folgenden fünf Klassen zuordnen:

Kapitel III: Multi-Objective-Entscheidungen

(15)
$$
\begin{aligned}
&I_1 = \{i \in I \mid z_i(x) = g_i \text{ ist möglichst exakt zu erreichen}\} \\
&I_2 = \{j \in I \mid z_j(x) \leq g_j \text{ ist anzustreben}\} \\
&I_3 = \{i \in I \mid z_i(x) \geq g_i \text{ ist zu erreichen}\} \\
&I_4 = \{j \in I \mid z_j(x) \in \text{bestimmtem, vorgegebenem Intervall } [g_j^{\text{unten}}, g_j^{\text{oben}}] \text{ ist gewünscht}\}, \\
&I_5 = \{i \in I \mid z_i(x) \text{ ist zu maximieren}\}.
\end{aligned}
$$

Diese Aufgabenstellung definiert dann selbst ein MODM-Problem im Sinne von Abschnitt 9.1, zum Beispiel gemäß:

(16)
$$
\begin{aligned}
&\min \sum_{i \in I_1} (a_i^+ + a_i^-) \\
&\min \sum_{j \in I_2} a_j^+ \\
&\min \sum_{i \in I_3} a_i^- \\
&\min \sum_{j \in I_4} (a_j^+ + a_j^-) \\
&\max z_i(x) \quad \text{für alle } i \in I_5 \\
&\text{s.d. } x \in X \\
&\quad z_i(x) - a_i^+ + a_i^- = g_i \quad \text{für alle } i \in I_1 \\
&\quad z_j(x) - a_j^+ \leq g_j \quad \text{für alle } j \in I_2 \\
&\quad z_i(x) + a_i^- \geq g_i \quad \text{für alle } i \in I_3 \\
&\quad z_j(x) - a_j^+ \leq g_j^{\text{oben}} \text{ und } z_j(x) + a_j^+ \geq g_j^{\text{unten}} \\
&\qquad \text{für alle } j \in I_4 \\
&\quad a_i^+ \geq 0, a_i^- \geq 0 \text{ für alle } i \in I_1 \text{ und } i \in I_3 \\
&\quad a_j^+ \geq 0, a_j^- \geq 0 \text{ für alle } j \in I_2 \text{ und } j \in I_4 \\
&\quad a_i^+ \cdot a_i^- = 0 \text{ für alle } i \in I_1
\end{aligned}
$$

Modell (16) entsteht aus dem Anforderungskatalog (15) ganz analog wie die Modelle (10) und (11) aus der verbalen Zielvorstellung zu Beginn dieses Abschnitts. Es sind durchaus andere Gewichtungen der Abweichungsvariablen a als die hier mit konstant 1 vorgenommene Gewichtung denkbar. Das entstehende MODM-Problem wäre dann wie (16) leicht in ein Vektormaximumproblem überführbar und so mit allen Verfahren aus Kapitel III "lösbar".

Einen speziellen Effizienzbegriff für das Zielprogrammieren findet man bei [Steuer, 1986, S. 296]:
Sei $\hat{a}$ der Vektor der kleinstmöglichen Abweichungsvariablen, der zu der zulässigen Alternative $\hat{x} \in X$ gehört. Dann heißt $\hat{x}$ *goal-effizient*, wenn keine andere zulässige Lösung $x \in X$ existiert, deren Abweichungsvektor a den Bedingungen $a \leq \hat{a}$ und $a \neq \hat{a}$ genügt.

9.4.4 Bemerkungen zum Zielprogrammieren

Der Entscheidungsfäller muß beim Zielprogrammieren a priori

· den Goal-Vektor g
· die Abstandsfunktion
· die Gewichtungen w für Abweichungen vom Goal-Wert

und zusätzlich bei lexikographischem Vorgehen

· die Prioritätsklassen

festlegen.

Solche Festlegungen können dem Entscheidungsfäller mitunter sehr schwer fallen, da er noch keinerlei Informationen über den Raum der möglichen Zielwerte besitzt.
Bei nichtkonvexen Alternativenmengen X oder nichtlinearen Zielfunktionen z(x) oder nichtlinearen Kompromißmodellen können erhebliche numerische Schwierigkeiten auftreten.

Literatur zu §9

zu 9.1 Allgemeine Definition von Kompromißmodellen

Bamberg, Günter/Coenenberg, Adolf Gerhard: 1989, Betriebswirtschaftliche
    Entscheidungslehre, 272 Seiten
    Verlag Franz Vahlen, München, 5. Auflage 1989
    S. 49-56

Dinkelbach, Werner: 1982, Entscheidungsmodelle, 285 Seiten
    Verlag Walter de Gruyter, Berlin/New York 1982
    S. 179-200

zu 9.2 Nutzenmodelle

Bamberg, Günter/Coenenberg, Adolf Gerhard: 1989, Betriebswirtschaftliche
    Entscheidungslehre, 272 Seiten
    Verlag Franz Vahlen, München, 5. Auflage 1989
    S. 44-46, S. 49/50 und S. 54-56

Dinkelbach, Werner: 1982, Entscheidungsmodelle, 285 Seiten
    Verlag Walter de Gruyter, Berlin/New York 1982
    S. 133-135 und S. 182-191

Eisenführ, Franz: 1989, Betriebswirtschaftliche Planung und Entscheidung, 151 Seiten
    Skript zur Vorlesung an der RWTH Aachen,
    2. Auflage WS 1989/90
    Verlag Augustinus-Buchhandlung, Aachen
    S. 127/128 und S. 133/134

Hwang, Chin-Lai/Masud, Abu Syed Md.: 1979, Multiple Objective Decision Making -
    Methods and Applications, 351 Seiten
    Springer-Verlag, Berlin/Heidelberg/New York 1979
    S. 30-36

Isermann, Heinz: 1987, Optimierung bei mehrfacher Zielsetzung, S. 421-497
   in: Gal, Tomas (Herausgeber): Grundlagen des Operations Research Band 1, 583 Seiten
   Springer-Verlag, Berlin/Heidelberg/New York 1987
   S. 456-459

Keeney, Ralph E./Raiffa, Howard: 1976 Decisions with Multiple Objectives: Preferences and Value Tradeoffs, 569 Seiten
   John Wiley & Sons, Inc., New York/Chichester/Brisbane/ Toronto/Singapore 1976
   S. 232-241, S. 288-294 und S. 324-332

Rauhut, Burkhard/Schmitz, Norbert/Zachow, Ernst-Wilhelm: 1979, Spieltheorie, 400 Seiten
   B.G. Teubner-Verlag, Stuttgart 1979
   S. 34/35

Winterfeldt, Detlof von/Edwards, Ward: 1986, Decision analysis and behavorial research, 604 Seiten
   University Press, Cambridge/London u.a. 1986
   S. 309

Zimmermann, Hans-Jürgen: 1987, Methoden und Modelle des Operations Research, 364 Seiten
   Vieweg-Verlag, Braunschweig/Wiesbaden 1987
   S. 107-109

zu 9.3 Verfahren mit Anspruchsniveaus

Dinkelbach, Werner: 1982, Entscheidungsmodelle, 285 Seiten
   Verlag Walter de Gruyter, Berlin/New York 1982
   S. 155 und S. 216-218

Hwang, Chin-Lai/Masud, Abu Syed Md.: 1979, Multiple Objective Decision Making - Methods and Applications, 351 Seiten
   Springer-Verlag, Berlin/Heidelberg/New York 1979
   S. 43

Kapitel IV: Multi-Objective-Entscheidungen

zu 9.4 Zielprogrammierung

Bamberg, Günter/Coenenberg, Adolf Gerhard: 1989, Betriebswirtschaftliche
 Entscheidungslehre, 272 Seiten
 Verlag Franz Vahlen, München, 5. Auflage 1989
 S. 52-54

Chankong, Vira/Haimes, Yacov Y.: 1983, Multiobjective Decision Making: Theory and
 Methodology
 Verlag North Holland, New York/Amsterdam/Oxford 1983
 S. 302-307 und S. 318/319

Dinkelbach, Werner: 1982, Entscheidungsmodelle, 285 Seiten
 Verlag Walter de Gruyter, Berlin/New York 1982
 S. 192-197 ,S. 212/213 und S. 222-224

Hwang, Chin-Lai/Masud, Abu Syed Md.: 1979, Multiple Objective Decision Making -
 Methods and Applications, 351 Seiten
 Springer-Verlag, Berlin/Heidelberg/New York 1979
 S. 56-58

Ignizio, James P.: 1976, Goal Programming and Extensions,
 261 Seiten
 Lexington Books (D.C. Heath), Lexington, Massachusetts 1976

Ignizio, James P.: 1982, Linear Programming In Single- & Multiple-Objective Systems,
 506 Seiten
 Prentice Hall, Inc., Englewood Cliffs 1982

Lee, Sang M.: 1972, Goal Programming For Decision Analysis, 387 Seiten
 Auerbach Publishers, Inc., Philadelphia 1972

Steuer, Ralph E.: 1986, Multi Criteria Optimization: Theory, Computation,
 and Application, 545 Seiten
 Verlag John Wiley & Sons, Inc.
 New York/Toronto/Singapore/Chichester/Brisbane 1986
 S. 282-301
 (* ausführliche Literaturhinweise auf S. 303-308 *)

Zimmermann, Hans-Jürgen: 1987, Methoden und Modelle des Operations Research,
    364 Seiten
    Vieweg-Verlag, Braunschweig/Wiesbaden 1987
    S. 107-109

§10 Interaktive Verfahren mit explizitem Trade-off

10.1 Allgemeine Definition interaktiver Verfahren

10.1.1 Kennzeichen interaktiver Verfahren

Oft bereitet es dem Entscheidungsträger große Schwierigkeiten, seine Präferenzvorstellungen a priori vor dem Einsatz eines MODM-Verfahrens in einem Kompromißmodell vollständig wiederzugeben. Denn er hat, wenn überhaupt, nur vage Vorstellungen von den Zielfunktionen, von den individuellen Optima, von dem Lösungsraum insgesamt. Außerdem fühlt sich der Entscheidungsfäller bei den Nutzenmodellen, den Verfahren mit Anspruchsniveaus und der Zielprogrammierung meist von der eigentlichen Entscheidung ausgeschlossen, die nur aus einer reinen mathematischen Optimierung besteht, vgl. §9.

Dagegen überfordern diejenigen MODM-Verfahren, welche die vollständige Lösung ermitteln, meist durch die Vielzahl funktional-effizienter Lösungen die Aufnahmekapazität des menschlichen Entscheidungsfällers, vgl. Abschnitt 8.3. Mit anderen Worten, MODM-Verfahren mit ausschließlich a posteriori Information unterstützen den Entscheidungsfäller auch nur wenig.

Den genannten Schwierigkeiten versuchen sogenannte "interaktive Verfahren" durch eine progressive Information zu begegnen, die während der Verfahrensdurchführung erlangt wird. Im Mittelpunkt interaktiver Verfahren steht die _**Interaktion**_, das ist der Wechsel zwischen Entscheidungsphasen und Berechnungsphasen.

In den subjektiven Entscheidungsphasen macht der Entscheidungsfäller gewöhnlicherweise lokale Angaben über seine Präferenzen und bestimmt damit, wie das Verfahren fortgesetzt werden soll oder ob es beendet werden soll. Das Adjektiv "lokal" deutet an, daß der Entscheidungsfäller nicht eine gesamte Präferenzenfunktion bezüglich aller vorhandenen Zielfunktionen formulieren muß, sondern daß nur seine Präferenzen hinsichtlich einzelner Ziele oder einzelner Alternativen oder einer Umgebung einer gegebenen Alternative erfragt werden.

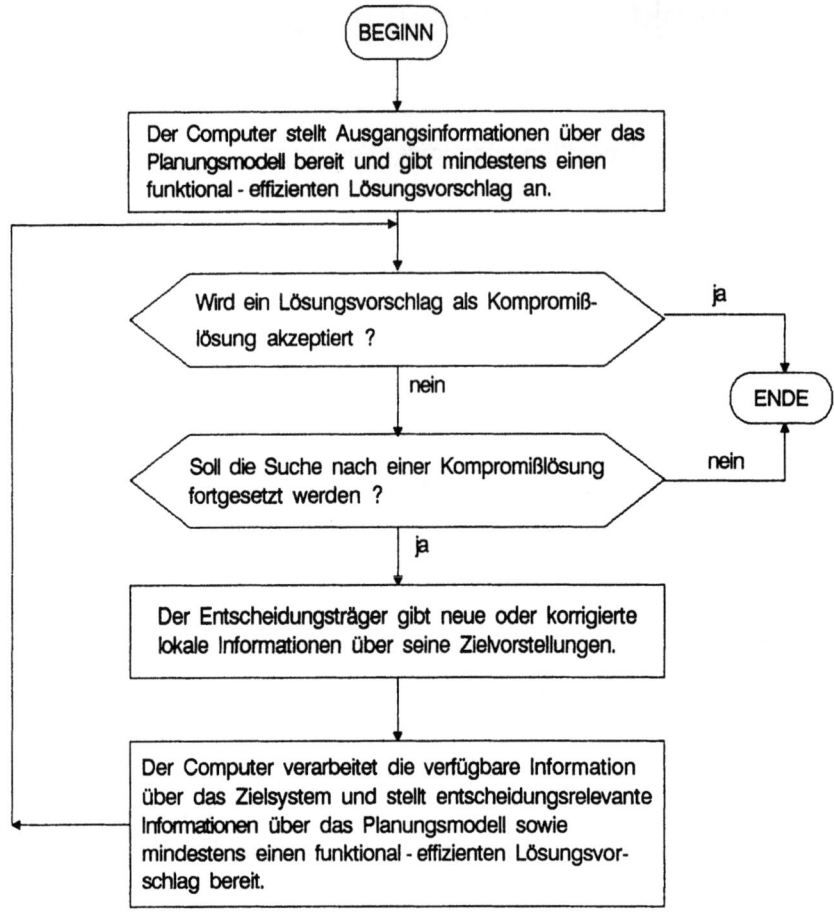

Abb.34: *Allgemeiner Ablauf eines interaktiven Verfahrens (in Anlehnung an [Isermann, 1987, S.471])*

In den objektiven Berechnungsphasen ermittelt ein Computer mit Hilfe der bereits vorliegenden Information über die Präferenzen des Entscheidungsfällers einen neuen Alternativenvorschlag.

Den Ablauf und insbesondere den Prozeßcharakter interaktiver Verfahren zeigt Abbildung 34.

Die gefundenen Ergebnisse hängen nicht nur von der Alternativenmenge X, der vektoriellen Zielfunktion z und den allgemeinen Präferenzen des Entscheidungsträgers ab, sondern auch davon, wie der interaktive Prozeß tatsächlich abläuft. Diesen Punkt hebt Dinkelbach besonders hervor: "Bei einem größeren Problem, das der Entscheidungsträger nicht voll in allen Einzelheiten überblickt, kann es selbst dann, wenn alle objektiv bestimmten Teile des Verfahrens unverändert bleiben, bei einem mehrmaligen Durchlauf zu unterschiedlichen Ergebnissen kommen, weil die Angaben des Entscheidungsträgers vom Entscheidungszeitpunkt beeinflußt sein können." (aus [Dinkelbach, 1982, S. 205]).

Wie dem Flußdiagramm in Abbildung 34 zu entnehmen ist, enden interaktive Verfahren mit einer Kompromißlösung, oder die Suche nach einer zufriedenstellenden Alternative wird erfolglos abgebrochen.

Die lokale Information, die vom Entscheidungsträger erfragt wird, kann dazu benutzt werden, den Lösungsraum oder die betrachteten Teile der vollständigen Lösung schrittweise zu verkleinern, bis eine funktional-effiziente Lösung gefunden ist, die der Entscheidungsträger besonders präferiert (siehe §11). Oder es wird mit Hilfe der lokalen Information des Entscheidungsträgers eine Folge von aggregierten Zielfunktionen erzeugt, um die jeweiligen Lösungsvorschläge iterativ zu verbessern (siehe Abschnitte 10.2 und 10.3).

10.1.2 Vor- und Nachteile interaktiver Verfahren im Vergleich zu nicht-interaktiven Verfahren

Einen Überblick über die Kriterien, mit denen interaktive Verfahren mit nicht-interaktiven Verfahren verglichen werden können, verschafft die Abbildung 35, deren einzelne Schlagworte im folgenden näher ausgeführt werden sollen.

Vorteile	Nachteile
Flexibilität	Ergebnisse
lokale Information	Konvergenz
Lernmöglichkeit	Aufwand
Akzeptanz	

Abb. 35: *Gegenüberstellung von Vor- und Nachteilen interaktiver Verfahren*

+ Flexibilität:

Interaktive Verfahren sind nicht an ein bestimmtes Kompromißmodell starr gebunden, sondern können leichter als nicht-interaktive Verfahren an das jeweilige Entscheidungsproblem angepaßt werden. Insbesondere läßt sich eine einmal getroffene Teil-Entscheidung meist wieder rückgängig machen, wenn das dem Entscheidungsträger sinnvoll erscheint.

+ lokale Information:

In jedem Fall reicht für das schrittweise Vorgehen bei interaktiven Verfahren eine lokale Information über die Präferenzen. Der Entscheidungsträger muß also keine globale Präferenzenfunktion explizit angeben oder sich ohne jede Hilfe mit der gesamten vollständigen Lösung auseinandersetzen, wie es bei einigen nicht-interaktiven Verfahren aus §9 nötig ist.

+ Lernmöglichkeit:

Interaktive Verfahren erlauben durch die ständige Interaktion zwischen Mensch und Computer dem Entscheidungsträger, etwas über das Verhalten seines Entscheidungssystems zu lernen. Das Lernen kann zum Beispiel die Breite des Lösungsraumes, die Art der Zielkonflikte oder die Größenordnung der Zielwerte betreffen. Das erworbene Wissen kann auch dazu führen, bestimmte Restriktionen zu lockern und dadurch neue vielversprechende Alternativen in den Entscheidungsprozeß einzubeziehen.

+ Akzeptanz:

Der Entscheidungsfäller ist wesentlicher Bestandteil des Lösungsprozesses. Er gewinnt im Verfahrensverlauf tiefere Einsichten in die Alternativenmenge und Ziele seines Problems und kann immer wieder den interaktiven Prozeß in seinem Sinne beeinflussen. Deshalb ist für das abschließende Ergebnis eine hohe Akzeptanz zu erwarten.

- Ergebnisse:

Die Ergebnisse interaktiver Verfahren hängen wie schon erwähnt neben den eigentlichen Problemdaten (Lösungsraum X, Zielfunktionsvektor z) von problemfremden Größen wie dem Entscheidungszeitpunkt und der momentanen Stimmung des Entscheidungsträgers ab. Häufig kann keine Optimalität für das erzielte Ergebnis garantiert werden. Vielmehr besteht immer die Gefahr, daß der Entscheidungsfäller aus Ungeduld oder Unlust das interaktive Verfahren vorzeitig abbricht, ohne mit dem letzten Lösungsvorschlag wirklich zufrieden zu sein.

- Konvergenz:

Je mehr Revisionsmöglichkeiten ein interaktives Verfahren bietet, desto schlechter sind seine Konvergenzeigenschaften, d.h. umso geringer sind seine Chancen, nach endlich vielen Schritten eine Kompromißalternative zu finden. Ändert der Entscheidungsträger seine Zielvorstellungen während des Verfahrens, kann keine Konvergenz garantiert werden. Für die Praxis ist jedoch die Konvergenz unabdingbar. Dazu kann man zum Beispiel die Anzahl der Verfahrensdurchläufe beschränken oder gewisse Änderungen der Präferenzen und der Alternativenmenge verbieten oder die maximale Rechenzeit auf dem Computer vorher festlegen. Alle diese Maßnahmen beschneiden jedoch die Freiheit und damit die Vorteile interaktiver Verfahren.

- Aufwand:
Abgesehen vom teilweise recht hohen Rechenaufwand auf Seiten des Computers sind hier besonders die Anforderungen an den Entscheidungsträger gemeint. Um die Konvergenz gegen eine Kompromißalternative zu sichern, verlangen einige interaktive Verfahren völlig konsistentes Verhalten des Entscheidungsträgers, speziell die Transitivität seiner Entscheidungen. Außerdem sollten die lokalen Präferenzangaben möglichst genau sein. Insgesamt sind viele interaktive Verfahren mit großen Anstrengungen aus Sicht des Entscheidungsträgers verbunden.

10.1.3 Unterscheidung von interaktiven Verfahren mit expliziten und impliziten Trade-offs

Einige interaktive Verfahren verlangen, daß der Entscheidungsfäller explizit seine Präferenzen gegenüber bestimmten Austauschraten zwischen den Zielen, sogenannten Trade-offs, in Abhängigkeit von einem bestimmten Zielwertniveau angibt. Zu den Verfahren mit solchen expliziten Trade-offs gehören unter anderem das Verfahren von Geoffrion, Dyer und Feinberg, wo der Entscheidungsträger die Trade-offs selbst nennen muß, und das Verfahren von Zionts und Wallenius, wo der Entscheidungsträger die ihm vom Computer vorgelegten Trade-offs als akzeptabel oder nicht-akzeptabel klassifizieren muß. Beide Verfahren werden noch in diesem Paragraphen vorgestellt.

Hiervon unterscheiden sich die Verfahren mit implizitem Trade-off, zu denen unter anderem STEM, die Methode der verschobenen Ideallösung, VIG und das Verfahren von Steuer zählen. Diese Methoden, die in §11 beschrieben werden, verzichten auf die explizite Trade-off-Information und begnügen sich damit, daß der Entscheidungsträger bestimmte Zielerreichungsniveaus oder einzelne Lösungen für akzeptabel hält oder nicht. Dadurch erfolgt die Trade-off-Information implizit.

Die interaktiven Verfahren mit implizitem Trade-off haben gegenüber denen mit explizitem Trade-off zwei wichtige Vorteile:

1. Die Angabe von Zielniveaus oder die Äußerung der Präferenz gegenüber einzelnen Alternativen ist für den Entscheidungsträger im allgemeinen einfacher als die explizite Information über Trade-offs.
2. Durch den Wegfall der Trade-offs ist die Gefahr beseitigt, den oft kleinen Gültigkeitsbereich von Zielfunktionswerten zu verlassen, in dem ein bestimmter Trade-off überhaupt zulässig ist und zu sinnvollen Ergebnissen führt.

Eine wesentlich weiterreichende Klassifizierung interaktiver Verfahren findet man bei [Müschenborn, 1990]; dort werden die einzelnen Verfahren in ihrer prinzipiellen Vorgehensweise, nicht jedoch im Detail dargestellt.

10.2 Das Verfahren von Geoffrion, Dyer und Feinberg (GDF)

10.2.1 Voraussetzungen des GDF-Verfahrens

Gegeben sei das MODM-Problem

(1)
$$\begin{aligned}&\text{"max"} \quad z(x) = (z_1(x), z_2(x), \ldots, z_k(x))^T \\ &\text{s.d.} \quad x \in X\end{aligned}$$

Die insgesamt k reellwertigen Zielfunktionen $z_1, z_2, \ldots, z_k$ seien konkav und explizit gegeben. Die Alternativenmenge X sei eine konvexe und kompakte Teilmenge des $\mathbb{R}^n$.
Ferner fordern Geoffrion, Dyer und Feinberg die Existenz einer skalaren Gesamtnutzenfunktion $U(z)=U(z_1(x), z_2(x), \ldots, z_k(x))$, die über der Menge X zu maximieren sei. Mit Hilfe dieser Nutzenfunktion U könnte jeder Zielkonflikt leicht gelöst werden, denn das Vektormaximumproblem (1) würde sich auf ein gewöhnliches nichtlineares Optimierungsproblem mit einer einzigen Zielfunktion im $\mathbb{R}^n$ reduzieren. Damit das eindimensionale Optimierungsproblem

(2)
$$\begin{aligned}&\max \quad U = U(z_1(x), z_2(x), \ldots, z_k(x)) \\ &\text{s.d.} \quad x \in X\end{aligned}$$

zu einer eindeutigen Optimallösung führt, soll U als Funktion von z differenzierbar sein,

Kapitel III: Multi-Objective-Entscheidungen

echt positive partielle Ableitungen

$$\frac{\partial U}{\partial z_i} > 0 \qquad \text{für alle } 1 \leq i \leq k$$

besitzen, also insbesondere in jedem Argument z_i streng monoton wachsen, und konkav sein.
Nun verlangt das GDF-Verfahren aber nicht vom Entscheidungsfäller, die Gesamtnutzenfunktion U explizit anzugeben, also die Funktion, die seine Präferenzen vollständig beschreibt. Stattdessen wird vom Entscheidungsträger erwartet, daß er lokale Informationen über U mitteilen kann, mit denen der Gesamtnutzen maximiert wird. Die notwendigen Informationen betreffen zum einen Grenztauschraten (auch Substitutionsraten oder Trade-offs genannt) zwischen je zwei Zielfunktionen. Zum anderen muß der Entscheidungsträger aus einem Intervall von Zielvektoren den Zielvektor mit dem höchsten Präferenzniveau wählen können.

10.2.2 Grundlage des Verfahrens

Das Verfahren von Geoffrion, Dyer und Feinberg ist eine direkte Übersetzung des Algorithmus von Frank-Wolfe aus der nichtlinearen Optimierung. Deshalb nennen Geoffrion, Dyer und Feinberg ihr Verfahren auch den "interaktiven Frank-Wolfe Algorithmus". Die lokalen Präferenzinformationen dienen in dem interaktiven Verfahren dazu, den Gradienten der Nutzenfunktion U zu approximieren und in jedem Iterationsschritt eine echte Verbesserung des Gesamtnutzens zu erzielen. Bevor dazu Einzelheiten besprochen werden, wird zunächst der Algorithmus von Frank-Wolfe motiviert und vorgestellt.

Da die Gesamtnutzenfunktion $U(z)$ differenzierbar ist, läßt sie sich im Iterationspunkt $x^r \in \mathbb{R}^n$ linear approximieren durch

$$\tilde{U}(y) = U(z(x^r)) + \text{grad}_x U(z(x^r))^T \cdot (y - x^r) \qquad \text{für alle } y \in \mathbb{R}^n.$$

Dabei bezeichnet $\text{grad}_x U(z(x^r))$ den Gradienten der zusammengesetzten Funktion $U(z)$ nach den Variablen $x \in \mathbb{R}^n$ an der Stelle x^r.
Setzt man dies in (2) ein, ergibt sich das Optimierungsproblem

$$\begin{aligned}&\max \quad U(z(x^r)) + \text{grad}_x U(z(x^r))^T \cdot (y - x^r) \\ &\text{s.d.} \quad x \in X\end{aligned}$$

Da $U(z(x^r))$ und $\text{grad}_x U(z(x^r))^T x^r$ konstante Ausdrücke hinsichtlich der Entscheidungsvariable y sind, kann das letzte Problem äquivalent vereinfacht werden zu

(3)
$$\begin{aligned} \max \quad & \text{grad}_x \, U(z(x^r))^T \cdot y \\ \text{s.d.} \quad & y \in X \end{aligned}$$

Ist $y^r \in X$ die optimale Lösung von (3), dann setze man

$$d^r := y^r - x^r \; .$$

Wegen der Konvexität der Alternativenmenge X ist d^r eine zulässige Richtung (engl. "feasible direction") von X in dem Punkt x^r, denn

$$x^r + \lambda \cdot d^r = (1-\lambda) \cdot x^r + \lambda \cdot y^r \in X \quad \text{für alle } 0 \leq \lambda \leq 1.$$

Ist ferner $\text{grad}_x U(z(x^r))^T \cdot d^r > 0$, dann ist d^r sogar eine **verbessernde zulässige Richtung** (engl. "improving feasible direction") des Maximierungsproblems (2) im Punkte x^r, d.h. der Zielfunktionswert im Punkt $x^r + \lambda \cdot d^r$ ist für genügend kleine $\lambda > 0$ echt besser als der Zielfunktionswert im Punkte x^r.

Um zu bestimmen, wie weit man von x^r aus entlang der Richtung d^r fortschreiten sollte, löst man das eindimensionale Optimierungsproblem

(4)
$$\begin{aligned} \max \quad & U(z(x^r + \lambda \cdot d^r)) \\ \text{s.d.} \quad & 0 \leq \lambda \leq 1 \end{aligned}$$

Bezeichnet λ^r die optimale Schrittweite, d.h. ist λ^r optimale Lösung von (4), dann setze man

$$x^{r+1} := x^r + \lambda^r \cdot d^r$$

als neuen Iterationspunkt.

Der Prozeß wird solange wiederholt, bis keine Verbesserung mehr erreicht werden kann. Die Folge der Iterationspunkte $(x^k)_{k \in \mathbb{N}}$ konvergiert gegen einen zulässigen Punkt $x^* \in X$ mit maximalem Gesamtnutzen $U(z(x^*))$.

Für praktische Berechnungen ist noch ein Abbruchkriterium notwendig, damit der Algorithmus auch in jedem Fall in endlicher Zeit stoppt. In Frage kommen mit einer vorgegebenen kleinen Zahl $\varepsilon > 0$ zum Beispiel

$$| x^{r+1} - x^r | < \varepsilon$$
$$\text{oder} \quad | U(z(x^{r+1})) - U(z(x^r)) | < \varepsilon$$

Der Algorithmus von Frank-Wolfe kann in vier Schritten zusammengefaßt werden.

Schritt 0: (Initialisierung)
Wähle einen Startpunkt $x^0 \in X$ und setze r=0. Gehe zu Schritt 1.

Schritt 1: (Bestimmung einer verbessernden zulässigen Richtung d^r)
Bestimme die optimale Lösung y^r von

$$\max \quad \text{grad}_x U(z(x^r))^T \cdot y$$
$$\text{s.d.} \quad y \in X$$

und setze die Richtung $d^r := y^r - x^r$. Gehe zu Schritt 2.

Schritt 2: (Bestimmung der optimalen Schrittweite λ^r)
Bestimme die optimale Schrittweite λ^r als optimale Lösung von

$$\max \quad U(z(x^r + \lambda \cdot d^r))$$
$$\text{s.d.} \quad 0 \leq \lambda \leq 1$$

und gehe zu Schritt 3.

Schritt 3: (Ermittlung des neuen Iterationspunktes)
Setze $x^{r+1} := x^r + \lambda^r \cdot d^r$ als neuen Iterationspunkt aus X. In dem Falle, daß ein geeignetes Abbruchkriterium erfüllt ist, STOP, sonst setze r:= r+1 und gehe zu Schritt 1.

10.2.3 Ablauf des GDF-Verfahrens

Da die Gesamtnutzenfunktion U nicht explizit bekannt ist, können die Schritte 1 und 2 des Algorithmus von Frank-Wolfe nicht ohne weiteres durchgeführt werden. Vielmehr sind diese Schritte zu ergänzen mit Hilfe der lokalen Präferenzinformationen.

zu Schritt 1:
Nach der Kettenregel ist

$$(5) \quad \text{grad}_x U(z(x^r)) = \sum_{j=1}^{k} \frac{\partial U}{\partial z_j}(z(x^r)) \cdot \text{grad } z_j(x^r),$$

wobei $\dfrac{\partial U}{\partial z_j}(z(x^r))$ die j-te partielle Ableitung von U an der

Stelle $z(x^r) \in \mathbb{R}^k$ und grad $z_j(x^r)$ den Gradienten der j-ten Zielfunktion z_j an der Stelle $x^r \in \mathbb{R}^n$ bezeichnen.

In (5) sind die Größen $\dfrac{\partial U}{\partial z_j}$ unbekannt.

Die optimale Lösung y^r des Problems (2) bleibt unverändert optimal, wenn man die Zielfunktion durch irgendeine positive Zahl dividiert, etwa durch $\dfrac{\partial U}{\partial z_j}(z(x^r)) > 0$.

Die i-te Zielfunktion z_i mit dieser ausgezeichneten Rolle heißt das **_Referenz-Kriterium_**. Setzt man (5) in (3) ein, dividiert die Zielfunktion durch $\dfrac{\partial U}{\partial z_i}(z(x^r))$ und definiert für alle j mit $1 \leq j \leq k$

$$(6) \quad w_j(x^r) = \frac{\dfrac{\partial U}{\partial z_j}(z(x^r))}{\dfrac{\partial U}{\partial z_i}(z(x^r))}$$

dann ergibt sich das zu (3) äquivalente Optimierungsproblem

$$(7) \quad \boxed{\begin{array}{l} \max \sum_{j=1}^{k} w_j(x^r) \cdot \text{grad } z_j(x^r)^T \cdot y \\ \text{s.d. } y \in X \end{array}}$$

y^r ist auch optimale Lösung von (7).

Die reellwertigen Gewichte $w_j(x^r)$, die durch Gleichung (6) definiert werden, spiegeln die Grenztauschrate (engl. "trade-off") zwischen der j-ten Zielfunktion z_j und dem Referenz-Kriterium z_i wider, und zwar an der Stelle $z(x^r)$. Praktisch können die Gewichte angenähert werden gemäß

$$(8) \quad w_j(x^r) \approx \frac{1}{D_j^r}$$

Dabei ist D_j^r die Anzahl der Einheiten, um die das j-te Ziel z_j erniedrigt werden muß, damit eine Erhöhung des Referenz-Kriteriums z_i um eine Einheit gerade kompensiert

Kapitel III: Multi-Objective-Entscheidungen 147

wird, während alle übrigen Zielfunktionswerte konstant bleiben (ausführlich in Abschnitt 9.2.3).

Die Größen D_j^r zur Bestimmung der Gewichte können direkt vom Entscheidungsträger erfragt werden. Stattdessen kann man sie auch in einer interaktiven Prozedur ermitteln, die Steuer die "Routine des Halbierens und Verdoppelns" nennt, [Steuer, 1986, S. 372].

<u>zu Schritt 2:</u>

Die Optimierungsaufgabe (4) in der einen reellen Variablen λ mit $0 \leq \lambda \leq 1$ soll der Entscheidungsträger nach dem Vorschlag von GDF direkt selbst ausführen. Dazu werden dem Entscheidungsträger als Hilfe die Werte aller r Zielfunktionen in Abhängigkeit von λ graphisch dargestellt. Das heißt, in einem Schaubild der Form wie in Abbildung 36 werden die k-dimensionalen Zielwertvektoren $z(x^r + \lambda \cdot d^r)$ als Funktion von $\lambda \in [0,1]$ aufgezeichnet. Obwohl jede Zielfunktion auf einer anderen Skala gemessen werden kann, können alle Ziele in einem einzigen Graphen gleichzeitig übereinander gelegt werden, indem man wie in Abbildung 36 für jedes Ziel eine eigene Skala getrennt von den übrigen Skalen markiert.

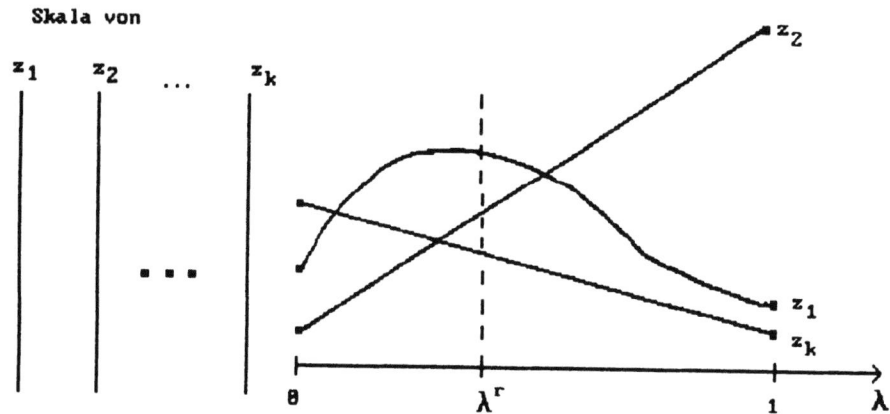

<u>Abb. 36:</u> *Graphische Darstellung der Zielwertvektoren in der Richtung d^r in Abhängigkeit von $\lambda \in [0,1]$ für die Bestimmung der Schrittweite (in Anlehnung an [Hwang/Masud, 1979, S. 109])*

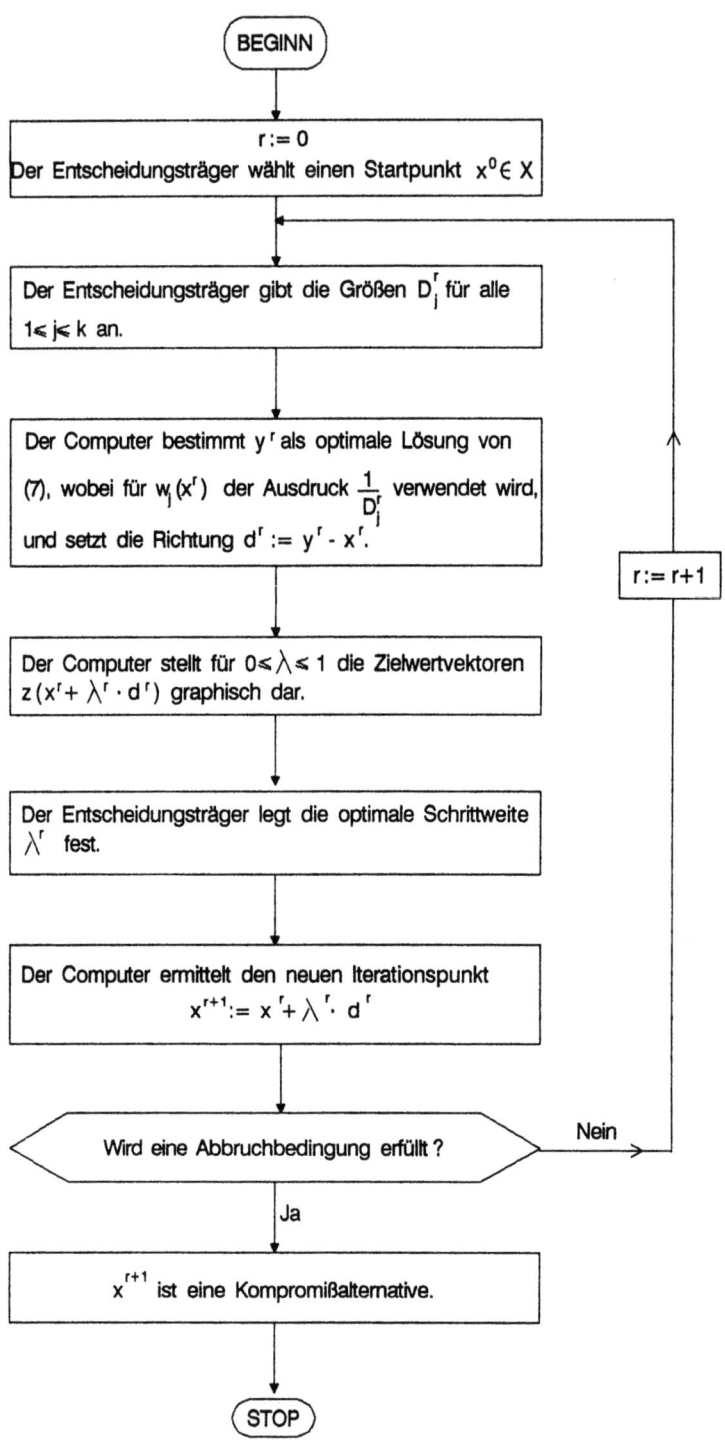

Abb. 37: Flußdiagramm des Verfahrens von Geoffrion, Dyer und Feinberg

Anhand der graphischen Darstellung muß der Entscheidungsträger die optimale Schrittweite λ^r auf der λ-Achse festlegen. Die gestrichelte Linie in Abbildung 36 zeigt die Wahl von λ^r und die zugehörigen Zielfunktionswerte an.

Den Ablauf des GDF-Verfahrens faßt das Flußdiagramm in Abbildung 37 zusammen.

10.2.4 Kritik am GDF

Zwar muß die Gesamtnutzenfunktion U nicht explizit bekannt sein, doch werden sehr starke Forderungen an U gestellt: Differenzierbarkeit, Monotonie und Konkavität (siehe Abschnitt 10.2.1).
Je Iteration im GDF-Verfahren sind zwei Arten von Präferenzinformationen nötig, beide setzen eine große Bereitschaft des Entscheidungsträgers zur Interaktion voraus. Deshalb besteht die Gefahr, daß der Entscheidungsträger durch zuviel Interaktion rasch seine Geduld verliert und das Verfahren frühzeitig beendet.

Der Algorithmus von Frank-Wolfe ist relativ einfach und konvergiert auch dann noch zum Optimum von (2), wenn der Entscheidungsträger Näherungsfehler bei der Gewichte-Ermittlung oder bei der Schrittweitenbestimmung begeht, sofern nur die Approximationen mit zunehmender Iterationszahl genügend exakt werden.
Außerdem weist die Methode von Frank-Wolfe eine schnelle Konvergenz in den Anfangsschritten auf: Der Fehler im Zielfunktionswert, bezogen auf das Optimum, wird in jeder der ersten Iterationen wenigstens halbiert [Geoffrion/Dyer/Feinberg, 1972, Seite 361]. Was allerdings fehlt, ist ein Vergleich mit anderen Algorithmen der nichtlinearen Programmierung. Im Hinblick auf die Robustheit gegenüber Approximationsfehlern und schnelle Anfangskonvergenz könnten andere Optimierungsverfahren dem Algorithmus von Frank-Wolfe überlegen sein.

Das GDF-Verfahren ermangelt einer Prozedur, mit der sich die Substitutionsraten w_j systematisch bestimmen sowie Inkonsistenzen dabei aufzeigen und beseitigen lassen. Insbesondere ist es manchmal nicht leicht, das Referenz-Kriterium zu wählen, wenn die Anzahl der Zielfunktionen größer als drei wird.

Bei der Bestimmung der Schrittweite muß der Entscheidungsträger Vektoren miteinander vergleichen. Ob als Hilfestellung eine Grafik wie in Abbildung 36 ausreicht, ist zumindest zweifelhaft. In jedem Fall ist es fraglich, ob der Entscheidungsträger immer nichtdominierte Zielwertvektoren herausgreift und damit zu funktional-effizienten

Lösungen kommt.

Bemerkenswert ist, daß das GDF-Verfahren für den Entscheidungsträger fast ausschließlich im Raum $z(X)=\{z(x)\,|\,x\in X\}$ der Zielwertvektoren stattfindet. Meist hat $z(X)$ eine wesentlich geringere Dimension als der Raum X der Entscheidungsvariablen. Sogar die Wahl des Startpunktes $x^0 \in X$ kann dem Entscheidungsträger erspart werden, indem nämlich der Entscheidungsträger einen realisierbaren Zielwertvektor $\bar{z}\in R^k$ angibt, d.h. ein $\bar{z} \in z(X)$. Dann errechnet der Computer ein Urbild $x^0 \in X$ mit $z(x^0)=\bar{z}$, das als Startpunkt dient.

10.3 Das Verfahren von Zionts und Wallenius

Die Methode von Zionts und Wallenius ist ein interaktives Verfahren zur Lösung von Vektormaximumproblemen. Zionts und Wallenius setzen wie Geoffrion, Dyer und Feinberg voraus, daß für das Optimierungsproblem eine skalare Gesamtnutzenfunktion U existiert, die der Entscheidungsträger jedoch nicht explizit angeben kann oder will.

Falls das MODM-Problem linear ist oder sich zumindest durch ein lineares Vektormaximum-Modell approximieren läßt, bestimmen Zionts und Wallenius in endlich vielen Schritten eine Kompromißlösung, die maximalen Gesamtnutzen bezüglich des linearen Modells besitzt. Das Verfahren beruht im wesentlichen auf der Simplexmethode, wo allerdings der Entscheidungsträger darüber befindet, welche Variable als nächstes neu in die Basis eintritt. Dazu werden dem Entscheidungsträger in jedem Iterationsschritt bestimmte Trade-off-Vektoren zu einer funktional-effizienten Lösung vorgelegt. Je nachdem, wie der Entscheidungsträger diese Trade-off-Vektoren beurteilt, wird ein neues lineares Programm konstruiert.

Die Lösung des linearen Programms führt auf eine neue funktional-effiziente Alternative, zu der wiederum eine neue Menge von Trade-off-Vektoren gehört, die dem Entscheidungsträger vorgelegt werden usw.

10.3.1 Das Mehrziel-Simplextableau

Bevor auf das eigentliche Verfahren von Zionts und Wallenius eingegangen werden kann, müssen in diesem Abschnitt einige neue Begriffe definiert werden, insbesondere der Begriff des Trade-off-Vektors und die praktische Konstruktion eines solchen Vektors

Kapitel III: Multi-Objective-Entscheidungen

mit Hilfe des Simplex-Algorithmus.

Ausgegangen wird von einem linearen Vektormaximumproblem der Form

(1)
$$\begin{aligned} \text{"max"} \quad & z(x) = C \cdot x \\ \text{s.d.} \quad & A \cdot x = b \\ & x \geq 0 \end{aligned}$$

mit einer Matrix $A \in \mathbb{R}^{m \times n}$ vom Rang m, einer Matrix $C \in \mathbb{R}^{k \times n}$, einem Vektor $b \in \mathbb{R}^m$ und den Entscheidungsvariablen $x \in \mathbb{R}^n$.

Sei x^r eine Basislösung von $Ax=b, x \geq 0$, die funktional-effizient bezüglich (1) ist. Dann gibt es nach dem Effizienztheorem für lineare Vektormaximumprobleme einen Vektor $t^r \in \mathbb{R}^k$ mit $t^r_i > 0$ für alle $1 \leq i \leq k$ und

$$\sum_{i=1}^{k} t^r_i = 1,$$ so daß x^r optimale Lösung des eindimensionalen Optimierungsproblems

(2)
$$\begin{aligned} \max \quad & (t^r)^T \cdot C \cdot x \\ \text{s.d.} \quad & A \cdot x = b \\ & x \geq 0 \end{aligned}$$

ist.

Zu der Lösung x^r gehört ein **_Mehrziel-Simplextableau_**, aus dem die sogenannten Trade-off-Vektoren zu entnehmen sind. Das Mehrziel-Simplextableau, siehe Abbildung 38, ist ein übliches Simplextableau, allerdings mit k+1 Zielfunktionszeilen.

$x_{B(r)} \in \mathbb{R}^m$ bezeichne den Vektor der aktuellen Basisvariablen zu der Lösung x^r. Seine Komponenten $(x_{B(r)})_i$ stehen in der Spalte BV (=Basisvariable) für alle $1 \leq i \leq m$.

Die Matrix $A^{(r)} \in \mathbb{R}^{m \times n}$ ist die aktuelle Koeffizientenmatrix zu dem Vektor x^r. Die Koeffizienten von $A^{(r)}$ befinden sich unter den Variablenbezeichnungen $x_1, x_2, ..., x_n$. Unter RHS (=Right Hand Side, rechte Seite) steht der aktuelle Kapazitätenvektor $b^{(r)} \in \mathbb{R}^m$ zu der betrachteten Basislösung x^r.

Die ersten k Zielfunktionszeilen entsprechen den k Zielfunktionen $z_1, z_2, ..., z_k$ aus dem gegebenen Vektormaximumproblem (1) und enthalten die üblichen Kriteriumselemente Δz^i_j des linearen Programmierens für $1 \leq i \leq k, 1 \leq j \leq n$. Dagegen enthält die (k + 1)-te Zielfunktionszeile die Kriteriumselemente $\sum_{i=1}^{k} t^r_i \Delta z_j^i$ für alle $1 \leq j \leq n$, die zu der Zielfunktion $(t^r)^T \cdot Cx$ des Optimierungsproblems (2) gehören. Die Optimalität von x^r für das Problem (2) erkennt man daran, daß alle Kriteriumselemente in der (k+1). Zielfunktionszeile nichtnegativ sind, d.h. $\sum_{i=1}^{k} t^r_i \Delta z_j^i \geq 0$ für alle $1 \leq j \leq n$.

BV	x_1	x_2	...	x_n	RHS
$(x_{B(r)})_1$	$A_{11}^{(r)}$	$A_{12}^{(r)}$	...	$A_{1n}^{(r)}$	$b_1^{(r)}$
$(x_{B(r)})_2$	$A_{21}^{(r)}$	$A_{22}^{(r)}$	...	$A_{2n}^{(r)}$	$b_2^{(r)}$
⋮	⋮	⋮		⋮	⋮
$(x_{B(r)})_m$	$A_{m1}^{(r)}$	$A_{m2}^{(r)}$	...	$A_{mn}^{(r)}$	$b_m^{(r)}$
Δz_j^1	Δz_1^1	Δz_2^1	...	Δz_n^1	$z_1(x^r)$
Δz_j^2	Δz_1^2	Δz_2^2	...	Δz_n^2	$z_2(x^r)$
⋮	⋮	⋮		⋮	⋮
Δz_j^i	Δz_1^i	Δz_2^i	...	Δz_n^i	$z_i(x^r)$
⋮	⋮	⋮		⋮	⋮
Δz_j^k	Δz_1^k	Δz_2^k	...	Δz_n^k	$z_k(x^r)$
$\Delta z_j(t^r)$	$\sum_{i=1}^{k} t^r_i \Delta z_1^i$	$\sum_{i=1}^{k} t^r_i \Delta z_2^i$	...	$\sum_{i=1}^{k} t^r_i \Delta z_n^i$	

Abb. 38: Mehrziel-Simplextableau zur aktuellen Basislösung x^r

In dem Kriteriumselement Δz_j^i gibt der Index j die Entscheidungsvariable x_j an, zu der der Koeffizient Δz_j^i gehört, und der Index i bezeichnet die i-te Zielfunktion, auf die sich der Koeffizient Δz_j^i bezieht. Also enthält die i-te Ziel-funktionszeile im Mehrziel-Simplextableau die Kriteriumselemente Δz_j^i der Variablen x_j für alle j mit $1 \leq j \leq n$.
Bezeichnet $c_{B(r)}^i \in R^m$ den Vektor der Zielfunktionskoeffizienten zur i-ten Zielfunktion und zur aktuellen Basis $B^{(r)}$, so ist

Kapitel III: Multi-Objective-Entscheidungen 153

$$\Delta z_j{}^i = \sum_{l=1}^{m} (c_{B(r)}^i)_l \cdot A_{lj}^{(r)} - c_{ij}$$

= Produkt von $c_{B(r)}^i$ mit der j-ten Spalte von $A^{(r)}$

− j. Koeffizient der i. Zielfunktion z_i .

Streng genommen sind die Kriteriumselemente zusätzlich noch mit einem Index r zu versehen, um ihre Abhängigkeit von der aktuellen Basislösung x^r auszudrücken.

Ist die j-te Variable x_j in der Basislösung x^r eine Nichtbasisvariable, dann gibt das Kriteriumselement Δz_j^i an, um wieviel sich der aktuelle Zielfunktionswert $z_i(x^r)$ der i-ten Zielfunktion verschlechtert, wenn die Nichtbasisvariable x_j um eine Einheit erhöht wird. Ist x_j eine Basisvariable, so ist $\Delta z_j^i = 0$.

Der k-dimensionale Vektor der negativen Kriteriumselemente zu einer festen Nichtbasisvariablen x_j der aktuellen Basislösung x^r, also der Vektor

$$\begin{pmatrix} -\Delta z_j{}^1 \\ -\Delta z_j{}^2 \\ \vdots \\ -\Delta z_j{}^i \\ \vdots \\ -\Delta z_j{}^k \end{pmatrix} \in \mathbb{R}^k ,$$

heißt *Trade-off-Vektor* zu der Nichtbasisvariablen x_j. Er steht mit (−1) multipliziert in der j-ten Spalte der ersten k Zielfunktionszeilen des Mehrziel-Simplextableaus zu der aktuellen Basislösung x^r. Der Trade-off-Vektor beschreibt, wie sich die einzelnen Zielfunktionswerte ändern würden, wenn man die betrachtete Nichtbasisvariable x_j neu in die Basis aufnimmt.

Sei zum Beispiel der aktuelle Zielfunktionsvektor $z(x^r) = \begin{pmatrix} 3 \\ -1 \\ 4 \end{pmatrix}$ und der Trade-off Vektor zu der Nichtbasisvariable x_2 durch $\begin{pmatrix} 4 \\ 2 \\ -5 \end{pmatrix}$ gegeben. Dann besagt der Trade-off-Vektor, daß der Wert der 1. Zielfunktion z_1 um 4 wächst, der Wert der 2. Zielfunktion z_2 um 2 wächst und sich der Wert der 3. Zielfunktion um 5 verringert, wenn man die Variable x_2 neu in die Basis aufnimmt und von ihrem aktuellen Wert 0 um eine Einheit auf den Wert 1 erhöht.

Ein Trade-off-Vektor heißt *effizient*, wenn er
1. zu einer Nichtbasisvariable x_j einer Lösung x^r gehört, die bezüglich des gegebenen Vektormaximumproblems (1) funktional-effizient ist, und
2. zu einer funktional-effizienten Lösung $y \in \mathbb{R}^n$ führt, die zu x^r benachbart ist, wenn man die Nichtbasisvariable x_j, zu welcher der Trade-off-Vektor gehört, neu in die Basis aufnimmt.

Um zu erkennen, ob der j-te Trade-off-Vektor $(-\Delta z_j^1, -\Delta z_j^2, ..., -\Delta z_j^k)^T \in \mathbb{R}^k$ zur optimalen Basislösung x^r des Problems (2) effizient ist, muß nach [Zionts/Wallenius, 1976, S. 660] bzw. [Isermann, 1987, S. 441-444] die Optimierungsaufgabe

$$\min g_j(t) = \sum_{i=1}^{k} t_i \Delta z_j^i$$

$$\text{s.d.} \quad \sum_{i=1}^{k} t_i \Delta z_l^i \geq 0 \quad \text{für alle } l \in N^r \text{ mit } l \neq j$$

$$t_i > 0 \quad \text{für alle } 1 \leq i \leq k$$

$$\sum_{i=1}^{k} t_i = 1$$

in den Entscheidungsvariablen $t \in \mathbb{R}^k$ gelöst werden. Dabei sei N^r die Indexmenge der Nichtbasisvariablen zu der aktuellen Basislösung x^r.

Mit einem genügend kleinen $\varepsilon > 0$ läßt sich diese Optimierungsaufgabe auch als lineares Problem formulieren:

(3)
$$\min g_j(t) = \sum_{i=1}^{k} t_i \Delta z_j^i$$

$$\text{s.d.} \quad \sum_{i=1}^{k} t_i \Delta z_l^i \geq 0 \quad \text{für alle } l \in N^r \text{ mit } l \neq j$$

$$t_i \geq \varepsilon \quad \text{für alle } 1 \leq i \leq k$$

$$\sum_{i=1}^{k} t_i = 1$$

Ist der minimale Zielfunktionswert von (3) nicht positiv, also kleiner oder gleich 0, dann ist $(-\Delta z_j^1, -\Delta z_j^2, ..., -\Delta z_j^k)^T$ ein effizienter Trade-off-Vektor. Wenn dagegen der minimale Zielfunktionswert von (3) echt positiv ist, dann ist dieser Trade-off-Vektor nicht effizient.

10.3.2 Grundversion des Verfahrens von Zionts und Wallenius

Gegeben sei ein lineares Vektormaximumproblem

$$
(4) \quad \begin{array}{l} \text{"max"} \quad z(x) = C \cdot x \\ \text{s.d.} \quad A \cdot x = b \\ \quad\quad\quad x \geq 0 \end{array}
$$

mit einer Matrix $C \in \mathbb{R}^{k \times n}$, einer Matrix $A \in \mathbb{R}^{m \times n}$, einem Vektor $b \in \mathbb{R}^m$ und den Entscheidungsvariablen $x \in \mathbb{R}^n$.

Zionts und Wallenius setzen voraus, daß eine lineare Gesamtnutzenfunktion $U(z) = U(z(x))$ existiert, die über dem Zulässigkeitsbereich $X = \{x \in \mathbb{R}^n \mid A \cdot x = b, x \geq 0\}$ zu maximieren ist. Bezeichnet $t \in \mathbb{R}^k$ einen Gewichtevektor mit $t_i > 0$ für alle $1 \leq i \leq k$ und $\sum_{i=1}^{k} t_i = 1$, dann hat demnach das Kompromißmodell zu (4) die Gestalt

$$
(5) \quad \begin{array}{l} \max \quad U = t^T \cdot C \cdot x \\ \text{s.d.} \quad A \cdot x = b \\ \quad\quad\quad x \geq 0 \end{array}
$$

Nun sind die wahren Zielgewichte $t \in \mathbb{R}^k$ nicht explizit gegeben, sondern dem Entscheidungsträger nur implizit bekannt. Daher wird t im r=0-ten Anfangsschritt des Verfahrens von Zionts und Wallenius durch den Vektor

$$t^0 = (1/k, 1/k, \ldots, 1/k)^T \in \mathbb{R}^k$$

ersetzt, d.h. die Ziele werden alle gleich stark gewichtet, und für r=0 das lineare Kompromißmodell

$$
(6) \quad \begin{array}{l} \max \quad (t^r)^T \cdot C \cdot x \\ \text{s.d.} \quad A \cdot x = b \\ \quad\quad\quad x \geq 0 \end{array}
$$

gelöst. Nach dem Effizienztheorem für lineare Vektormaximumprobleme ist jede optimale Lösung x^r des Modells (6) funktional-effizient bezüglich X und z, falls der Gewichtevektor $t^r \in R^k$ ausschließlich echt positive Komponenten hat.

N^r bezeichne wieder die Indexmenge der zu x^r gehörigen Nichtbasisvariable.

Aus dem Mehrziel-Simplextableau zu x^r entnimmt man für $j \in N^r$ die Trade-off-Vektoren und prüft sie mit Hilfe des linearen Programms (3) auf Effizienz. Alle effizienten Trade-off-Vektoren werden dem Entscheidungsträger zur Beurteilung vorgelegt. Akzeptiert der Entscheidungsträger die Tauschraten, die der effiziente Trade-off-Vektor $(-\Delta z_j^1, -\Delta z_j^2, ..., -\Delta z_j^k)^T$ für ein $j \in N^r$ anbietet, dann folgt daraus, daß die aktuelle Basislösung x^r nicht optimal bezüglich des Kompromißmodells (5) zu dem wahren Parametervektor t ist und daß der vorgelegte Trade-off-Vektor der strikten Ungleichung

$$\sum_{i=1}^{k} t_i \Delta z_j^i < 0$$

genügen muß bzw. mit einem genügend kleinen $\varepsilon > 0$ der Ungleichung

$$(7) \quad \sum_{i=1}^{k} t_i \Delta z_j^i \leq -\varepsilon \quad .$$

Lehnt der Entscheidungsträger den vorgelegten Trade-off-Vektor ab, so gilt für den Vektor t der wahren Zielgewichte im Kompromißmodell (5) die strikte Ungleichung

$$\sum_{i=1}^{k} t_i \Delta z_j^i > 0$$

bzw. mit einem genügend kleinen $\varepsilon > 0$ der Ungleichung

$$(8) \quad \sum_{i=1}^{k} t_i \Delta z_j^i \geq \varepsilon \quad .$$

Kann der Entscheidungsträger den vorgelegten Trade-off-Vektor weder akzeptieren noch ablehnen, ist der Entscheidungsträger also indifferent gegenüber den angebotenen Tauschraten, dann gilt für den Parametervektor t aus Modell (5) die Gleichung

$$(9) \quad \sum_{i=1}^{k} t_i \Delta z_j^i = 0$$

Um die Zahl der Trade-off-Vektoren, die dem Entscheidungsträger vorzulegen sind, möglichst klein zu halten, setzt die Grundversion des Verfahrens von Zionts und Wallenius <u>völlig konsistentes</u> Verhalten des Entscheidungsträgers voraus. D.h., die

Kapitel III: Multi-Objective-Entscheidungen

Beurteilungen der Trade-off-Vektoren müssen transitiv sein, und die Zielvorstellungen des Entscheidungsträgers verändern sich im Verlaufe des Entscheidungsprozesses nicht. Sei x^r in der r-ten Iteration des Verfahrens von Zionts und Wallenius die aktuelle, bezüglich (4) funktional-effiziente Basislösung und $(-\Delta z_j^1, -\Delta z_j^2, ..., -\Delta z_j^k) \in \mathbb{R}^k$ der j-te Trade-off-Vektor für ein $j \in N^r$, der auf Effizienz zu prüfen sei. Dann muß der unbekannte Parametervektor $t \in \mathbb{R}^k$ aus dem Kompromißmodell (5) nicht nur den Nebenbedingungen aus Modell (3) genügen, sondern allen bislang ermittelten Restriktionen der Form (7), (8) und (9) aus den bisherigen Iterationsschritten. Das lineare Programm zum Testen des gegebenen Trade-off-Vektors auf Effizienz lautet also nun

(10)
$$\min g_j(t) = \sum_{i=1}^{k} t_i \Delta z_j^i$$

$$\text{s.d.} \quad \sum_{i=1}^{k} t_i \Delta z^i \geq 0 \text{ für alle } l \in N^r \text{ mit } l \neq j$$

$$t \in T^r$$

Dabei ist T^r eine Teilmenge des $\mathbb{R}^k$, die wie folgt rekursiv definiert wird:

(11) $\quad T^0 := \{t \in \mathbb{R}^k | t_i \geq \varepsilon \text{ für alle } 1 \leq i \leq k \text{ und } \sum_{i=1}^{k} t_i = 1\}$

$T^{r+1} := T^r \cap \{t \in \mathbb{R}^k |$ je nachdem, wie der Entscheidungsträger die ihm vorgelegten Trade-off-Vektoren im (r+1). Iterationsschritt beurteilt, muß t den Restriktionen (7), (8) bzw. (9) genügen$\}$

Wenn der optimale Zielfunktionswert des Testprogramms (10) kleiner oder gleich Null ist, dann ist der Trade-off-Vektor $(-\Delta z_j^1, -\Delta z_j^2, ..., -\Delta z_j^k)^T$ effizient und daher dem Entscheidungsträger vorzulegen. Ist der optimale Zielfunktionswert von (10) echt positiv, so ist der Trade-off-Vektor nicht effizient.

Hat der Entscheidungsträger alle vorzulegenden Trade-off-Vektoren beurteilt, konstruiert der Computer entsprechend den Ungleichungen (7) und (8) und entsprechend den Gleichungen (9) die neue Parametermenge T^{r+1} für das Kompromißmodell (6).

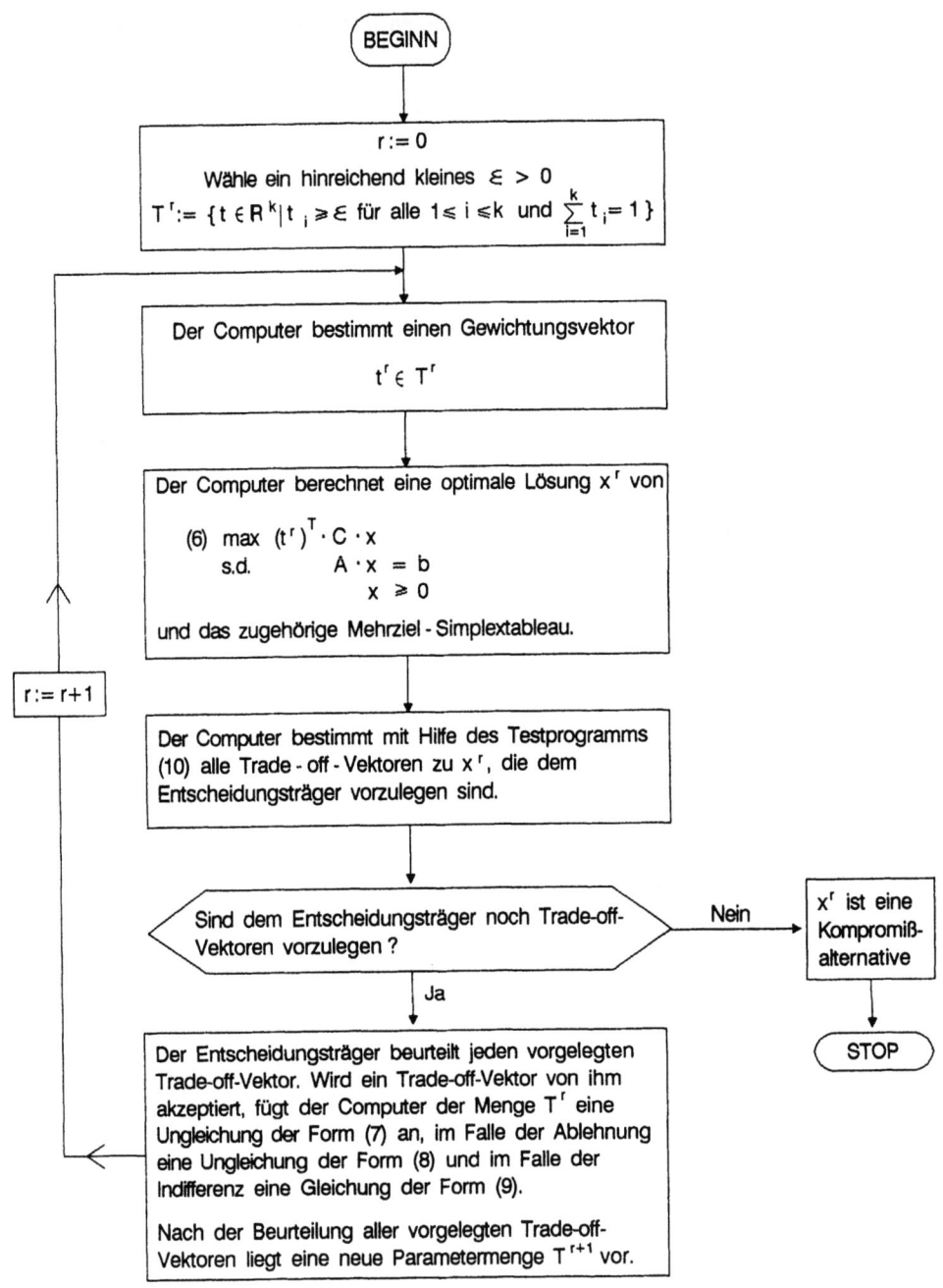

Abb. 39: *Flußdiagramm des Verfahrens von Zionts und Wallenius*

Das Verfahren endet und gibt x^r als Kompromißlösung mit maximalem Gesamtnutzen an, wenn für alle Trade-off-Vektoren zu aktuellen Nichtbasisvariablen das Testprogramm (10) positive Zielfunktionswerte liefert.

Das Vorgehen von Zionts und Wallenius stellt das Flußdiagramm in Abbildung 39 geschlossen zusammen.

Das Verfahren von Zionts und Wallenius konvergiert in endlich vielen Schritten gegen eine Kompromißlösung mit maximalem Gesamtnutzen. Denn solange der Entscheidungsträger in jedem Schritt mindestens einen vorgelegten Trade-off-Vektor akzeptiert, wird eine Basislösung aus der Betrachtung gestrichen, nämlich die aktuelle Basislösung des zugehörigen Schrittes. Da andererseits das Restriktionssystem $A \cdot x = b, x \geq 0$ des gegebenen Vektormaximumproblems nur endlich viele Basislösungen besitzt und eine nutzenmaximale Basislösung existiert, muß nach endlich vielen Schritten der Fall eintreten, daß der Entscheidungsfäller alle vorgelegten Trade-off-Vektoren ablehnt oder zu ihnen indifferent ist und im darauffolgenden Schritt die dann aktuelle Basislösung als optimale Kompromißalternative festgestellt wird.

Die Konvergenz des Verfahrens läßt sich wesentlich beschleunigen, wenn man die Indifferenzantworten des Entscheidungsträgers nicht beachtet und keine entsprechenden Gleichungsrestriktionen bildet [Zionts/Wallenius, 1976, S. 658].

Für die Trade-off-Vektoren aus dem $\mathbb{R}^k$, die dem Entscheidungsträger vorzulegen sind, empfehlen [Zionts/Wallenius, 1976, S. 658 und S. 660], daß
1. die Austauschraten durch eine geeignete Skalierung auf dieselbe Größenordnung gebracht werden, und
2. die Anzahl k der Zielfunktionen sinnvollerweise durch sechs nach oben zu beschränken ist.

10.3.3 Erweiterungen von Zionts und Wallenius

Die Hauptschwächen in der Grundversion des Verfahrens von Zionts und Wallenius bestehen in der sehr einschränkenden Annahme, das Vektormaximumproblem (P) sei linear, und in der Voraussetzung, der Entscheidungsträger beurteile die Trade-off-Vektoren völlig konsistent. Beide Mängel beseitigten Zionts und Wallenius in einer neueren Version ihres Verfahrens, die jedoch wesentlich komplexer als die Grundversion ist und deshalb hier nicht im Detail dargestellt werden soll, vgl. dazu [Zionts/Wallenius,

1983, und Steuer, 1986, S. 379-389]. Vielmehr sollen die Verbesserungen verbal skizziert werden.

zur Linearität

Ist eine der k Zielfunktionen nichtlinear, sollte sie eine konkave Funktion der Entscheidungsvariablen $x \in \mathbb{R}^n$ sein. Ist die Gesamtnutzenfunktion U eine nichtlineare Funktion der k Einzelziele $z_1, z_2, ..., z_k$, so sollte sie zumindest eine konkave Funktion von $z_1, z_2, ..., z_k$ sein [Zionts/Wallenius, 1976, S. 653] oder eine pseudokonkave, stetig differenzierbare Funktion dieser Variablen [Zionts/Wallenius, 1983, S. 519]. Der Zulässigkeitsbereich des MODM-Problems (P) sollte eine konvexe Teilmenge des $\mathbb{R}^n$ sein. Ferner sollte es zulässig sein, alle Zielfunktionen und Restriktionen sowie die Gesamtnutzenfunktion durch stückweise lineare Funktionen zu approximieren. Die Approximationen führen dann auf ein lineares Vektormaximumproblem (L) der Gestalt (4).

Dann liefert das interaktive Verfahren von Zionts und Wallenius eine Lösung $x^* \in \mathbb{R}^n$, die bezüglich des linearen Modells (L) optimal ist, jedoch bezüglich des ursprünglichen, nichtlinearen MODM-Problems (P) nur lokal optimal ist. Die global optimale Lösung des ursprünglichen Problems (P) befindet sich in einer Umgebung von x^*, welche als konvexe Hülle von x^* und allen zu x^* bezüglich (L) benachbarten, funktional-effizienten Lösungen definiert ist. Ausgehend von x^* ist dann mit einem anderen Optimierungsverfahren die global optimale Lösung bezüglich (P) zu bestimmen.

Genauere Aussagen über die Größe der genannten Umgebung, die bessere Lösungen als x^* enthält, und über die Güte von x^* sind derzeit noch nicht möglich [Zionts/Wallenius,1983,S. 523/524]. In jedem Fall ist der Lösungsvorschlag x^* ein Eckpunkt des linearisierten Zulässigkeitsbereiches.

zur Konsistenz

In der neuen Version des Verfahrens von Zionts/Wallenius, 1983, werden Inkonsistenzen berücksichtigt.

Bei der Beurteilung der Trade-off-Vektoren werden nicht mehr die drei Antworten Akzeptanz, Ablehnung und Indifferenz zugelassen, sondern Akzeptanz, Ablehnung und Unentscheidbarkeit. Der Fall Unentscheidbarkeit umfaßt über den Fall der exakten Indifferenz hinaus die Möglichkeit, daß sich der Entscheidungsträger unsicher ist und zum Beispiel wegen zu geringer Unterschiede in den Austauschraten nichts Genaues über seine Präferenz bezüglich des vorgelegten Trade-off-Vektors aussagen kann.

Beim Test auf Optimalität werden dem Entscheidungsträger alle effizienten Trade-off-Vektoren vorgelegt, sowohl diejenigen Trade-off-Vektoren, die analog zu Model (10) mit den bisherigen Beurteilungen des Entscheidungsträgers in Einklang stehen, als auch die übrigen Trade-off-Vektoren.

Wenn der Computer einen neuen Gewichtevektor t^r aus der Menge T^r bestimmen soll und die Menge T^r aufgrund von Inkonsistenzen leer ist, dann wird die älteste der Restriktionen gestrichen, die gerade T^r definieren. Eine Restriktion gilt dabei umso älter, je früher sie im Verlauf des interaktiven Verfahrens aufgrund von Antworten des Entscheidungsträgers gebildet wurde. Durch diese Fehlerkorrektur ist der Algorithmus in der Lage, insbesondere Lerneffekte auf Seiten des Entscheidungsträgers in die Berechnungen mit einzubeziehen.

Literatur zu §10

Dinkelbach, Werner: 1982, Entscheidungsmodelle, 285 Seiten
    Verlag Walter de Gruyter, Berlin/New York 1982
    S. 200-206 zu Abschnitt 10.1

Geoffrion, A. M./ Dyer, J. S./ Feinberg, A.: 1972, An interactive approach
    for multi-criteria optimization, with an application to the operation
    of an academic department
    Management Science, Volume 19, Number 4, December 1972,
    S. 357-368 zu Abschnitt 10.2

Goicoechea, Ambrose/ Hansen, Don R./ Duckstein, Lucien: 1982, Multiobjective
    Decision Analysis with Engineering and Business Applications, 519 Seiten
    Verlag John Wiley & Sons, Inc., New York/Chichester/Brisbane/
    Toronto/Singapore 1982
    S. 224-229 zu Abschnitt 10.2
    S. 230-232 zu Abschnitt 10.3

Hwang, Chin-Lai/Masud, Abu Syed Md.: 1979, Multi Objective Decision Making -
    Methods and Applications, 351 Seiten
    Springer-Verlag, Berlin/Heidelberg/New York 1979
    S. 102/103 und S. 169 zu Abschnitt 10.1
    S. 104-121 zu Abschnitt 10.2
    S. 150-168 zu Abschnitt 10.3

Isermann, Heinz: 1987, Optimierung bei mehrfacher Zielsetzung, S. 421-497
    in: Gal, Tomas (Herausgeber):
    Grundlagen des Operations Research Band 1, 538 Seiten
    Springer-Verlag, Berlin/Heidelberg/New York 1987
    davon   S. 470-472 zu Abschnitt 10.1
                S. 441-444 und S. 479-487 zu Abschnitt 10.3

Isermann, Heinz: 1979, Strukturierung von Entscheidungsprozessen bei mehrfacher
    Zielsetzung
    Operations-Research-Spektrum, Band 1, Heft 1, 1979
    S. 3-26
    S. 12-13 zu Abschnitt 10.2
    S. 13-15 zu Abschnitt 10.3

Müschenborn, Wolfgang: 1990, Interaktive Verfahren zur Lösung linearer Vektormaximumprobleme, Ein Beitrag zur Wirtschaftsmathematik, 267 Seiten
Reihe Wirtschaftswissenschaften, Band 364
Verlag Harri Deutsch, Thun/Frankfurt a.M. 1990
zu Abschnitt 10.2

Steuer, Ralph E.: 1986, Multiple Criteria Optimization: Theory, Computation, and Application, 546 Seiten
Verlag John Wiley & Sons, Inc., New York/Toronto/Singapore/Chichester/Brisbane 1986
S. 361-362 zu Abschnitt 10.1
S. 367-379 zu Abschnitt 10.2
S. 379-389 zu Abschnitt 10.3

Zionts, Stanley/ Wallenius, Jyrki: 1983, An interactive multiple objective linear programming method for a class of underlying nonlinear utility functions
Management Science, Volume 29, Number 5, May 1983
S. 519-529 zu Abschnitt 10.3

Zionts, Stanley/ Wallenius, Jyrki: 1976, An interactive programming method for solving the multiple criteria problem
Management Science, Volume 22, Number 6, February 1976
S. 652-663 zu Abschnitt 10.3

§11 Interaktive Verfahren mit implizitem Trade-off

11.1 STEM

Eines der ältesten und bekanntesten interaktiven Verfahren überhaupt ist das STEM-Verfahren, das in praktisch jedem Lehrbuch zum MODM auftaucht. Der Name STEM ergibt sich aus den Anfangsbuchstaben von STEp Method. STEM wurde 1971 von Benayoun, de Mongolfier, Tergny und Laritchev zur Lösung linearer Vektormaximumprobleme vorgestellt. Das Vorgehen läßt sich jedoch auf nichtlineare und ganzzahlige MODM-Probleme übertragen, wie man im folgenden erkennen kann. STEM kann man sich aus den Verfahren mit Anspruchsniveaus und dem Archimedischen Zielprogrammieren entstanden denken.

11.1.1 Idee der Methode

Das STEM-Verfahren kommt ohne die Annahme aus, daß eine skalare Gesamtnutzenfunktion existiert. Stattdessen wird vorausgesetzt, daß der Entscheidungsträger im Rahmen des Entscheidungsprozesses für jede der betrachteten k Zielfunktionen sukzessive eine feste, endgültige untere Schranke angeben kann.

Mit Hilfe der Präferenzinformation wird die Menge der als Kompromißlösung in Frage kommenden Alternativen schrittweise reduziert. Aus der reduzierten Alternativenmenge wird eine bzgl. des ursprünglichen Vektormaximumproblems zulässige Lösung als diejenige Alternative ermittelt, deren Zielwerte hinsichtlich einer speziell gewichteten Tschebyscheff-Norm (vgl. Abschnitt 9.4.1 zum Archimedischen Zielprogrammieren) möglichst nah am idealen Zielwertvektor liegen. Diese Lösung wird dem Entscheidungsträger als neuer Kompromißvorschlag vorgelegt.

Nimmt der Entscheidungsträger den Vorschlag nicht als Kompromißlösung an und kann er für eine noch nicht nach unten begrenzte Zielfunktion ein Anspruchsniveau definieren, dann wird die in Betracht gezogene Alternativenmenge weiter verkleinert, und das Vorgehen wiederholt sich. Nach maximal k Iterationen endet das STEM-Verfahren damit, daß der Entscheidungsträger eine vorgelegte Alternative als realisierbaren Entscheidungsvorschlag akzeptiert, oder das Verfahren endet mit der Erkenntnis, daß das MODM-Problem gar keine akzeptable Lösung besitzt.

Kapitel III: Multi-Objective-Entscheidungen

11.1.2 Ablauf des Verfahrens

Es wird von dem linearen Vektormaximumproblem

(1)
$$\begin{aligned} \text{"max"} \quad & z(x) = C \cdot x \\ \text{s.d.} \quad & A \cdot x = b \\ & x \geq 0 \end{aligned}$$

mit $C \in \mathbb{R}^{k \times n}$, $A \in \mathbb{R}^{m \times n}$, $b \in \mathbb{R}^m$ und Entscheidungsvariablen $x \in \mathbb{R}^n$ ausgegangen. Zunächst wird für jede der k Zielfunktionen z_j eine bzgl. (1) zulässige individuelle Optimallösung x^j berechnet. Die Werte der k individuellen Optimallösungen bzgl. aller k Zielfunktionen werden in einer Matrix, dem sogenannten Pay-off-Tableau, zusammengestellt. In der i-ten Zeile und j-ten Spalte des Pay-off-Tableaus befindet sich der Wert $z_j(x^i)$ der i-ten individuellen Optimallösung x^i bzgl. der j-ten Zielfunktion z_j:

	z_1	z_2	...	z_j	...	z_k
x^1	$z_1(x^1)$	$z_2(x^1)$	...	$z_j(x^1)$	...	$z_k(x^1)$
x^2	$z_1(x^2)$	$z_2(x^2)$	...	$z_j(x^2)$	...	$z_k(x^2)$
⋮	⋮	⋮		⋮		⋮
x^i	$z_1(x^i)$	$z_2(x^i)$	...	$z_j(x^i)$	...	$z_k(x^i)$
⋮	⋮	⋮		⋮		⋮
x^k	$z_1(x^k)$	$z_2(x^k)$	...	$z_j(x^k)$	...	$z_k(x^k)$

Die Hauptdiagonale des Pay-off-Tableaus stimmt nach Konstruktion mit dem idealen Zielwertvektor z überein: $(z_1(x^1), z_2(x^2), ..., z_k(x^k))^T = \hat{z}$.

Wenn das gegebene Vektormaximumproblem keine perfekte Lösung besitzt, dann sucht der Entscheidungsträger nach der Philosophie des STEM-Verfahrens eine bzgl. (1) zulässige Lösung, deren Zielfunktionsvektor "möglichst nahe" beim idealen Zielwertvektor $\hat{z}$ liegt. Die Abweichungen $\hat{z}_j - z_j(x)$ der j-ten Zielfunktion vom individuellen Optimum $\hat{z}_j$ werden unterschiedlich gewichtet. Dazu errechnet man für alle $1 \leq j \leq n$ zunächst das Gewicht w_j gemäß

$$(2) \quad w_j = \begin{cases} \dfrac{\hat{z}_j - m_j}{\hat{z}_j} \cdot \left(\sum_{i=1}^{k} c_{ji} \right)^{-1/2}, & \text{falls } \hat{z}_j > 0 \\ \dfrac{m_j - \hat{z}_j}{m_j} \cdot \left(\sum_{i=1}^{k} c_{ji} \right)^{-1/2}, & \text{falls } \hat{z}_j \leq 0 \end{cases}$$

Dabei bezeichnet m_j das Minimum der j-ten Spalte aus dem Pay-off-Tableau, also $m_j = \min \{z_j(x^i) \mid 1 \leq i \leq k\}$.

Durch den jeweils ersten Faktor in (2) sollen die Zielfunktionen mit der größeren relativen Spannweite stärker gewichtet werden. Der zweite Faktor in (2) skaliert das Gewicht w_j im Hinblick auf die Zielfunktionskoeffizienten $c_{j1}, c_{j2}, ..., c_{jk}$ der j-ten Zielfunktion entsprechend der euklidischen Norm.

Durch Normierung der Gewichte w_j erhält man die Gewichtungsfaktoren v_j, deren Summe gerade 1 beträgt:

$$(3) \quad v_j = \frac{w_j}{\sum_{i=1}^{k} w_i} \quad \text{für alle } 1 \leq j \leq k.$$

Im r-ten Verfahrensdurchlauf von STEM ist in der Berechnungsphase das Optimierungsproblem

$$\min_{x \in X^r} \{ \max_{j \in J^r} v_j \cdot | \hat{z}_j - z_j(x) | \}$$

bzw.

$$(4) \quad \begin{array}{l} \min \ h \\ \text{s.d. } h \geq v_j \cdot (\hat{z}_j - z_j(x)) \text{ für alle } j \in J^r \\ x \in X^r \\ h \geq 0 \end{array}$$

zu lösen. Dabei bezeichnet J^r die Indexmenge derjenigen Zielfunktionen, für die der Entscheidungsträger bis zur (r-1). Iteration noch keine Untergrenze als Anspruchsniveau festgelegt hat; es ist $J^1 = \{1,2,...,k\}$ gesetzt. Die in der r-ten Iteration relevante Lösungsmenge X^r ist die Menge aller Alternativen $x \in \mathbb{R}^n$ mit $Ax \leq b$ und $x \geq 0$, die sämtliche r-1 Anspruchsniveaus erfüllen, welche der Entscheidungsträger in den bisherigen r-1 Iterationen festgelegt hat. Setzt man $X^1 = X$ mit $X = \{x \in \mathbb{R}^n \mid Ax \leq b, x \geq 0\}$ und bezeichnet den bereits festgelegten Mindestwert der j-ten Zielfunktion mit $u_j \in \mathbb{R}$, dann ist

$$X^r = \{x \in X \mid z_j(x) \geq u_j \text{ für alle j mit } 1 \leq j \leq k \text{ und } j \notin J^r\}.$$

Mit jedem Anspruchsniveau u_j wird der Zulässigkeitsbereich X des Vektormaximummodells (1) weiter verkleinert. Durch das Optimierungsproblem (4) wird die gewichtete maximale Abweichung der Zielfunktionen ohne Anspruchsniveau von den zugehörigen individuellen Optima minimiert. Das entspricht genau einem Archimedischen Zielprogramm mit einer l_∞-Norm zu einem Vektormaximumproblem mit $|J^r|$ vielen Zielen (vgl. Abschnitt 9.4.1).

Die optimale Lösung des linearen Programms (4) sei x^{*r} mit Zielwertvektor $z(x^{*r})$. Akzeptiert der Entscheidungsträger alle Zielwerte $z_j(x^{*r})$ für $j \in J^r$, so endet das STEM-Verfahren mit x^{*r} als zu realisierender Handlungsalternative. Lehnt der Entscheidungsträger dagegen alle Zielwerte $z_j(x^{*r})$ für $j \in J^r$ ab, dann wird angenommen, daß das Vektormaximumproblem (1) gar keine akzeptable Lösung besitzt.

Ist jedoch für mindestens einen Index $j \in J^r$ der Zielfunktionswert $z_j(x^{*r})$ akzeptabel, für mindestens einen anderen Index aus J^r dagegen nicht, dann wird die subjektive Entscheidungsphase von STEM fortgesetzt: Der Entscheidungsträger muß eine Zielfunktion z_j mit $j \in J^r$ benennen, bei der er damit einverstanden ist, ausgehend vom aktuellen Zielfunktionswert $z_j(x^{*r})$ den Wert von z_j bis zu einer unteren Schranke u_j zu verringern. Der gerade noch akzeptable Mindestwert u_j für die j-te Zielfunktion z_j ist ebenfalls vom Entscheidungsträger vorzugeben. Durch dieses Opfer hinsichtlich der j-ten Zielfunktion hofft der Entscheidungsträger bisher nicht akzeptierte Werte anderer Zielfunktionen erhöhen zu können. So wird die Menge X^r aller relevanten Lösungen des r-ten Verfahrensdurchlaufs zu der Menge

$$\begin{aligned}X^{r+1} &= \{x \in X^r \mid z_j(x) \geq u_j\} \\ &= \{x \in X \mid z_j(x) \geq u_j \text{ für alle j mit } 1 \leq j \leq k \text{ und } j \notin J^{r+1}\}\end{aligned}$$

reduziert. Dabei ist $J^{r+1} = J \setminus \{j\}$. Anschließend setzt man den Iterationszähler $r := r+1$ und der nächste Verfahrensdurchlauf beginnt. Die Struktur der STEM-Methode zeigt das Flußdiagramm in Abbildung 40.

Da in jeder Iteration genau eine Untergrenze u_j festgelegt wird und einmal festgelegte Untergrenzen im Verfahren nicht mehr geändert werden dürfen, endet STEM nach höchstens k Durchläufen.

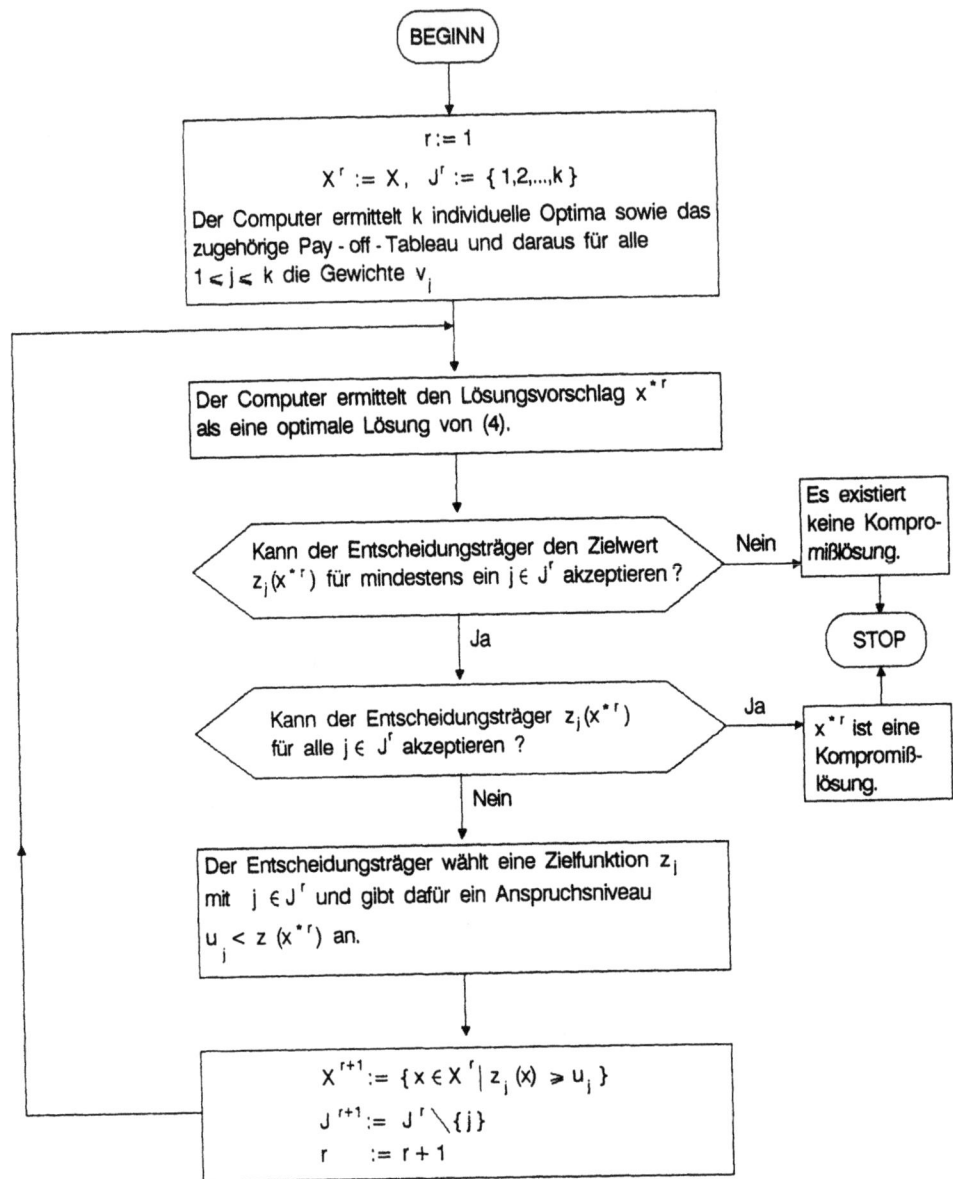

Abb. 40: Flußdiagramm des STEM-Verfahrens

11.1.3 Modifikationen von STEM

Das im vorigen Abschnitt vorgestellte Verfahren ist nur eine Grundversion von STEM. Schon die Autoren Benayoun, de Montgolfier, Tergny und Laritchev gaben mehrere

Kapitel III: Multi-Objective-Entscheidungen

Modifikationen dieser Grundversion an. Zum einen schlagen sie in ihrer Arbeit von 1971 vor, den Entscheidungsträger bei der Wahl des Anspruchsniveaus u_j durch eine Sensitivitätsanalyse zu unterstützen, nachdem der Entscheidungsträger den Index $j \in J^r$ festgelegt hat. Die Sensitivitätsanalyse soll darüber Aufschluß geben, wie sich die Zielfunktionswerte verändern, wenn $z_j(x^{*r})$ um eine Einheit verringert wird. Alternativ kann das Optmierungsproblem (4) für verschiedene u_j-Werte gelöst werden, um dem Entscheidungsträger eine Auswahl zwischen verschiedenen Verbesserungsraten zu ermöglichen.

Zum anderen erwägen Benayoun et.al., den Entscheidungsträger gegebenenfalls Anspruchsniveaus für mehrere Zielfunktionen gleichzeitig festlegen zu lassen und so die maximale Anzahl der Iterationen noch weiter zu senken [Benayoun/de Montgolfier/Tergny/Laritchev, 1971, S. 371 f].

Isermann modifiziert das STEM-Verfahren dadurch, daß er in jeder Iteration die Möglichkeit vorsieht, eine oder alle bereits fixierten Untergrenzen zu revidieren. Denn die endgültige Festlegung von Anspruchsniveaus in der Grundversion von STEM gestattet es dem Entscheidungsträger nicht, in den Verfahrensablauf z.B. dann einzugreifen, wenn die Erwartungen nicht erfüllt werden, die der Entscheidungsträger mit der Relaxation eines Zielwertes $z_j(x)$ auf das Anspruchsniveau u_j verbindet. Die Flexibilität der Isermannschen Version von STEM erlaubt dem Entscheidungsträger, seine Erfahrungen aus dem bisherigen Verlauf des Entscheidungsprozesses direkt in das weitere Vorgehen einzubringen.

Allerdings geht diese Flexibilität zu Lasten der Konvergenz. Wann das interaktive Verfahren endet und ob es überhaupt stoppt, bleibt allein dem Entscheidungsträger überlassen. Wegen algorithmischer Details der Isermannschen Version von STEM sei auf [Isermann, 1979, S. 22-24] und [Isermann, 1987, S. 472-478] verwiesen.

Referenzen zu weiteren Abwandlungen des STEM-Verfahrens findet man bei [Chankong/Haimes, 1983, S. 329].

11.1.4 Kritik an STEM

Funktional-Effizienz der Lösungen

In seiner Grundversion erzeugt STEM nicht notwendigerweise bzgl. X und z funktionaleffiziente Lösungsvorschläge, wie auch ein einfaches Beispiel in [Steuer, 1986, S. 367f] belegt. Ändert man jedoch wie bei [Isermann, 1987, S. 473] das Optimierungsproblem (4) mit einem $\varepsilon > 0$ um zu

(4a)
$$\min \quad h - \varepsilon \cdot \sum_{j=1}^{k} z_j(x)$$
$$\text{s.d.} \quad h \geq v_j \cdot (\hat{z}_j - z_j(x)) \quad \text{für alle } j \in J^r$$
$$x \in X^r$$
$$h \geq 0$$

dann erzeugt STEM ausschließlich bzgl. X und z funktional-effiziente Lösungen. Denn wäre die optimale Lösung x^* von (4a) nicht funktional-effizient bzgl. X und z, gäbe es eine Lösung $y \in X$ mit $z(y) \geq z(x^*)$ und $z(y) \neq z(x^*)$. Für y würde gelten:
$$v_j \cdot (\hat{z}_j - z_j(y)) \leq v_j \cdot (\hat{z}_j - z_j(x^*)) \leq h \quad \text{für alle } j \in J^r,$$
da x^* zulässig für (4a) ist, und
$$z_j(y) \geq z_j(x^*) \geq u_j \quad \text{für alle } j \text{ mit } 1 \leq j \leq k \text{ und } j \notin J^r,$$
also wäre y zulässig für (4a). Andererseits besäße y wegen
$$h - \varepsilon \cdot \sum_{j=1}^{k} z_j(y) < h - \varepsilon \cdot \sum_{j=1}^{k} z_j(x^*)$$
einen echt kleineren Zielfunktionswert bzgl. (4a) als x^*. Das aber stünde im Widerspruch zur Optimalität von x^* für das Problem (4a).

Optimalität der Lösung

Selbst wenn eine Gesamtnutzenfunktion für das Vektormaximumproblem existieren würde und explizit bekannt wäre, wäre nicht klar, für welche Zielfunktion wann welches Anspruchsniveau festzulegen wäre. Zwar konvergiert das STEM-Verfahren in endlich vielen Schritten, doch die erhaltene Lösung muß keineswegs optimal im Hinblick auf den Gesamtnutzen sein. Für die mit STEM gewonnene Handlungsalternative gibt es keine Optimalitätsgarantie.

Gewichtung der Zielwerte

Die Konstruktion der Gewichte v_j für das Problem (4) erscheint auf den ersten Blick recht plausibel, doch sie weist zwei große Mängel auf.

Zum einen ist der Ausdruck $|\hat{z}_j - m_j|$ kein exaktes Maß für die Spannweite der Werte, welche die j. Zielfunktion annimmt. Denn m_j ist zwar das Minimum der z_j-Werte über den k individuellen Optimallösungen aus dem Pay-off-Tableau, aber im allgemeinen ist $m_j > \min\{z_j(x) | x \in X\}$. Inkorrekte Spannweiten beeinflussen in jedem Fall die Gewichte w_j und damit v_j in unerwünschter Weise (vgl. auch [Steuer, 1986, S. 365 und S. 267-270]).

Zum anderen ist in Gleichung (2) der Term $\left[\sum_{i=1}^{n} c_{ji} \right]^{-1/2}$ abhängig davon, in welcher

Einheit die j-te Zielgröße z_j gemessen wird. Mißt man z_j in Kilogramm, entsteht ein anderes Gewicht w_j bzw. v_j, als wenn man z_j in Tonnen messen würde.

11.2 Die Methode der verschobenen Ideallösung

11.2.1 Der Algorithmus von Zeleny

Prinzipiell wird von einem beliebigen Vektormaximumproblem "max"$\{z(x)\,|\,x\in X\}$ mit einer Funktion $z:X\to\mathbb{R}^k$ über dem Zulässigkeitsbereich $X\subset\mathbb{R}^n$ ausgegangen. Aus Gründen der rechnerischen Effizienz ist es jedoch im allgemeinen notwendig, ein lineares Vektormaximumproblem als gegeben vorauszusetzen.

Dann läßt sich die Methode der verschobenen Ideallösung von Zeleny durch folgenden Algorithmus beschreiben.

Schritt 1:
Der Computer bestimmt die vollständige Lösung N (engl. set of nondominated solutions) zu dem Vektormaximumproblem "max"$\{z(x)\,|\,x\in X\}$. Gehe zu Schritt 2.

Schritt 2:
Der Computer ermittelt den idealen Zielwertvektor $\hat{z}\in\mathbb{R}^k$, dessen j. Komponente $\hat{z}_j$ durch $\hat{z}_j=\max\{z_j(x)\,|\,x\in X\}$ für alle $1\le j\le k$ definiert ist. Gehe zu Schritt 3.

Schritt 3:
Falls es eine perfekte Lösung x^* gibt, das heißt, ein $x^*\in X$ mit $z(x^*)=\hat{z}$, dann STOP. Sonst gehe zu Schritt 4.

Schritt 4:
Der Computer bestimmt eine *Kompromißmenge* C (engl. compromise set) als eine spezielle Teilmenge von N. C ist die Menge derjenigen Lösungen x aus N, deren Zielwertvektoren z(x) "so nah wie möglich bei dem idealen Zielwertvektor $\hat{z}$ liegen". Gehe zu Schritt 5.

Schritt 5:
Der Entscheidungsträger wird gefragt, ob er aus der Kompromißmenge C die beste Kompromißlösung x^* auswählen kann, das ist die Lösung aus C, die der Entscheidungsträger am meisten präferiert. Wenn der Entscheidungsträger dazu in der Lage ist, endet das Verfahren. Sonst setze $X:=C$ und gehe zu Schritt 1.

Kommentar zu Schritt 5:

Da X=C stets eine Teilmenge der vollständigen Lösung N ist, liefert Schritt 1 ab der 2. Iteration immer die vollständige Lösung N=X=C. Der rechenaufwendige Schritt 1 muß demnach nur in der 1. Iteration explizit durchgeführt werden. Also könnte man in Schritt 5 die Anweisung "gehe zu Schritt 1" durch die Anweisung "setze N:=C und gehe zu Schritt 2" ersetzen.

Kommentar zu Schritt 2:

Dadurch, daß der ursprüngliche Zulässigkeitsbereich X auf die Kompromißmenge C verkleinert wird, können individuelle Optimallösungen beseitigt werden, also Handlungsalternativen, die mindestens eine Komponente des idealen Zielwertvektors $\hat{z}$ bestimmen. Bei der Neuberechnung des idealen Zielwertvektors verändern sich daher im allgemeinen einige Komponenten von $\hat{z}$ im Schritt 2, und zwar so, daß die neue Ideallösung $\hat{z}$ "näher" an den Zielwertvektoren der Lösungen aus dem aktuellen Zulässigkeitsbereich X liegt. Von dieser Verschiebung des idealen Zielwertvektors $\hat{z}$ rührt der Name "Methode der verschobenen Ideallösung" (engl. "method of the displaced ideal") her. Die Frage, in welchem Sinne die Begriffe "nah" bzw. "näher" zu verstehen und zu präzisieren sind, ist zentral für Schritt 4 und wird im nächsten Abschnitt ausführlich erörtert. Zum Begriff einer unscharfen Menge, der dabei eine wesentliche Rolle spielt, vergleiche man den Abschnitt 13.1.

11.2.2 Erfassen der Unschärfe im Algorithmus

Die Unschärfe in dem Begriff der "Nähe zum idealen Zielwertvektor $\hat{z}$" läßt sich nach Zeleny dann einfach erfassen, wenn man jedes der k Ziele einzeln für sich betrachtet. Im Hinblick auf die j-te Zielfunktion z_j definiert man eine unscharfe Menge auf der aktuellen Menge X, wobei deren Zugehörigkeitsfunktion $\mu_j(x)$ für die Alternative $x \in X$ den Grad der Nähe zum j-ten individuellen Optimum $\hat{z}_j$ beschreibt. Ganz allgemein besitzt die Zugehörigkeitsfunktion μ_j folgende Eigenschaften ($1 \leq j \leq k$ beliebig):

· $0 \leq \mu_j(x) \leq 1$ für alle $x \in X$
· $\mu_j(x)=1$ für die $x \in X$ mit $z_j(x)=\hat{z}_j$
· $\mu_j(x)$ nimmt monoton gegen Null ab, wenn $\hat{z}_j - z_j(x)$ wächst.

Bezeichnet z_j^{min} das Minimum der j-ten Zielfunktion über X, also

(1) $z_j^{min} := \min\{z_j(x) \mid x \in X\}$,

dann lautet eine mögliche Darstellung der Zugehörigkeitsfunktion μ_j

Kapitel III: Multi-Objective-Entscheidungen

(2) $\quad \mu_j(x) = \dfrac{z_j(x) - z_j^{\min}}{\hat{z}_j - z_j^{\min}} \qquad$ für alle $x \in X$.

Mit dem Zadehschen Minimum-Operator aus Abschnitt 13.2 könnte man aus den Zugehörigkeitsfunktionen μ_j, $1 \leq j \leq k$, die maximierende Entscheidung $x_0 \in X$ ermitteln (vgl. Abschnitt 13.3) gemäß

$$\min_{1 \leq j \leq k} \mu_j(x_0) = \max_{x \in X} \left[\min_{1 \leq j \leq k} \mu_j(x) \right] .$$

Wegen der Unschärfe und der Komplexität des Entscheidungsproblems schlägt Zeleny stattdessen vor, mittels eines allgemeineren Distanzbegriffes die "offensichtlich schlechten" Lösungen zu eliminieren, vgl. [Zeleny, 1974a, Seite 487]. Dazu benutzt er eine gewichtete l_p-Norm als Maß für die "Nähe zum idealen Zielwertvektor $\hat{z}$" ($1 \leq p \leq \infty$, vgl. auch Abschnitt 9.4.1) und definiert für alle $x \in X$:

(3) $\quad l_p(x) = \begin{cases} \left[\displaystyle\sum_{j=1}^{k} w_j^p \cdot (1-\mu_j(x))^p \right]^{1/p} &, \text{ falls } 1 \leq p < \infty \\[2ex] \displaystyle\max_{\substack{j \\ 1 \leq j \leq k}} w_j \cdot (1-\mu_j(x)) &, \text{ falls } p = \infty \end{cases}$

Dabei ist $w \in \mathbb{R}^n$ ein Gewichtevektor mit $w_j \geq 0$ für alle $1 \leq j \leq k$ und $\sum_{j=1}^{k} w_j = 1$. Die j-te Komponente w_j drückt die relative Wichtigkeit des j-ten Ziels z_j in der gegebenen Entscheidungssituation aus. Man beachte, daß durch $l_p(x)$ die k Einzeldistanzen $\mu_j(x)$ von $\hat{z}_j$ für alle $1 \leq j \leq k$ zu einem reellen Wert aggregiert werden. Je kleiner $l_p(x)$ ist, desto näher liegt $z_j(x)$ am individuellen Optimum $\hat{z}_j$.

Damit läßt sich nach [Zeleny, 1974a, Seite 488/489] die verbale Definition der Kompromißmenge C präzisieren:

(4) $\quad C = \{x' \in N \mid x' \text{ minimiert } l_p(x) \text{ über } x \in X \text{ für } p=1, p=2 \text{ oder } p=\infty\}.$

Das heißt, eine Alternative x' ist in der Kompromißmenge C enthalten, wenn $x' \in N$ ist und der folgenden Bedingung genügt:

$l_1(x') = \min_{x \in X} l_1(x) \quad$ oder $\quad l_2(x') = \min_{x \in X} l_2(x) \quad$ oder $\quad l_\infty(x') = \min_{x \in X} l_\infty(x)$.

Wie die Kompromißmenge C aus der Menge N der nichtdominierten Lösungen durch die gewichteten l_p-Normen gewonnen wird, veranschaulicht für den Fall zweier gleichwichtiger Zielfunktionen z_1 und z_2 über einen Zulässigkeitsbereich $X \subset \mathbb{R}^n$ die Abbildung 41 im Raum $\mu(X) = \{\mu_1(x), \mu_2(x))^T \in \mathbb{R}^2 | x \in X\}$ der normierten Distanzwerte μ_j. Dort wird die ideale Lösung durch $\mu = (\mu_1, \mu_2)^T$ in den Punkt $(1,1)^T$ transformiert. Die Urbilder der Punkte auf den Verbindungsstrecken zwischen E_1 und E_2, zwischen E_2 und E_3, zwischen E_3 und E_4 sowie zwischen E_4 und E_5 unter μ bilden die Menge N.

Hier sei angemerkt, daß ganz allgemein für einen Punkt $x \in \mathbb{R}^n$ gilt:
x ist funktional-effizient bzgl. X und z $<=>$ x ist funktional-effizient bzgl. X und μ, wobei die j-te Komponentenfunktion von $\mu : X \to \mathbb{R}^k$ für alle $1 \leq j \leq k$ durch μ_j aus Gleichung (2) definiert ist.

Minimiert man die Norm l_1 über X, findet man in $\mu(N)$ den Punkt M_1, über l_2 den Punkt M_2 und über l_∞ den Punkt M_∞ im Raum $\mu(N) = \{\mu_1(x), \mu_2(x))^T | x \in N\}$. Deren Urbilder x^1, x^2 und x^∞ unter μ bilden die Menge C, d.h. es ist $C = \{x^1, x^2, x^\infty\}$ mit $\mu(x^1) = M_1, \mu(x^2) = M_2$ und $\mu(x^\infty) = M_\infty$.

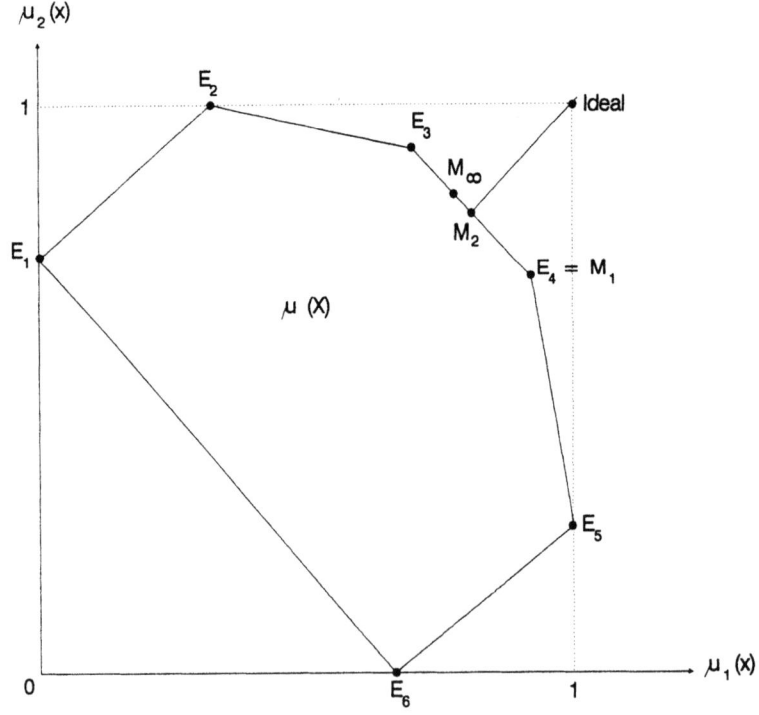

Abb. 41: Wirkungsweise der l_p-Normen im Raum $\mu(X)$

11.2.3 Verschiebung der Ideallösung

Wie sich die Ideallösung im Verfahrensablauf verschiebt, illustriert Abbildung 42 im Raum $z(X) = \{z(x) \mid x \in X\}$ der Zielfunktionswerte, wiederum für den Fall zweier Zielfunktionen z_1 und z_2. Die hochgestellten Indizes bezeichnen die Nummer des Iterationsschrittes im Verfahren von Zeleny.

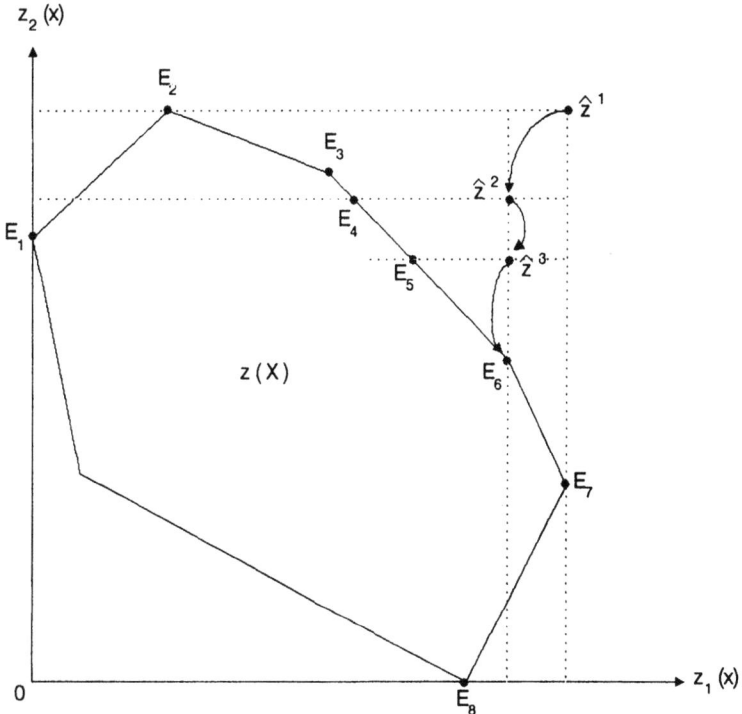

Abb. 42: Verschiebung der Ideallösung im Raum z(X)

In Abbildung 42 deuten die Pfeile den Pfad der Verschiebung an, den die Ideallösung $\hat{z}$ beschreitet. Mit den gestrichelten Linien durch die jeweils aktuelle Ideallösung $\hat{z}$ parallel zu den z_1- und z_2-Achsen soll die Lage der zugehörigen Kompromißmengen C hergeleitet werden. Die Kompromißmenge C^1 zu $\hat{z}^1$ besteht aus allen Urbildern des Streckenzuges E_2-E_3-E_6-E_7. Die Kompromißmenge C^2 zu $\hat{z}^2$ besteht aus allen Urbildern des Streckenzuges E_4-E_6, die Kompromißmenge C^3 zu $\hat{z}^3$ aus allen Urbildern des Streckenzuges E_5-E_6 und die Kompromißmenge C^4 zu $\hat{z}^4$ aus dem Urbild des Punktes E_6.

11.2.4 Verfeinerungen der Methode

Die dargestellte Methode läßt sich noch verfeinern, wenn man die Gewichte w_j in (3) nicht als Konstanten ansieht. Nach [Zeleny, 1976, S. 190-194], besteht das Gewicht w_j aus zwei Bestandteilen, nämlich aus einer unveränderlichen Komponente, welche die subjektive Wertschätzung des j-ten Ziels durch den Entscheidungsträger beschreibt, und aus einer veränderlichen Komponente, welche den durchschnittlichen inneren Informationsgehalt des j-ten Ziels wiedergibt. Dieser innere Informationsgehalt hängt von der gerade betrachteten Alternativenmenge ab, also von der aktuellen Menge X. Da sich X im Verlaufe des interaktiven Verfahrens ändert, sind daher auch die Gewichte w_j ständig neu zu berechnen. Wie das konkret geschehen soll, findet man bei [Zeleny, 1976, S. 192-194] und bei [Zeleny, 1974a, S. 490/491].

11.3 VIG - Der Ansatz von Korhonen

VIG ist die Abkürzung für Visual Interactive Goal Programming (visuelles interaktives Zielprogrammieren) und bezeichnet ein entscheidungsunterstützendes System zur Lösung von linearen Vektormaximumproblemen. VIG baut auf dem Zielprogrammierungsansatz aus Abschnitt 9.4 auf. Gegenüber den bisherigen Multi-Criteria-Verfahren zeichnet sich das VIG in seiner Theorie besonders durch zwei Punkte aus:
1. Modellierung und Lösung des MODM-Problems werden nicht getrennt.
2. Zielfunktionen und Restriktionen werden nicht von Anfang an begrifflich unterschieden. Vielmehr hat der Entscheidungsträger völlige Freiheit, deren Rollen sowie die Goal-Werte immer wieder neu festzulegen.

Dabei unterstützt das VIG die Entscheidung durch äußerst benutzerfreundliche, menügesteuerte Computergraphiken. Das Kernstück von VIG bildet PARETO RACE, das ist eine interaktive Prozedur, die numerisch und graphisch die vollständige Lösung des aktuellen MODM-Problems darstellt. Die Wahl derjenigen funktional-effizienten Handlungsalternativen, die letztlich zu realisieren ist, bleibt dem Entscheidungsträger überlassen.

11.3.1 Theoretische Grundlagen von Korhonen

Gegeben sei ein lineares Vektormaximumproblem der Form

Kapitel III: Multi-Objective-Entscheidungen

(1)
$$\begin{aligned} \text{"max"} \quad z(x) &= C \cdot x \\ \text{s.d.} \quad A \cdot x &= b \\ x &\geq 0 \end{aligned}$$

mit $A \in \mathbb{R}^{m \times n}$, $C \in \mathbb{R}^{k \times n}$, $b \in \mathbb{R}^m$ und Entscheidungsvariablen $x \in \mathbb{R}^n$. Ferner seien ein Goal-Vektor $g \in \mathbb{R}^k$ von erstrebenswerten Zielwerten und ein Gewichtevektor $w \in \mathbb{R}^k$ mit $w_j > 0$ für alle $1 \leq i \leq k$ bekannt.
Dann nennt man die folgende reellwertige Funktion s

$$s(g,z,w) = \left[\max_{\substack{i \\ 1 \leq i \leq k}} \frac{g_i - z_i}{w_i} \right] - \varepsilon \cdot \sum_{i=1}^{k} z_i$$

eine <u>Ziel-Skalierungsfunktion</u> (engl. achievement scalarizing function), wobei $z \in \{Cx \mid Ax=b, x \geq 0\}$ und ε eine sehr kleine, feste positive Zahl ist.
Minimiert man die Ziel-Skalierungsfunktion $s(g,z,w)$ bzgl. z bei festem g und festem w, also löst man

(2)
$$\begin{aligned} \min \quad & s(g,z,w) \\ \text{s.d.} \quad & z = C \cdot x \\ & A \cdot x = b \\ & x \geq 0 \end{aligned}$$

in den Entscheidungsvariablen $x \in \mathbb{R}^n$, dann findet man eine bzgl. (1) funktional-effiziente Lösung x^0. Anschaulich wird durch (2) der gegebene Goal-Vektor g auf die vollständige Lösung projiziert.

Nach der Definition von s läßt sich das Problem (2) mittels einer reellen Variablen α äquivalent umformen zu

$$\min \quad \alpha - \varepsilon \cdot \sum_{i=1}^{k} z_i$$

$$\text{s.d.} \quad \alpha \geq \frac{g_i - z_i}{w_i} \quad \text{für alle } 1 \leq i \leq k$$

$$z = C \cdot x$$
$$A \cdot x = b$$
$$x \geq 0$$

bzw. wegen w>0 zu

$$\min \quad \alpha - \varepsilon \cdot \sum_{i=1}^{k} z_i$$
$$\text{s.d.} \quad z + \alpha w \geq g$$
$$z = C \cdot x$$
$$A \cdot x = b$$
$$x \geq 0$$

bzw. durch Einsetzen

(3)
$$\min \quad \alpha - \varepsilon \cdot \sum_{i=1}^{k} (C \cdot x)_i$$
$$\text{s.d.} \quad C \cdot x + \alpha \cdot w \geq g$$
$$A \cdot x = b$$
$$x \geq 0$$

Aus der Darstellung (3) erkennt man, daß die Minimierung der Ziel-Skalierungsfunktion auf ein einfaches Optimierungsproblem, nämlich ein lineares Programm, führt. Offenbar ist $x^0 \in R^n$ genau dann für das Problem (2) optimal, wenn $(\alpha^0, x^0) \in \mathbb{R}^1 \times \mathbb{R}^n$

mit $\alpha^0 = \left[\max_{\substack{i \\ 1 \leq i \leq k}} \frac{g_i - (C \cdot x^0)_i}{w_i} \right]$ optimal für (3) ist.

Wäre x^0 nicht funktional-effizient bzgl. des MODM-Problems (1), dann gäbe es einen Punkt $\bar{x} \in R^n$ mit $A\bar{x}=b$, $\bar{x} \geq 0$, $C\bar{x} \geq Cx^0$ und $(C\bar{x})_j > (Cx^0)_j$ für mindestens einen Index j. Wegen $C\bar{x}+\alpha \cdot w \geq Cx^0+\alpha \cdot w$ und wegen der Zulässigkeit von x^0 für (3) ist $C\bar{x}+\alpha \cdot w \geq g$, also ist $\bar{x}$ zulässig für (3). Außerdem ist der Zielfunktionswert für $\bar{x}$ gleich

$$\alpha^0 - \varepsilon \cdot \sum_{i=1}^{k} (C \cdot \bar{x})_i < \alpha^0 - \varepsilon \cdot \sum_{i=1}^{k} (C \cdot x^0)_i$$

Kapitel III: Multi-Objective-Entscheidungen

echt kleiner als der Zielfunktionswert für x^0 im Widerspruch zur Optimalität von (α^0, x^0) bzgl. (3).

Um sich auf der vollständigen Lösung zu bewegen und so verschiedene funktional-effiziente Lösungen von (1) zu untersuchen, kann man entweder den Gewichtevektor w oder den Goal-Vektor g verändern. Korhonen variiert den Vektor g, indem er das folgende parametrische lineare Programm mit dem reellen Parameter t≥0 formuliert:

(4)
$$\begin{aligned}
\min \quad & \alpha - \varepsilon \cdot \sum_{i=1}^{k} (C \cdot x)_i \\
\text{s.d.} \quad & C \cdot x + \alpha \cdot w \geq g + t \cdot d \\
& A \cdot x = b \\
& x \geq 0
\end{aligned}$$

Die Größe d ist ein Vektor aus dem $\mathbb{R}^k$ und bezeichnet die sogenannte _Bezugsrichtung_ (engl. reference direction) im Raum Z={C·x | A·x=b, x≥0} der Zielfunktionswerte. Ist $x^* \in R^n$ ein bekannter zulässiger Punkt des Lösungsraumes, wählt Korhonen als Bezugsrichtung

$$d = g - C \cdot x^* .$$

Das parametrische Programm (4) projiziert die Halbgerade, welche im Punkt g beginnt und in Richtung d weiterläuft, auf die vollständige Lösung des gegebenen Vektormaximumproblems (1).

Führt man in die (≥)-Ungleichungen von (4) Schlupfvariable $y \in \mathbb{R}^k$ mit y≥0 ein, definiert man weiter eine Koeffizientenmatrix

$$\overline{A} = \begin{bmatrix} C & -I_k \\ A & 0 \end{bmatrix} \in \mathbb{R}^{(k+m) \times n}$$

mit der k-dimensionalen Einheitsmatrix I_k, einen Vektor $u = \begin{pmatrix} x \\ y \end{pmatrix} \in \mathbb{R}^{n+k}$ von Entscheidungsvariablen, eine rechte Seite $\overline{g} = \begin{pmatrix} g \\ b \end{pmatrix} \in \mathbb{R}^{k+m}$, einen Gewichtevektor $\overline{w} \in \mathbb{R}^{k+m}$ mit den Komponenten

$$\overline{w}_i = \begin{cases} w_i & \text{, falls der Index i zu einem Ziel gehört} \\ 0 & \text{, falls der Index i zu einer Restriktion gehört,} \end{cases}$$

einen Richtungsvektor $\overline{d} = \begin{pmatrix} d \\ b \end{pmatrix} \in \mathbb{R}^{k+m}$ und einen Hilfsvektor $h \in \mathbb{R}^{k+m}$ mit den Komponenten

$$h_i = \begin{cases} 1 & \text{, falls der Index i zu einem Ziel gehört} \\ 0 & \text{, falls der Index i zu einer Restriktion gehört,} \end{cases}$$

dann läßt sich (4) äquivalent formulieren als

(5)
$$\begin{array}{l} \min \; \alpha - \varepsilon \cdot h^T \cdot \overline{A} \cdot u \\ \text{s.d.} \; \overline{A} \cdot u + \alpha \cdot \overline{w} = \overline{g} + t \cdot \overline{d} \\ \phantom{\text{s.d.} \; \overline{A} \cdot u + \alpha \cdot \overline{w} = } u \geq 0 \end{array}$$

In der Darstellung (5) werden Ziele und Restriktionen des ursprünglichen MODM-Problems einheitlich behandelt. Ob eine bestimmte Zeile des Systems zu einem Ziel oder zu einer Restriktion gehört, steckt in der Definition des Gewichtevektors $\overline{w}$ und des Hilfsvektors h. Zu den ursprünglichen Zielen gehört ein Gewicht $\overline{w}_i > 0$ und eine bewegliche rechte Seite $g_i + t \cdot d_i$, die mit dem reellen Parameter t variiert. Dagegen besitzen die ursprünglichen Restriktionen ein Gewicht $\overline{w}_i = 0$ und eine starre, inflexible rechte Seite b_j. Deshalb kann man Restriktionen auch als inflexible Ziele auffassen.

11.3.2 Das Vorgehen von VIG

Das entscheidungsunterstützende System VIG besitzt vier Hauptfunktionen.

1. Modell-Management
VIG erlaubt es, Modelle zu schaffen, einzugeben, zu speichern und wiederzufinden.

2. Modell-Entwicklung
VIG benötigt eine Benennung der Entscheidungsvariablen und der Ziele, die Angabe der Koeffizientenmatrix und der Goal-Werte.

3. Problemlösung
Der Entscheidungsträger teilt die Ziele in flexible und inflexible ein und gibt für jedes flexible Ziel ein Gewicht w_i an. Im Falle eines echten Vektormaximumproblems, d.h.

Kapitel III: Multi-Objective-Entscheidungen

eines Problems mit mindestens zwei flexiblen Zielen, ruft VIG die interaktive Prozedur PARETO RACE auf, welche unten näher beschrieben wird.

4. Lösungsdemonstration

VIG gibt je nach Benutzerwunsch die abschließend gewählte Handlungsalternative und deren Werte bzgl. aller Ziele sowie Zwischenergebnisse auf dem Bildschirm oder auf dem Drucker aus.

Bei der Implementierung wurde auf die Benutzerfreundlichkeit hoher Wert gelegt, was besonders bei einem Farbmonitor zur Geltung kommt. Das System arbeitet menügesteuert.

PARETO RACE

Die Prozedur PARETO RACE ist ein interaktiv arbeitendes Instrument, um die vollständige Lösung des jeweils aktuellen Vektormaximumproblems zu erforschen. Der Name PARETO RACE erklärt sich aus der Tatsache, daß in der Wirtschaftstheorie funktional-effiziente Lösungen oft Pareto-optimal genannt werden.
PARETO RACE baut auf dem linearen Programm (4) bzw. (5) auf. Aufgrund der Anfangsangaben des Entscheidungsträgers im Schritt Modell-Entwicklung sind die Größen C, w, g, A und b bekannt. Für ein flexibles, echtes Ziel beschreibt das Gewicht w_i die Bandbreite, innerhalb der sich das i-te Ziel nach den ersten Schätzungen des Entscheidungsträgers um den zugehörigen Goal-Vektor g_i zunächst bewegen darf. Falls notwendig, werden die Gewichte w_i während des PARETO RACE automatisch aktualisiert. Die Bezugsrichtung d wird mit d=w initialisiert. ε wird beispielsweise gleich 0.001 gesetzt. Dann kann das parametrische Programm (4) gelöst werden, wobei der Parameter t mit einer festen Basis-Schrittweite von 0 bis unendlich wächst.

Nun stellt VIG dem Benutzer zwei Parameter zur Verfügung, um die Bewegung auf der vollständigen Lösung gemäß Modell (5) zu steuern, nämlich die vektorielle Bezugsrichtung d und den skalaren Parameter t. Durch d wird die Richtung der Bewegung verändert, durch t deren Schrittweite.
Wünscht der Entscheidungsträger eine schnellere Bewegung, wird die Schrittweite erhöht, wünscht er eine langsamere Bewegung, wird die Schrittweite erniedrigt (durch die Funktion "Accelerator" bzw. "Brakes"). Ferner kann der Entscheidungsträger zwischen den Bewegungen vorwärts und rückwärts in Richtung d wählen (mit Hilfe der Funktionen "Gears Backward" und "Gears Forward").
Den Richtungsvektor d beeinflußt der Entscheidungsträger nicht direkt, sondern indirekt über den Goalvektor g gemäß der Gleichung

$$d = g - C \cdot x^*,$$

wobei x^* die aktuelle zulässige Lösung ist. Wünscht der Entscheidungsträger eine Verbesserung des i-ten flexiblen Ziels, dann wird der entsprechende Goalwert g_i um eine bestimmte Größe, etwa $w_i/2$, erhöht (durch die Funktion "Turn").

Außerdem gestattet PARETO RACE dem Entscheidungsträger, die Rollen von Zielfunktionen und Restriktionen beliebig auszutauschen. Die Modellvorstellungen des Entscheidungsträgers sind damit nicht auf das ursprüngliche Vektormaximumproblem (1) fixiert. Vielmehr können sie sich verändern. Das ist in der Darstellung (5) besonders leicht zu erfassen, indem dort die Vektoren $\overline{w}$ und h entsprechend abgewandelt werden (im Programm durch die Funktionen "Fix" und "Relax"). Gegebenenfalls muß die Funktion Modell-Entwicklung von VIG benutzt werden. Durch diese Fähigkeit der interaktiven Prozedur PARETO RACE werden Modellierung und Lösung des Entscheidungsproblems miteinander verknüpft.

Sämtliche Bewegungen auf der vollständigen Lösung visualisiert das Programm auf dem Bildschirm, daher stammt auch sein Name Visual Interactive Goal-Programming. Dazu wird für jedes Ziel angezeigt, vgl. Abbildung 43:
· sein Name,
· seine Optimierungsart ("min" oder "max"),
· sein aktueller Wert als Zahl,
· sein aktueller Wert als farbiger Querbalken und
· die Wirkung des Richtungsvektors d auf den Zielwert durch einen Pfeil.
Die Möglichkeiten von VIG findet man genauer bei [Korhonen/Wallenius, 1988, S. 618-620] beschrieben.

Abb. 43: *Bildschirmoberfläche von PARETO RACE (aus [Korhonen/Wallenius, 1988, S. 619])*

Kapitel III: Multi-Objective-Entscheidungen 183

11.3.3 Kommentare zum VIG

VIG beschränkt die Anzahl der gleichzeitig flexiblen Ziele auf höchstens 10, denn bei mehr als 10 Zielen fällt es dem Entscheidungsträger schwer, das Verhalten der Zielfunktionen in seiner Gesamtheit wahrzunehmen. Doch auch bei weniger als 10 flexiblen Zielen dürfte VIG den Entscheidungsträger stark beanspruchen. Trotz aller visuellen Hilfe bleibt nämlich der überaus schwierige Vergleich zwischen verschiedenen Zielwertvektoren allein dem Entscheidungsträger überlassen.

Da die Entscheidungen des Benutzers nicht auf Konsistenz überprüft werden, kann der Algorithmus kreisen und zu einer bereits betrachteten Lösung zurückkehren. Es kann deshalb auch zu weitreichenden Modelländerungen bzgl. der Restriktionen und Ziele kommen, bevor der Entscheidungsträger überhaupt alle funktional-effizienten Lösungen des bisherigen Modells untersucht hat.

VIG besitzt den Vorteil, keinerlei Annahmen über irgendeine Nutzenfunktion zu machen, die den Entscheidungen möglicherweise zugrunde liegt. Dieser Vorteil wird allerdings mit dem Fehlen einer Optimalitätsgarantie erkauft. Bei noch so großer Benutzerfreundlichkeit kann nämlich nicht die Gefahr geleugnet werden, daß der Entscheidungsträger beim PARETO RACE seine Geduld verliert und völlig willkürlich mit einer Lösung abbricht, die zwar glücklicherweise noch funktional-effizient bzgl. des aktuellen Modells ist, die seinen tatsächlichen Präferenzen aber in keiner Weise entspricht.

In dem zuletzt genannte Punkt ist der Vorläufer des VIG, der "Visual Interactive Approach" (VIA) von Korhonen und Laakso dem VIG überlegen. Denn beim VIA werden in dem Moment, wo der Entscheidungsträger die Suche nach einer funktional-effizienten Lösung abbrechen will, gewisse Optimalitätsbedingungen getestet. Dazu setzt VIA voraus, daß genau in dem Augenblick des gewünschten Abbruchs die Gesamtnutzenfunktion des Entscheidungsträgers eine pseudokonkave Funktion der Entscheidungsvariablen ist. Details zum VIA finden sich bei [Korhonen/Laakso, 1986a und b].

11.4 Ein Verfahren von Steuer

Hier soll das interaktive Verfahren von Steuer für lineare Vektormaximumprobleme aus dem Jahre 1977 vorgestellt werden, vgl. [Steuer, 1977]. Zur Unterscheidung von anderen interaktiven Verfahren Steuers ist das Verfahren inzwischen im englischsprachigen Raum als "Interval Criterion Weights/Vector-Maximum Approach" bekannt, vgl. [Steuer, 1986, S. 389-394]. Das relativ komplexe Verfahren entstand aus der Erkenntnis heraus, daß einerseits die vollständige Lösung eines MODM-Problems oftmals zu groß ist, um dem Entscheidungsträger als echte Entscheidungshilfe zu dienen (vgl. auch Abschnitt 8.3), und daß andererseits Nutzen- oder Gewichtungsmodelle (vgl. Abschnitt 9.2) zu hohe Anforderungen an den Entscheidungsfäller stellen.

11.4.1 Überblick über das Verfahren

Es wird das lineare Vektormaximumproblem

(1)
$$\begin{aligned} \text{"max"} \quad & z(x) = C \cdot x \\ \text{s.d.} \quad & A \cdot x = b \\ & x \geq 0 \end{aligned}$$

mit einer Matrix $A \in \mathbb{R}^{m \times n}$, einer Matrix $C \in \mathbb{R}^{k \times n}$ vom Rang k, einem Vektor $b \in \mathbb{R}^m$ und den Entscheidungsvariablen $x \in \mathbb{R}^n$ betrachtet.

Das Verfahren von Steuer beschränkt sich auf eine Untersuchung der bzgl. (1) funktional-effizienten Basislösungen. Schrittweise wird die Menge der bzgl. (1) funktional-effizienten Basislösungen verkleinert, bis der Entscheidungsträger eine bzgl. (1) funktional-effiziente Basislösung als Kompromißvorschlag akzeptiert.

In den Entscheidungsphasen des interaktiven Verfahrens muß der Entscheidungsträger aus einer überschaubaren Menge von Basislösungen, die bzgl. (1) funktional-effizient sind, nur die am meisten präferierte Lösung auswählen. Mit Hilfe dieser Präferenzinformation wird die Zielfunktionskoeffizientenmatrix C verändert, und zwar wird der konvexe Kegel, den die Gradienten der Zielfunktionen erzeugen, auf einen bestimmten Teil seines Volumens zusammengezogen. Bei der Kontraktion dieses sogenannten Kriterienkegels werden die Gewichte der gerade aktuellen Zielfunktionen auf bestimmte Intervalle eingeschränkt und lineare Probleme der Form

$$\begin{aligned} \max \quad & t^T \cdot C \cdot x \\ \text{s.d.} \quad & A \cdot x = b \\ & x \geq 0 \end{aligned}$$

auch *gewichtete Summen-LP's* genannt, für gewisse Parametervektoren $t \in \mathbf{R}^k$ gelöst. Die Kontraktion des Kriterienkegels erfolgt so, daß in der nächsten Iteration nur Kompromißlösungen vorgeschlagen werden, die in einer näheren Umgebung um die vom Entscheidungsträger gewählte Alternative liegen. Die in jedem Verfahrensdurchlauf

Kapitel III: Multi-Objective-Entscheidungen

ermittelten Alternativen sind möglichst gleichmäßig über den Teil der vollständigen Lösung verstreut, der zu dem gerade aktuellen Kriterienkegel gehört.

Der Vorgang der Kontraktion des Kriterienkegels ist für das Verfahren Steuers von zentraler Bedeutung und soll daher vor dem eigentlichen Verfahrensablauf ausführlich erläutert werden.

11.4.2 Kontraktion des Kriterienkegels

Bezeichnet der n-dimensionale Vektor $c^j \in \mathbb{R}^n$ die j-te Zeile der Zielfunktionskoeffizientenmatrix C für alle $1 \leq j \leq k$, dann spannen die k Vektoren $c^1, c^2, ..., c^k$ den zu (1) gehörigen _Kriterienkegel_ K_C auf und heißen Generatoren von K_C. Dabei ist der konvexe Kegel K_C gegeben durch

$$K_C = \left\{ v \in \mathbb{R}^n \mid v = \sum_{j=1}^{k} \alpha_j \cdot c^j \text{ und } \alpha_j \geq 0 \text{ für alle } 1 \leq j \leq k \right\},$$

d.h. K_C ist die Menge aller nichtnegativen Linearkombinationen der Generatoren c^j, $1 \leq j \leq k$.

Der Kriterienkegel ist ein Maß für die Mächtigkeit der vollständigen Lösung von (1). Je größer der Kriterienkegel ist, desto größer ist im allgemeinen die vollständige Lösung des zugehörigen Vektormaximumproblems. Je kleiner der Kriterienkegel ist, desto kleiner ist normalerweise die Anzahl der bzgl. (1) funktional-effizienten Basislösungen (vgl. [Steuer, 1976, S. 162] unter Hinweis auf mehrere Rechenexperimente). Ausdrücklich sei hier darauf hingewiesen, daß es Ausnahmen von dieser Regel gibt, auf die auch [Steuer, 1986, S. 177-180], durch zwei Beispiele aufmerksam macht.

Nun betrachte man mit dem Gewichtevektor $\lambda \in \mathbb{R}^k$ als Parameter das gewichtete Summen-LP

$$(2) \quad \begin{array}{ll} \max & \lambda^T \cdot C \cdot x \\ \text{s.d.} & A \cdot x = b \\ & x \geq 0 \end{array}$$

wobei das j-te Gewicht λ_j der Zielfunktion $c^j x$ aus dem Intervall $(u_j, o_j) \subset [0,1]$ stammt. Im einen Extremfall ist $u_j = 0$ und $o_j = 1$ für alle $1 \leq j \leq n$. Dann führt die Lösung des gewichteten Summen-LP's für alle zulässigen λ-Werte nach dem Effizienztheorem für lineare Vektormaximumprobleme (vgl. Abschnitt 8.3.1) auf die vollständige Lösung von (1). Im anderen Extremfall ist $u_j = o_j$ für alle $1 \leq j \leq n$, und das eine zulässige gewichtete Summen-LP führt nur auf eine einzige bzgl. (1) funktional-effiziente Lösung (vgl. auch Abschnitt 9.2.3). Durch eine geeignete Wahl der Intervallgrenzen u_j und o_j für die Gewichte λ_j läßt sich demnach jede beliebige zusammenhängende Teilmenge der vollständigen Lösung von (1) berechnen. Damit kann die Menge der Effizienzinformation, die dem Entscheidungsträger angeboten wird, genau dosiert werden.

Das parametrische Problem (2) mit dem Gewichtevektor λ aus einem bestimmten Parameterbereich läßt sich nach [Steuer, 1976, S. 164] sowie [Steuer, 1977, S. 230] und [Steuer, 1986, S. 246] in ein Vektormaximumproblem äquivalent umformen:

$$(3) \quad \begin{array}{l} \text{"max"} \ D \cdot x \\ \text{s.d.} \ A \cdot x = b \\ \quad\quad x \geq 0 \end{array}$$

Dabei ist (3) zu (2) in dem Sinne äquivalent, daß jede bzgl. (3) funktional-effiziente Basislösung eine maximierende Basislösung von (2) für einen zulässigen Parameterwert λ ist, und umgekehrt. Die Matrix $D \in \mathbb{R}^{q \times n}$ besitzt die q Zeilen $d^1, d^2, ..., d^q$, die sich errechnen gemäß

$$(4) \ \{d^1, d^2, \ldots, d^q\} = \left\{ d \in \mathbb{R}^n \mid d = \sum_{i=1}^{k} \lambda^*_{j_i} c^{j_i},\ \lambda^*_{j_i} \in \{u_{j_i}, o_{j_i}\} \text{ für }\right.$$

$$1 \leq i \leq k-1,\ u_{j_k} \leq \lambda^*_{j_k} = 1 - \sum_{i=1}^{k-1} \lambda^*_{j_i} \leq o_{j_k},$$

$$\left. \{j_1, j_2, \ldots, j_k\} = \text{Permutation von } \{1, 2, \ldots, k\} \right\}.$$

Das heißt, die n-dimensionalen Zeilen von D werden als spezielle Konvexkombinationen der ursprünglichen Zielfunktion $c^1, c^2, ..., c^k$ berechnet. Die Anzahl q der Zeilen von D ist genau die Zahl derjenigen Kombinationen von je (k-1) Intervallgrenzen u_{j_i} und o_{j_i}, deren Restwert $\lambda^*_{j_k} = 1 - \sum_{i=1}^{k-1} \lambda^*_{j_i}$ in ihrem zugehörigen Teilintervall (u_{j_k}, o_{j_k}) liegt.

Jeder in diesem Sinne zulässige Vektor

Kapitel III: Multi-Objective-Entscheidungen

$(\lambda_{j_1}^*, \lambda_{j_2}^*, \ldots, \lambda_{j_k}^*)$ von k reellen Gewichten heißt *kritischer Vektor*

Faßt man die q kritischen Vektoren zu einer Matrix $T \in \mathbb{R}^{q \times k}$ zusammen, indem der i-te kritische Vektor die i-te Zeile von T bildet, dann läßt sich die Matrix D durch Linksmultiplikation von C mit T ermitteln:
D=T·C. Deshalb heißt T auch Vorfaktor-Matrix (engl. "premultiplication matrix").

Der zum Vektormaximumproblem (3) gehörige Kriterienkegel K_D besitzt nach Konstruktion die Generatoren d^1, d^2, ..., d^q und ist eine Teilmenge des Kriterienkegels K_C. Durch die Gewichtsintervalle (u_j, o_j), $1 \leq j \leq n$, wird der ursprüngliche Kriterienkegel K_C auf den Kriterienkegel K_D zusammengezogen. Der Übergang von K_C zu K_D heißt deshalb auch Kontraktion des Kriterienkegels.

Beispiel:
Es sei der dreidimensionale Kriterienkegel K_C mit den k=3 Erzeugern c^1, c^2 und c^3 aus Abbildung 44 gegeben und die Gewichtsintervalle

$0,2 < \lambda_1 < 0,5$
$0   < \lambda_2 < 0,6$
$0,1 < \lambda_3 < 0,4$

Mit Hilfe von k sogenannten *Endpunkt-Tableaus* lassen sich die q kritischen Vektoren systematisch bestimmen. Jedes Endpunkt-Tableau besitzt 2^{k-1} Zeilen und k Spalten. In jeder Zeile stehen (k-1) λ_j-Werte, die Intervallgrenzen von (k-1) verschiedenen Gewichtsintervallen (u_j, o_j) sind. Das jeweils k-te Element einer Zeile ist das Gewicht λ_{j_k} das als Rest berechnet wird, nämlich als die Differenz von 1 und der Summe der (k-1) übrigen Gewichte in der Zeile. Die Spalte, deren Gewichte λ_{j_k} als Rest berechnet werden, ist durch einen Pfeil gekennzeichnet. Die q kritischen Vektoren befinden sich in den Zeilen, deren Reste λ_{j_k} im zugehörigen Zulässigkeitsintervall (u_{j_k}, o_{j_k}) liegen;

diese Zeilen sind zusätzlich am Rand mit einer Zahl in Klammern numeriert. Unvollständige Zeilen in einem Endpunkt-Tableau weisen auf Unzulässigkeiten hin.

↓				↓					↓	
0,2	0	-		0,2	-	0,1		-	0	0,1
0,2	0,6	0,2	(1)	0,2	0,4	0,4	(2)	-	0	0,4
0,5	0	-		0,5	0,4	0,1	(3)	0,3	0,6	0,1	(5)
0,5	0,6	-		0,5	0,1	0,4	(4)	-	0,6	0,4

Die (q×k)-Matrix T ist also gegeben durch

$$T = \begin{bmatrix} 0,2 & 0,6 & 0,2 \\ 0,2 & 0,4 & 0,4 \\ 0,5 & 0,4 & 0,1 \\ 0,5 & 0,1 & 0,4 \\ 0,3 & 0,6 & 0,1 \end{bmatrix}$$

Die mit der Matrix D=T·C verbundene Kontraktion des Kriterienkegels K_C zu K_D veranschaulicht Abbildung 44. K_C wird durch die k=3 Generatoren c^1, c^2 und c^3 erzeugt, während K_D durch die q=5 Generatoren

$$d^1 = 0,2 \cdot c^1 + 0,6 \cdot c^2 + 0,2 \cdot c^3$$
$$d^2 = 0,2 \cdot c^1 + 0,4 \cdot c^2 + 0,4 \cdot c^3$$
$$d^3 = 0,5 \cdot c^1 + 0,4 \cdot c^2 + 0,1 \cdot c^3$$
$$d^4 = 0,5 \cdot c^1 + 0,1 \cdot c^2 + 0,4 \cdot c^3$$
$$d^5 = 0,3 \cdot c^1 + 0,6 \cdot c^2 + 0,1 \cdot c^3$$

aufgespannt wird.

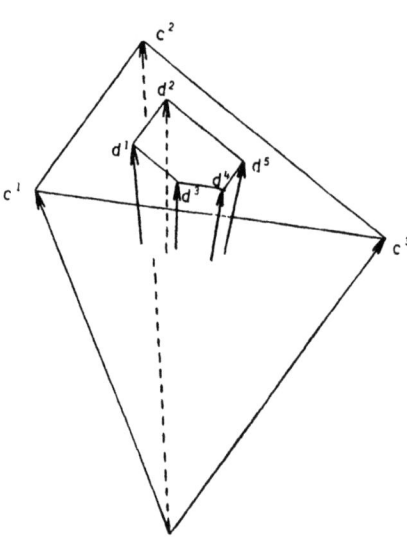

Abb. 44: Kontraktion des Kriterienkegels K_C zu K_D (aus [Steuer, 1976, S. 163])

In dem Beispiel ist die Anzahl q der Generatoren für den kleinen Kriterienkegel K_D größer als die Anzahl k der Generatoren für den größeren Kriterienkegel K_C. Das ist

Kapitel III: Multi-Objective-Entscheidungen

typisch für die obige Kontraktion des Kriterienkegels, wie Steuer empirisch nachgewiesen hat, vgl. [Steuer, 1986, S. 250]. Für größere Werte von k wächst q sehr stark an. Beispielsweise kann q für k=8 die Zahl 100 weit überschreiten. Mit zunehmenden q-Werten wird jedoch das Problem (3), für das q die Anzahl der Zielfunktionen ist, immer unhandlicher und verspricht keine Erleichterung gegenüber dem ursprünglichen Vektormaximumproblem (1).

Deshalb schlägt Steuer vor, den Kriterienkegel K_D zum Vektormaximumproblem (3) durch einen Kriterienkegel $K_E \subset K_C$ einzuhüllen, der wesentlich weniger Generatoren als K_D - nämlich höchstens k - und die gleichen geometrischen Eigenschaften und die gleiche Orientierung wie der Kriterienkegel K_C zum ursprünglichen Vektormaximumproblem (1) besitzt. Der Kegel K_E soll der kleinste in K_C enthaltene Kriterienkegel mit all diesen Eigenschaften sein. Die maximal k Zeilenvektoren $e^j \in \mathbb{R}^n$ der Matrix E ergeben sich nach [Steuer, 1977, S. 231] bzw. [Steuer, 1986, S. 250f], aus $c^1, c^2, ..., c^k$ mittels der kritischen Vektoren zum Problem (2), wobei das j-te Gewicht λ_j nun aus dem Inneren des Intervalls $(\hat{u}_j, 1)$ stammt und sich die untere Intervallgrenze $\hat{u}_j$ gemäß

$$\hat{u}_j = \max \left\{ u_j;\ 1 - \sum_{\substack{j=1 \\ j \neq i}}^{k} o_j \right\}$$

errechnet. Der Kegel K_E wird im folgenden als der zum Problem (2) gehörige, einhüllende kontrahierte Kriterienkegel bezeichnet.

<u>Beispiel:</u> (Fortsetzung des obigen Beispiels)
Man errechnet

$$\hat{u}_1 = \max \{u_1, 1-o_2-o_3\} = \max \{0,2; 0\ \ \} = 0,2$$
$$\hat{u}_2 = \max \{u_2, 1-o_1-o_3\} = \max \{\ 0\ ; 0,1\} = 0,1$$
$$\hat{u}_3 = \max \{u_3, 1-o_1-o_2\} = \max \{0,1; -0,1\} = 0,1$$

und erhält damit die Gewichtsintervalle

$$0,2 < \lambda_1 < 1$$
$$0,1 < \lambda_2 < 1$$
$$0,1 < \lambda_3 < 1$$

Daraus ergeben sich die k=3 Endpunkt-Tableaus

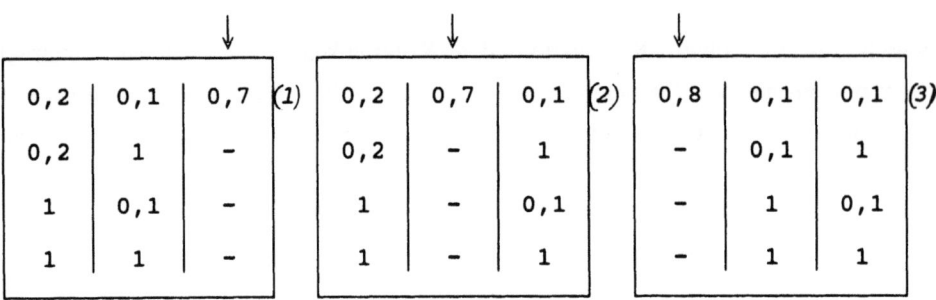

und somit die Matrix E als

$$E = \begin{bmatrix} 0,2 & 0,1 & 0,7 \\ 0,2 & 0,7 & 0,1 \\ 0,8 & 0,1 & 0,1 \end{bmatrix} \cdot C$$

Die drei Generatoren des Kriterienkegels K_E lauten demnach

$$e^1 = 0,2 \cdot c^1 + 0,1 \cdot c^2 + 0,7 \cdot c^3$$
$$e^2 = 0,2 \cdot c^1 + 0,7 \cdot c^2 + 0,1 \cdot c^3$$
$$e^3 = 0,8 \cdot c^1 + 0,1 \cdot c^2 + 0,1 \cdot c^3$$

Sie sind in Abbildung 45 veranschaulicht.

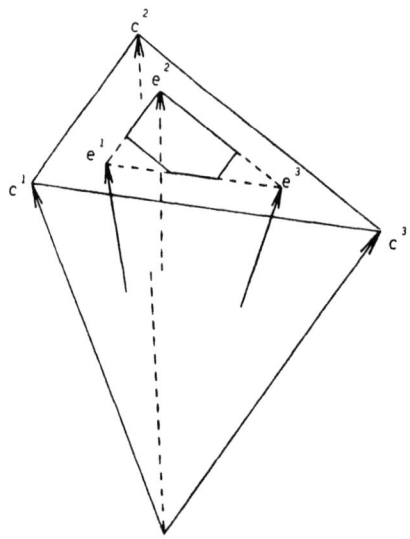

Abb. 45: Kontraktion des Kriterienkegels K_C zu K_E (aus [Steuer, 1976, S. 165])

Kapitel III: Multi-Objective-Entscheidungen

Wie sich in dem Beispiel bereits andeutete, genügt es allgemein, von den Endpunkt-Tableaus nur die jeweils erste Zeile zur Bestimmung von E zu berechnen, denn alle übrigen Zeilen enthalten mindestens eine Eins ([Steuer, 1986, S. 251]).

11.4.3 Ablauf des Verfahrens

Zunächst wird der Iterationszähler r mit r:=0 und die aktuelle Zielfunktionskoeffizientenmatrix C^r gemäß $C^r := C$ initialisiert.
Zu Beginn jeder Iteration des interaktiven Verfahrens hat der Entscheidungsträger die Möglichkeit, sich alle funktional-effizienten Basislösungen des aktuellen Vektormaximumproblems

(5)
$$\begin{array}{ll} \text{"max"} & C^r \cdot x \\ \text{s.d.} & A \cdot x = b \\ & x \geq 0 \end{array}$$

zur aktuellen Zielfunktionskoeffizientenmatrix C^r errechnen zu lassen, daraus eine Kompromißlösung auszuwählen und damit das Verfahren zu beenden. Die vollständige Lösung des r-ten Vektormaximumproblems von der Form (5) beschreibt einen speziellen, vom Entscheidungsträger besonders präferierten Teil der vollständigen Lösung zu dem ursprünglichen Vektormaximumproblem (1).
Wünscht der Entscheidungsträger das nicht, ermittelt der Computer 2k+1 Basislösungen x^i, die bzgl. (5) funktional-effizient sind, $1 \leq i \leq 2k+1$. Streng genommen ist der Index i von der Iterationsnummer abhängig, also i=i(r). Diese 2k+1 Basislösungen werden so errechnet, daß sie möglichst gleichmäßig über die vollständige Lösung von (5) verstreut sind. Die i-te der 2k+1 Basislösungen, x^i, ergibt sich als optimale Lösung des gewichteten Summen-LPs

(6)
$$\begin{array}{ll} \max & \lambda^i \cdot C^r \cdot x \\ \text{s.d.} & A \cdot x = b \\ & x \geq 0 \end{array}$$

Für i=1,2,...,k führen die Probleme (6) genau auf die Generatoren des Kriterienkegels K_{C^r}, denn für i=1,2,...,k sind die Gewichtungsvektoren $\lambda^i \in \mathbb{R}^k$ definiert durch

$$\text{(7)} \quad (\lambda^i)_j = \begin{cases} 1 & \text{, falls } j=i \\ 0 & \text{, falls } 1\leq j\leq k \text{ und } j\neq i \end{cases}$$

bzw. zur Vermeidung von nicht-funktional-effizienten Basislösungen mit einem genügend kleinen $\varepsilon > 0$

$$(\lambda^i)_j = \begin{cases} 1 & \text{, falls } j=i \\ \varepsilon & \text{, falls } 1\leq j\leq k \text{ und } j\neq i \end{cases}.$$

Für $i=2k+1$ liegt der Vektor $\lambda^i \cdot C^r \in \mathbb{R}^n$ genau im Zentrum des Kriterienkegels K_{C^r}, denn es ist

$$\text{(8)} \quad (\lambda^{2k+1})_j = 1/k \quad \text{für alle } 1\leq j\leq k.$$

Für $i=k+1, k+2, ..., 2k$ befinden sich die Vektoren $\lambda^i \cdot C^r \in \mathbb{R}^n$ im Inneren des Kriterienkegels K_{C^r} zwischen dem Zentrum und den Generatoren:

$$\text{(9)} \quad (\lambda^i)_j = \begin{cases} 1/k^2 & \text{, falls } j=i-k \\ (k+1)/k^2 & \text{, falls } 1\leq j\leq k \text{ und } j\neq i-k \end{cases}.$$

Aus den so ermittelten Basislösungen x^i, $1\leq i\leq 2k+1$, wählt der Entscheidungsträger die am meisten präferierte Alternative x^* aus. Kann er x^* sogar als Kompromißlösung für sein ursprüngliches Vektormaximumproblem (1) akzeptieren, endet das Verfahren. Sonst wird der Kriterienkegel K_{C^r} aufgrund der Wahl von x^* zum neuen Kriterienkegel $K_{C^{r+1}}$ kontrahiert und die nächste Iteration des Verfahrens beginnt.

Die Konstruktion von C^{r+1} geschieht dabei wie folgt:
Die vom Entscheidungsträger präferierte Basislösung x^* wird nach Konstruktion mit einem Gewichtevektor $\lambda^* \in \{\lambda^i \mid 1\leq i\leq 2k+1\}$ von dem linearen Programm

$$\begin{aligned} \max \quad & \lambda^* \cdot C^r \cdot x \\ \text{s.d.} \quad & A \cdot x = b \\ & x \geq 0 \end{aligned}$$

erzeugt, vgl. (6). Den Kriterienkegel K_{C^r} kontrahiert man nun um den n-dimensionalen Vektor $\lambda^* \cdot C^r$ herum auf den k-ten Teil seines Volumens. Dazu betrachtet man nach [Steuer, 1977, S. 233-236] das gewichtete Summen-LP

Kapitel III: Multi-Objective-Entscheidungen

(10)
$$\begin{array}{l} \max \ \lambda \cdot C^r \cdot x \\ \text{s.d.} \quad A \cdot x = b \\ \phantom{\text{s.d.}} \quad x \geq 0 \end{array}$$

wobei die Komponenten des k-dimensionalen Gewichtevektors λ aus Intervallen $(u_j, o_j) \subset [0,1]$ stammen, die von dem Gewichtevektor λ^* abhängen.
Ist $\lambda^* = \lambda^i$ für ein i mit $1 \leq i \leq k$, dann ist

(11) $(u_j, o_j) = \begin{cases} (p,1) & \text{, falls } j=i \\ (0,1) & \text{, falls } 1 \leq j \leq k \text{ und } j \neq i \end{cases}$

Im Falle $\lambda^* = \lambda^i$ für ein i mit $k+1 \leq i \leq 2k$ ist

(12) $(u_j, o_j) = \begin{cases} (0,1) & \text{, falls } j=i-k \\ (p/h,1) & \text{, falls } 1 \leq j \leq k \text{ und } j \neq i-k. \end{cases}$

Im Falle $\lambda^* = \lambda^{2k+1}$ gilt

(13) $(u_j, o_j) = (p/k, 1)$ für alle $1 \leq j \leq k$.

Dabei ist die Größe $p = 1 - k^{-(1/(k-1))}$ und $h = k-1$.

Nach der Methode aus dem vorigen Abschnitt bestimmt der Computer zum Problem (10) den einhüllenden kontrahierten Kriterienkegel $K_{C^{r+1}}$ bzw. die zugehörige Zielfunktionskoeffizientenmatrix C^{r+1}.
Die Abbildungen 46 und 47 veranschaulichen die Konstruktion des neuen Kriterienkegels $K_{C^{r+1}}$. Abbildung 46 zeigt einen Querschnitt des Kriterienkegels K_{C^r} mit seinen k=3 Generatoren c^1, c^2 und c^3 sowie die sieben Durchstoßpunkte der 2k+1=7 Konvexkombinationen $\lambda^i \cdot C^r$, $1 \leq i \leq 7$, durch die Querschnittsebene. Wird die vom Entscheidungsträger präferierte Lösung x^* z.B. von der 5. Konvexkombination $\lambda^5 \cdot C^r$ erzeugt, dann trifft der neue Kriterienkegel $K_{C^{r+1}}$ die Querschnittsebene so, wie es die gestrichelte Linie in Abbildung 47 zeigt. Hätte die 2. Konvexkombination $\lambda^2 \cdot C^r$ die bevorzugte Basislösung x^* erzeugt, wäre der neue Kriterienkegel in der Querschnittsebene von der punktierten Linie umrandet.

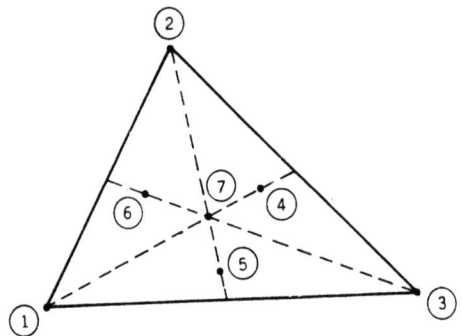

<u>Abb. 46:</u> Verteilung der konvex kombinierten Zielfunktionsgradienten im Kriterienkegel K_{c^r} für den Fall k=3 (aus [Steuer, 1986, S. 391])

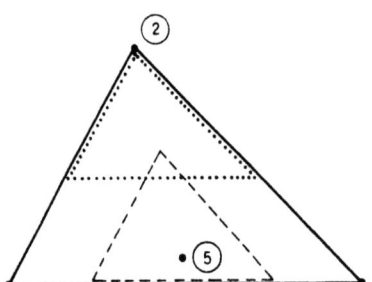

<u>Abb. 47:</u> Querschnitte des neuen Kriterienkegels $K_{c^{r+1}}$ für die 2. und 5. Konvexkombination (aus [Steuer, 1986, S. 392])

Den gesamten Ablauf des Verfahrens faßt das Flußdiagramm in Abbildung 48 zusammen.

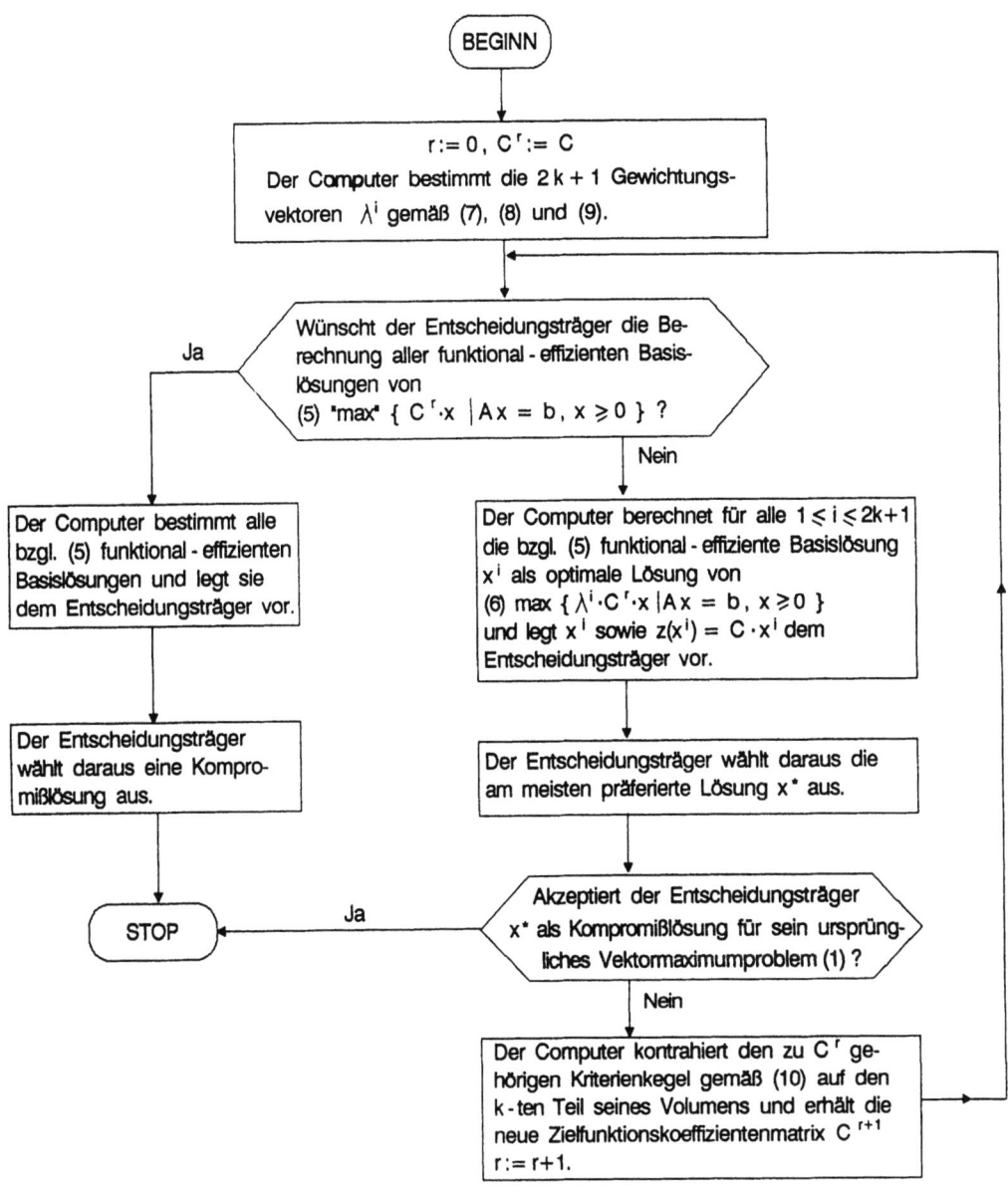

Abb. 48: *Flußdiagramm des Verfahrens von Steuer (in Anlehnung an [Isermann, 1979, S. 19])*

11.4.4 Bemerkungen

Das Verfahren von Steuer läßt sich auf viele Arten modifizieren.

a) Falls die Zielwerte der k Zielfunktionen c^1x, c^2x, ..., c^kx von verschiedenen Größenordnungen sind, können bei der Konvexkombination der Zielfunktionen wie in (6) oder (10) unerwünschte Verzerrungen auftreten. Deshalb empfiehlt es sich, die Zielvektoren c^1, c^2, ..., c^k zu normieren, etwa mit Hilfe einer l_p-Norm oder einfach durch Multiplikation mit einer geeigneten Potenz von 10 (vgl. [Steuer/Schuler, 1978, S. 260f] und [Steuer, 1986, S. 390]).

b) Weder die Zahl 2k+1 noch die Lage der Gewichtungsvektoren λ^i, $1 \le i \le 2k+1$, ist von besonderer Bedeutung für den Fortgang des Verfahrens, wie [Steuer, 1977, S. 238f] hervorhebt. Beispielsweise können vom Computer in der r-ten Iteration zwar 2k+1 Basislösungen erzeugt werden, von denen jedoch nur P mit P<2k+1 dem Entscheidungsträger zur Auswahl vorgelegt werden. Das haben Steuer und Schuler in einer Anwendung bereits 1978 mit einer speziellen Filter-Technik realisiert. Ein solches Filtern ist hier besonders dann nützlich, wenn die Zahl 2k+1 zu groß wird und dem Entscheidungsträger daher die Wahl von x* zu schwer fällt (vgl. [Steuer/Schuler, 1978, S. 259-262]).

Eine *Filter-Technik* ermittelt ganz allgemein aus einer relativ großen Menge M von endlich vielen Punkten eine überschaubare Teilmenge, die die ursprüngliche Menge M möglichst gut repräsentiert. Beim Vorwärts-Filtern etwa bestimmt man die P Punkte aus M, die gemäß einer vorgegebenen Metrik am weitesten voneinander entfernt sind. Details findet man bei [Steuer, 1976, S. 166] und [Steuer, 1986, S. 311ff].

Bei dem Verfahren von Steuer in der Version von [Steuer, 1986, S. 390ff], kann der Entscheidungsträger die Zahl P, das ist die Zahl der ihm in jeder Iteration vorzulegenden Basislösungen, als Parameter zu Beginn der Interaktion festlegen.

c) Die Gesamtzahl der Iterationen kann der Entscheidungsträger im voraus festlegen. Dazu muß nur vor jedem erneuten Verfahrensdurchlauf, d.h. nach der Setzung r:=r+1, geprüft werden, ob die vorgegebene Iterationszahl bereits erreicht wurde. Diese Modifikation des Verfahrens ergänzt Steuer (siehe [Steuer, 1986, S. 392f]) dadurch, daß er zum Abschluß die Umgebung der zuletzt erzeugten, präferierten Basislösung x* näher untersucht.

Das Verfahren von Steuer ist recht benutzerfreundlich und aus Sicht des Entscheidungsträgers leicht verständlich. In den Entscheidungsphasen des interaktiven Verfahrens muß der Entscheidungsträger aus einer überschaubaren, endlichen Alternativenmenge nur die Lösung auswählen, die er am meisten präferiert. Schwierige Auskünfte etwa über Trade-offs oder über Gewichte werden nicht von ihm verlangt. Außerdem sind die

Informationen des Computers für den Entscheidungsträger unmittelbar einsichtig und gehaltvoll.

Andererseits erfordern die Berechnungsphasen vom Computer einen relativ hohen Rechenaufwand, was die praktisch lösbaren Probleme in ihrer Größe nicht unerheblich einengt.

Ist die nutzenmaximale Lösung des Vektormaximumproblems (1) keine Basislösung, kann sie das Verfahren von Steuer nicht als Kompromißlösung vorschlagen, da sich die Kompromißvorschläge des Computers auf funktional-effiziente Basislösungen beschränken. Es kann sogar vorkommen, daß nicht einmal die nutzenmaximale Basislösung gefunden wird, nämlich dann, wenn diese nicht funktional-effizient bzgl. (1) ist; ein Beispiel dazu findet man bei [Steuer, 1977, S. 226]. Deshalb gibt es im allgemeinen keine Optimalitätsgarantie für die gefundene Lösung.

Das Verfahren von Steuer bietet dem Entscheidungsträger keine Lern- oder Korrekturmöglichkeiten, sondern setzt vielmehr völlige Transitivität der Entscheidungen voraus.

Vom theoretischen Standpunkt ist das Konzept der Kontraktion des Kriterienkegels zumindest fragwürdig, solange nicht klare, leicht nachprüfbare Bedingungen dafür bekannt sind, wann überhaupt und wie stark die vollständige Lösung eines Vektormaximumproblems durch die Kontraktion des Kriterienkegels verkleinert wird. Zu diesem Kritikpunkt vergleiche man nochmals die Beispiele in [Steuer, 1986, S. 177-180], wo die Kontraktion des Kriterienkegels ein Anwachsen der vollständigen Lösung bewirkt.

Literatur zu §11

zu 11.1 STEM

Benayoun, R./de Montgolfier, J./Tergny, J./Laritchev, O.:1971,
    Linear Programming with Multiple Objective Functions:
    Step Method (STEM)
    Mathematical Programming, Volume 1, 1971
    S. 366-375

Chankong, Vira/Haimes, Yacov Y.: 1983, Multiobjective Decision
    Making: Theory and Methodology, 406 Seiten
    Verlag North Holland, New York/Amsterdam/Oxford 1983
    S. 325-329

Dinkelbach, Werner: 1982, Entscheidungsmodelle, 285 Seiten
    Verlag Walter de Gruyter, Berlin/New York 1982
    S. 206-209

Isermann, Heinz: 1987, Optimierung bei mehrfacher Zielsetzung,
    S. 421-497
    in: Gal, Thomas (Herausgeber): Grundlagen des
    Operations Research Band 1, 583 Seiten
    Springer-Verlag, Berlin/Heidelberg/New York 1987
    S. 472-478

Isermann, Heinz: 1979, Strukturierung von
    Entscheidungsprozessen bei mehrfacher Zielsetzung
    Operations-Research-Spektrum, Band 1, Heft 1, 1979,
    S. 3-26 davon S. 14-17 und S. 22-24

Steuer, Ralph E.: 1986, Multiple Criteria Optimization:
    Theory, Computation, and Application, 546 Seiten
    Verlag John Wiley & Sons, Inc.,
    New York/Toronto/Singapore/Chichester/Brisbane 1986
    S. 362-368

Kapitel III: Multi-Objective-Entscheidungen

zu 11.2 Die Methode der verschobenen Ideallösung

Zeleny, Milan: 1974a, A concept of compromise solutions
    and the method of the displaced ideal
        Computers & Operations Research, Volume 1, 1974
        S. 479-496

Zeleny, Milan: 1974b, Linear Multiobjective Programming,
    220 Seiten
        Springer-Verlag, Berlin/Heidelberg/New York 1974
        S. 180-182

Zeleny, Milan: 1976, The theory of the diplaced ideal,
    S. 153-206
    in: Zeleny, Milan (Herausgeber):
    Multiple Criteria Decision Making
    Kyoto 1975
    Springer-Verlag, Berlin/Heidelberg/New York 1976

zu 11.3 VIG-Der Ansatz von Korhonen

Korhonen, Pekka J./Laakso, Jukka: 1986a, A visual
    interactive method for solving the multiple criteria
    problem
        European Journal of Operational Research, Volume 24, 1986
        S. 277-287

Korhonen, Pekka J./Laakso, Jukka: 1986b, Solving
    generalized goal programming problems using
    a visual interactive approach
        European Journal of Operational Research, Volume 26, 1986
        S. 355-363

Korhonen, Pekka J./Wallenius, Jyrki: 1990a, A multiple
    objective linear programming decision support system
        Decision Support Systems, Volume 6, No. 3, August 1990
        S. 243-251

Korhonen, Pekka J./Wallenius, Jyrki: 1988, A Pareto Race
   Naval Research Logistics, Volume 35, No. 6, December 1988
   S. 615-623

Korhonen, Pekka J./Wallenius, Jyrki: 1990b, Using qualitative
   data in multiple objective linear programming
   European Journal of Operational Research, Volume 48,
   Number 1,September 5, 1990
   (Special Issue: Decision making by the Analytic Hierarchy
   Process: Theory and Applications)
   S. 81-87
   (* zeigt, wie die Gewichtsbestimmung des AHP bei MODM-
   Problemen als Vorstufe zum VIG benutzt werden kann,
   wenn nur qualitative Daten verfügbar sind, und vergleicht
   das VIG mit dem AHP *)

Steuer, Ralph E.: 1986, Multiple Criteria Optimization:
   Theory, Computation, and Application, 546 Seiten
   Verlag John Wiley & Sons, Inc.,
   New York/Toronto/Singapore/Chichester/Brisbane 1986
   S. 399-407

zu 11.4 Ein Verfahren von Steuer

Hwang, Chin-Lai/Masud, Abu Syed Md.: 1979, Multiple Objective
   Decision Making - Methods and Applications, 351 Seiten
   Springer-Verlag, Berlin/Heidelberg/New York 1979
   S. 226-242

Isermann, Heinz: 1979, Strukturierung von
   Entscheidungsprozessen bei mehrfacher Zielsetzung
   Operations-Research-Spektrum, Band 1, Heft 1, 1979,
   S. 3-26, davon S. 11f und S. 19f

Müschenborn, Wolfgang: 1990, Interaktive Verfahren zur Lösung
   linearer Vektormaximumprobleme
   Ein Beitrag zur Wirtschaftsmathematik, 167 Seiten
   Reihe Wirtschaftswissenschaften Band 364
   Verlag Harri Deutsch, Thun/Frankfurt am Main 1990
   S. 66f, S. 104-109 und S. 117f

Steuer, Ralph E.: 1976, A Five Phase Procedure For
    Implementing A Vector-Maximum Algorithm For Multiple
    Linear Programming Problems, S. 159-169
    in: Thiriez, Hervé/Zionts, Stanley (Herausgeber):
    Multiple Criteria Decision Making, 409 Seiten,
    Proceedings of a Conference Jouy-en-Josas, France 1975
    Springer-Verlag, Berlin/Heidelberg/New York 1976

Steuer, Ralph E.: 1977, An Interactive Multiple Objective
    Linear Programming Procedure, S. 225-239
    in: Starr, Martin K./Zeleny, Milan (Herausgeber):
    Multiple Criteria Decision Making, 326 Seiten,
    TIMS Studies in the Management Sciences, Volume 6
    Verlag North Holland, Amsterdam/New York/Oxford 1977

Steuer, Ralph E.: 1986, Multiple Criteria Optimization:
    Theory, Computation, and Application, 546 Seiten
    Verlag John Wiley & Sons, Inc.,
    New York/Toronto/Singapore/Chichester/Brisbane 1986
    davon besonders S. 170 ff, S. 246ff, S. 310ff und S. 389ff

Steuer, Ralph E./Schuler, Albert T.: 1978, An Interactive
    Multiple-Objective Linear Programming Approach to a
    Problem in Forest Management
    Operations Research, Volume 26, No. 2, March-April 1978
    S. 254-269

Kapitel IV: Entscheidungstechnologische Ansätze

Im Unterschied zu den eher optimierenden Verfahren aus Kapitel II über klassische MADM-Ansätze sollen in diesem Kapitel entscheidungstechnologische Ansätze in der Multi-Criteria-Analyse vorgestellt werden. Die entscheidungstechnologischen Ansätze verstehen sich selbst mehr als Entscheidungshilfe. Hilfe soll gerade in solchen Entscheidungssituationen geleistet werden, die durch vielfältige Unsicherheiten und Mängel geprägt sind, z.B. durch subjektive Bewertungen in nicht quantifizierter Form, durch unscharfe Aussagen, durch unvollständige oder gar widersprüchliche Informationen über Alternativen und Attribute.

Bernard Roy sieht in realen Entscheidungsprozessen Objektivität auf zahlreiche Arten begrenzt und nimmt das zum Anlaß für den Übergang von traditionellen Multi-Criteria-Verfahren (engl. "Multi Criteria Decision Making") zur Entscheidungshilfe bei Multi-Criteria-Problemen (engl. "Multi Criteria Decision Aid"), vgl. [Roy, 1990, S. 27f].

Das klassische Ziel, eine strenge Ordnung (vgl. Abschnitt 2.2) auf der Menge aller Alternativen und damit "die optimale" Alternative zu bestimmen, weicht hier dem Wunsch, befriedigende Lösungen zu finden, daß heißt Alternativen, die der Entscheidungsträger als akzeptabel empfindet. Wesentliches Kennzeichen der entscheidungstechnologischen Ansätze ist die Neudefinition des zentralen Begriffs Entscheidung.

Als Ergebnis werden dem Entscheidungsträger bei entscheidungstechnologischen Ansätzen oft mehrere Lösungen vorgeschlagen: Beim Outranking (vgl. Abschnitt 12.2.2 und Abschnitt 12.3.2) ist das Ergebnis eine zweistellige Relation auf der Menge aller Alternativen, die sogenannte Outranking-Relation, die im allgemeinen weder transitiv noch vollständig ist. Beim unscharfen Entscheiden (vgl. Abschnitt 13.3) ist das Ergebnis eine unscharfe Menge, die für jede Alternative angibt, zu welchem Grad sie zur Menge der optimalen und zulässigen Alternativen gehört. Auf dieser Grundlage bleibt jedoch die Entscheidung für eine Handlungsalternative, die den Entscheidungsprozeß abschließt, dem Entscheidungsträger überlassen. Auf Verlangen werden ihm verschiedene Werkzeuge zur Verfügung gestellt, um die Outranking-Relation bzw. die unscharfe Menge für seine Entscheidung auszuwerten.

Im folgenden wird das Outranking in §12 getrennt vom unscharfen Entscheiden in §13 behandelt, obwohl es von einem theoretischen, formalen Standpunkt her möglich wäre, das Outranking in das unscharfe Entscheiden einzugliedern; angedeutet wird das in Abschnitt 12.2.3. Doch würde dadurch das Verständnis für das Outranking eher erschwert als gefördert, da für eine solche Eingliederung ein recht tiefer Einstieg in die Theorie unscharfer Mengen nötig wäre, der hier nicht gegeben werden kann. Auch die ursprünglich getrennte Entwicklung beider Multi-Criteria-Ansätze, Outranking in Europa und unscharfes Entscheiden in Amerika, rechtfertigt den Aufbau von Kapitel IV.

§12 Outranking

12.1 Ausgangspunkte des Outranking

R. Benayon, B. Roy und B. Sussman begründeten 1966 einen europäischen Ansatz der Multi-Criteria-Analyse, das "Outranking", im deutschsprachigen Raum auch "Prävalenzsatz" genannt, im Französischen "approche de surclassement". Das Outranking versteht sich bewußt als Entscheidungstechnologie, die den Entscheidungsfäller auch in Situationen mit unvollständiger oder gar widersprüchlicher Information unterstützen will.

In der klassischen Entscheidungstheorie werden nur Situationen betrachtet, in denen je zwei mögliche Aktionen des Entscheidungsfällers stets miteinander *vergleichbar* sind. Das heißt, es liegt eindeutig fest, ob eine der beiden Aktionen der anderen strikt vorgezogen wird und welche Aktion das ist ("strikte Präferenz") oder ob die beiden Aktionen als gleichwertig anzusehen sind ("Indifferenz"). Dabei müssen außerdem diese Relationen der strikten Präferenz und der Indifferenz beide *transitiv* sein, d.h. (vgl. Abschnitt 2.2) wenn für drei Aktionen a, b und c gilt

(i) a wird b strikt vorgezogen und b wird c strikt vorgezogen, dann wird a auch c strikt vorgezogen (Transitivität der strikten Präferenz),
(ii) a ist gleichwertig zu b und b ist gleichwertig zu c, dann ist auch a gleichwertig zu c (Transitivität der Indifferenz).

Dadurch wird im wesentlichen die Existenz einer reellwertigen Nutzenfunktion gesichert, anhand derer die Güte der Aktionen beurteilt wird, vgl. [Fishburn, 1970, S. 27].
Sind die Aktionen bezüglich mehrerer Kriterien, etwa den Kriterien $C_1, C_2, ..., C_n$, zu bewerten, so lassen sich unter den obigen Voraussetzungen mehrere Nutzenfunktionen g_j ($1 \leq j \leq n$) bestimmen, die jeder Aktion a einen Vektor $(g_1(a), g_2(a), ..., g_n(a))^T \in \mathbb{R}^n$ reeller Zahlen als Nutzen zuordnen. Eine Aktion a sei umso zufriedenstellender bezüglich des j. Kriteriums, je größer die Werte $g_j(a)$ werden ($1 \leq j \leq n$). Will man nun die Aktionen im Hinblick auf die Gesamtheit aller n Kriterien beurteilen und feststellen, welche Aktion am meisten bevorzugt wird, dann ergeben sich im allgemeinen Schwierigkeiten. Wenn z.B. im Falle zweier Kriterien eine Aktion a eine andere Aktion b in dem einen Kriterium "klar" dominiert, aber bezüglich des anderen Kriteriums ein "wenig" schlechter ist als b, welche Aktion sollte bevorzugt werden? Eine unbeschränkte Kompensation von Ausprägungen bzgl. verschiedener Kriterien ist nicht unbedingt immer wünschenswert.

12.1.1 Erweiterung des Begriffs Präferenz

Situation	Symbol	Definition
strikte Präferenz	aPb	Die Aktion a wird der Aktion b vorgezogen. **formal:** $g_i(a)$ ist erheblich besser als $g_i(b)$ für alle $i \in I$ und $g_j(a) = g_j(b)$ für alle $j \in \{1,\ldots,n\} \setminus I$
Indifferenz	aIb	Die Aktion a ist indifferent zur Aktion b, d.h. es gibt klare Gründe dafür, a und b als äquivalent zu betrachten. **formal:** $g_i(a) = g_i(b)$ für alle $i \in I$ und $g_j(a)$ ist ungefähr gleich $g_j(b)$ für alle $j \in \{1,\ldots,n\} \setminus I$
schwache Präferenz	aQb	Die Aktion b wird der Aktion a sicherlich <u>nicht</u> strikt vorgezogen, d.h. es gilt keinesfalls bPa, aber es ist unmöglich zu sagen, ob a nun b strikt vorgezogen wird oder ob a indifferent zu b ist. Ob aPb oder aIb gilt, läßt sich nicht entscheiden, weil keine dieser beiden Situationen überwiegt. **formal:** $g_i(a) \geq g_i(b)$ für alle $i \in \{1,\ldots,n\}$, aber es gibt mindestens ein $k \in \{1,\ldots,n\}$ mit $g_k(a) > g_k(b)$, wo der Größenunterschied weder hinreichend klein ist, um Indifferenz zu rechtfertigen, noch hinreichend groß, um strikte Präferenz zu behaupten.
Unvergleichbarkeit	aRb und bRa	Aktion a und Aktion b sind nicht in einer der drei voranstehenden Situationen miteinander vergleichbar d.h. es gilt weder aPb noch bPa noch aIb noch aQb noch bQa **formal:** $g_i(a) \geq g_i(b)$ für alle $j \in I$ und $g_j(b) \geq g_j(a)$ für alle $j \in \{1,\ldots,n\} \setminus I$, wobei mindestens eine Differenz $g_i(a) - g_i(b)$ und mindestens eine Differenz $g_j(b) - g_j(a)$ ziemlich groß ist.

Abb. 49: Präferenz-Situationen zwischen zwei Aktionen a und b (nach [Roy, 1980, S. 468])

Bei zunehmender Anzahl von Kriterien verringert sich die Eindeutigkeit der Problemstruktur noch stärker und widersprüchliche Ordnungen der Aktionen stehen sich gegenüber. Insbesondere genügen die Begriffe "strikte Präferenz" und "Indifferenz" jetzt nicht mehr, um das Präferenzverhältnis zweier beliebiger Aktionen aus der Sicht des Entscheidungsfällers angemessen zu beschreiben. Deshalb erweitert das Outranking den Begriff der Präferenz auf insgesamt vier Grundsituationen, die beim Vergleich zweier Aktionen a und b bezüglich der n Kriterien $C_1, C_2, ..., C_n$ mit zugehörigen Nutzenfunktionen $g_1, g_2, ..., g_n$ auftreten können (vgl. [Roy, 1980, S. 468]).

Bezeichnet I eine Teilmenge aus der Menge {1,2,...,n} der Indizes aller Kriterien, so gibt die Abbildung 49 einen Überblick über die vier Grundsituationen.

Die Formalisierungen in Abbildung 49 sind nicht als strenge mathematische Definitionen zu verstehen, sondern vielmehr als Vorschläge, wie man die verbalen Erklärungen durch Gleichungen und Ungleichungen zwischen den Nutzenwerten der betrachteten Aktionen genauer fassen könnte.

12.1.2 Erweiterung des Begriffs Entscheidung

Tritt der Fall ein, daß zwei Aktionen unvergleichbar sind, kann nicht mehr wie in der klassischen Entscheidungstheorie eine vollständige Rangordnung das einzig zulässige Ziel von Entscheidungshilfen sein. Statt jeder Aktion vermöge einer Bewertungsfunktion eine reelle Zahl zuzuordnen, versucht nun das Outranking, auf der Menge aller Paare von Aktionen zu arbeiten und eine zweistellige Relation auf der Menge aller Aktionen zu erhalten, die sogenannte *Outranking-Relation*. Damit soll nur der sichere Teil der Präferenzvorstellungen des Entscheidungsfällers modelliert werden, "sicher" im Hinblick auf die verfügbare Information. Dabei dominiert eine Aktion a eine Aktion b im Sinne der Outranking-Relation, wenn die Gründe dafür, daß a gegenüber b vorgezogen wird, bedeutsam sind und die Gründe dafür, daß b gegenüber a präferiert wird, nicht zu stark sind. Im allgemeinen sind Outranking-Relationen weder vollständig noch transitiv (vgl. [Vincke, 1986, S. 164]).

Je nachdem, welche Information und welche Fragestellung des Entscheiders vorliegt, kann die Entscheidungshilfe verschiedene Ziele verfolgen, kann "Entscheiden" verschiedene Formen annehmen. Roy (vgl. [Roy, 1980, S. 472]) unterscheidet drei Typen der Problemstellung, drei Arten von Entscheidung, nämlich Selektion, Sortieren und Ordnen.

Bei der *Selektion* wird aus der Menge aller Aktionen eine möglichst kleine Teilmenge

Kapitel IV: Entscheidungstechnologische Ansätze

ausgelesen, die die "besten" oder die "zufriedenstellendsten" Aktionen enthält.

Beim **_Sortieren_** wird jede Aktion einer bestimmten Klasse zugeordnet, wobei die Anzahl der Klassen ziemlich klein sei und innerhalb der Klassen keine Ordnung besteht.

Durch **_Ordnen_** werden alle Aktionen, oder ein Teil davon wie z.B. die "zufriedenstellendsten" Aktionen in eine vollständige oder partielle Rangordnung gebracht; die erreichte Ordnung sollte mit den Präferenzen des Entscheidungsfällers übereinstimmen.

12.2 ELECTRE

Die Methode ELECTRE ist das älteste Outranking-Verfahren. Ihr Name ist die Abkürzung von ELimination Et Choice Translation REality. Seit seiner Entstehung in den sechziger Jahren ist das Verfahren ELECTRE auf mehrere Arten weiterentwickelt worden, siehe z.B. [Winkels, 1983]. Neueste Fortschritte in der Theorie und Anwendung von ELECTRE-Verfahren beschreibt Bernard Roy. Insbesondere geht Roy auf die Frage ein, welche der inzwischen vorhandenen ELECTRE-Versionen in welcher Entscheidungssituation geeignet ist, vgl. [Roy, 1990, S. 174-176]. Hier soll nur eine Grundversion des Verfahrens nach [Hwang/Yoon, 1981] vorgestellt werden.

12.2.1 Idee des Verfahrens

Die Methode ELECTRE besteht aus einem paarweisen Vergleich von Alternativen. Der Vergleich soll feststellen, inwieweit Bewertungen der Alternativen und der Präferenzgewichte der Aussage zustimmen oder widersprechen, daß die eine Alternative die andere dominiert. Dabei ist die Dominanz nicht streng mathematisch wie üblicherweise (vgl. Abschnitt 5.1) zu verstehen, sondern im Sinne einer Outranking-Relation. Hierbei wird in der Dominanzbeziehung zwischen zwei Alternativen ein bestimmter Grad von Uneinigkeit, Abweichung oder Widerspruch erlaubt. Um die speziellen Dominanzbeziehungen festzustellen, werden sogenannte Konkordanz- und Diskordanzmengen verwendet; deshalb heißt das Verfahren auch **_Konkordanzanalyse_**. Ergebnis von ELECTRE ist eine Menge nichtdominierter Alternativen.

12.2.2 Vorgehen von ELECTRE

Im einzelnen besteht das Verfahren ELECTRE aus den folgenden 9 Schritten.

Schritt 1: Berechne die normierte Zielerreichungsmatrix

Bezeichnet x_{ij} die Ausprägung der i. Alternative bezüglich des j. Kriteriums, so werde daraus die normierte Zielerreichungsmatrix $R=(r_{ij})^m{}_{i=1},{}^n{}_{j=1}$ errechnet gemäß der Vektornorm als

$$r_{ij} = \frac{x_{ij}}{\sqrt{\sum_{i=1}^{m}(x_{ij})^2}} \quad \text{für alle } 1 \leq i \leq m, 1 \leq j \leq n.$$

Schritt 2: Bestimme die gewichtete, normierte Zielerreichungsmatrix

Vorausgesetzt wird, daß ein Gewichtevektor $(w_1, w_2, ..., w_n)^T \in \mathbb{R}^n$ gegeben ist, dessen Komponenten w_j die Ordnung der Kriterien untereinander ausdrücken. Es sei $w_j > 0$ für alle $1 \leq j \leq n$.

Dann definiere eine Gewichtematrix $W \in \mathbb{R}^{n \times n}$ durch

$$W_{ij} = \begin{cases} w_j, & \text{falls } i=j \\ 0, & \text{falls } i \neq j \end{cases}, \text{ also}$$

$$W = \begin{bmatrix} w_1 & & & 0 \\ & w_2 & & \\ & & \ddots & \\ 0 & & & w_n \end{bmatrix}$$

und setze

$$V = R \cdot W = \begin{bmatrix} w_1 r_{11} & \cdots & w_j r_{1j} & \cdots & w_n r_{1n} \\ w_1 r_{21} & \cdots & w_j r_{2j} & \cdots & w_n r_{2n} \\ \vdots & & \vdots & & \vdots \\ w_1 r_{m1} & \cdots & w_j r_{mj} & \cdots & w_n r_{mn} \end{bmatrix}$$

V ist die gewichtete, normierte Zielerreichungsmatrix, die aus der normierten Zielerreichungsmatrix R hervorgeht, indem man jede Spalte von R mit dem zugehörigen Gewicht w_j multipliziert.

Kapitel IV: Entscheidungstechnologische Ansätze

Schritt 3: Bestimme die Konkordanz- und Diskordanz-Menge

Für jedes Paar von Alternativen, etwa die k. Alternative und die l. Alternative mit $1 \leq k, l \leq m$ und $k \neq l$, zerfällt die Menge aller Kriterienindizes $J=\{1,2,...,n\}$ in zwei verschiedene Teilmengen, die Konkordanzmenge C_{kl} und die Diskordanzmenge D_{kl}.

Die Konkordanzmenge $C_{kl}=\{j \in J \mid x_{kj} \geq x_{lj}\}$ besteht aus all den Indizes derjenigen Kriterien, in denen die k. Alternative der l-ten Alternative vorgezogen wird oder ihr gleichwertig ist. Die Diskordanzmenge $D_{kl}=\{j \in J \mid x_{kj} < x_{lj}\} = J \setminus C_{kl}$ ist die Komplementärmenge der Konkordanzmenge bezüglich J.

Die formale Darstellung der Konkordanzmenge und der Diskordanzmenge setzt voraus, daß alle Kriterien zu maximieren sind. Nur dann gibt die Ungleichung $x_{kj} \geq x_{lj}$ die Vorziehenswürdigkeit der k. Alternative gegenüber der l. Alternative bezüglich des j. Kriteriums korrekt wieder.

Schritt 4: Berechne die Konkordanz-Matrix

Jede Konkordanzmenge wird mit Hilfe des Konkordanzindex charakterisiert. Der Konkordanzindex c_{kl} der k. Alternative im Hinblick auf die l. Alternative ist definiert als die Summe der Gewichte, deren zugehörige Kriterienindizes in der Konkordanzmenge enthalten sind, d.h.

$$c_{kl} = \sum_{j \in C_{kl}} w_j \bigg/ \sum_{j=1}^{n} w_j$$

bzw. im Falle normierter Gewichte mit $\sum_{j=1}^{n} w_j = 1$

$$c_{kl} = \sum_{j \in C_{kl}} w_j \qquad \text{für } 1 \leq k, l \leq m \text{ mit } m \neq l.$$

Offenbar gilt $0 \leq c_{kl} \leq 1$. Doch im allgemeinen ist <u>nicht</u> $c_{kl} = c_{lk}$, d.h. die Konkordanz-Matrix $C=(c_{kl})^m_{k=1}{}^m_{l=1} \in R^{m \times m}$ ist im allgemeinen nicht symmetrisch. Der Konkordanzindex c_{kl} beschreibt die relative Wichtigkeit der k-ten Alternative in Bezug auf die l-te Alternative nur unter Verwendung der Konkordanzmenge C_{kl} und des Gewichtevektors, ohne die Stärke der Dominanz mit einzubeziehen, wie sie sich in den gegebenen Attributausprägungen x_{ij} zeigt. Insofern spiegelt c_{kl} nur die gewichtete Häufigkeit der Dominanz von der k. über die l. Alternative wider. Ein hoher Wert von c_{kl} zeigt an, daß die k-te Alternative der l-ten Alternative vorgezogen wird, soweit Kriterien mit Index aus der Konkordanzmenge betrachtet werden.

Schritt 5: Berechne die Diskordanz-Matrix

Nun wird die relative Dominanz einer Alternative über eine andere ausgedrückt, indem man statt der Kriteriengewichte w_j die Unterschiede zwischen den Attributausprägungen der Matrix V benutzt und damit einen Diskordanzindex definiert. Der Diskordanzindex d_{kl} beschreibt, in welchem Grade die Zielausprägungen der k. Alternative schlechter sind als die Zielausprägungen der l. Alternative. Als Daten für die Zielausprägungen dienen dabei die entsprechenden Elemente der Matrix V.

$$d_{kl} = \frac{\max_{j \in D_{kl}} |v_{kj} - v_{lj}|}{\max_{j \in J} |v_{kj} - v_{lj}|} \quad \text{für alle } 1 \leq k, l \leq m \text{ mit } k \neq l.$$

Wegen $D_{kl} \subset J$ gilt $0 \leq d_{kl} \leq 1$. Ferner läßt sich zeigen, daß für jedes Indexpaar (k,l) mit $1 \leq k, l \leq m$ und $k \neq l$ mindestens einer der beiden Diskordanzindizes d_{kl} und d_{lk} gleich 1 ist. Ein hoher Wert von d_{kl} besagt im Hinblick auf die Kriterien der Diskordanzmenge, daß die k. Alternative ungünstiger als die l. Alternative ist, während ein niedriger Wert von d_{kl} das Umgekehrte anzeigt. Die Matrix $D = (d_{kl})^m_{k=1},{}^m_{l=1} \in R^{m \times m}$ heißt Diskordanz-Matrix.

Schritt 6: Bestimme die Konkordanz-Dominanz-Matrix

Vorausgesetzt wird, daß ein Konkordanz-Schwellenwert $\bar{c} \in R$ vom Entscheidungsfäller vorgegeben ist. Eine Dominanz der k. Alternative über die l. Alternative wird nur dann angenommen, wenn der zugehörige Konkordanzindex c_{kl} diesen Schwellenwert $\bar{c}$ überschreitet oder erreicht, d.h.

$$c_{kl} \geq \bar{c}.$$

Der Schwellenwert kann z.B. auch als Durchschnitt der Konkordanzindizes berechnet werden, also

$$\bar{c} = \sum_{\substack{k=1 \\ k \neq l}}^{m} \sum_{\substack{l=1 \\ l \neq k}}^{m} \frac{c_{kl}}{m \cdot (m-1)}$$

Mit Hilfe von $\bar{c}$ wird eine Boolsche (mxm)-Matrix $F = (f_{kl})^m_{k=1},{}^m_{l=1}$ konstruiert gemäß

$$f_{kl} = \begin{cases} 1, & \text{falls } c_{kl} \geq \bar{c} \\ 0, & \text{falls } c_{kl} < \bar{c} \end{cases} \quad \text{für alle } 1 \leq k, l \leq m \text{ mit } k \neq l.$$

Kapitel IV: Entscheidungstechnologische Ansätze

F heißt Konkordanz-Dominanz-Matrix. Gemäß Konstruktion bedeutet ein Element $f_{kl}=1$, daß die k. Alternative als dominant gegenüber der l-ten Alternative angesehen wird, während $f_{kl}=0$ keine solche Dominanz symbolisiert.

Schritt 7: Bestimme die Diskordanz-Dominanz-Matrix

Vorausgesetzt wird, daß ein Diskordanz-Schwellenwert $\bar{d} \in R$ vom Entscheidungsfäller vorgegeben ist bzw. als mittlerer Diskordanzwert berechnet wird gemäß

$$\bar{d} = \sum_{\substack{k=1\\k \neq l}}^{m} \sum_{\substack{l=1\\l \neq k}}^{m} \frac{d_{kl}}{m \cdot (m-1)}$$

Gilt für den Diskordanzindex d_{kl} die Ungleichung $d_{kl} \leq \bar{d}$, so wird angenommen, daß nichts gegen eine Dominanz der k. Alternative über die l. Alternative spricht. Im Falle $d_{kl} > \bar{d}$ soll dagegen aufgrund der starken Diskordanz ein Veto gegen eine solche Dominanzbeziehung eingelegt werden. Nach der Definition von d_{kl} kommt ein solches Veto schon zustande, wenn die l. Alternative in nur einem einzigen Kriterium die k-te Alternative um den Schwellenwert $\bar{d}$ übertrifft. Mit $\bar{d}$ wird entsprechend eine Boolsche (mxm)-Matrix $G=(g_{kl})^m{}_{k=1},{}^m{}_{l=1}$, die sogenannte Diskordanz-Dominanz-Matrix, definiert gemäß

$$g_{kl} = \begin{cases} 1, & \text{falls } d_{kl} \leq \bar{d} \\ 0, & \text{falls } d_{kl} > \bar{d} \end{cases} \quad \text{für alle } 1 \leq k, l \leq m \text{ mit } k \neq l.$$

Demnach steht $g_{kl}=0$ in der Matrix G für ein Veto gegen die zugehörige Dominanz von der k. über die l. Alternative, während $g_{kl}=1$ nicht gegen eine derartige Dominanz spricht.

Schritt 12: Bestimme die aggregierte Dominanz-Matrix

Die aggregierte Dominanz-Matrix $E=(e_{kl})^m{}_{k=1},{}^m{}_{l=1}$ errechnet sich als Durchschnitt der Konkordanz-Dominanz-Matrix F und Diskordanz-Dominanz-Matrix G gemäß

$$e_{kl} = f_{kl} \cdot g_{kl} \quad \text{für alle } 1 \leq k, l \leq m \text{ mit } k \neq l.$$

Damit besitzt E nur die Koeffizientenwerte 1 und 0. Dabei steht

$e_{kl}=1$ dafür, daß die k. Alternative die l. Alternative dominiert und die dabei womöglich auftretende Diskordanz nicht für ein Veto ausreicht,

$e_{kl}=0$ dafür, daß entweder ein Veto gegen die Dominanz der k. über die l. Alternative vorliegt oder die Konkordanz für eine solche Dominanz zu schwach ist.

<u>Schritt 9: Eliminiere die "dominierten" Alternativen</u>

Die aggregierte Dominanz-Matrix E liefert eine partielle Präferenzordnung auf der Menge aller Alternativen. Die Präferenzordnung kann intransitiv sein und stellt die Outranking-Relation von ELECTRE dar.

Entsprechend den Ausführungen zu Schritt 8 sind alle diejenigen Alternativen als dominiert im Sinne des ELECTRE anzusehen, deren zugehörige Spalte in der Matrix E mindestens eine 1 enthält. Das heißt, die l. Alternative gilt als dominiert, wenn es wenigstens eine k. Alternative mit $e_{kl}=1$ gibt. Streicht man diese Spalten in E und eliminiert die zugehörigen Alternativen, verbleiben die nichtdominierten Alternativen.

12.2.3 Bemerkungen zu ELECTRE

Die Information aus der aggregierten Dominanz-Matrix E läßt sich auch durch einen gerichteten Graphen veranschaulichen, dessen Knoten die gegebenen m Alternativen bilden und in dem genau dann eine Kante von Knoten k zu Knoten l führt, wenn $e_{kl}=1$ ist.

Das Ergebnis von ELECTRE hängt stark davon ab, welche Schwellenwerte $\bar{c}$ und $\bar{d}$ gewählt werden. Leider ist selbst die Wahl von $\bar{c}$ als mittlerer Konkordanzindex bzw. von $\bar{d}$ als mittlerer Diskordanzindex ziemlich willkürlich. Wählt man stattdessen z.B. die Schwellenwerte $\bar{c}=1$ und $\bar{d}=0$, was dem Fall strenger mathematischer Dominanz entspricht, so lassen sich im letzten Verfahrensschritt kaum Alternativen eliminieren. Dagegen bleibt bei erniedrigtem $\bar{c}$-Wert und erhöhtem $\bar{d}$-Wert möglicherweise nur eine oder gar keine nichtdominierte Alternative übrig.

Die Wahl der Schwellenwerte ist demnach ein Schwachpunkt des Verfahrens ELECTRE. Diese Schwierigkeit versucht das Verfahren PROMETHEE zu beseitigen.

Die Schwellenwerte eignen sich allerdings als Parameter für eine parametrische Analyse, die etwas über die Signifikanz der Ergebnisse aussagt. Ausführlich wird die Problematik der Schwellenwerte bei [Roy, 1990, S. 176-179] erörtert.

Bei [Jaeger, 1987] findet man eine Einbettung des Outranking in die Theorie der unscharfen Mengen. Die Outranking-Relation ist dort eine unscharfe Relation (auch

Kapitel IV: Entscheidungstechnologische Ansätze 213

graduelle Relation genannt, engl. "fuzzy relation") auf der Menge aller Alternativen. Nach der Philosophie des Outranking kann der Entscheidungsfäller im allgemeinen nicht mit einem klaren "Ja" oder "Nein" beantworten, ob er eine Aktion gegenüber einer anderen präferiert. Vielmehr gibt er Antwort in Form eines "mehr oder weniger", "schwächer oder stärker", was den graduell abgestuften Werten für die Konkordanz bzw. die Diskordanz zwischen den Extremen "Ja" (=1 bzw. 0) und "Nein" (=0 bzw. 1) entspricht. Die so modellierte Unschärfe in den Antworten des Entscheidungsfällers bildet aber gerade den Ausgangspunkt für die Theorie unscharfer Mengen (vgl. §13).
Weitere Gründe für die enge Verbindung von Outranking und der Theorie unscharfer Mengen findet man bei [Roy, 1977, dort insbesondere S. 44 und S. 58].

12.2.4 Beispiel zu ELECTRE

Das Beispiel stammt aus [Hwang/Yoon, 1981, S. 121-125] und orientiert sich in seiner Bezeichnungsweise an Abschnitt 12.2.2.

Gegeben seien vier Alternativen A_1, A_2, A_3 und A_4, deren Ausprägungen im Hinblick auf insgesamt sechs Kriterien C_1, C_2, C_3, C_4, C_5 und C_6 durch folgende Zielerreichungsmatrix gegeben sind:

$$(x_{ij})_{\substack{1 \leq i \leq 4 \\ 1 \leq j \leq 6}} = \begin{bmatrix} 2.0 & 1.5 & 2.0 & 5.5 & 5 & 9 \\ 2.5 & 2.7 & 1.8 & 6.5 & 3 & 5 \\ 1.8 & 2.0 & 2.1 & 4.5 & 7 & 7 \\ 2.2 & 1.8 & 2.0 & 5.0 & 5 & 5 \end{bmatrix}$$

Der Wert x_{ij} bezeichnet also die Ausprägung der Alternative A_i bezüglich des Kriteriums C_j. Bis auf das vierte Kriterium C_4 sind alle Kriterien zu maximieren. C_4 repräsentiert eine Kostengröße, die zu minimieren ist.
Ferner ist ein Gewichtevektor $w \in \mathbb{R}^4$ gegeben, der die relative Wichtigkeit der Kriterien untereinander ausdrückt. Es ist
$$w = (0.2, 0.1, 0.1, 0.1, 0.2, 0.3)^T .$$

<u>Schritt 1: Berechne die normierte Zielerreichungsmatrix R</u>

Mit der Gleichung

$$R_{ij} = r_{ij} = \frac{x_{ij}}{\sqrt{\sum_{i=1}^{4} x^2_{ij}}} \quad \text{für alle } 1 \leq i \leq 4, 1 \leq j \leq 6.$$

ergibt sich

$$R = \begin{bmatrix} 0.4671 & 0.3662 & 0.5056 & 0.5068 & 0.4811 & 0.6708 \\ 0.5839 & 0.6591 & 0.4550 & 0.5990 & 0.2887 & 0.3727 \\ 0.4204 & 0.4882 & 0.5308 & 0.4147 & 0.6736 & 0.5217 \\ 0.5139 & 0.4384 & 0.5056 & 0.4608 & 0.4811 & 0.3727 \end{bmatrix}$$

Schritt 2: Bestimme die gewichtete normierte Zielerreichungsmatrix V

Aus dem Gewichtevektor w ergibt sich die Gewichtematrix

$$W = \begin{bmatrix} 0.2 & 0 & 0 & 0 & 0 & 0 \\ 0 & 0.1 & 0 & 0 & 0 & 0 \\ 0 & 0 & 0.1 & 0 & 0 & 0 \\ 0 & 0 & 0 & 0.1 & 0 & 0 \\ 0 & 0 & 0 & 0 & 0.2 & 0 \\ 0 & 0 & 0 & 0 & 0 & 0.3 \end{bmatrix}$$

und damit

$$V = R \cdot W = \begin{bmatrix} 0.0934 & 0.0366 & 0.0506 & 0.0507 & 0.0962 & 0.2012 \\ 0.1168 & 0.0659 & 0.0455 & 0.0599 & 0.0577 & 0.1118 \\ 0.0841 & 0.0488 & 0.0531 & 0.0415 & 0.1347 & 0.1565 \\ 0.1028 & 0.0439 & 0.0506 & 0.0461 & 0.0962 & 0.1118 \end{bmatrix}$$

Schritt 3: Bestimme die Konkordanzmengen C_{kl} und die Diskordanzmengen D_{kl}

Hier ist zu beachten, daß alle Kriterien mit Ausnahme von C_4 zu maximieren sind.

Kapitel IV: Entscheidungstechnologische Ansätze

	Konkordanzmengen	Diskordanzmengen
	$C_{12} = \{3,4,5,6\}$	$D_{12} = \{1,2\}$
	$C_{13} = \{1,6\}$	$D_{13} = \{2,3,4,5\}$
	$C_{14} = \{3,5,6\}$	$D_{14} = \{1,2,4\}$
	$C_{21} = \{1,2\}$	$D_{21} = \{3,4,5,6\}$
	$C_{23} = \{1,2\}$	$D_{23} = \{3,4,5,6\}$
	$C_{24} = \{1,2,6\}$	$D_{24} = \{3,4,5\}$
	$C_{31} = \{2,3,4,5\}$	$D_{31} = \{1,6\}$
	$C_{32} = \{3,4,5,6\}$	$D_{32} = \{1,2\}$
	$C_{34} = \{2,3,4,5,6\}$	$D_{34} = \{1\}$
	$C_{41} = \{1,2,3,4,5\}$	$D_{41} = \{6\}$
	$C_{42} = \{3,4,5,6\}$	$D_{42} = \{1,2\}$
	$C_{43} = \{1\}$	$D_{43} = \{2,3,4,5,6\}$

Schritt 4: Berechne die Konkordanz-Matrix C

Da der Gewichtevektor w normiert ist, ergibt sich hier der Konkordanzindex c_{kl} der k. Alternative im Hinblick auf die l. Alternative gemäß

$$c_{kl} = \sum_{j \in C_{kl}} w_j \qquad \text{für alle } 1 \leq k \leq 4, 1 \leq l \leq 4 \text{ mit } k \neq l.$$

So ist beispielsweise

$$c_{12} = \sum_{j \in C_{12}} w_j \underset{\text{Schritt 3}}{=} \sum_{j \in \{3,4,5,6\}} w_j = w_3 + w_4 + w_5 + w_6$$

$$\underset{\text{Def. von w}}{=} 0.1 + 0.1 + 0.2 + 0.3 = 0.7$$

$$c_{13} = \sum_{j \in C_{13}} w_j \underset{\text{Schritt 3}}{=} \sum_{j \in \{1,6\}} w_j = w_1 + w_6$$

$$\underset{\text{Def. von w}}{=} 0.2 + 0.3 = 0.5$$

Insgesamt ergibt sich

$$C = \begin{bmatrix} - & 0.7 & 0.5 & 0.6 \\ 0.3 & - & 0.3 & 0.6 \\ 0.5 & 0.7 & - & 0.8 \\ 0.7 & 0.7 & 0.2 & - \end{bmatrix}$$

Schritt 5: Berechne die Diskordanz-Matrix D

$$\text{Mit } d_{kl} = \frac{\max_{j \in D_{kl}} |v_{kj} - v_{lj}|}{\max_{j \in J} |v_{kj} - v_{lj}|} \quad \text{für alle } 1 \leq k \leq 4, 1 \leq l \leq 4 \text{ mit } k \neq l$$

ergibt sich beispielsweise

$$d_{12} = \frac{\max_{j \in D_{12}} |v_{1j} - v_{2j}|}{\max_{j \in J} |v_{1j} - v_{2j}|} \underset{\text{Schritt 3}}{=} \frac{\max\{|v_{11}-v_{21}|, |v_{12}-v_{22}|\}}{\max_{1 \leq j \leq 6} |v_{1j}-v_{21}|}$$

$$\underset{\text{Def. von V}}{=} \frac{\max\{0.0234, 0.0293\}}{\max\{0.0234, 0.0293, 0.0051, 0.0092, 0.0385, 0.0894\}}$$

$$= \frac{0.0293}{0.0894} = 0.3277$$

$$d_{21} = \frac{\max_{j \in D_{21}} |v_{2j} - v_{1j}|}{\max_{j \in J} |v_{2j} - v_{1j}|}$$

$$= \frac{\max\{0.0051, 0.0092, 0.0385, 0.0894\}}{0.0894} = \frac{0.0894}{0.0894} = 1$$

$$d_{13} = \frac{\max_{j \in D_{13}} |v_{1j} - v_{3j}|}{\max_{j \in J} |v_{1j} - v_{3j}|}$$

$$= \frac{\max\{0.0122, 0.0025, 0.0092, 0.0385\}}{\max\{0.0093, 0.0122, 0.0025, 0.0092, 0.0385, 0.0447\}} = \frac{0.0385}{0.0447}$$

$$= 0.8613$$

$$d_{31} = \frac{\max_{j \in D_{31}} |v_{3j} - v_{1j}|}{\max_{j \in J} |v_{3j} - v_{1j}|} = \frac{\max\{0.0093, 0.0447\}}{0.0447} = \frac{0.0447}{0.0447}$$

$$= 1$$

Insgesamt ergibt sich

$$D = \begin{bmatrix} - & 0.3277 & 0.8613 & 0.1051 \\ 1 & - & 1 & 1 \\ 1 & 0.4247 & - & 0.4183 \\ 1 & 0.5714 & 1 & - \end{bmatrix}$$

Schritt 6: Bestimme die Konkordanz-Dominanz-Matrix F

Ermittle zunächst den Schwellenwert $\bar{c}$ als mittleren Konkordanzindex gemäß

$$\bar{c} = \sum_{\substack{k=1 \\ k \neq l}}^{4} \sum_{\substack{l=1 \\ l \neq k}}^{4} \frac{c_{kl}}{4 \cdot 3} = \frac{6.6}{12} = 0.55 \ .$$

Mit

$$f_{kl} = \begin{cases} 1, & \text{falls } c_{kl} \geq 0.55 \\ 0, & \text{falls } c_{kl} < 0.55 \end{cases} \quad \text{für alle } 1 \leq k \leq 4, 1 \leq l \leq 4 \text{ mit } k \neq l$$

ergibt sich aus der Konkordanz-Matrix C nun

$$F = \begin{bmatrix} - & 1 & 0 & 1 \\ 0 & - & 0 & 1 \\ 0 & 1 & - & 1 \\ 1 & 1 & 0 & - \end{bmatrix} \ .$$

Schritt 7: Bestimme die Diskordanz-Dominanz-Matrix G

Errechne zuerst den Schwellenwert $\bar{d}$ als durchschnittlichen Diskordanzindex gemäß

$$\bar{d} = \sum_{\substack{k=1 \\ k \neq l}}^{4} \sum_{\substack{l=1 \\ l \neq k}}^{4} \frac{d_{kl}}{4 \cdot 3} = \frac{8.7085}{12} = 0.7257 \ .$$

Mit

$$g_{kl} = \begin{cases} 1, & \text{falls } d_{kl} \leq 0.7257 \\ 0, & \text{falls } d_{kl} > 0.7257 \end{cases} \quad \text{für alle } 1 \leq k \leq 4, 1 \leq l \leq 4 \text{ mit } k \neq l$$

erhält man aus der Diskordanz-Matrix D nun

$$G = \begin{bmatrix} - & 1 & 0 & 1 \\ 0 & - & 0 & 0 \\ 0 & 1 & - & 1 \\ 0 & 1 & 0 & - \end{bmatrix} .$$

Schritt 8: Bestimme die aggregierte Dominanz-Matrix E

Mit $e_{kl}=f_{kl} \cdot g_{kl}$ für alle $1 \leq k \leq 4$, $1 \leq l \leq 4$ und $k \neq l$ ergibt sich

$$E = \begin{bmatrix} - & 1 & 0 & 1 \\ 0 & - & 0 & 0 \\ 0 & 1 & - & 1 \\ 0 & 1 & 0 & - \end{bmatrix} .$$

Alternative A_2 wird im Sinne der Outranking-Relation zu ELECTRE demnach von den Alternativen A_1, A_3 und A_4 dominiert. Alternative A_4 wird ihrerseits von A_1 und A_3 "dominiert".

Schritt 9: Eliminiere die "dominierten" Alternativen

Da die Spalten von E, die zu den Alternativen A_2 und A_4 gehören, jeweils mindestens eine 1 enthalten, sind A_2 und A_4 zu eliminieren. Dagegen ist über die Beziehung zwischen den verbleibenden Alternativen A_1 und A_3 aufgrund der Information in der Dominanz-Matrix E keine Aussage möglich.

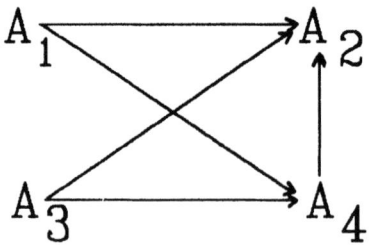

Abb. 50: *Darstellung der Outranking-Relation durch einen Graphen*

Entsprechend den Bemerkungen in Abschnitt 12.2.3 läßt sich das Ergebnis auch durch einen gerichteten Graphen wiedergeben. In Abbildung 50 bedeutet der Pfeil "$A_i \rightarrow A_j$", daß die Alternative A_i die Alternative A_j im Sinne der ermittelten Outranking-Relation dominiert.

Erhöht man den Diskordanz-Schwellenwert $\bar{d}$ von 0.7257 auf einen Wert von mindestens 0.8613, etwa $\bar{d}:=0.9$, und senkt man gleichzeitig den Konkordanz-Schwellenwert $\bar{c}$ von 0.55 auf einen Wert von maximal 0.5, etwa $\bar{c}:=0.49$, dann ist

die neue Konkordanz-Dominanz-Matrix
$$F = \begin{bmatrix} - & 1 & 1 & 1 \\ 0 & - & 0 & 1 \\ 1 & 1 & - & 1 \\ 1 & 1 & 0 & - \end{bmatrix}$$

und die neue Diskordanz-Dominanz-Matrix
$$G = \begin{bmatrix} - & 1 & 1 & 1 \\ 0 & - & 0 & 0 \\ 0 & 1 & - & 1 \\ 0 & 1 & 0 & - \end{bmatrix}.$$

Also lautet die neue aggregierte Dominanz-Matrix

$$E = \begin{bmatrix} - & 1 & 1 & 1 \\ 0 & - & 0 & 0 \\ 0 & 1 & - & 1 \\ 0 & 1 & 0 & - \end{bmatrix}.$$

In diesem Falle ist die Alternative A_1 die einzige Alternative, die im Sinne der Outranking-Relation zu ELECTRE nicht dominiert wird.

Im Extremfall $\bar{c}=1$ und $\bar{d}=0$, der der strengen mathematischen Dominanz entspricht, ergäbe sich

$$E = \begin{bmatrix} - & 0 & 0 & 0 \\ 0 & - & 0 & 0 \\ 0 & 0 & - & 0 \\ 0 & 0 & 0 & - \end{bmatrix},$$

d.h. keine Alternative dominiert irgendeine andere.

Der andere Extremfall $\bar{c}=0$ und $\bar{d}=1$ führt auf

$$E = \begin{bmatrix} - & 1 & 1 & 1 \\ 1 & - & 1 & 1 \\ 1 & 1 & - & 1 \\ 1 & 1 & 1 & - \end{bmatrix},$$

wo jede Alternative alle anderen Alternativen "dominiert".

Das Beispiel, und insbesondere seine Extremfälle, verdeutlicht, wie stark die Ergebnisse beim Outranking-Verfahren ELECTRE davon abhängen, welche Schwellenwerte $\bar{c}$ und $\bar{d}$ in der Rechnung benutzt werden.

12.3 PROMETHEE

Das Verfahren PROMETHEE gehört ebenfalls zu den Outranking-Verfahren. Sein Name leitet sich aus Preference Ranking Organisation METHod for Enrichment Evaluations ab. Das Verfahren beruht im wesentlichen auf einer Erweiterung des Begriffs Kriterium. Diese "verallgemeinerten Kriterien" können vom Entscheidungsfäller leicht gebildet werden, weil sie in natürlicher Weise die Stärke von Präferenzen wiedergeben. Die interaktiv festzulegenden Parameter haben eine reale wirtschaftliche Bedeutung. Mit Hilfe der verallgemeinerten Kriterien wird eine bewertete Outranking-Relation und ein bewerteter Outranking-Graph erstellt, der auf zwei Arten ausgewertet wird, um eine Entscheidung vorzuschlagen.

Zu lösen sei das Multi-Criteria-Problem

$$\max \begin{Bmatrix} f_1(a) \\ f_2(a) \\ \vdots \\ f_n(a) \end{Bmatrix} \quad \text{unter der Nebenbedingung, daß } a \in A \text{ ist,}$$

wobei $A=\{a_1,a_2,...,a_m\}=\{a_i \mid 1 \leq i \leq m\}$ die Menge aller möglichen Handlungsalternativen sei und jedes Kriterium f_j eine Abbildung von A in die reellen Zahlen und zu maximieren ist für alle $1 \leq j \leq n$. Sollte ein Kriterium f ursprünglich zu minimieren sein, so läßt sich diese Aufgabe mit Hilfe der Gleichung $\min_{a \in A} f(a) = -\max_{a \in A} (-f(a))$ leicht in eine Maximierungsaufgabe überführen.

Die reelle Zahl $f_j(a_i)$ entspricht in der Terminologie von §4 der Ausprägung x_{ij} von

Kapitel IV: Entscheidungstechnologische Ansätze

Alternative a_i bzgl. des j. Attributs.

12.3.1 Verallgemeinerte Kriterien

Nun sei f irgendeines der n Kriterien. Statt mit f selbst zu arbeiten, das jede Aktion a∈A mit einer reellen Zahl bewertet, verallgemeinert PROMETHEE das Kriterium zu einer reellwertigen Präferenzfunktion P, die für jede Aktion a∈A die Präferenz des Entscheidungsfällers im Hinblick auf eine beliebige Aktion b∈A angibt und deren Werte zwischen 0 und 1 liegen. Für jedes Kriterium f wird separat eine solche Präferenzenfunktion P:AxA→[0,1] definiert.

P(a,b)=0 bedeutet Indifferenz zwischen a und b, kleine Werte von P(a,b) signalisieren schwache Präferenz von a gegenüber b. Je größer die P(a,b)-Werte sind, d.h. je näher sie bei 1 liegen, desto stärker wird a gegenüber b vorgezogen. Im Falle P(a,b)=1 liegt strenge Präferenz von a über b vor.

In der Praxis wird nach [Brans/Vincke/Mareschal, 1986, S. 229] die Präferenzfunktion P oft eine Funktion der Differenz zwischen zwei Bewertungen sein, d.h. P(a,b) hängt nur von der Differenz d=f(a)-f(b) ab, also

$$P(a,b) = p(f(a) - f(b)) = p(d)$$

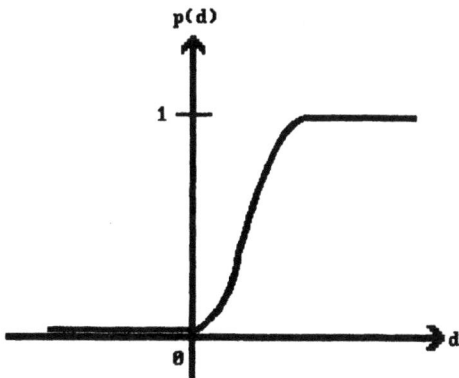

Abb. 51: Allgemeine Form der Präferenzfunktion p

Da für f(a)≤f(b) keine Präferenz von a über b vorliegt, gilt für d≤0 notwendigerweise die

Beziehung p(d)=0. Da außerdem größere Werte von d=f(a)-f(b) eine stärkere Präferenz ausdrücken, muß p in d monoton wachsen. Der Graph von p hat demnach im allgemeinen eine Gestalt wie in Abbildung 51.

Die "Verallgemeinerung" des Kriteriums f durch die zugehörige Präferenzfunktion P bzw. p besteht darin, daß die Präferenz des Entscheidungsfällers zwischen zwei Alternativen a und b nicht mehr nur

durch den Fall von Präferenz aPb	<=> a wird b vorgezogen
	<=> f(a)>f(b) und
durch den Fall von Indifferenz aIb	<=> a ist indifferent zu b
	<=> f(a)=f(b)

beschrieben wird, was ja unabhängig davon modelliert wurde, wie groß oder klein die Abweichungen zwischen f(a) und f(b) waren.

Jetzt läßt sich durch P bzw. p eine beliebige Abstufung in der Präferenzstärke wiedergeben. Brans und Vincke glauben, daß für die meisten praktischen Anwendungen die folgenden sechs Typen von verallgemeinerten Kriterien P genügen, aus denen der Entscheidungsträger diejenigen auswählt, die ihm für seine Problemstellung am geeignetsten erscheinen [Brans/Vincke, 1985, S. 649].

(1) <u>Gewöhnliches Kriterium</u>

$$p(d) = \begin{cases} 0, & \text{falls } d \leq 0 \\ 1, & \text{falls } d > 0 \end{cases}$$

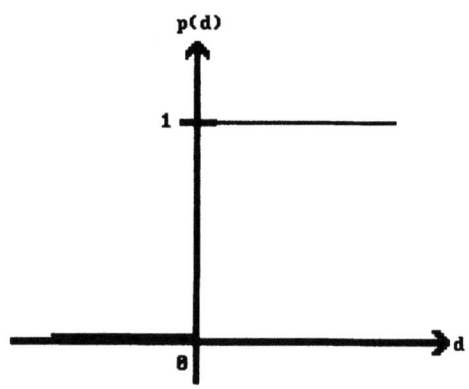

Abb. 52: Gewöhnliches Kriterium

Indifferenz zwischen zwei Aktionen a und b liegt dann und nur dann vor, wenn f(a)=f(b) ist. Sobald für die Werte f(a)>f(b) gilt, hat der Entscheidungsfäller eine strenge Präferenz von a über b. Es muß kein Parameter festgelegt werden.

(2) Quasi-Kriterium

$$p(d) = \begin{cases} 0, \text{ falls } d \leq q \\ 1, \text{ falls } d > q \end{cases}$$

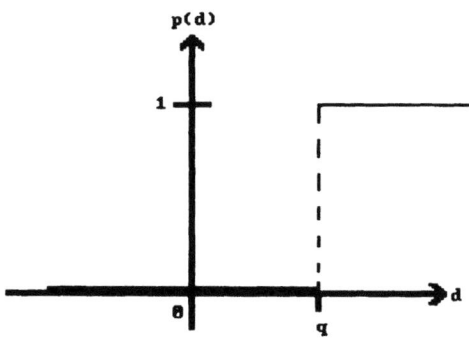

Abb. 53: Quasi-Kriterium

Die beiden Aktionen a und b gelten so lange als indifferent, wie die Differenz d=f(a)-f(b) kleiner als q bleibt. Überschreitet die Differenz d den Indifferenz-Schwellenwert q, so liegt strenge Präferenz vor. Vom Entscheidungsfäller ist der Wert des Parameters q als nichtnegative reelle Zahl festzulegen.

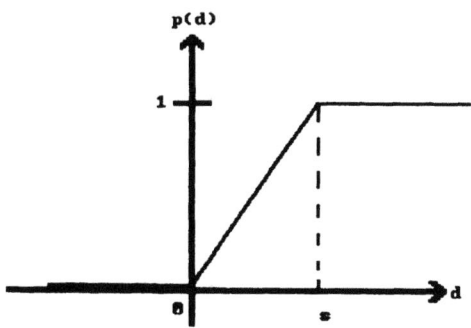

Abb. 54: Kriterium mit linearer Präferenz

(3) <u>Kriterium mit linearer Präferenz</u>

$$p(d) = \begin{cases} 0, & \text{falls } d \leq 0 \\ d/s, & \text{falls } 0 \leq d \leq s \\ 1, & \text{falls } s \leq d \end{cases}$$

Für Differenzen d zwischen 0 und s wächst die Stärke der Präferenz linear mit der Steigung 1/s, für Differenzen d oberhalb des Schwellenwertes s liegt strenge Präferenz vor. Der Schwellenwert s der strengen Präferenz ist vom Entscheidungsfäller als nichtnegative reelle Zahl vorzugeben.

(4) <u>Stufen-Kriterium</u>

$$p(d) = \begin{cases} 0, & \text{falls } d \leq q \\ \tfrac{1}{2}, & \text{falls } q < d \leq s \\ 1, & \text{falls } s < d \end{cases}$$

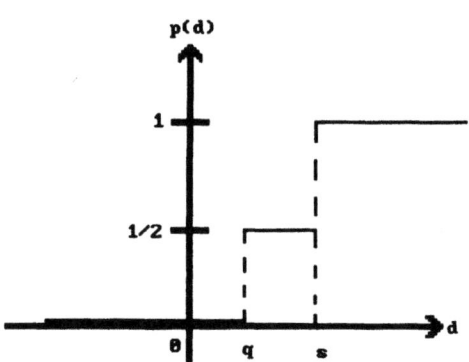

Abb. 55: Stufen-Kriterium

Solange die Abweichung d kleiner als q bleibt, gelten die Aktionen a und b als völlig indifferent. Für Abweichungen zwischen q und s liegt schwache Präferenz mit $p(d) = \tfrac{1}{2}$ vor und für darüber hinaus gehende Abweichungen strenge Präferenz. In ähnlicher Weise können auch mehr als zwei Stufen der Präferenz betrachtet werden, falls es nötig ist. Der Entscheidungsfäller muß die beiden Schwellenwerte q und s mit $q \geq 0$ und $s \geq q$ angeben.

(5) <u>Kriterium mit linearer Präferenz und Indifferenzbereich</u>

$$p(d) = \begin{cases} 0, & \text{falls } d \leq q \\ \dfrac{d-q}{s-q}, & \text{falls } q \leq d \leq s \\ 1, & \text{falls } s \leq d \end{cases}$$

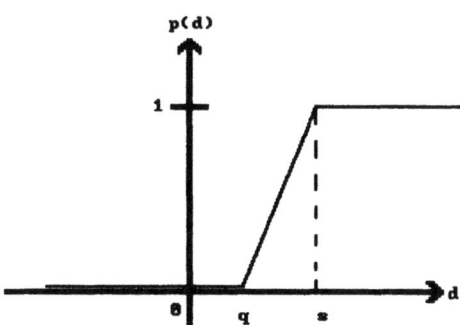

Abb. 56: Kriterium mit linearer Präferenz und Indifferenzbereich

Das Kriterium entsteht durch Kombination des Quasi-Kriteriums (2) mit dem Kriterium (3) der linearen Präferenz. Die Präferenz bleibt für d-Werte unterhalb von q indifferent, wächst zwischen q und s linear von Indifferenz auf strenge Präferenz und bleibt oberhalb von s streng. Die Paramaterwerte q und s mit s≥q≥0 sind vom Entscheidungsfäller festzusetzen.

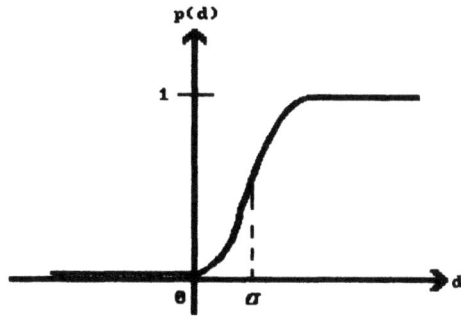

Abb. 57: Gaußsches Kriterium

(6) <u>Gaußsches Kriterium</u>

$$p(d) = \begin{cases} 0, & \text{falls } d \le 0 \\ 1-\exp\{-\dfrac{d^2}{2\sigma^2}\}, & \text{falls } d \ge 0 \end{cases}$$

Die Präferenz wächst streng mit der Abweichung d, geht aber selbst für große d-Werte nicht in strenge Präferenz über. Im Punkt d=σ besitzt die Kurve p(d) einen Wendepunkt. Der Parameter σ >0 ist vom Entscheidungsfäller vorzugeben.

Das Gaußsche Kriterium wird <u>nicht</u> aus irgendwelchen wahrscheinlichkeitstheoretischen Erwägungen in der Liste verallgemeinerter Kriterien aufgeführt, sondern weil die Gaußsche Präferenzfunktion als äußerst "glatte" Kurve sehr günstige **Stabilitätseigenschaften** aufweist, d.h., das Gaußsche Kriterium liefert Ergebnisse, die relativ unempfindlich sind gegenüber kleinen Änderungen im Parameter σ.

Der Entscheidungsfäller kann nämlich oft nicht den Parametern oder Schwellen in Outranking-Verfahren genau die Werte zuordnen, die seine Präferenz exakt wiederspiegeln. Andererseits sind diese Parameterwerte von entscheidender Bedeutung für den Fortgang des gesamten Lösungsverfahrens. Deshalb ist es von großer Wichtigkeit, den Einfluß zu kennen und gering zu halten, den schon geringfügige Änderungen der Parameterwerte auf die Resultate des Outranking ausüben. Je geringer dieser Einfluß, desto größer ist die Stabilität der Lösungen.

12.3.2 Bestimmung einer Outranking-Relation

Vorausgesetzt sei, daß der Entscheidungsfäller für jedes Kriterium f_j eine Präferenzfunktion oder verallgemeinertes Kriterium P_j bestimmt hat und ein Gewicht $w_j \ge 0$ kennt, das die relative Wichtigkeit des j-ten Kriteriums unter den übrigen Kriterien ausdrückt ($1 \le j \le n$). Es gelte $\sum_{j=1}^{n} w_j = 1$. Haben alle Kriterien die gleiche Wichtigkeit für den Entscheidungsträger, dann gilt speziell $w_j=1/n$ für alle $1 \le j \le n$. Für den Fall, daß überhaupt keine Information über die relative Bedeutung der Kriterien untereinander vorliegt, wird ebenfalls $w_j=1/n$ für alle $1 \le j \le n$ angenommen.

Dann wird auf der Menge A aller Aktionen eine Outranking-Relation π:AxA$\rightarrow$[0,1] definiert durch

$$\pi(a,b) = \sum_{j=1}^{n} w_j \cdot P_j(a,b),$$

d.h. durch das gewichtete Mittel aller Präferenzenfunktionen P_j. Der "Präferenzindex" $\pi(a,b)$ ist ein Maß für die Stärke der Präferenz, die der Entscheidungsfäller für Alternative a gegenüber b hegt, wenn er gleichzeitig alle Kriterien betrachtet.
Kleine $\pi(a,b)$-Werte in der Nähe von 0 beschreiben eine schwache Präferenz von a gegenüber b bezogen auf alle Kriterien, während ein Wert $\pi(a,b)$ nahe bei 1 eine starke Präferenz von a gegenüber b ausdrückt, ebenfalls bezogen auf alle Kriterien. Je größer der Wert von $\pi(a,b)$, desto stärker wird Aktion a gegenüber Aktion b vorgezogen. Speziell gilt $\pi(a,a)=0$ für alle a∈A.

Die Outranking-Relation π läßt sich in einem Graphen veranschaulichen, dessen Knoten den Aktionen aus A entsprechen und der zwischen je zwei Knoten stets genau zwei gerichtete Kanten besitzt. Für je zwei beliebige Aktionen a und b ist die Kante von a nach b mit dem Präferenzindex $\pi(a,b)$ und die Kante von b nach a mit $\pi(b,a)$ bewertet, wie Abbildung 58 zeigt. Der so definierte Graph heißt bewerteter Outranking-Graph.

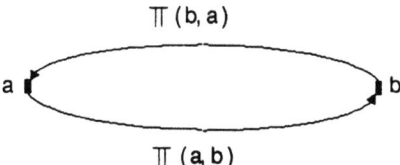

Abb. 58: Bewertung des Outranking-Graphen

Aus der Outranking-Relation π lassen sich einige Größen gewinnen, die zu ihrer Bewertung herangezogen werden und sich anschaulich im bewerteten Outranking-Graphen als Flußgrößen deuten lassen, nämlich der Ausgangsfluß, der Eingangsfluß und der Nettofluß einer Aktion a.

Der *Ausgangsfluß* $F^+(a)$ einer Aktion a ist die Summe aller Bewertungen von Kanten, die den Knoten a verlassen, also mit $A=\{a_1,a_2,...,a_m\}$

$$F^+(a) = \sum_{i=1}^{m} \pi(a,a_i).$$

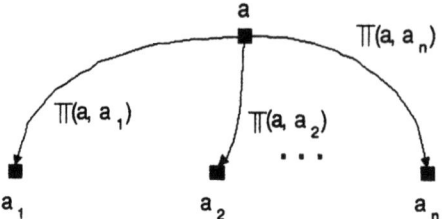

Abb. 59: Veranschaulichung des Ausgangsflusses $F^+(a)$

$F^+(a)$ liefert ein Maß für die Eigenschaft von Aktion a, andere Aktionen zu dominieren. Je größer der Wert von $F^+(a)$ ist, desto mehr dominiert a die übrigen Alternativen. F^+ entspricht der Konkordanz bei ELECTRE.

Der *Eingangsfluß* $F^-(a)$ einer Aktion a ist die Summe aller Bewertungen von Kanten, die in den Knoten a einmünden, d.h. mit $A = \{a_1, a_2, ..., a_m\}$

$$F^-(a) = \sum_{i=1}^{m} \pi(a_i, a).$$

$F^-(a)$ ist ein Maß für die Eigenschaft von Aktion a, selbst von anderen Aktionen dominiert zu werden. Je kleiner $F^-(a)$ ist, desto weniger wird a dominiert. Dem Eingangsfluß entspricht bei ELECTRE die Diskordanz.

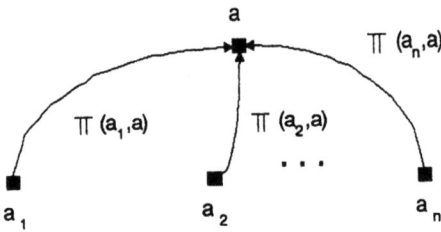

Abb. 60: Darstellung des Eingangsflusses F^-

Der *Nettofluß* $F(a)$ einer Aktion a vereinigt Eingangsfluß und Ausgangsfluß mit gleich starkem Gewicht zu einer einzigen Größe

$$F(a) = \sum_{i=1}^{m} \left\{ \pi(a, a_i) - \pi(a_i, a) \right\} = F^+(a) - F^-(a).$$

Der Nettofluß $F(a)$ mißt auf einfache, aber grobe Weise die Präferenz des Entscheidungsfällers für Aktion a.

Kapitel IV: Entscheidungstechnologische Ansätze 229

12.3.3 Auswertung der Outranking-Relation

Je nach Zielsetzung des Entscheidungsfällers ist die Outranking-Relation π mittels der eben berechneten Flüsse auszuwerten. Genügt als Ergebnis eine partielle Präordnung der Aktionen, so empfiehlt sich PROMETHEE I als Lösungsverfahren. Ist eine vollständige Präordnung der Aktionen erforderlich, wende man PROMETHEE II an (Dabei ist der Begriff "Präordnung" als strenge Halbordnung im Sinne von Abschnitt 2.2 zu verstehen und das Adjektiv "partiell" nur zur Abhebung von einer "vollständigen" Präordnung; eine vollständige Präordnung ist in der Terminologie von Abschnitt 2.2 eine strenge Ordnung.).

PROMETHEE I
Eine Aktion wird für so besser gehalten, je höher der Ausgangsfluß und je niedriger der Eingangsfluß ist. Entsprechend erzeugt der Ausgangsfluß F^+ die folgende vollständige Präordnung (P^+, I^+) auf der Menge A aller Aktionen:

a wird b im Sinne von P^+ vorgezogen $\iff aP^+b \iff F^+(a) > F^+(b)$,
a ist zu b im Sinne von I^+ indifferent $\iff aI^+b \iff F^+(a) = F^+(b)$.

Ebenso erzeugt der Eingangsfluß F^- eine vollständige Präordnung (P^-, I^-) auf A:

a wird b im Sinne von P^- vorgezogen $\iff aP^-b \iff F^-(a) < F^-(b)$,
a ist zu b im Sinne von I^- indifferent $\iff aI^-b \iff F^-(a) = F^-(b)$.

Nun erhält man die partielle Präordnung $(P^{(1)}, I^{(1)}, R^{(1)})$ von PROMETHEE I als Durchschnitt dieser beiden Präordnungen:

a wird b im Sinne von $P^{(1)}$ vorgezogen (man sagt auch "a outranks b")
$\iff aP^{(1)}b$
$\iff (aP^+b \text{ und } aP^-b) \text{ oder } (aP^+b \text{ und } aI^-b)$
$\text{oder } (aI^+b \text{ und } aP^-b)$

a ist indifferent zu b im Sinne von $I^{(1)}$
$\iff aI^{(1)}b$
$\iff aI^+b \text{ und } aI^-b$

a und b sind unvergleichbar im Sinne von $R^{(1)}$
$\iff aR^{(1)}b$
$\iff (\text{nicht } aP^{(1)}b) \text{ und } (\text{nicht } aI^{(1)}b)$

Hervorzuheben ist, daß PROMETHEE I im allgemeinen einige Aktionen als unvergleichbar erkennt und zwar in all den Fällen, wo weder eine Präferenz in Sinne von $P^{(1)}$ noch eine Indifferenz in Sinne von $I^{(1)}$ ausreichend begründet erscheint. Das entspricht einer realistischen Sichtweise, genügt aber nicht immer als "Entscheidungsvorschlag".

PROMETHEE II

Eine Aktion wird umso besser angesehen, je größer ihr Nettofluß ist. Daraus ergibt sich bei PROMETHEE II die vollständige Präordnung $(P^{(2)},I^{(2)})$ auf der Menge aller Aktionen gemäß

a wird b im Sinne von $P^{(2)}$ vorgezogen $<=>$ $aP^{(2)}b$
$$<=> F(a)>F(b),$$
a ist zu b indifferent im Sinne von $I^{(2)}$ $<=>$ $aI^{(2)}b$
$$<=> F(a)=F(b).$$

Dadurch werden alle Aktionen in eine vollständige Rangordnung gebracht. Unerwünscht ist aber die ausgleichende Wirkung zwischen Eingangs- und Ausgangsflüssen und damit der Verlust an Informationen gegenüber PROMETHEE I.

12.3.4 Beispiel zu PROMETHEE

Gegeben sei ein Multi-Criteria-Problem mit den sechs Alternativen a_1, a_2, a_3, a_4, a_5 und a_6 sowie den sechs Kriterien f_1, f_2, f_3, f_4, f_5 und f_6, die allesamt zu maximieren seien. Die Kriterien haben alle die gleiche Wichtigkeit, also ist das Gewicht w_j des j. Kriteriums $w_j = 1/6$ für alle $1 \leq j \leq 6$.
Die Zielerreichungsmatrix ist gegeben durch

Alternative / Kriterium	a_1	a_2	a_3	a_4	a_5	a_6
f_1	-80	-65	-83	-40	-52	-94
f_2	90	58	60	80	72	96
f_3	-60	-20	-40	-100	-60	-70
f_4	-54	-97	-72	-75	-20	-36
f_5	-8	-1	-4	-7	-3	-5
f_6	5	1	7	10	8	6

Kapitel IV: Entscheidungstechnologische Ansätze

Ferner habe der Entscheidungsfäller für jedes Kriterium f_j bereits ein verallgemeinertes Kriterium P_j ausgewählt, das durch die Funktion p_j beschrieben wird, für alle $1 \leq j \leq 6$. Mit $d = f_j(a) - f_j(b)$ für zwei Alternativen a und b wählte der Entscheidungsfäller

für f_1: Quasikriterium mit Parameter $q = 10$, also

$$P_1(a,b) = p_1(d) = \begin{cases} 0, & \text{falls } d \leq 10 \\ 1, & \text{falls } d > 10 \end{cases}$$

für f_2: Kriterium mit linearer Präferenz, charakterisiert durch den Parameter $s = 30$, also

$$P_2(a,b) = p_2(d) = \begin{cases} 0 & , \text{falls } d \leq 0 \\ \dfrac{1}{30} \cdot d, & \text{falls } 0 \leq d \leq 30 \\ 1 & , \text{falls } 30 \leq d \end{cases}$$

für f_3: Kriterium mit linearer Präferenz und Indifferenzbereich, beschrieben durch die Parameter $q = 5$ und $s = 50$, also

$$P_3(a,b) = p_3(d) = \begin{cases} 0 & , \text{falls } d \leq 5 \\ \dfrac{d-5}{45} & , \text{falls } 5 \leq d \leq 50 \\ 1 & , \text{falls } 50 \leq d \end{cases}$$

für f_4: Stufen-Kriterium mit Parametern $q = 10$ und $s = 60$, also

$$P_3(a,b) = p_3(d) = \begin{cases} 0, & \text{falls } d \leq 10 \\ \tfrac{1}{2}, & \text{falls } 10 < d \leq 60 \\ 1, & \text{falls } 60 < d \end{cases}$$

für f_5: gewöhnliches Kriterium, also

$$P_5(a,b) = p_5(d) = \begin{cases} 0, & \text{falls } d \leq 0 \\ 1, & \text{falls } d > 0 \end{cases}$$

für f_6: Gaußsches Kriterium mit Parameter $\sigma = 5$, also

$$P_6(a,b) = p_6(d) = \begin{cases} 0 & , \text{falls } d \leq 0 \\ 1 - \exp\{-\dfrac{d^2}{50}\}, & \text{falls } d \geq 0 \end{cases}$$

Mit Hilfe der verallgemeinerten Kriterien lassen sich die Werte der Outranking-Relation π für zwei beliebige Alternativen a und b gemäß

$$\pi(a,b) = \sum_{j=1}^{6} w_j P_j(a,b) = 1/6 \sum_{j=1}^{6} p_j (f_j(a)-f_j(b))$$

bestimmen. So ist zum Beispiel

$$\pi(a,a) = 1/6 \sum_{j=1}^{6} p_j (f_j(a)-f_j(a)) = 1/6 \sum_{j=1}^{6} p_j(0) = 1/6 \sum_{j=1}^{6} 0 = 0 \text{ für}$$

alle Aktionen a

$$\pi(a_1,a_2) = 1/6 \sum_{j=1}^{6} p_j (f_j(a_1)-f_j(a_2))$$

$$= 1/6\{ p_1((-80)-(-65)) + p_2(90-58) \quad + p_3((-60)-(-20))$$
$$\quad + p_4((-54)-(-97)) + p_5((-8)-(-1)) + p_6(5-1)\}$$
$$= 1/6\{ p_1(-15) + p_2(32) + p_3(-40) + p_4(43) + p_5(-7) + p_6(4)\}$$
$$= 1/6\{ \quad 0 \quad + \quad 1 \quad + \quad 0 \quad + \quad \tfrac{1}{2} \quad + \quad 0 \quad + (1-e^{16/50})\}$$
$$= 1/6\{ 2.5 - e^{-8/25}\}$$
$$\approx 0.296$$

$$\pi(a_1,a_3) = 1/6 \sum_{j=1}^{6} p_j (f_j(a_1)-f_j(a_3))$$

$$= 1/6\{ p_1((-80)-(-83)) + p_2(90-60) \quad + p_3((-60)-(-40))$$
$$\quad + p_4((-54)-(-72)) + p_5((-8)-(-4)) + p_6(5-7)\}$$
$$= 1/6\{ p_1(3) + p_2(30) + p_3(-20) + p_4(18) + p_5(-4) + p_6(-2)\}$$
$$= 1/6\{ \quad 0 \quad + \quad 1 \quad + \quad 0 \quad + \quad \tfrac{1}{2} \quad + \quad 0 \quad + \quad 0\}$$
$$= 1/6 \cdot 1.5 = \tfrac{1}{4} = 0.25$$

Die folgende Matrix zeigt die gesamte Outranking-Relation π.

$\pi(a_i,a_j)$	a_1	a_2	a_3	a_4	a_5	a_6	$F^+(a_i)$
a_1	0	0.296	0.25	0.269	0.1	0.185	1.100
a_2	0.463	0	0.389	0.333	0.296	0.5	1.981
a_3	0.235	0.180	0	0.333	0.056	0.429	1.233
a_4	0.399	0.506	0.305	0	0.224	0.212	1.646
a_5	0.444	0.515	0.487	0.380	0	0.448	2.274
a_6	0.287	0.399	0.25	0.431	0.133	0	1.500
$F^-(a_j)$	1.828	1.896	1.681	1.746	0.809	1,774	

Kapitel IV: Entscheidungstechnologische Ansätze   233

Der Ausgangsfluß $F^+(a_i)$ der i-ten Aktion a_i ist gemäß

$F^+(a_j) = \sum_{j=1}^{6} \pi(a_i,a_j)$ berechnet worden, d.h. als Summe der Werte in der i-ten Zeile der

zu π gehörigen Matrix. Der Eingangsfluß $F^-(a_j)$ der j-ten Aktion a_j ergibt sich gemäß

$F^-(a_j) = \sum_{i=1}^{6} \pi(a_i,a_j)$ als Summe der Outranking-Werte in der j-ten Spalte dieser Matrix.

Die Ausgangsflüsse F^+ und die Eingangsflüsse F^- sowie die Nettoflüsse F mit $F(a)=F^+(a)-F^-(a)$ für alle Aktionen a zeigt die nächste Tabelle:

a	a_1	a_2	a_3	a_4	a_5	a_6
$F^+(a)$	1.100	1.981	1.233	1.646	2.274	1.500
$F^-(a)$	1.828	1.896	1.681	1.746	0.809	1.774
$F(a)$	-0.728	0.085	-0.448	-0.100	1.465	-0.274

Auswertung nach PROMETHEE I

Aus den Eingangs- und Ausgangsflüssen lassen sich die folgenden Präferenz-, Indifferenz- und Unvergleichbarkeitsrelationen P^1, I^1 und R^1 ermitteln:

$a_1 I^1 a_1$, $a_1 R^1 a_2$,   -   ,   -   ,   -   ,   -
$a_2 R^1 a_1$, $a_2 I^1 a_2$, $a_2 R^1 a_3$, $a_2 R^1 a_4$,   -   , $a_2 R^1 a_6$
$a_3 P^1 a_1$, $a_3 R^1 a_2$, $a_3 I^1 a_3$, $a_3 R^1 a_4$,   -   , $a_3 R^1 a_6$
$a_4 P^1 a_1$, $a_4 R^1 a_2$, $a_4 R^1 a_3$, $a_4 I^1 a_4$,   -   , $a_4 P^1 a_6$
$a_5 P^1 a_1$, $a_5 P^1 a_2$, $a_5 P^1 a_3$, $a_5 P^1 a_4$, $a_5 I^1 a_5$, $a_5 P^1 a_6$
$a_6 P^1 a_1$, $a_6 R^1 a_2$, $a_6 R^1 a_3$,   -   ,   -   , $a_6 I^1 a_6$

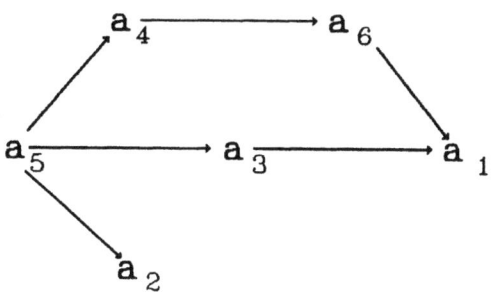

Abb. 61: Graphische Darstellung der partiellen Präordnung nach PROMETHEE I

Das Ergebnis von PROMETHEE I läßt sich durch einen gerichteten Graphen wiedergeben (vgl. Abbildung 61). Die Aktionen a_1, a_2, a_3, a_4, a_5 und a_6 bilden die Eckenmenge dieses Graphen. In dem Graphen führt genau dann eine Kante von a_i nach a_j, wenn $a_i P^1 a_j$ gilt. Die Unvergleichbarkeit zweier Aktionen wird dadurch deutlich, daß zwischen ihnen keine Kante existiert. Bei Indifferenz $a_i I^1 a_j$ entfällt die Pfeilspitze der Kante zwischen a_i und a_j.

Auswertung nach PROMETHEE II

Mit Hilfe der Nettoflüsse ergibt sich sofort die vollständige Präordnung (P^2, I^2) nach PROMETHEE II:

$a_1 I^2 a_1$,   -   ,   -   ,   -   ,   -   ,   -
$a_2 P^2 a_1$, $a_2 I^2 a_2$, $a_2 P^2 a_3$, $a_2 P^2 a_4$,   -   , $a_2 P^2 a_6$
$a_3 P^2 a_1$,   -   , $a_3 I^2 a_3$,   -   ,   -   ,   -
$a_4 P^2 a_1$,   -   , $a_4 P^2 a_3$, $a_4 I^2 a_4$,   -   , $a_4 P^2 a_6$
$a_5 P^2 a_1$, $a_5 P^2 a_2$, $a_5 P^2 a_3$, $a_5 P^2 a_4$, $a_5 I^2 a_5$, $a_5 P^2 a_6$
$a_6 P^2 a_1$,   -   , $a_6 P^2 a_3$,   -   ,   -   , $a_6 I^2 a_6$

Dieser Ordnung entspricht der Graph aus Abbildung 62. Die komplexe Struktur im Ergebnis von PROMETHEE I wird hier zu einer einfachen linearen Struktur mit einem weitaus geringeren Informationsgehalt. Insbesondere verschwinden jetzt die Unvergleichbarkeiten zwischen Aktionen, die bei PROMETHEE I noch mehrfach auftraten.

$a_5 \longrightarrow a_2 \longrightarrow a_4 \longrightarrow a_6 \longrightarrow a_3 \longrightarrow a_1$

Abb. 62: Graphische Darstellung der vollständigen Präordnung nach PROMETHEE II

Hinweise auf mehrere praktische Anwendungen von PROMETHEE in jüngster Zeit finden sich in den Referenzen von [Brans/Mareschal, 1990].

12.4 Gemeinsamkeiten von ELECTRE und PROMETHEE

Wie die Outranking-Verfahren PROMETHEE und ELECTRE im einzelnen ablaufen, zeigten die beiden vorangehenden Abschnitte. Trotz aller Unterschiede in algorithmischen Details haben beide Verfahrenstypen einige charakteristische Eigenschaften gemeinsam, die hier einmal zusammengestellt seien.

Paarweise Vergleiche

Beide Verfahren gehen von dem Vergleich je zweier Alternativen bezüglich je eines Kriteriums aus. Den Vergleichen können recht willkürliche Meß- oder Bewertungsskalen für jedes Kriterium zugrunde gelegt werden, da sie sich jeweils nur auf ein Kriterium beziehen und nicht Werte verschiedener Skalen direkt zu aggregieren sind. Daraus ergeben sich für jedes Paar von Alternativen im Hinblick auf alle Kriterien Größen, die die alleinige Grundlage für die weiteren Dominanzbetrachtungen bilden, nämlich die Konkordanz- und Diskordanzindizes bei ELECTRE und die reellen Zahlenwerte der Outranking-Relation bei PROMETHEE.

Insbesondere wird also nicht zu Anfang der Verfahren ein absoluter Gesamtwert aus den Zielausprägungen für die einzelnen Alternativen ermittelt. Vielmehr werden stets nur Aussagen über Paare von Alternativen gemacht.

Schwellenwerte

In beiden Verfahrensklassen sind Fühlbarkeitsschwellen eingebaut. Bei ELECTRE handelt es sich um Schwellenwerte für die Diskordanz und die Konkordanz, bei PROMETHEE um Schwellenwerte für die Abgrenzung von Präferenz- und Indifferenzbereichen in den verallgemeinerten Kriterien. Damit werden in Dominanzbehauptungen erst solche Unterschiede der Zielausprägungen wirksam, die der Entscheidungsträger für wirklich bedeutsam und unterscheidenswert hält.

Eingeschränkte Kompensation

Sehr schlechte Ausprägungen bezüglich eines Kriteriums können nicht immer durch ausgezeichnete Werte in anderen Kriterien ausgeglichen werden. Bei ELECTRE erhebt die Diskordanz Einspruch gegen gewisse Dominanzbeziehungen, bei PROMETHEE I übernimmt der Eingangsfluß die Vetofunktion, falls die Dominanz einer Alternative über eine andere nicht ganz eindeutig ist.

Unvergleichbarkeit gewisser Alternativen

Sowohl ELECTRE als auch PROMETHEE I liefern im allgemeinen keine vollständige Rangordnung der Alternativen als Ergebnis, sondern stellen gegebenenfalls auch die Unvergleichbarkeit von Alternativen fest.

Implementierung

ELECTRE und PROMETHEE wurden auf Computern implementiert. Für ELECTRE gibt es allerdings bislang nur rein wissenschaftliche Versionen, die auf Großrechnern zu betreiben sind. Dagegen existieren für PROMETHEE relativ benutzerfreundliche PC-Versionen.

Kapitel IV: Entscheidungstechnologische Ansätze

Literatur zu §12

zu 12.1 Ausgangspunkte des Outranking

Benayon, R./Roy, B./Sussmann, B.: 1966, ELECTRE: Une méthode pour le guider le choix en présence de points de vue multiples
   Note de travail No. 49 (juin 1966)
   SEMA (Metra International), Direction Scientifique

Fishburn, Peter C.: 1970, Utility Theory for Decision Making, 234 Seiten
   John Wiley & Sons, Inc. 1970, New York/London/Sydney/ Toronto
   S. 27

Roy, Bernard: 1990, Decision-Aid And Decision-Making, S. 17-35
   in: Bana e Costa, Carlos A. (Herausgeber):
   Readings in Multiple Criteria Decision Aid, 660 Seiten
   Springer-Verlag, Berlin/Heidelberg/New York/Tokyo 1990

Roy, Bernard: 1980, Selektieren, Sortieren und Ordnen mit Hilfe von Prävalenzrelationen: Neue Ansätze auf dem Gebiet der Entscheidungshilfe für Multikriteria-Probleme
   (deutsch von Arno Jaeger und Heinz-Michael Winkels)
   Zeitschrift für betriebswirtschaftliche Forschung, Gabler-Verlag, Wiesbaden, 32. Jahrgang, 1980
   S. 465-497

Vincke, Philippe: 1986, Analysis of multicriteria decision aid in Europe
   European Journal of Operational Research, Band 25, 1986
   S. 160-168

zu 8.2 ELECTRE

Hwang, Chin-Lai/ Yoon, Kwangsun: 1981, Multiple Attribute Decision Making, Methodes and Applications, 259 Seiten
   Springer-Verlag, Berlin/Heidelberg/New York 1981
   S. 115-127

Jaeger, Arno: 1987, Bewältigung von Zielkonflikten mit Hilfe von graduellen Relationen, Schwellenwerten und Prävalenzen, S. 69-95
in: Dörfler, W./Fischer, R./Peschek, W. (Herausgeber): Wirtschaftsmathematik in Beruf und Ausbildung, 324 Seiten
(Band 17 der Schriftenreihe "Didaktik der Mathematik")
Gemeinschaftsausgabe der Verlage Hölder-Pichler-Tempsky, Wien und B. G. Teubner, Stuttgart 1987

Roy, Bernard: 1977, Partial Preference Analysis and Decision Aid: The Fuzzy Outranking Relation Concept, S. 40-75
in: Bell, David E./ Keeney, Ralph L./Raiffa, Howard (Herausgeber):Conflicting Objectives in Decisions,
442 Seiten
(Band 1 der "International Series on Applied Systems Analysis")
John Wiley & Sons, Inc. 1977, Chichester/New York/ Brisbane/Toronto

Roy, Bernard: 1990, The Outranking Approach And The Foundations Of ELECTRE Methods, S. 155-183
in: Bana e Costa, Carlos A. (Herausgeber):
Readings in Multiple Criteria Decision Aid, 660 Seiten
Springer-Verlag, Berlin/Heidelberg/New York/Tokyo 1990

Winkels, Heinz-Michael: 1983, Über einige Weiterentwicklungen der ELECTRE-Verfahren, S. 401-411
in: Bühler, W./ Fleischmann, B./Schuster, K. P./Streitferdt, L./Zander, H. (Herausgeber):
Operations Research Proceedings 1982
Springer-Verlag, Berlin/Heidelberg/New York 1983

zu 8.3 PROMETHEE

Brans, J. P./Mareschal, B.: 1990, The PROMETHEE Methods For MCDM; The PROMCALC, GAIA And BANKADVISER Software, S. 216-252
in: Bana e Costa, Carlos A. (Herausgeber):
Readings in Multiple Criteria Decision Aid, 660 Seiten
Springer-Verlag, Berlin/Heidelberg/New York/Tokyo 1990
(* beschreiben neben dem theoretischen Hintergrund der PROMETHEE-Methoden die zugehörige PC-Software, die bei den Autoren Brans und Mareschal erhältlich ist *)

Brans, J. P./Vincke, Ph.: 1985, A Reference Ranking Organisation Method
    Management Science, Volume 31, No. 6, June 1985
    S. 647-656

Brans, J. P./Vincke, Ph./Mareschal, B.: 1986, How to select and how to rank projects: The PROMETHEE method
    European Journal of Operational Research, Volume 24, 1986
    S. 228-238

Jaeger, Arno: 1988, Multikriteria-Analyse im Bankenbereich: Von PROMETHEE zu BANKADVISER
    Die Bank (Zeitschrift für Bankpolitik und Bankpraxis), Heft 6, 1988
    S. 324-328

§13 Entscheiden bei unscharfer Information

Oft kann oder will der menschliche Entscheidungsfäller seine Ziele oder den Lösungsraum, das ist der Raum seiner Handlungsalternativen, nicht in einer Weise beschreiben, daß sie sich mit einer Mathematik modellieren lassen, welche auf der klassischen zweiwertigen Logik beruht. Stattdessen beschreibt der Entscheidungsfäller die Entscheidungssituation ganz subjektiv und entsprechend vage, indem er etwa als Ziele einen "hohen Marktanteil", eine "geringe Umweltbelastung" oder ein "angenehmes Betriebsklima" angibt und als Beschränkungen des Lösungsraums "Die Budgetvorhaben sollten nicht wesentlich überschritten werden", "Die Liquidität sollte nicht zu angespannt sein" oder "Unser Ruf darf durch die Aktionen keine wesentliche Einbuße erleiden", oder indem er von "annehmbaren Gewinnen", "kurzen Transportwegen" und "guten Entwicklungschancen für das Unternehmen" spricht.

Solche nicht-exakten Äußerungen sind zunächst nicht scharf meßbar. Da die Unschärfe aber nicht Ausdruck von stochastischen Phänomenen ist, erweisen sich statistische oder wahrscheinlichkeitstheoretische Methoden zur Modellierung des Problems als ungeeignet. Um das schlecht strukturierte Problem in all seiner Unschärfe doch mit leistungsfähigen Verfahren angemessen abbilden und lösen zu können, wurde das Konzept der unscharfen Mengen (engl. "fuzzy sets") entwickelt.

13.1 Unscharfe Mengen

Es sei X eine Menge von Objekten, die hinsichtlich einer unscharfen Aussage zu bewerten sind und sei $\mu_A: X \to [0,1]$ eine reellwertige, auf das Intervall [0.1] normierte Funktion, die sogenannte *Zugehörigkeitsfunktion*, deren Wert $\mu_A(x)$ für jedes $x \in X$ den Grad angibt, mit dem es der Entscheidungsfäller für wahr hält, daß x die gegebene unscharfe Aussage erfüllt. Damit wird die Frage, ob x die unscharfe Aussage erfüllt, nicht nur in dichotomer Weise mit "Ja" (=1) oder "Nein" (=0) beantwortet, sondern gegebenenfalls auch mit einem "mehr" oder "weniger", was sich durch entsprechende Werte von $\mu_A(x)$ zwischen 0 und 1 wiedergeben läßt.

Die Menge A aller geordneten Paare $(x, \mu_A(x))$, also

$$A = \{(x, \mu_A(x)) \mid x \in X\},$$

heißt eine *Unscharfe Menge auf X*, wo $\mu_A(x)$ für jedes $x \in X$ den *Grad der Zugehörigkeit* von x zu A angibt.

Kapitel IV: Entscheidungstechnologische Ansätze 241

Gilt $\mu_A(x) \in \{0,1\}$ für alle $x \in X$, d.h. nimmt μ_A nur die Werte 0 oder 1 an, so wird durch A eine klassische "scharfe Menge" $\widetilde{A} \subset X$ definiert, deren charakteristische Funktion durch μ_A gegeben ist:

$$\widetilde{A} = \{x \in X \mid \mu_A(x) = 1\} = \{x \in X \mid x \in \widetilde{A}\}$$

Insofern läßt sich eine "unscharfe Menge" als Verallgemeinerung des klassischen Mengenbegriffs verstehen, eine Verallgemeinerung, die auf der Erweiterung der klassischen Element-Beziehung durch die Zugehörigkeitsfunktion fußt. Es wird nicht mehr davon ausgegangen, daß ein Element einer Menge nur zugehören oder nicht zugehören kann, sondern die Zugehörigkeit ist graduell abgestuft.

Beispiele:

a) Sei $X = \{80, 100, 120, 140, 150, 180\}$ die Menge aller möglichen Autobahn-Reisegeschwindigkeiten. Dann könnte die Aussage "x ist eine sichere Autobahngeschwindigkeit" für jede Geschwindigkeit $x \in X$ mit einem Zugehörigkeitsgrad $\mu_A(x)$ bewertet werden und damit die folgende unscharfe Menge A auf X definieren:

$$A = \{x, \mu_A(x) \mid x \in X\} = \{(80, 0.5,); (100, 0.7); (120, 1.0); (140, 0.9); (160, 0.6); (180, 0.0)\}$$

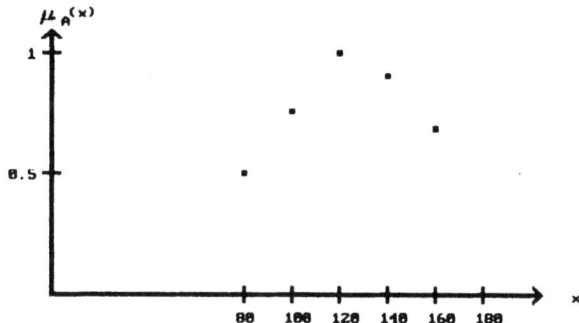

Abb. 63: Unscharfe Menge "sichere Autobahngeschwindigkeit"

b) Eine **unscharfe Zahl** (engl. "fuzzy number") ist eine unscharfe Menge M auf der Menge $\mathbb{R}$ der reellen Zahlen, für deren Zugehörigkeitsfunktion $\mu_M: \mathbb{R} \to [0,1]$ gilt:

(i) $\mu_M(x)$ ist eine konkave Funktion von $x \in \mathbb{R}$
(ii) μ_M ist stückweise stetig
(iii) Es gibt genau ein $x_0 \in \mathbb{R}$ mit $\mu_M(x_0) = 1$.

So kann etwa der vage Begriff "ungefähr 10" für eine Person durch folgende unscharfe Zahl gegeben sein:

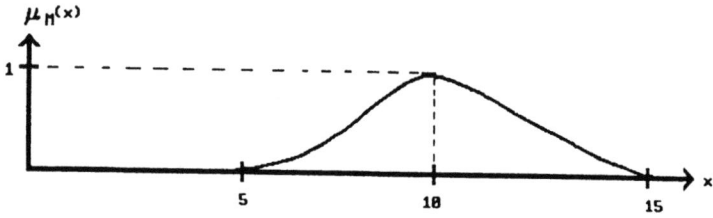

Abb. 64: Unscharfe Zahl "ungefähr 10"

bzw. $M = \{(x, \mu_M(x)) \in \mathbb{R}^2 \mid \mu_M(x) = (1 + (x-10)^2)^{-1}\}$

c) Eine linguistische Variable ist eine Funktion, deren Werte nicht Zahlen, sondern Worte oder Sätze in einer natürlichen oder künstlichen Sprache sind; die Funktionswerte sind sogenannte "Terme". Eine formale Definition einer linguistischen Variable findet sich bei [Zimmermann, 1991, Seite 132ff.].

So kann etwa die linguistische Variable mit der Bezeichnung "Alter" die Terme "sehr jung", "jung", "alt", "sehr alt" als Werte besitzen, die allesamt wiederum unscharfe Mengen über einer gemeinsamen Basisvariablen sind, nämlich unscharfe Mengen auf der Menge {0,1,2,3,...,100} aller möglichen Lebensalter in Jahren.

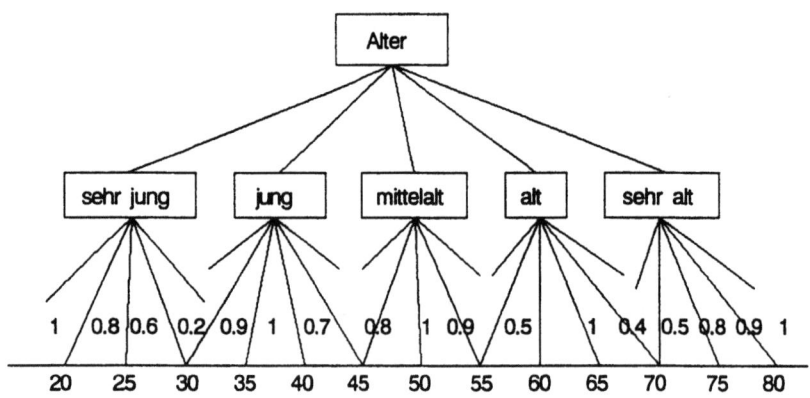

Abb. 65: Linguistische Variable "Alter" (in Anlehnung an [Rommelfanger, 1988, S. 280])

Kapitel IV: Entscheidungstechnologische Ansätze 243

13.2 Operationen mit unscharfen Mengen

Gegeben sei eine Menge X und zwei unscharfe Mengen A und B auf X, wobei

$$A=\{(x,\mu_A(x))\mid x\in X\} \quad \text{und} \quad B=\{(x,\mu_B(x))\mid x\in X\} \text{ sei.}$$

Dann liefern Operationen wie Durchschnitt, Vereinigung, Produkt und Summe der beiden unscharfen Mengen wieder eine unscharfe Menge auf X, deren Zugehörigkeitsfunktion sich durch gewisse punktweise Verknüpfungen der Zugehörigkeitsfunktionen μ_A und μ_B ergeben. Exemplarisch wird im folgenden die Durchschnittsbildung und die Vereinigung näher betrachtet und auf die Konsequenzen hingewiesen, die mit der Wahl bestimmter Operationen verbunden sind.

Zunächst wird von den zahlreichen Operatorenpaaren, die für den Durchschnitt und die Vereinigung unscharfer Mengen in der Literatur vorgeschlagen wurden, eines der bekanntesten vorgestellt, nämlich das Operatorenpaar Minimum- und Maximum-Operator von Zadeh.

Der *__Durchschnitt__* von A und B ist definiert als

$$A\cap B:=\{(x,\mu_{A\cap B}(x)\mid x\in X\}$$
$$\text{mit } \mu_{A\cap B}(x):=\min\{\mu_A(x),\mu_B(x)\} \text{ für alle } x\in X.$$

Dies ist die Definition mit dem sogenannten Minimum-Operator von Zadeh, der den Durchschnitt stets aufgrund des jeweils kleineren Zugehörigkeitsgrades bildet. $\mu_{A\cap B}(x)$ gibt an, zu welchem Grad das Element $x\in X$ zu der Menge A __und__ zu der Menge B gehört. Dem Durchschnitt von A und B entspricht die Verknüpfung der beiden unscharfen Begriffe, die durch A und B beschrieben werden, mittels des logischen "und".

Die *__Vereinigung__* von A und B ist definiert als

$$A\cup B:=\{(x,\mu_{A\cup B}(x)\mid x\in X\}$$
$$\text{mit } \mu_{A\cup B}(x):=\max\{\mu_A(x),\mu_B(x)\} \text{ für alle } x\in X.$$

Dies ist die Definition mit dem sogenannten Maximum-Operator von Zadeh, der bei der Vereinigung nur den jeweils höchsten Zugehörigkeitsgrad berücksichtigt. $\mu_{A\cup B}(x)$ gibt an, zu welchem Grad die Elemente $x\in X$ zu der Menge A __oder__ zu der Menge B gehören; dabei ist das "oder" im nichtausschließenden Sinne gemeint. Der Vereinigung von A und B entspricht die Verknüpfung der beiden unscharfen Begriffe, die durch A und B beschrieben werden, durch das logische "inklusive oder".

Beispiel: Gegeben seien zwei unscharfe Mengen A und B über den reellen Zahlen, deren Zugehörigkeitsfunktionen μ_A und μ_B die folgende Abbildung zeigt. Ebenfalls sieht man dort die Zugehörigkeitsfunktionen $\mu_{A\cap B}$ des Durchschnitts $A\cap B$ und $\mu_{A\cup B}$ der Vereinigung $A\cup B$.

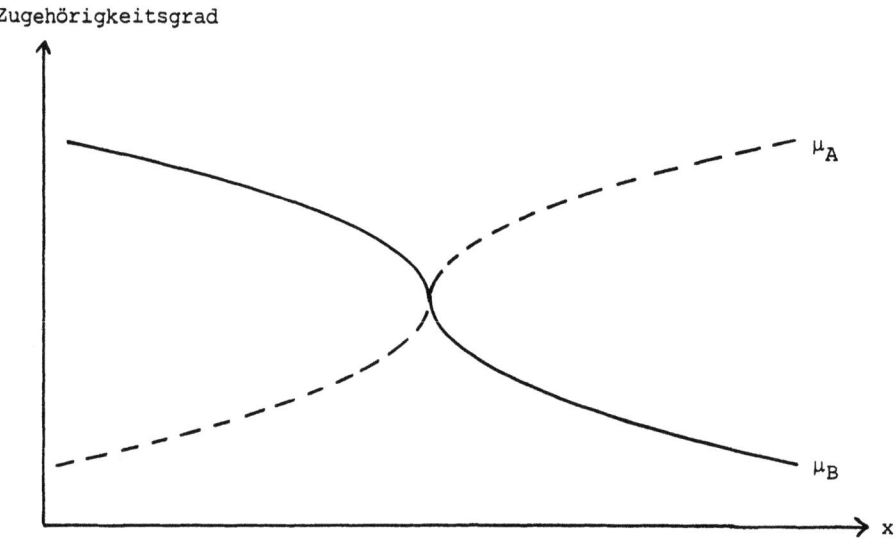

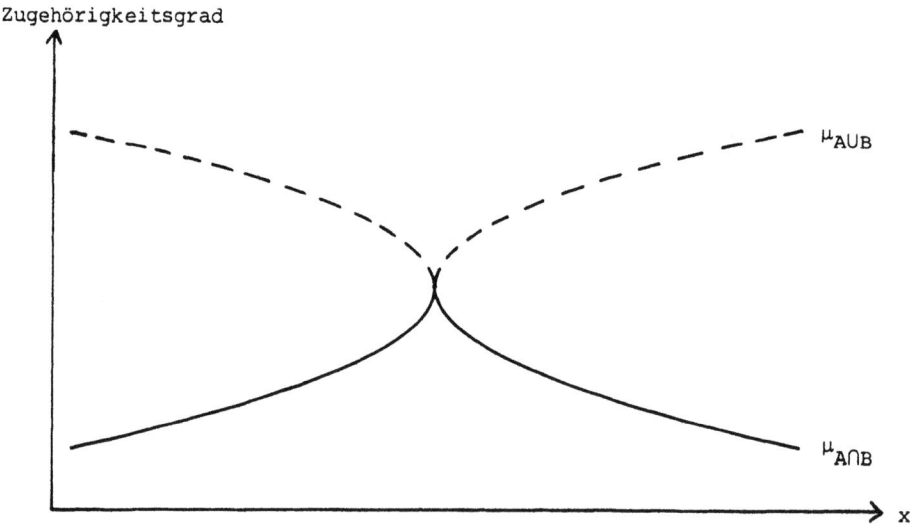

Abb. 66: *Veranschaulichung der Vereinigung zweier unscharfer Mengen mit dem Maximum-Operator (gestrichelte Linie) und des Durchschnitts zweier unscharfer Mengen mit dem Minimum-Operator (durchgezogene Linie)*

Kapitel IV: Entscheidungstechnologische Ansätze 245

Das von Zadeh vorgeschlagene System von Operatoren ist in sich widerspruchsfrei und läßt sich axiomatisch rechtfertigen. Mit anderen Axiomensystemen lassen sich jedoch auch andere Operatoren herleiten, wie es etwa Hamacher gezeigt hat (vgl. [Hamacher, 1978]). Zum Beispiel gibt es sogenannte T-Normen (vgl. [Bonissone/Decker, 1986, S. 220]), sogenannte S-Normen (auch T-Conormen genannt, vgl. [Bonissone/Decker, 1986, S. 220]) und sogenannte mittelnde oder Averaging Operatoren (vgl. [Dubois/Prade, 1984, S. 221]). Setzt man für zwei unscharfe Mengen A und B auf einer Menge X bei beliebigem, festem x∈X abkürzend

$$a = \mu_A(x) \quad \text{und} \quad b = \mu_B(x)$$

und bezeichnet T irgendeine T-Norm, Av irgendeinen Averaging Operator sowie S irgendeine S-Norm, so gilt (vgl. [Bonissone/ Decker, 1986, S. 221])

$$T(a,b) \leq \min(a,b) \leq Av(a,b) \leq \max(a,b) \leq S(a,b).$$

Wohin diese Operatoren abbilden, veranschaulicht mit den unscharfen Mengen A und B des vorigen Beispiels die Abbildung 67.

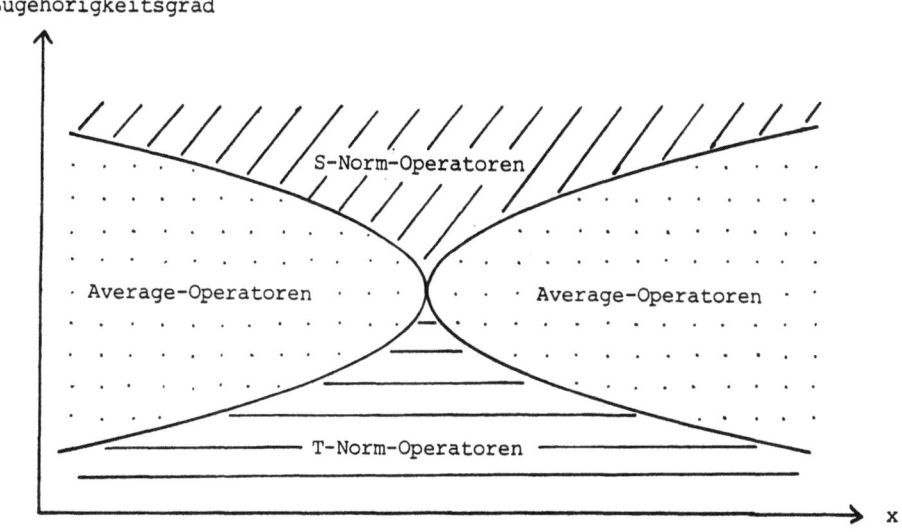

Abb. 67: Verknüpfung zweier unscharfer Mengen durch verschiedene Operatoren

Vom Standpunkt des Anwenders bleibt aber die Frage, ob die Operatoren tatsächlich das wiedergeben, was ein Mensch ausdrücken will, wenn er bei der Beschreibung eines Entscheidungsproblems die Worte "und" bzw. "oder" benutzt. Diese Schwierigkeit illustriert die folgende Abbildung über das Verhältnis zwischen dem Durchschnitt unscharfer Mengen und dem linguistischen "und". Wirkt der Minimum-Operator von Zadeh bei der Durchschnittsbildung zweier unscharfer Mengen immer genau so, wie es auf der sprachlichen Ebene das Wort "und" mit den beiden Begriffen tut, die durch die beiden unscharfen Mengen modelliert wurden?

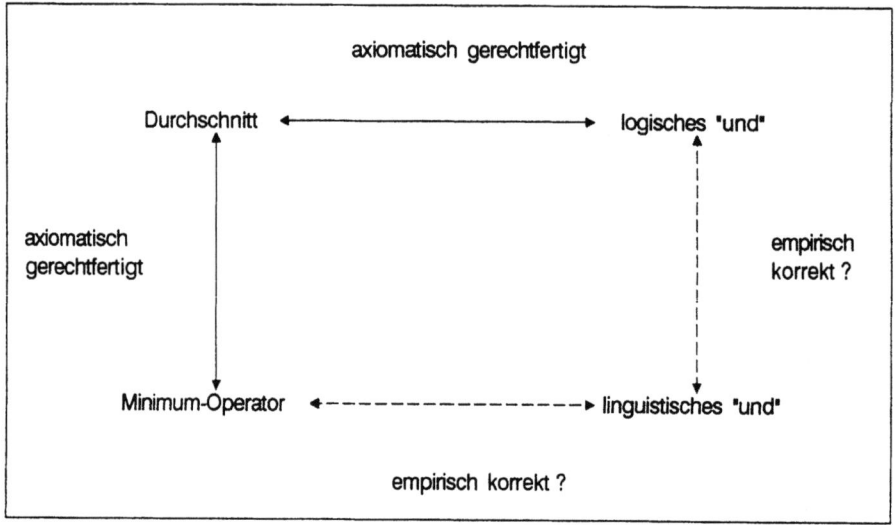

Abb. 68: Verhältnis des linguistischen "und" zum mengentheoretischen Durchschnitt

Es ist sehr unwahrscheinlich, daß Menschen mit "und" immer das gleiche meinen. Gerade das setzt aber eine Modellierung voraus, die z.B. stets nur den Minimum-Operator verwendet. Statt dessen sollte auch bei der Modellierung von Entscheidungsproblemen aus der Vielzahl von möglichen Operatoren jeweils ein Operator benutzt werden, der der Situation angemessen ist und das Verhalten des Entscheidungsfällers möglichst gut annähert, wenn er unscharfe Vorstellungen von Zielen und Einschränkungen miteinander verknüpft. In empirischen Untersuchungen dazu hat sich der γ-Operator von Zimmermann-Zysno als besonders anpassungsfähig und geeignet erwiesen, vgl. [Zimmermann, 1987 b, S. 51-54] und [Zimmermann/Zysno, 1980].

Als weitere Kriterien für die Auswahl eines passenden Operators seien erwähnt:

> rechnerische Effizienz, z.B. ist der Minimum-Operator sehr leicht auswertbar, während der γ-Operator einigen Aufwand erfordert,

Kapitel IV: Entscheidungstechnologische Ansätze

Kompensationsfähigkeit oder Kompromißfreundlichkeit, damit wird erfaßt, ob und wie gut sich für einen einzelnen festen Wert x Veränderungen in $\mu_A(x)$ durch Veränderungen in $\mu_B(x)$ durch die Verknüpfung ausgleichen lassen, so daß der aggregierte Operatorwert unverändert bleibt. So gestattet z.B. der Minimum-Operator von Zadeh keinen Ausgleich zwischen niedrigen und hohen Zugehörigkeitswerten. Unabhängig von der Entscheidungssituation erlaubt der Minimum-Operator niemals Kompromisse (vgl. [Zimmermann, 1991, S. 39-44]).

13.3 Unscharfe Entscheidungen

1. In klassischen Entscheidungsmodellen werden erlaubte Aktionen und unerlaubte Aktionen scharf voneinander abgegrenzt und so ein scharfer Zulässigkeitsbereich für die Handlungsalternativen festgelegt. Praktisch ist eine solche Festlegung aber oft nicht möglich oder es muß ein unverhältnismäßig hoher Aufwand betrieben werden, um die Unschärfe der Problembeschreibung durch zusätzliche Informationsbeschaffung zu beseitigen. Anforderungen wie etwa "gewisse Kapazitätsbeschränkungen sollten möglichst eingehalten werden" oder "die Wartungskosten dürfen 10 Prozent des Umsatzes nicht wesentlich überschreiten" lassen sich nur schwer in klassischer Art angemessen wiedergeben.

2. In klassischen Entscheidungsmodellen werden Restriktionen und Zielfunktionen streng voneinander getrennt, obwohl es dem Entscheidungsfäller oft schwer fällt zu sagen, was von seinen Vorstellungen die "Ziele" und was die "Nebenbedingungen" sind.

Beiden aufgezeigten Schwierigkeiten kann man begegnen, wenn man den klassischen Entscheidungsbegriff erweitert. Dazu sehe man eine klassische Entscheidung für eine Aktion als die Wahl der Handlungsalternative an, die zulässig <u>und</u> optimal ist. Mit anderen Worten, die bestmögliche Handlungsalternative gehört sowohl zu der Menge der zulässigen (oder erlaubten) Lösungen als auch zu der Menge der Alternativen mit höchstem Nutzen, sie liegt in der Schnittmenge der beiden Mengen "zulässige Lösungen" und "optimale Lösungen". In dieser Definition erscheinen Ziele und Restriktionen völlig symmetrisch zueinander. Statt nun unsymmetrisch vorzugehen und in der Menge der zulässigen Lösungen wie klassisch üblich nach der Lösung mit maximalem Nutzen zu suchen, behandelt die folgende Definition von Bellman und Zadeh Ziele und Restriktionen symmetrisch.

Definition:
Sind in einem Entscheidungsmodell sowohl die "Zielfunktionen" als auch die den "Lösungsraum beschränkenden Funktionen" als unscharfe Mengen Z_i bzw. R_j über einer gemeinsamen Menge X darstellbar ($1 \leq i \leq n$, $1 \leq j \leq m$), so ist eine **unscharfe Entscheidung** D die unscharfe Menge, die sich als Durchschnitt aller relevanten unscharfen Mengen ergibt, also

$$D = Z_1 \cap Z_2 \cap \ldots \cap Z_n \cap R_1 \cap R_2 \cap \ldots \cap R_m$$

Jede Alternative $x_0 \in X$, die einen maximalen Zugehörigkeitsgrad zur unscharfen Entscheidung D besitzt, d.h., für die $\mu_D(x_0) = \max_{x \in X} \mu_D(x)$ gilt, heißt **optimale Entscheidung** oder **maximierende Entscheidung**.

Um die Schnittmenge D errechnen zu können, ist zunächst festzulegen, wie die Schnittmenge zweier oder mehrerer unscharfer Mengen bestimmt wird. Welcher Schnittoperator verwendet werden sollte, hängt von der jeweiligen Entscheidungssituation ab, nämlich davon, wie der Entscheidungsfäller in seiner Problembeschreibung "Ziele" sowie "Restriktionen" benutzt. Anders ausgedrückt, versteht man Zielfunktionen und die den Lösungsraum beschränkenden Funktionen ganz allgemein als Anforderungen an das Entscheidungsproblem, so beruht die Wahl des geeigneten Schnittoperators darauf, in welchem Sinne das linguistische "und" in der Aufgabenstellung

```
Gesucht wird eine Alternative, die möglichst gut
Anforderung 1 und Anforderung 2 und Anforderung 3
und... erfüllt.
```

zu verstehen ist.

Die Definition einer <u>optimalen</u> unscharfen Entscheidung x_0 richtet den Begriff Optimalität nur an dem maximalen Zugehörigkeitsgrad μ_D aus, der sowohl bei allen Zielen als auch bei allen Restriktionen mindestens gegeben ist, wenn man den Minimum-Operator von Zadeh für die Durchschnittsbildung zugrunde legt. Möglicherweise ist aber selbst der Zugehörigkeitsgrad $\mu_D(x_0) = \max_{x \in X} \mu_D(x)$ noch sehr klein und damit der Entscheidungsvorschlag weder besonders optimal hinsichtlich der Ziele noch besonders zulässig im Blick auf die Restriktionen. Deshalb ist es in Einzelfällen vielleicht empfehlenswert, dem Entscheidungsträger die unscharfe Menge D nicht vorzuenthalten, oder ihn wenigstens darauf hinzuweisen, daß er höhere Zielwerte auf Kosten geringerer

Kapitel IV: Entscheidungstechnologische Ansätze

Zulässigkeit bzw. stärkere Zulässigkeit bei kleineren Zielwerten erreichen kann.

Beispiel: (aus [Zimmermann, 1987 b, S. 47-49])
Ein Vorstand will die "optimale" Dividende bestimmen, die den Aktionären anzubieten ist. Diese Dividende soll aus finanzpolitischen Gründen "attraktiv" sein. Die Zielvorstellung einer attraktiven Dividende sei durch folgende unscharfe Menge Z darstellbar.

$$\mu_Z(x) = \begin{cases} 1 & \text{, falls } x \geq 5,8 \\ \dfrac{25}{6912} \cdot (41-87x+51x^2-5x^3) & \text{, falls } 1 \leq x \leq 5,8 \\ 0 & \text{, falls } x \leq 0 \end{cases}$$

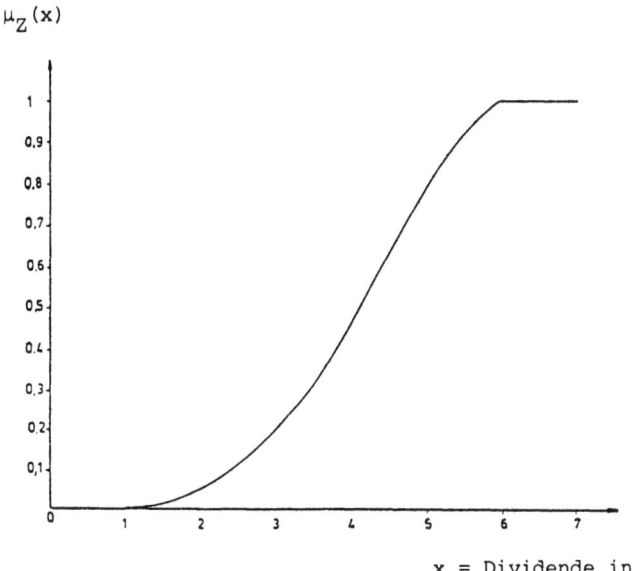

x = Dividende in %

Abb. 69: "Attraktive" Dividende

Als Einschränkung gilt die Forderung, daß die Dividende aus lohnpolitischen Erwägungen heraus "bescheiden" sein müsse. Die unscharfe Menge R der als bescheiden zu bezeichnenden Dividende zeigt die Abbildung 70.

$$\mu_R(x) = \begin{cases} 1 & \text{, falls } x \le 1,2 \\ \dfrac{25}{6912} \cdot (216+108x-54x^2+5x^3) & \text{, falls } 1,2 \le x \le 6 \\ 0 & \text{, falls } x > 6 \end{cases}$$

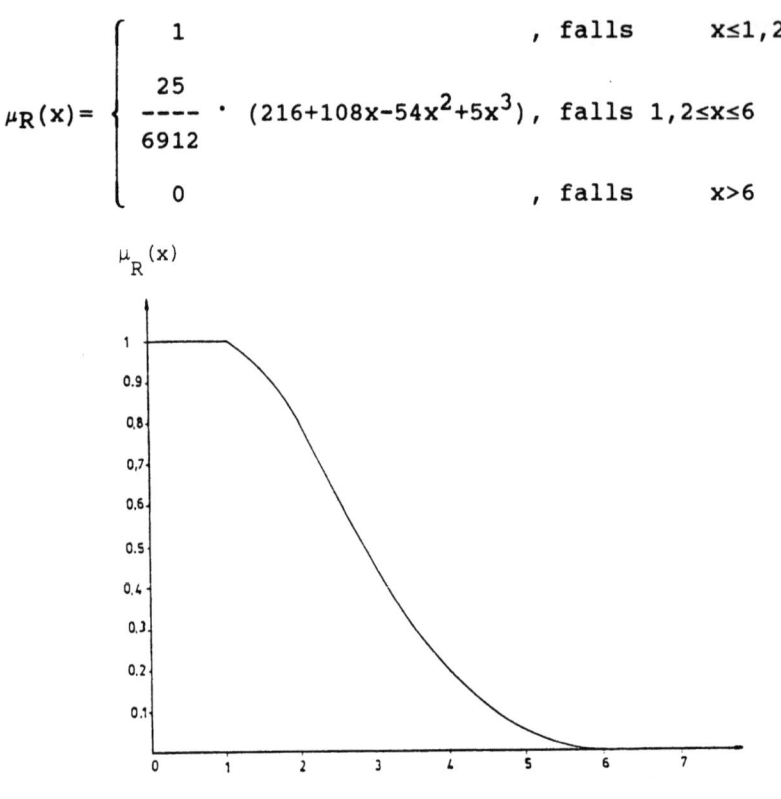

Abb. 70: "Bescheidene" Dividende

Verwendet man den Minimum-Operator von Zadeh, um den Durchschnitt von R und Z zu bilden, ergibt sich die unscharfe Entscheidung D "optimale" Dividende als unscharfe Menge $D = R \cap Z$ mit

$\mu_D(x) = \min\{\mu_Z(x), \mu_R(x)\}$, $x \in X$ = Menge aller Dividenden.

Als optimale unscharfe Entscheidung $x_0 \in X$ ergibt sich die Dividende $x_0 = 3,5\%$ mit

$$\max_{x \in X} \mu_D(x) = \mu_D(x_0) = \frac{3671,875}{6912} \approx 0,531.$$

Man beachte, daß es für die Modellierung der unscharfen Entscheidung "optimale" Dividende gleichgültig ist, die Anforderungen "Bescheidenheit" und "Attraktivität" an die Dividende in Ziele und Restriktionen zu unterscheiden. Ob nun eine bescheidene Dividende das Ziel ist, die gewissen Ansprüchen der Aktionäre genügen muß als Nebenbedingung, oder ob eine attraktive Dividende das Ziel ist, die die Restriktion "Bescheidenheit" erfüllen muß, spielt keine Rolle. Aufgrund der völlig symmetrischen

Behandlung von Zielen und Restriktionen durch obige Definition ergibt sich in beiden Fällen die gleiche unscharfe Entscheidung D, wie sie in Abbildung 71 dargestellt ist.

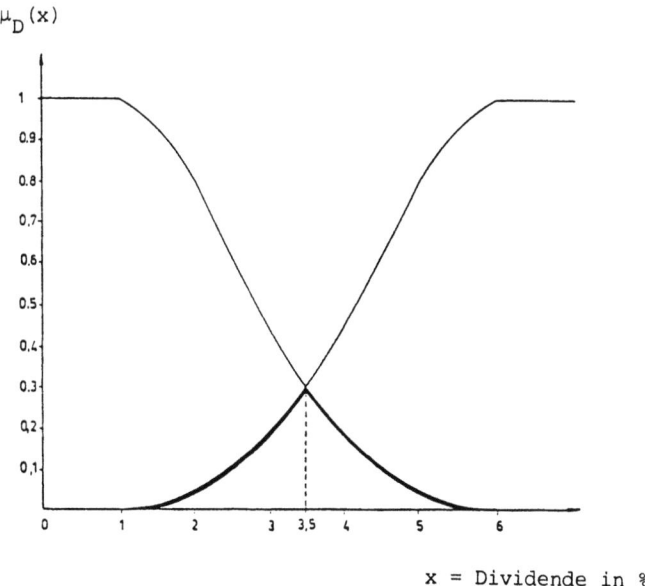

Abb. 71: "Optimale" Dividende x_0

13.4 Unscharfe Mengen beim MODM

Dadurch, daß Ziele und Restriktionen völlig symmetrisch bei einer unscharfen Entscheidung behandelt werden, unterscheiden sich Probleme mit einer Zielfunktion und (m-1) Restriktionen in ihrer Struktur nicht von Problemen mit n Zielfunktionen und (m-n) Restriktionen; dabei seien m und n beliebige natürliche Zahlen mit m≥n. Damit sind übliche Vektormaximum-Modelle bzw. MODM-Probleme mit Hilfe des Konzepts unscharfer Mengen grundsätzlich so lösbar wie "einfache" unscharfe Entscheidungsmodelle mit nur einer Zielfunktion.

Als Lösungsmittel dient hier oft unscharfes mathematisches Programmieren, vgl. z.B. [Rommelfanger, 1988, Kapitel 7 und 8] und [Zimmermann, 1987 a, Kapitel 4 und 5]. Im folgenden wird exemplarisch das lineare Vektormaximumproblem mit der Theorie unscharfer Mengen gelöst.

13.4.1 Unscharfe Version des linearen Vektormaximumproblems

Es seien die Matrizen $A \in \mathbb{R}^{m \times n}$, $D \in \mathbb{R}^{l \times n}$, $C \in \mathbb{R}^{k \times n}$ und die Vektoren $b \in \mathbb{R}^m$, $e \in \mathbb{R}^l$ gegeben mit k,l,m,n allesamt natürliche Zahlen einschließlich 0. Dann lautet das lineare MODM-Problem oder lineare Vektormaximierungsproblem über den Entscheidungsvariablen $x \in \mathbb{R}^n$:

(1)
$$\begin{aligned} \text{"max"} \quad & z = Cx \\ \text{s.d.} \quad & Ax \leq b \\ & Dx \leq e \\ & x \geq 0 \end{aligned}$$

Dabei bedeutet "max", daß alle k Zielfunktionen $z_j = C_{j\text{-te Zeile}} \cdot x$, $1 \leq j \leq k$, gleichzeitig über dem angegebenen Zulässigkeitsbereich zu maximieren sind.

Nun wird angenommen, daß weder die k Zielfunktionen im strengen Sinne zu maximieren sind, noch die Nebenbedingungen $Ax \leq b$ streng im Sinne des "≤" einzuhalten sind.

Die ursprüngliche Optimierung "max" $z = C \cdot x$ in (1) wandelt sich bei der unscharfen Version des Vektormaximumproblems zu einem Einhalten von konstanten Anspruchsniveaus $z^0 \in \mathbb{R}^k$ in der Form $z^0 \lessapprox Cx$. Die ursprünglich scharfen Nebenbedingungen $Ax \leq b$ werden zu der Forderung $Ax \lessapprox b$ abgeschwächt, so daß hinsichtlich dieser Nebenbedingungen nicht mehr wie in (1) strikt zwischen zulässigen und unzulässigen Punkten $x \in \mathbb{R}^n$ unterschieden wird. Dabei ist das Zeichen "$\lessapprox$" komponentenweise als "ungefähr gleich oder möglichst kleiner" zu interpretieren und bei einer konkreten Anwendung zu präzisieren.

Dann lautet eine unscharfe Version des Problems (1):

(2)
$$\begin{aligned} z^0 & \lessapprox Cx \\ Ax & \lessapprox b \\ Dx & \leq e \\ x & \geq 0 \end{aligned}$$

Man könnte weitere unscharfe Programmierungsprobleme formulieren, bei denen z.B. die Koeffizienten unscharfe Zahlen sind, doch soll hier nur Problem (2) näher betrachtet

Kapitel IV: Entscheidungstechnologische Ansätze 253

werden.
Setzt man

$$B := \begin{pmatrix} -c \\ A \end{pmatrix} \in \mathbb{R}^{(k+m) \times n} \quad \text{und} \quad d := \begin{pmatrix} -z^0 \\ b \end{pmatrix} \in \mathbb{R}^{k+m}$$

sowie
$$E := \begin{pmatrix} D \\ E_n \end{pmatrix} \in \mathbb{R}^{(l+n) \times n} \quad \text{und} \quad f := \begin{pmatrix} e \\ 0 \end{pmatrix} \in \mathbb{R}^{l+n}$$

mit E_n = n-dimensionale Einheitsmatrix, dann läßt sich (2) kürzer schreiben als

(3)
$$\boxed{\begin{array}{l} Bx \lesssim d \\ Ex \leq f \end{array}}$$

Um das unscharfe Problem (3) als Entscheidungsproblem mit den bisher zur Verfügung gestellten Mitteln lösen zu können, muß jede der (k+m+l+n) Zeilen von (3) durch eine unscharfe Menge dargestellt werden, die ausdrückt, zu welchem Grade die Entscheidungsvariable $x \in \mathbb{R}^n$ die entsprechende Ungleichung erfüllt.

Die Zugehörigkeitsfunktion μ_i für die i-te der insgesamt (k+m) unscharfen Ungleichungen $Bx \lesssim d$ ergibt sich aus den folgenden Überlegungen:

$\mu_i((Bx)_i) = 0$, falls die i-te Ungleichung $(Bx)_i \leq d_i$ derart "stark" verletzt wird, daß es der Entscheidungsfäller nicht mehr akzeptieren kann, d.h. mit einer Toleranzgrenze $p_i > 0$, falls $(Bx)_i > d_i + p_i$

$\mu_i((Bx)_i) \in [0,1]$, falls $(Bx)_i \leq d_i$ "mehr oder weniger stark" verletzt wird, d.h., falls $d_i < (Bx)_i \leq d_i + p_i$

$\mu_i((Bx)_i)$ ist monoton fallend als Funktion von $(Bx)_i$, weil der Entscheidungsfäller kleinere Überschreitungen von d_i eher toleriert als größere

$\mu_i((Bx)_i) = 1$, falls die i-te Ungleichung $(Bx)_i \leq d_i$ "voll erfüllt" wird, d.h., falls $(Bx)_i \leq d_i$

Der einfachste Typ von Zugehörigkeitsfunktionen mit diesen Eigenschaften sind lineare Funktionen, die über dem sogenannten **_Toleranzintervall_** $[d_i, d_i + p_i]$ monoton fallen. Dann ist die Zugehörigkeitsfunktion μ_i der i-ten unscharfen Ungleichung $(Bx)_i \lesssim d_i$ gegeben durch

(4) $\mu_i(x) = \mu_i((Bx)_i) = \begin{cases} 1 & \text{, falls } (Bx)_i \leq d_i \\ 1 - \dfrac{(Bx)_i - d_i}{p_i} & \text{, falls } d_i < (Bx)_i \leq d_i + p_i \\ 0 & \text{, falls } d_i + p_i < (Bx)_i \end{cases}$

für $i = 1, 2, \ldots, k+m$.

Abbildung 72 zeigt den Verlauf einer linearen Zugehörigkeitsfunktion der Art (4).

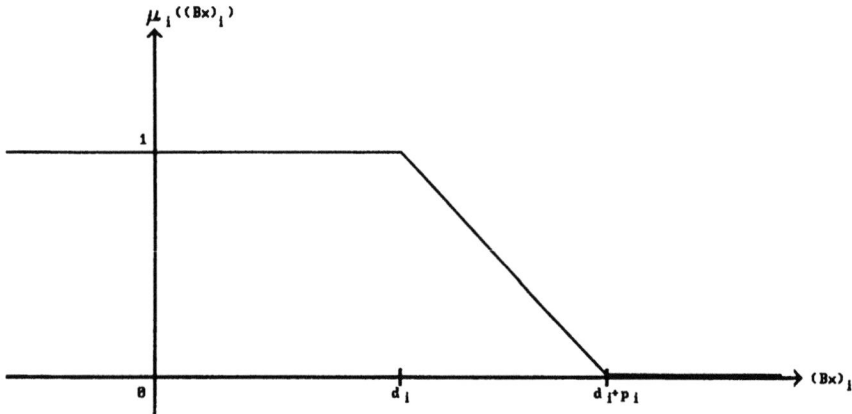

Abb. 72: **Lineare Zugehörigkeitsfunktion der unscharfen Ungleichung** $(Bx)_i \lesssim d_i$

Die unscharfe Menge zu einer der insgesamt (1+n) scharfen Ungleichungen $Ex \leq f$ besitzt die Zugehörigkeitsfunktion

(5) $\mu_i(x) = \mu_j((Ex)_j) = \begin{cases} 1, & \text{falls } (Ex)_j \leq f_j \\ 0, & \text{falls } (Ex)_j > f_j \end{cases}$

für $i = k+m+j$ und $j = 1, 2, \ldots, 1+n$.

Abbildung 73 veranschaulicht die Zugehörigkeitsfunktion einer scharfen Ungleichung.

Die Toleranzgrößen p_i, $1 \leq i \leq k+m$, sind positive reelle Zahlen, die der Entscheidungsfäller vorgibt, und implizieren eine Gewichtung der unscharfen Ungleichungen. Hält der Entscheidungsfäller eine Ungleichung $(Bx)_i \leq d_i$ für weniger wichtig, so wird er ihr einen größeren Toleranzbereich $[d_i, d_i + p_i]$ zugestehen, während er für wichtigere Ungleichungen nur kleine Toleranzen einräumt, was sich in kleinen p_i-Werten niederschlägt. Im Extremfall ist die maximal erlaubte Überschreitung p_i gleich Null, d.h. die zugehörige Ungleichung ist scharf.

Kapitel IV: Entscheidungstechnologische Ansätze

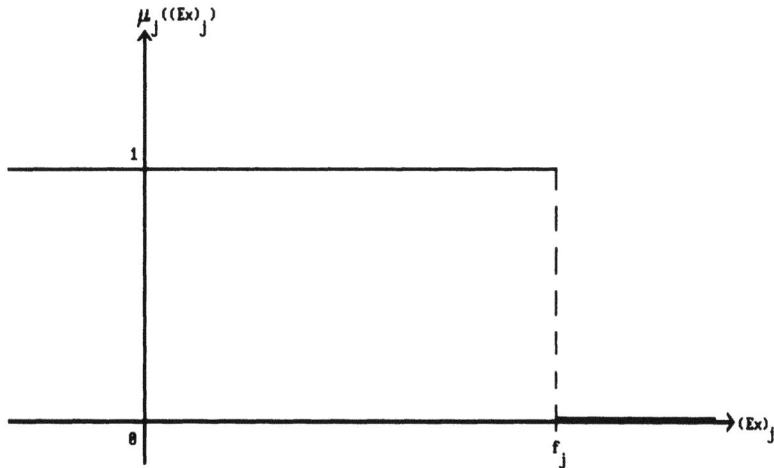

Abb. 73: Zugehörigkeitsfunktion der scharfen Ungleichung $(Ex)_j \leq f_j$

Oft kann der Entscheidungsfäller für diejenigen unscharfen Ungleichungen, die zu den ursprünglichen Zielfunktionen $z = C\cdot x$ aus Modell (1) gehören, keine Toleranzbereiche angeben, weil er etwa gar keine Vorstellung von der Größenordnung möglicher Zielwerte hat. Dann besteht die Möglichkeit, die Toleranzintervalle für unscharfe Ziele mit Hilfe der individuellen Optima zu bestimmen, vgl. [Zimmermann, 1987 a, S. 133/134], und das Beispiel in Abschnitt 13.4.2.

Um eine unscharfe Entscheidung bzw. eine maximierende Entscheidung gemäß Abschnitt 13.3 zu fällen, liegen mit (4) und (5) noch nicht alle erforderlichen Daten vor: Es fehlt noch ein Operator zur Bildung der Schnittmenge. Läßt man weder zwischen den Restriktionen untereinander noch zwischen den Restriktionen und den Zielen Kompensation zu, dann eignet sich zum Beispiel der Minimumoperator von Zadeh. In dem Falle läßt sich das unscharfe lineare Programm (2) schreiben als

$$(6) \quad \max_{x \in R^n} \left[\begin{array}{c} \min_{i} \mu_i(x) \\ 1 \leq i \leq k+m+l+n \end{array} \right]$$

wobei die Zugehörigkeitsfunktionen μ_i aus (4) und (5) einzusetzen sind.
Es läßt sich zeigen, vgl. [Zimmermann, 1975, S. 791/792], daß die Lösung des Problems (6) äquivalent ist zur Lösung des Problems

(7)
$$\begin{array}{ll} \max & \lambda \\ \text{s.d.} & \lambda q + z^0 \leq Cx + q \\ & \lambda \tilde{p} + Ax \leq b + \tilde{p} \\ & Dx \leq e \\ & x \geq 0 \\ & 0 \leq \lambda \leq 1 \end{array}$$

Dabei sei $q \in \mathbb{R}^k$ definiert durch $q_i := p_i$ für alle $1 \leq i \leq k$
und $\tilde{p} \in \mathbb{R}^m$ definiert durch $\tilde{p}_j := p_{k+j}$ für alle $1 \leq j \leq m$.

Problem (7) ist ein übliches "scharfes" lineares Optimierungsprogramm mit einer einzigen Zielfunktion und den Entscheidungsvariablen $\lambda \in \mathbb{R}^1$ sowie $x \in \mathbb{R}^n$. (7) besitzt nur k Nebenbedingungen mehr als das ursprüngliche Vektormaximumproblem (1), wenn man von der Variablenbeschränkung $0 \leq \lambda \leq 1$ absieht.

Die Größe λ läßt sich als Gesamtzufriedenheitsgrad deuten, den eine Lösung x in Bezug auf alle k Ziele und die Nebenbedingungen erreichen kann. Für eine optimale Lösung $(\lambda^*, x^*) \in \mathbb{R}^1 \times \mathbb{R}^n$ von (7) gilt die Beziehung $\lambda^* = \min_{\substack{i \\ 1 \leq i \leq k+m}} \mu_i(x^*)$.

13.4.2 Beispiel zur Anwendung unscharfer Mengen beim MODM

Das Beispiel stammt aus [Zimmermann, 1987 b, S. 105/106 und S. 121/122] und wird hier leicht modifiziert.

Ein Unternehmen produziere zwei Güter 1 und 2. Bei der Produktion sind vier technisch bedingte Restriktionen zu berücksichtigen. Das Produkt 1 ergebe einen Deckungsbeitrag von 2 DM pro Stück, und Produkt 2 ergebe einen Deckungsbeitrag von 1 DM pro Stück. Während Produkt 2 exportiert werden kann und dann einen Devisenerlös von 2 DM pro Stück erzielt, benötigt Produkt 1 importiertes Rohmaterial im Werte von 1 DM pro Stück.

Gesucht werden die Anzahl x_1 der Stücke, die von Gut 1 zu produzieren sind, und die Anzahl x_2 der Stücke, die von Produkt 2 herzustellen sind, so daß die beiden folgenden Zielsetzungen gleichzeitig optimiert werden:

Kapitel IV: Entscheidungstechnologische Ansätze

Ziel 1: Maximiere den positiven Einfluß z_1 auf die Zahlungsbilanz, d.h. maximiere die Differenz zwischen Exporten und Importen, formal: $z_1(x) = -1x_1 + 2x_2$

Ziel 2: Maximiere den Gesamtdeckungsbeitrag z_2, formal: $z_2(x) = 2x_1 + x_2$

Das Problem läßt sich als ein lineares Vektormaximumproblem darstellen:

$$\text{"max" } z = \begin{pmatrix} z_1(x) \\ z_2(x) \end{pmatrix} = \begin{pmatrix} -x_1 + 2x_2 \\ 2x_1 + x_2 \end{pmatrix}$$

s.d.
$$\begin{aligned} x_1 + 3x_2 &\leq 24 \\ -x_1 + 3x_2 &\leq 21 \\ 4x_1 + 3x_2 &\leq 45 \\ 3x_1 + x_2 &\leq 30 \\ x_1, x_2 &\geq 0 \end{aligned}$$

beziehungsweise

(8)
$$\begin{aligned} \text{"max" } z &= \begin{pmatrix} -1 & 2 \\ 2 & 1 \end{pmatrix} \cdot x \\ \text{s.d.} \quad \begin{pmatrix} 1 & 3 \end{pmatrix} \cdot x &\leq 24 \\ \begin{pmatrix} -1 & 3 \\ 4 & 3 \\ 3 & 1 \end{pmatrix} \cdot x &\leq \begin{pmatrix} 21 \\ 45 \\ 30 \end{pmatrix} \\ x &\geq 0 \end{aligned}$$

Die Darstellung (8) entspricht Modell (1) mit

$$C = \begin{pmatrix} -1 & 2 \\ 2 & 1 \end{pmatrix}, \quad A = \begin{pmatrix} 1 & 3 \end{pmatrix}, \quad D = \begin{pmatrix} -1 & 3 \\ 4 & 3 \\ 3 & 1 \end{pmatrix}, \quad b = 24, \quad e = \begin{pmatrix} 21 \\ 45 \\ 30 \end{pmatrix}.$$

Der Zulässigkeitsbereich X von (8) ist die konvexe Hülle der sechs Punkte

$$x^1 = \begin{pmatrix} 0 \\ 7 \end{pmatrix}, \quad x^2 = \begin{pmatrix} 1,5 \\ 7,5 \end{pmatrix}, \quad x^3 = \begin{pmatrix} 7 \\ 17/3 \end{pmatrix}, \quad x^4 = \begin{pmatrix} 9 \\ 3 \end{pmatrix}, \quad x^5 = \begin{pmatrix} 10 \\ 0 \end{pmatrix} \text{ und } x^6 = \begin{pmatrix} 0 \\ 0 \end{pmatrix}$$

und wird in Abbildung 74 gezeigt. Daneben veranschaulicht Abbildung 73 die Lage der Zielfunktionen in den individuellen Optimallösungen und die Richtungen, in denen sich die Zielausprägungen verbessern.

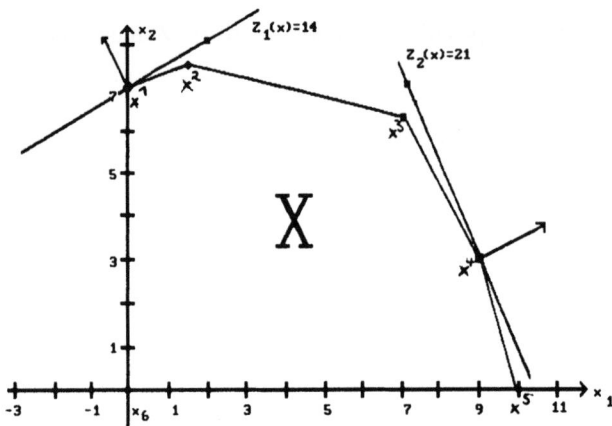

Abb. 74: Darstellung des Vektormaximumproblems (8) im x_1-x_2-Raum der Lösungen

Das Maximum der 1. Zielfunktion $z_1(x) = -x_1 + 2x_2$ über X wird im Punkt

$x^1 = \begin{pmatrix} 0 \\ 7 \end{pmatrix}$ mit Wert $z_1(x^1) = 14$ angenommen, während $z_2(x) = 2x_1 + x_2$ sein Maximum

über X im Punkt $x^4 = \begin{pmatrix} 9 \\ 3 \end{pmatrix}$ mit Wert $z_2(x^4) = 21$ besitzt. x^1 ist individuelle Optimallösung bezüglich der 1. Zielfunktion und x^4 ist individuelle Optimallösung der 2. Zielfunktion.

Die Menge aller funktional-effizienten Lösungen des scharfen Vektormaximumproblems (8) ist durch die Verbindungsstrecken zwischen x^1 und x^2, zwischen x^2 und x^3 sowie zwischen x^3 und x^4 gegeben, jeweils unter Einschluß der Randpunkte x^1, x^2, x^3 und x^4.

Nun sei genau eine Restriktion unscharf, nämlich die erste Restriktion $x_1 + 3x_2 \leq 24$. Sie habe die Form $x_1 + 3x_2 \tilde{\leq} 24$ mit Toleranzgröße $\tilde{p} = 3$ bzw. mit Toleranzintervall $= [24, 27]$ für die rechte Seite.

Man kann annehmen, daß der Entscheidungsfäller mit Zielfunktionswerten $z_1(x) \geq 14$ bzw. $z_2(x) \geq 21$ oberhalb der individuellen Optima voll zufrieden ist. Also ist der Anspruchsniveauvektor z° aus Modell (2) hier gegeben durch

$z^\circ = \begin{pmatrix} 14 \\ 21 \end{pmatrix}$.

Entsprechend dem vorigen Abschnitt bedeutet das für die Zugehörigkeitsfunktionen der unscharfen Ziele z_1 und z_2, daß $\mu_1(x) = 1 <=> z_1(x) \geq 14$ und $\mu_2(x) = 1 <=> z_2(x) \geq 21$.

Für die individuelle Optimallösung $x^1 = \begin{pmatrix} 0 \\ 7 \end{pmatrix}$ bezüglich der 1. Zielfunktion gilt

Kapitel IV: Entscheidungstechnologische Ansätze

$z_2(x^1)=7$. Deshalb ist es sinnvoll, für die 2. Zielfunktion einen Mindestwert von 7 zu fordern und alle Alternativen x mit einem geringeren Zielwert $z_2(x)<7$ als nicht akzeptabel zu verwerfen. Denn den Zielwert 7 im 2. Ziel kann man immer erreichen, ohne dafür beim 1. Ziel irgendwelche Abstriche machen zu müssen, indem man nämlich x^1 als Handlungsalternative wählt. Entsprechend ist also der Zugehörigkeitsgrad μ_2 für das 2. Ziel $\mu_2(x)=0$, wenn $z_2(x)<7$.

Für die individuelle Optimallösung $x^4 = \begin{pmatrix} 9 \\ 3 \end{pmatrix}$ bezüglich der 2. Zielfunktion ist $z_1(x^4)=-3$ der Wert, der von einer Handlungsalternative x in jedem Fall gefordert werden muß. Denn den Zielwert (-3) im 1. Ziel kann man stets erlangen, ohne auf das Maximum 14 in der 2. Zielfunktion verzichten zu müssen. Damit ist der Zugehörigkeitsgrad μ_1 für das 1. Ziel $\mu_1(x)=0$, wenn $z_1(x)<-3$.

Aufgrund dieser Überlegungen lautet das Toleranzintervall

für die 1. Zielfunktion $[d_1, d_1+p_1]=[-3,14]$, also $q_1=p_1=(d_1+p_1)-d_1=14-(-3)=17$,

für die 2. Zielfunktion $[d_2, d_2+p_2]=[7,21]$, also $q_2=p_2=(d_2+p_2)-d_2=21-7=14$.

Damit lautet die unscharfe Version von Problem (2) hier

(9)
$$\begin{pmatrix} -3 \\ 14 \end{pmatrix} \underset{\sim}{\leq} \begin{pmatrix} -1 & 2 \\ 2 & 1 \end{pmatrix} \cdot x$$
$$(1 \quad 3)x \underset{\sim}{\leq} 24$$
$$\begin{pmatrix} -1 & 3 \\ 4 & 3 \\ 3 & 1 \end{pmatrix} x \leq \begin{pmatrix} 21 \\ 45 \\ 30 \end{pmatrix}$$
$$x \geq 0$$

Dem scharfen linearen Programm (7) entspricht hier das lineare Programm

max λ

s.d. $\lambda \cdot \begin{pmatrix} 17 \\ 14 \end{pmatrix} + \begin{pmatrix} 14 \\ 21 \end{pmatrix} \leq \begin{pmatrix} -1 & 2 \\ 2 & 1 \end{pmatrix} \cdot x + \begin{pmatrix} 17 \\ 14 \end{pmatrix}$

$\lambda \cdot 3 + (1 \quad 3) \cdot x \leq 24 + 3$

$\begin{pmatrix} -1 & 3 \\ 4 & 3 \\ 3 & 1 \end{pmatrix} \cdot x \leq \begin{pmatrix} 21 \\ 45 \\ 30 \end{pmatrix}$

$x \geq 0$

$0 \leq \lambda \leq 1$

beziehungsweise

(10)
$$\begin{aligned}
\max \; & \lambda \\
\text{s.d.} \; & 17\lambda + x_1 - 2x_2 \leq 3 \\
& 14\lambda - 2x_1 - x_2 \leq -7 \\
& 3\lambda + x_1 + 3x_2 \leq 27 \\
& -x_1 + 3x_2 \leq 21 \\
& 4x_1 + 3x_2 \leq 45 \\
& 3x_1 + 2x_2 \leq 30 \\
& \lambda \leq 1 \\
& x_1, x_2, \lambda \geq 0
\end{aligned}$$

Die optimale Lösung des linearen Problems (10) lautet

$$x_1° = \frac{831}{170} \approx 4{,}88, \quad x_2° = \frac{569}{85} \approx 6{,}69, \quad \lambda° = \frac{23}{34} \approx 0{,}68.$$

13.5 Unscharfe Mengen beim MADM

Ist die Menge der Handlungsalternativen ebenso wie die Menge der Ziele endlich, so ist das Entscheidungsproblem Gegenstand des MADM (vgl. §3). Nun suchen MADM-Verfahren die optimale Handlungsalternative, das ist sie Alternative, die im Hinblick auf alle relevanten Ziele vom Entscheidungsfäller am meisten bevorzugt wird, die also den größten Nutzen besitzt. Grundsätzlich besteht jedes MADM-Verfahren aus zwei Phasen, einer Aggregationsphase und einer Ordnungsphase.

1. Aggregationsphase:
Für jede Alternative a_i werden die Bewertungen des Entscheidungsfällers bezüglich aller Ziele zu einer Größe, dem Nutzen u_i, zusammengefaßt.

2. Ordnungsphase:
Entsprechend den Nutzenwerten aus der Aggregationsphase werden die Alternativen in eine partielle oder vollständige Rangordnung gebracht oder, falls das dem Entscheidungsfäller genügt, die optimale Handlungsalternative ausgewählt.

In klassischen MADM-Modellen ohne unscharfe Mengen liefert die Aggregationsphase meist Gesamtbewertungen in Form einer eindeutigen reellen Zahl je Alternative. Dann ist es natürlich problemlos, die Alternativen in der 2. Phase zu ordnen. In realen Entscheidungssituationen sind aber oft die Konsequenzen einer Handlungsalternative nicht genau angebbar, sondern nur in ihrer Größenordnung bekannt, z.B. "der Zielwert beträgt etwa 8, ungefähr 7, liegt wahrscheinlich zwischen 7 und 8, vielleicht auch 9, ist aber sicher kleiner als 10". Oder aber die Ziele an sich sind vage formuliert wie etwa das Ziel "hoher Gewinn". Dann erscheint es schwierig oder gar unmöglich, solch vage Einzelbewertungen sinnvoll für jede Alternative zu einer einzigen reellen Nutzengröße zusammenzufassen. Angemessener erscheint es, diese Vagheit durch unscharfe Mengen zu modellieren und für jede Alternative in der Aggregationsphase eine unscharfe Menge zu erstellen, die den Nutzen der entsprechenden Alternative in ihrer Gesamtheit beschreibt. Daraus ergibt sich jedoch, daß die 2. Phase des Ordnens keineswegs mehr so trivial wie in klassischen MADM-Verfahren abläuft. Denn nun sind unscharfe Mengen miteinander zu vergleichen und in einer Rangordnung anzuordnen oder zumindest die Alternative mit der "höchsten" unscharfen Nutzenbewertung ausfindig zu machen.

Bislang gibt es kein Lösungsverfahren, das unabhängig von der Entscheidungssituation als das beste angesehen werden könnte. Einen Überblick über die Vielzahl der bislang vorgeschlagenen MADM-Verfahren mit unscharfen Mengen geben [Zimmermann, 1987 a, S. 135-177] und [Rommelfanger, 1988, S. 68-91].
Als klassisches Verfahren der Multi-Criteria-Analyse bei Unschärfe gilt der Vorschlag von Baas und Kwakernaak, vgl. [Baas/Kwakernaak, 1977]. Dieses Verfahren ist zwar auf der einen Seite kaum anwendbar, es ist aber der Ausgangspunkt für zahlreiche andere Vorschläge in der Folgezeit.
Exemplarisch werden im folgenden die Verfahren von Yager und Jain vorgestellt. Abschließend werden einige Kriterien aufgeführt, an Hand derer man die Güte der Verfahren allgemein beurteilen kann.

13.5.1 Das Verfahren von Yager

Yager geht von einer endlichen Menge $X=\{a_1,a_2,...,a_m\}$ scharfer Alternativen $a_i, 1 \leq i \leq m$, und einer Menge von endlich vielen unscharfen Attributen $C_1,C_2,...,C_n$ aus. Für $j, 1 \leq j \leq n$, ist Attribut C_j eine unscharfe Menge über X, also

$$C_j = \{(a, \mu_{C_j}(a)) \mid a \in X\}.$$

Der Wert $\mu_{C_j}(a)$ gibt an, wie gut die Alternative a das Ziel C_j erfüllt.

Des weiteren ist eine Saatysche Paarvergleichsmatrix $A \in \mathbb{R}^{n \times n}$ bekannt, deren Koeffizient A_{ij} auf der Saatyschen 9-Punkte-Skala ausdrückt, um wieviel wichtiger Attribut

C_i im Vergleich zu Attribut C_j ist. Damit läßt sich nach Saatys Eigenvektormethode (vgl. Abschnitt 7.1.3) ein Gewichtevektor $w \in \mathbb{R}^n$ berechnen, dessen Komponente $w_j \geq 0$ ist und die Wichtigkeit des Attributs C_j beschreibt, für alle $1 \leq j \leq n$. Je größer das Gewicht ist, desto wichtiger ist das zugehörige Attribut. Damit die durchschnittliche Wichtigkeit 1 beträgt, normiert Yager den Vektor w so, daß $\sum_{j=1}^{n} w_j = n$ ist. Wichtige Attribute C_j haben demnach ein Gewicht $w_j > 1$ und weniger wichtige Attribute C_i ein Gewicht $w_i < 1$.

Mit Hilfe des Gewichtes w_j bildet Yager für jedes Attribut C_j die gewichtete Zugehörigkeitsfunktion $\tilde{\mu}_{Cj}$ gemäß

$$\tilde{\mu}_{C_j}(a) := \left[\mu_{C_j}(a) \right]^{w_j} \quad \text{für alle } a \in X.$$

Auf der Grundlage der gewichteten Zugehörigkeitsfunktionen $\tilde{\mu}_{Cj}$ bestimmt Yager mit dem Minimum-Operator von Zadeh für jede Alternative $a \in X$ den Zugehörigkeitsgrad $\mu_D(a)$ zur unscharfen Entscheidung D als

$$\mu_D(a) := \min_{\substack{j \\ 1 \leq j \leq n}} \tilde{\mu}_{C_j}(a).$$

Als optimal gilt die Alternative $a^* \in X$ mit dem größten Zugehörigkeitsgrad μ_D, also

$$\mu_D(a^*) = \max_{a \in X} \mu_D(a).$$

Mit anderen Worten, optimal im Sinne Yagers ist die maximierende Entscheidung bezüglich der gewichteten Zugehörigkeitsfunktion $\tilde{\mu}_{C_j}$ für die Attribute $C_j, 1 \leq j \leq n$ (vgl. Abschnitt 13.3).

Zu erläutern ist noch, wie die obige exponentielle Gewichtung wirkt. Da die Zugehörigkeitswerte $\mu_{C_j}(a)$ im Intervall [0,1] liegen und die Gewichte w_j nicht negativ sind, wird der gewichtete Zugehörigkeitswert $\tilde{\mu}_{C_j}(a)$ um so größer, je kleiner das Gewicht w_j ist. Daher führen Ziele C_j mit geringer Wichtigkeit, d.h. mit $w_j < 1$, zu größeren Werten $\tilde{\mu}_{Cj}(a)$, während Ziele C_j mit größerer Bedeutung, d.h. mit $w_j > 1$, kleinere gewichtete Zugehörigkeitswerte $\tilde{\mu}_{C_j}(a)$ nach sich ziehen.

Dadurch erhalten wichtigere Attribute einen stärkeren Einfluß auf die entscheidungsrelevante Größe $\mu_D(a)$, die ja durch Minimierung über alle gewichteten Zugehörigkeitswerte entsteht.

Kapitel IV: Entscheidungstechnologische Ansätze 263

Beispielsweise erhält eine Alternative a, die in einem wichtigen Ziel C_k schlecht ist, durch die Gewichtung mit einem hohen Gewicht w_k einen sehr kleinen Wert $\mu_{C_j}(a)$, der die Größe $\mu_D(a)$ stark verkleinert. Das macht es sehr unwahrscheinlich, a als optimale Alternative nach dem Maximumkriterium max $\mu_D(a)$ zu wählen.

Die beiden Phasen der Aggregation und der Ordnung finden sich auch bei Yagers MADM-Verfahren. Die Aggregation der Attributwerte liefert für jede Alternative a∈X die reelle Zahl $\mu_D(a)$. Je größer $\mu_D(a)$ ist, desto mehr wird die Alternative a präferiert. Damit ist die Ordnungsphase bei Yager so einfach wie bei klassischen MADM-Modellen ohne unscharfe Mengen.

<u>Beispiel</u> (aus [Yager, 1978, S. 92-94])
Gegeben sind drei Alternativen a_1, a_2, a_3 und vier Attribute C_1, C_2, C_3, C_4. Es ist $X=\{a_1,a_2,a_3\}$ und

$C_1=\{(a_1,0.7);(a_2,0.5);(a_3,0.4)\}$
$C_2=\{(a_1,0.3);(a_2,0.8);(a_3,0.6)\}$
$C_3=\{(a_1,0.2);(a_2,0.3);(a_3,0.8)\}$
$C_4=\{(a_1,0.5);(a_2,0.1);(a_3,0.2)\}$

Ferner ist die Paarvergleichsmatrix $A \in \mathbb{R}^{4 \times 4}$ über die relative Wichtigkeit der Attribute untereinander gegeben durch

$$A = \begin{bmatrix} 1 & 3 & 7 & 9 \\ 1/3 & 1 & 6 & 7 \\ 1/7 & 1/6 & 1 & 3 \\ 1/9 & 1/7 & 1/3 & 1 \end{bmatrix}.$$

Saatys Eigenvektormethode (vgl. Abschnitt 7.1.3) ergibt als größten Eigenwert $\lambda_{max}=4.21$ und als zugehörigen Eigenvektor den Gewichtevektor

$$w = \begin{bmatrix} 2.32 \\ 1.2 \\ 0.32 \\ 0.16 \end{bmatrix} \quad \text{mit} \quad \sum_{j=1}^{4} w_j = 4.$$

Gewichtet man die Ziele mit diesem Vektor gemäß $\tilde{\mu}_{C_j}(a_i) = \left[\mu_{C_j}(a_i)\right]^{w_j}$

für alle $1 \leq i \leq 3$ und $1 \leq j \leq 4$, ergibt sich für a_1: $\mu_D(a_1) = \min_{1\leq j\leq 4} \tilde{\mu}_{C_j}(a_1) = \min\{0.44, 0.24, 0.6, 0.9\} = 0.24$

für a_2: $\mu_D(a_2) = \min_{1\leq j\leq 4} \tilde{\mu}_{C_j}(a_2) = \min\{0.2, 0.76, 0.68, 0.69\} = 0.2$

für a_3: $\mu_D(a_3) = \min_{1\leq j\leq 4} \tilde{\mu}_{C_j}(a_3) = \min\{0.12, 0.54, 0.93, 0.77\} = 0.12$

Also ist $\max_{a\in X} \mu_D(a) = \max\{\mu_D(a_1), \mu_D(a_2), \mu_D(a_3)\}$

$\qquad\qquad\qquad = \max\{0.24, 0.2, 0.12\} = 0.24 = \mu_D(a_1)$.

Damit ist die Alternative a_1 im Sinne Yagers optimal.

Der Leser sei jedoch darauf hingewiesen, daß die Kriterien als solche nicht unscharf sind, sondern daß die Bewertungen der Alternativen bzgl. der Kriterien lediglich als Zugehörigkeitsgrade von unscharfen Mengen interpretiert werden.

13.5.2 Das Verfahren von Jain

Das Verfahren von Jain beinhaltet lediglich die 2. Phase des Ordnens von Alternativen. Ausgegangen wird von m Alternativen $a_1, a_2, ..., a_m$ und n Attributen $C_1, C_2, ..., C_n$. Der Entscheidungsfäller hat die i-te Alternative a_i im Hinblick auf das Ziel C_j durch die unscharfe Menge R_{ij} bewertet, wobei R_{ij} die Zugehörigkeitsfunktion $\mu_{R_{ij}}(r_{ij})$ (mit r_{ij}

nichtnegative reelle Zahlen) besitze. Die n unscharfen Bewertungen R_{ij} (engl. "ratings") der i-ten Alternative im Hinblick auf die Ziele $C_j, 1\leq j\leq n$, seien bereits zu einer einzigen unscharfen Bewertung R_i zusammengefaßt, was in der Aggregationsphase eines anderen MADM-Verfahrens geschehen ist. R_i ist eine unscharfe Menge über der Menge aller möglichen Bewertungsausprägungen $r_{ij}\geq 0$ für die i-te Alternative. R_i ist ein unscharfes Maß für die Güte der Alternative a_i im Hinblick auf alle n Ziele gemeinsam.

Nach dem Vorschlag Jains sollte in der nun anstehenden Ordnungsphase sowohl die maximale Bewertung einer jeden Alternative als auch der Zugehörigkeitsgrad dieser Bewertung berücksichtigt werden.

Dazu definiert Jain den Begriff einer **maximierenden Menge M** (engl. "maximizing set"), das ist eine unscharfe Menge über der Menge aller möglichen Bewertungen r_{ij} mit der Zugehörigkeitsfunktion

Kapitel IV: Entscheidungstechnologische Ansätze

$$\mu_M(r) := \left[\frac{r}{r_{max}} \right]^n \quad \text{für } 0 \leq r \leq r_{max}.$$

Dabei ist

$$r_{max}(r) := \sup\{ r \geq 0: \text{ es existiert mindestens ein i mit} \\ 1 \leq i \leq m \text{ derart, daß } \mu_M(r) > 0 \}$$

und n eine natürliche Zahl, die in Abhängigkeit von der Entscheidungssituation vom Entscheidungsfäller festzulegen ist.

Für eine reelle Zahl $r \geq 0$ stellt der Zugehörigkeitsgrad $\mu_M(r)$ offenbar ein Maß dafür dar, wie gut r das Supremum r_{max} in einem speziellen Sinne annähert.

Mittels des Zadehschen Minimum-Operators bildet man dann für jede Alternative a_i eine unscharfe Menge R_i° als den Durchschnitt aus M und R_i, d.h. die Zugehörigkeitsfunktion von R_i° lautet

$$\mu_{R_i^\circ}(r) := \min\{ \mu_M(r), \mu_{R_i}(r) \} \quad \text{für } 0 \leq r \leq r_{max}.$$

Die Konstruktion von R_i° erfaßt sowohl die Bewertungen verschiedener Alternativen, nämlich durch μ_M, als auch die Zugehörigkeitsgrade der Bewertungen für die i. Alternative, und zwar durch μ_{R_i}.

Mit R_i° kann die entscheidungsrelevante Größe $\mu_0(a_i) \in [0,1]$ für Alternative a_i definiert werden als die maximale Zugehörigkeit von Bewertungen r_{ij} zur unscharfen Menge R_i, also

$$\mu_0(a_i) := \max_{\substack{j \\ 1 \leq j \leq n}} \mu_{R_i^\circ}(a_i) \quad \text{für } 1 \leq i \leq m.$$

Aufgrund der Definition von $\mu_{R_i^\circ}$ wird der Wert $\mu_0(a_i)$ durch solche Bewertungen $r_{ij}, 1 \leq j \leq n$, bestimmt, die groß sind, denn dann ist $\mu_M(r_{ij})$ groß, und die zugleich einen hohen Zugehörigkeitsgrad zu R_i haben.

Beispiel zur Veranschaulichung

Gegeben sei eine Alternative a_i mit einer unscharfen Bewertung R_i, deren Zugehörigkeitsfunktion dreiecksförmig ist. Für die maximierende Menge M werde n=1 gewählt. Die gesamte Situation zeigt Abbildung 75. Wie daraus die reelle Zahl $\mu_0(a_i)$ entsteht, entnimmt man Abbildung 76.

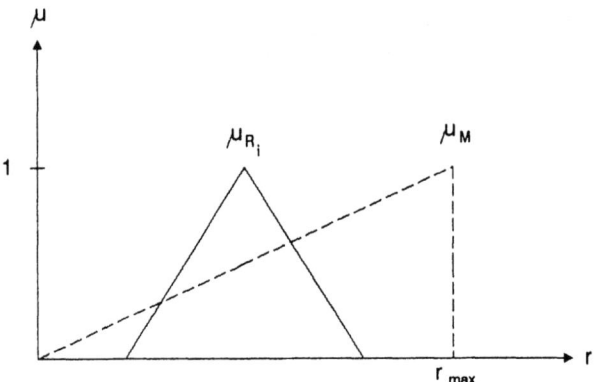

Abb. 75: Darstellung der aggregierten unscharfen Bewertung R_i einer Alternative a_i und der maximierenden Menge M

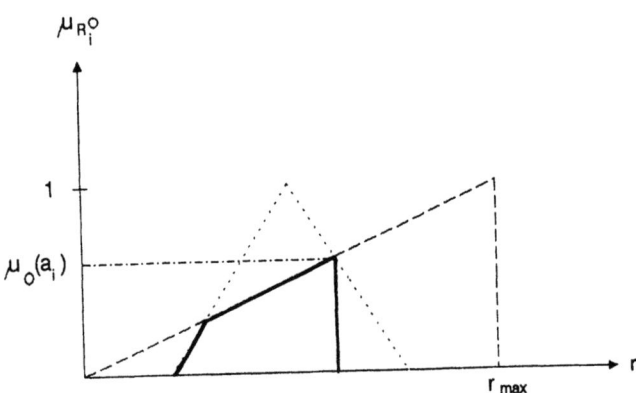

Abb. 76: Konstruktion einer reellen Bewertung $\mu_0(a_i)$ für Alternative a_i nach Jain

Nach Jain sollen die Alternativen anhand der reellen Größe μ_0 miteinander verglichen werden. Je größer der Wert μ_0, um so besser ist die zugehörige Alternative, formal:

$$a_i \succ a_j \iff \mu_0(a_i) > \mu_0(a_j) \quad \text{für beliebige Alternativen } a_i \text{ und } a_j.$$

Am Verfahren Jains ist zu kritisieren, daß dem Entscheidungsfäller für die Wahl des Parameters n in der Definition der maximierenden Menge M keine Hilfe angeboten wird. Nach [Rommelfanger, 1988, S. 82] besteht die wesentliche Schwäche des

Verfahrens darin, daß jede Alternative nur anhand eines einzigen Wertes beurteilt wird und der übrige Verlauf der Zugehörigkeitsfunktion μ_{Ri} außer acht bleibt.

13.5.3 Kriterien zum Vergleich von MADM-Verfahren

Derzeit gibt es kein allgemein anerkanntes und leicht handhabbares MADM-Verfahren mit unscharfen Mengen. Die Frage nach dem besten Verfahren bleibt offen und kann nicht allgemeingültig beantwortet werden, zumal die Verfahren realwissenschaftliche Ansprüche stellen. In klaren, eindeutigen Entscheidungssituationen liefern die Verfahren allesamt die gleichen Ergebnisse, die sofort plausibel sind. Dagegen können die MADM-Verfahren in unklaren, problematischen Situationen, wo sie eigentlich dringend benötigt werden, zu verschiedenen Resultaten führen, die sich teilweise sogar widersprechen.

Die Vertreter mancher Verfahren kritisieren die jeweils anderen Verfahren und halten ihr eigenes Verfahren für das beste, da es frei von den aufgeführten Mängeln ist. In diese Diskussion soll hier nicht eingegriffen werden, sondern nur eine Reihe von Kriterien angegeben werden, die es erlauben, die verschiedenen Verfahren zu klassifizieren und subjektiv zu beurteilen. Abbildung 77 verschafft einen Überblick über die Kriterien, die im folgenden kurz erläutert werden sollen.

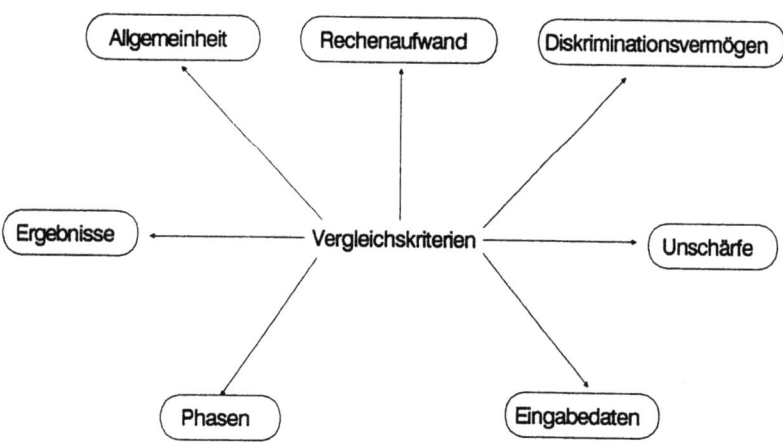

Abb. 77: Kriterien zum Vergleich von MADM-Verfahren mit unscharfen Mengen

Allgemeinheit:
Inwieweit sind die Verfahren allgemein anwendbar? Werden z.B. nur spezielle Typen von unscharfen Mengen zugelassen (etwa nur beschränkte, stückweise lineare, zweifach

stetig differenzierbare Zugehörigkeitsfunktionen)? Beschränken sich die Verfahren auf besondere Operatoren zur Verknüpfung unscharfer Mengen? Können oder müssen die Verfahren an den jeweiligen Kontext angepaßt werden?

Rechenaufwand:
Wie groß ist die Rechenzeit bezogen auf einen bestimmten Rechnertyp? Wie wächst der Rechenaufwand in Abhängigkeit von der Anzahl der Alternativen und der Attribute? Welche mathematischen Werkzeuge werden benötigt? Tauchen schwere, z.B. nichtlineare oder kombinatorische Programmierungsprobleme auf?

Diskriminationsvermögen:
Wie gut kann das Verfahren Alternativen unterscheiden, deren Bewertungen nur wenig voneinander abweichen? Einige Autoren bevorzugen ein Diskriminationsvermögen mit hoher Empfindlichkeit gegenüber kleinen Änderungen der Eingabedaten, um eine eindeutige Wahl auch zwischen ähnlichen Alternativen zu ermöglichen. Dagegen betonen andere Autoren, vgl. z.B. [Tong/ Bonissone, 1984], die Stabilität ihrer Ergebnisse und wünschen, daß kleine Inputänderungen möglichst nicht die Resultate beeinflussen, denn nach ihrer Ansicht sollte in Entscheidungssituationen, wo unscharfe Mengen benutzt werden können, keine künstliche Genauigkeit vorgetäuscht werden, und entsprechend sollte in unklaren Situationen keine Entscheidung als "optimal" errechnet werden.

Unschärfe:
Welche Bestandteile des Problems und des Verfahrens können als unscharfe Mengen dargestellt werden? In Frage kommen unter anderem die Attribute, die relativen Gewichte der Attribute, die Bewertungen der Alternativen, die Alternativen selbst, die Ergebnisse des Verfahrens.

Eingabedaten:
Wann muß der Anwender welche Daten eingeben? Sind einheitliche Eingabeformate vorgeschrieben? Wird nur grobe oder schon sehr tiefgehende Information zu Beginn des Verfahrens erfragt? Arbeitet das Verfahren interaktiv? Auf welchem Skalenniveau muß der Entscheidungsträger Auskünfte erteilen?

Phasen:
Welche der beiden Phasen, Aggregationsphase und Ordnungphase, umfaßt das MADM-Verfahren? Einige Autoren beschäftigen sich lediglich mit der Aggregationsphase, andere ausschließlich mit der Ordnungsphase und wiederum andere mit beiden Phasen.

Ergebnisse:
Von welcher Art sind die Ergebnisse? Je nach der Philosophie des Verfahrens sind die

Ergebnisse höchst unterschiedlich. Einige Verfahren ermitteln "die optimale" Alternative oder eine vollständige Ordnung aller Alternativen, also ein klassisches scharfes Ergebnis. Andere Verfahren enden mit der Angabe einer unscharfen Menge, bei der für jede Alternative angegeben wird, zu welchem Grade die Alternative die beste ist. Wiederum andere Verfahren wollen die Alternativen in unserer natürlichen Sprache bewerten und geben für jede Alternative statt einer reellen Zahl einen linguistischen Ausdruck zur Beurteilung der Alternative an. Eine weitere Verfahrensgruppe ermittelt für jede Alternative einen Vektor von Kennzahlen, liefert also ein vektorielles Ergebnis.

Literatur zu §13

Baas, M. S./Kwakernaak, H.: 1977, Rating and ranking of multiple-aspects alternatives using fuzzy sets
Automatica, Volume 13, 1977
S. 47-58
(* stellen ein inzwischen klassisches MADM-Verfahren vor *)

Bonissone, Piero P./Decker, Keith S.: 1986, Selecting Uncertainty Calculi and Granularity: An Experiment in Trading-off Precision und Complexity, S. 217-247
in: Kanal, Laveen N./Lemmer, John F. (Herausgeber): Uncertainty in Artificial Intelligence, 509 Seiten
(Machine Intelligence and Pattern Recognition, Volume 4)
North-Holland, Elsevier Science Publishers,
Amsterdam/New York/Oxford 1986
(* vertieft die Ausführungen aus Abschnitt 13.2 über unscharfe Operatoren sowohl axiomatisch als auch empirisch *)

Dubois, Didier/Pade, Henri: 1984, Criteria Aggregation and Ranking of Alternatives in the Framwork of Fuzzy Set Theory, S. 209-240
in: Zimmermann, Hans-Jürgen/Zadeh, Lotfi Asker/Gaines, Brian R. (Herausgeber):Fuzzy Sets and Decision Analysis, 522 Seiten
(TIMS Studies in the Management Sciences, Volume 20)
North-Holland, Elsevier Science Publishers,
Amsterdam/New York/Oxford 1984
(* führt ebenfalls Abschnitt 13.2 über Operatoren weiter *)

Hamacher, Horst: 1978, Über logische Aggregationen nicht binär explizierter Entscheidungskriterien. Ein axiomatischer Beitrag zur normativen Entscheidungstheorie, 170 Seiten
Dissertation an der RWTH Aachen
Rita G. Fischer Verlag, Frankfurt 1978
(* leitet axiomatisch andere Operatoren ab als die hier in Abschnitt 13.2 vorgestellten Maximum- und Minimum-Operatoren her *)

Jain, Ramesh: 1977, A procedure for multiple-aspect decision making using fuzzy sets
International Journal of Systems Science, Volume 8,
No. 1, 1977
S. 1-7
(* enthält die Ordnungsphase für ein MADM-Verfahren mit unscharfen Mengen *)

Rommelfanger, Heinrich: 1988, Entscheiden bei Unschärfe,
    Fuzzy Decision Support-Systeme, 304 Seiten
    Springer-Verlag, Berlin/Heidelberg 1988
    (* ausführlicher deutschsprachiger Einstieg in das Gebiet der unscharfen
      Mengen, besonders bei Entscheidungs- und Optimierungsproblemen *)

Thole, U./ Zimmermann, H.-J./Zysno, P.: 1979, On the
    Suitability of Minimum and Product Operators for the
    Intersection of Fuzzy Sets
    Fuzzy Sets and Systems, Volume 2, 1979
    S. 167-180
    (* prüft, mit welchen Operatoren Menschen real unscharfe Mengen mitein-
      ander verknüpfen *)

Tong, R. M./Bonissone, P. P.: 1984, Linguistic solutions to fuzzy decision problems
    S. 323-334
    In: Zimmermann, H.-J./Zadeh, L. A./Gaines, B. R. (Herausgeber):
    Fuzzy Sets and Decision Analysis
    Verlag North-Holland, Amsterdam/New York/Oxford 1984
    (* schlagen ein "stabiles" MADM-Verfahren mit bewußt geringem Dis-
      kriminationsvermögen vor *)

Yager, Ronald R.: 1978, Fuzzy decision making including unequal objectives
    Fuzzy Sets und Systems, Volume 1, 1978
    S. 87-95
    (* stellt ein MADM-Verfahren mit unscharfen Mengen vor *)

Zimmermann, Hans-Jürgen: 1987a, Fuzzy Sets, Decision Making, and Expert Systems,
    335 Seiten
    Kluwer Academic Publishers, Boston 1987
    (* stellt eingehend unscharfe Mengen in der Entscheidungstheorie vor,
      ihren Einsatz in entscheidungsunterstützenden Systemen und in
      Expertensystemen *)

Zimmermann, Hans-Jürgen: 1991, Fuzzy Set Theory - and its Applications, 432 Seiten
    Kluwer-Nijhoff Publishing, Boston/Dordrecht/Lancaster
    2. revidierte Auflage 1991
    (* grundlegende Beschreibung der Mathematik unscharfer Mengen und von
      ihren Anwendungen *)

Zimmermann, Hans-Jürgen: 1987b, Methoden und Modelle des Operations Research,
    364 Seiten
    Vieweg-Verlag, Braunschweig/Wiesbaden 1987
    (* bietet eine knappe Einführung in die Theorie unscharfer Mengen in
      Abschnitt 2.5, S. 42-54, sowie in Abschnitt 3.8.2, S. 117-122)

Zimmermann, Hans-Jürgen: 1975, Optimale Entscheidungen bei unscharfen
    Problembeschreibungen
    Zeitschrift für betriebswirtschaftliche Forschung,
    Band 27, 1975
    S. 785-795
    (* beinhaltet insbesondere unscharfe lineare Vektormaximumprobleme *)

Zimmermann, H.-J./Zysno, P.: 1980, Latent Connectives in Human Decision Making
    Fuzzy Sets and Systems, Volume 4, 1980
    S. 37-51
    (* untersucht das kompensatorische Verhalten des Menschen bei der Ver-
      knüpfung unscharfer Mengen und stellt insbesondere den sogenannten
      γ-Operator vor *)

Kapitel V: Schlußbemerkungen

Die Wahl des "besten" Multi-Criteria-Verfahrens oder Programmpaketes ist offensichtlich sehr vom Zweck und von der zu lösenden Problematik abhängig. Diese Wahl ist selbst ein Multi-Criteria-Problem. Selbst die Auswahl der Kriterien, nach denen entschieden werden soll, ist oft nicht offensichtlich.

Für die in diesem Buch beschriebenen Ansätze wurden jeweils am Ende der entsprechenden Absätze Vor- und Nachteile sowie besondere Eigenschaften genannt. In diesem abschließenden Kapitel sollen daher nicht mehr einzelne Algorithmen oder Programme vergleichend behandelt werden, sondern es soll noch einmal auf die wichtigsten Aspekte eingegangen werden, die bei der Auswahl von Verfahren zu berücksichtigen sind.

§ 14. Vergleichende Betrachtungen

14.1 Entsprechung der Problem- und Verfahrensstruktur

Am offensichtlichsten ist sicherlich die Unterscheidung in Probleme mit stetigen und solche mit diskreten Lösungsräumen. Diese Unterscheidung ist nicht scharf und ohne Ausnahmen. Man denke z.B. an ganzzahlige Programmierungsprobleme mit mehreren Zielfunktionen auf der einen Seite und an diskrete Probleme, bei denen die alternativen Beschreibungen stetige Variable enthalten, auf der anderen Seite. Trotzdem versteckt sich hinter dieser Aufteilung ein mehr grundsätzlicher Unterschied: Diskrete Multi-Attribut-Probleme umfassen gewöhnlich nur wenige Entscheidungsalternativen, deren Beschreibung komplexer ist. Man kann bei diesen Problemen oft nicht von einer Vollständigkeit der beschriebenen Alternativen ausgehen. Benötigt wird bei dieser in der Praxis weitaus häufiger zu findenden Problemart sehr oft mehr eine Modellierungsunterstützung als eine numerische Effizienz der verwandten mathematischen Algorithmen. In gleicher Richtung wirkt die Tatsache, daß die Akzeptanz eines Problems als Vektormaximum-Problem gewöhnlich voraussetzt, daß das Problem als mathematisches Programmierungsproblem modelliert worden ist oder werden kann. Dies setzt zum einen gewöhnlich eine vollständige Information voraus, schränkt die Vielzahl der Probleme auf der anderen Seite auf mathematische Programmierungsprobleme ein.

Das bisher Gesagte bezieht sich primär auf die Art des Lösungsprogramms. Bezüglich der Zielkriterien unterscheiden sich die beiden Problemtypen (diskret, stetig) stärker voneinander: Während beim Vektormaximum-Problem gewöhnlich davon ausgegangen werden kann, daß die individuellen Zielfunktionen bereits auf kardinalem Skalenniveau definiert sind, ist dies bei Multi-Attribut-Problemen durchaus nicht der Fall. Hier spielen also Fragen der Normierung und Skalierung der Ziele eine erheblich größere Rolle, wenn eine Entsprechung des Modells mit dem zu lösenden Problem erreicht werden soll. Ähnliches gilt bei den Annahmen oder tatsächlichen Gegebenheiten über die Ordnungsinformation der Ziele bzw. Zielfunktionen untereinander:

Solange man sich auf die Verwendung von simultanen Lösungsansätzen mit a-priori-Informationen beschränkt, ist bei Vektormaximum-Problemen im wesentlichen zu überprüfen, ob Ordnungsinformation über die Zielfunktionen überhaupt vorliegt. Ist dies nicht der Fall, so kann sich die Lösungsfindung nur auf die Bestimmung der Menge funktional effizienter Lösungen beschränken, falls dies überhaupt realistisch ist. Liegt (genügend) Ordnungsinformation vor, so ist aufgrund des Problems zu überprüfen, ob ein Zielprogrammierungsansatz, d.h. die Einführung von Abstandsnormen, oder ein Nutzenansatz, d.h. eine gewichtete Aggregation der Zielfunktionen, angemessen ist. Besonders kritisch sollte überprüft werden, ob die sicherlich algorithmisch vorteilhafte Ausnahme einer lexikogaphischen Ordnung problemadäquat ist. Unabhängig davon, welche Annahme sich als annehmbar erweist, wird in allen Fällen der zuletzt genannten Probleme erst eine Kompromißlösung zu bestimmen sein.

Bei Multi-Attribut-Problemen gilt dies nicht: Abgesehen davon, daß die Ordnungsinformation bezüglich der Ziele in vielfältiger Form vorliegen kann, ist man auch nicht auf die Bestimmung einer Kompromißlösung beschränkt. Es ist hier zu überprüfen, ob die Bestimmung einer Kompromißlösung, einer Klassifizierung der Lösungen in verschiedene Klassen (z.B. "annehmbar", "nicht akzeptabel", etc.), die Bestimmung einer vollständigen Ordnung aller Lösungen oder aber die einer Halbordnung der Problemstruktur am besten entspricht.

Schließlich und endlich kann auch die grundlegende Frage, ob ein Simultan- oder ein interaktiver Ansatz gewählt wird, nicht unabhängig von der Problemstruktur beantwortet werden. Bei manchen Problemen wird man diese Frage z.B. aufgrund algorithmischer Erwägungen beantworten können. Bei anderen Problemen wird sich der eine oder der andere Ansatz verbieten. So wird man z.B. kaum interaktive Programme verwenden können, wenn durch die Ergebnisse eine on-line-Steuerung technischer Prozesse erreicht werden soll. Auf der anderen Seite sind Simultanansätze dann nicht sehr hilfreich, wenn durch Multi-Criteria-Programme Planungs- oder Entscheidungsprozesse unterstützt werden sollen.

14.2 Güte der zu bestimmenden Lösungen

Man könnte sich sicher darauf einigen, daß ein Verfahren desto besser ist, je besser die mit ihm gefundenen Lösungen sind. Die Frage ist nur: Wie gut ist eine gefundene Kompromißlösung? Im Unterschied zu optimierenden Verfahren, wie z.B. der Simplex-Methode des Linearen Programmierens, erhalten wir bei Multi-Criteria-Verfahren keine garantiert optimale Lösung. Bei approximierenden Verfahren erhält man wenigstens eine Lösung, die beliebig nahe am Optimum liegt. Insofern ähneln die hier besprochenen Verfahren am ehesten "heuristischen Methoden", die auch keine Optimalitätsgarantie liefern. Der Grund hierfür ist jedoch ein anderer: Während beim heuristischen Verfahren die Optimalitätsgarantie aufgrund der Vorgehensweise nicht gewährt wird, ist bei den Multi-Criteria-Verfahren die eigentliche Zielfunktion, die den Gesamtnutzen einer

Lösung für den Entscheidungsfäller darstellt, nicht bekannt. Es gibt daher nur zwei Möglichkeiten: Entweder man begnügt sich mit der Forderung, daß die Kompromißlösung funktional effizient sein muß, oder aber man überprüft die Güte der erzielten Lösungen für definierte Problemarten, Entscheidungsfäller, etc. Dies ist jedoch äußerst aufwendig.

14.3 Effizienz

Die Effizienz eines Verfahrens, ausgedrückt durch die Zahl der Iterationen, den Umfang einer Iteration, die insgesamt benötigte Rechenzeit oder die Gesamtzeit, die vom Anfang der Aufgabe bis zu ihrem Ende benötigt wird, ist sicherlich ein wichtiges Kriterium für die Güte des jeweiligen Verfahrens. Die Feststellung dieser Kennzahl ist schon bei optimierenden Verfahren schwierig, da sie von der Güte der (EDV-) Programmierung vom benutzten Rechner, von der Problemstruktur etc. abhängt. Bei Multi-Criteria-Verfahren wird die Aufgabe der Effizienzbestimmung darüber hinaus dadurch erschwert, daß der Aufgabeninhalt der Verfahren recht unterschiedlich ist. Entscheidungsunterstützende Verfahren treiben oft einen erheblichen Aufwand in der Modellierungsunterstützung, in der Visualisierung oder Ergebnisinterpretation. Dies erhöht verständlicherweise den Aufwand gegenüber Verfahren, die z.B. lediglich für ein gut-strukturiertes Vektormaximum-Problem eine Kompromißlösung als einen Vektor ermitteln und keine weitere Benutzerunterstützung liefern. Selbstverständlich wird die Rechenzeit auch von der "Güte" der erreichten Lösung abhängen.

Bei interaktiven Verfahren kommt eine weitere Schwierigkeit hinzu: Die Effizienz oder Konvergenz innerhalb einer Iteration wird zwar weitgehend von der Leistungsfähigkeit des Verfahrens bestimmt. Man könnte diese Effizienz als "rechnerische Effizienz" bezeichnen (siehe z.B. [Haksever/Ringuest,1990]). Die Zahl der bis zum Abbruch benötigten Iterationen wird jedoch durch den Entscheidungsfäller bestimmt. Die Gründe für den Abbruch - und damit die insgesamt benötigte Zeit - werden nicht immer eindeutig feststellbar sein. Man nimmt gewöhnlich an, daß die Interaktion dann abgebrochen wird, wenn der Entscheidungsfäller mit der vorgeschlagenen Lösung zufrieden ist. Es kann durchaus auch sein, daß er abbricht, weil er eine weitere Interaktion mit einem Verfahren als nicht mehr zumutbar empfindet, oder er mag die Interaktion deswegen abbrechen, weil er aufgrund der vielleicht ungenügenden, vom Verfahren zur Verfügung gestellten Informationen keine nennenswerten Verbesserungen mehr erwartet.

14.4 Benutzerfreundlichkeit

Vom Standpunkt der Anwendung ist dies sicherlich eines der wichtigsten Kriterien, es ist allerdings auch eines der am schwierigsten zu operationalisierenden oder zu messenden. Einige der darin zusammengefaßten Eigenschaften seien genannt und kurz kommentiert.

Abgesehen von Sonderfällen dienen Multi-Criteria-Verfahren bzw. EDV-Systeme gewöhnlich der Unterstützung von Planungs- oder Entscheidungsprozessen. Es ist daher besonders wichtig, daß sie den Modellierungsprozeß gut unterstützen. Dies mag zwar oft in engerem Sinne nichts mit Multi-Criteria-Verfahren zu tun haben, aber es macht diese erst sinnvoll nutzbar. Hierzu gehört die Verwendung von Graphik-Komponenten genauso wie die Adaptierbarkeit an verschiedene Problemarten.

Als eine Gruppe werden oft zusammen genannt "Erlernbarkeit", "Verständlichkeit" und "Transparenz". Diese Eigenschaften sind sicher erstrebenswert und hilfreich. Es sind jedoch auf der einen Seite Forderungen, die sich nicht nur auf Multi-Criteria-Systeme beziehen, sondern es sind Forderungen, die ganz allgemein an entscheidungsunterstützende Systeme zu stellen sind. Zum anderen hängen sie nicht nur vom betrachteten System, sondern weitgehend von der Vorbildung und Motivation des Benutzers ab. Sie werden also ganz verschieden zu interpretieren sein, je nachdem, ob ein solches System von einem Spezialisten in Multi-Criteria-Analyse oder von einem Entscheidungsfäller benutzt wird, der von dem eigentlichen (mathematischen) Verfahren wenig weiß und daran auch kaum Interesse hat. Alle diese Faktoren münden schließlich in der "Akzeptanz" des Systems durch den oder die Benutzer.

Bedenkt man, daß die bisher genannten Kriterien nicht einmal unabhängig voneinander sind, so mag es fast unmöglich erscheinen, Multi-Criteria-Verfahren oder -Systeme bezüglich ihrer Güte zu bewerten. Dies ist allerdings nur dann der Fall, wenn man eine solche Bewertung absolut, d.h. unabhängig vom Zweck und Benutzer, durchführen will. Normalerweise wird dies jedoch nicht der Fall sein. Veröffentlichte empirische Ergebnisse in dieser Richtung existieren zur Zeit kaum. Daß solche Bewertungen jedoch möglich und - in Grenzen - auch aussagefähig sind, sei im folgenden exemplarisch an den Arbeiten von Buchanan und Daellenbach [1987] gezeigt: Diese Autoren wollen die folgenden interaktiven Multi-Criteria-Methoden "vom Benutzerstandpunkt aus" bewerten:

1. Die Methode von Zionts und Wallenius (ZW) [Zionts/ Wallenius, 1976, 1983];
2. Surrogate Worth Tradeoff Methode (SWT) [Haimes/ Hall, 1974];
3. Die Methode von Steuer und Choo (STE) [Steuer/ Choo, 1983]
4. Eine "Naive Methode" (Naive) [Posner/ Wu, 1981].

Alle Methoden wurden in FORTRAN IV programmiert und die Experimente wurden alle interaktiv auf einer Burroughs B 6900 durchgeführt.

Als Entscheidungsproblem wurde ein fiktiver Produktionsbetrieb für elektrische Bauteile benutzt, das als lineares Programmierungsmodell mit drei Zielfunktionen (Produktionskosten, Fehlmengen und Zahl der Kurzarbeiter) modelliert wurde.

24 Personen, und zwar forgeschrittene Studenten und Professoren aus dem Bereich der Betriebswirtschaft und des Operations Research, dienten als Versuchspersonen. Sie bewerteten die vier Verfahren weitgehend mit Hilfe von Punktskalen von 0 bis 10 bezüglich der folgenden Kriterien (Punktzahl 0 für die schlechteste und Punktzahl 10 für die beste Methode):

1. Vertrauen des Entscheidungsfällers in die gefundene Lösung.
2. Leichtigkeit der Benutzung der Methode.
3. Verständlichkeit der Logik des Verfahrens.
4. CPU-Zeit (sek.).
5. Zeit bis zum Finden der Lösung (min.).
6. Relative Präferenz für die Benutzung des jeweiligen Verfahrens.

Über die punktmäßigen Bewertungen wurden verbale Kommentare gesammelt.

Die Tabelle zeigt zusammengefaßt die quantitative Bewertung der Verfahren.

	ZW	SWT	STE	Naive
1. Vertrauen des Entscheidungsfäller in die gefundene Lösung	3.4	7.4	7.7	7.3
2. Leichtigk.d.Benutzung d.Methode	8.0	5.5	8.8	8.0
3. Verständlichk.d.Logik d.Verfahrens	7.9	7.7	9.0	8.6
4. CPU-Zeit (sek.)	18.9	17.0	63.7	6.2
5. Zeit bis zum Finden der Lösung (min.)	5.3	18.0	9.0	10.3
6. Relative Präferenz für die Benutzung des jeweiligen Verfahrens	4.2	5.4	8.1	7.2

Abbildung 78 zeigt die Histogramme für die subjektiven Kriterien 1, 2, 3 und 6.

Kapitel V: Schlußbemerkungen

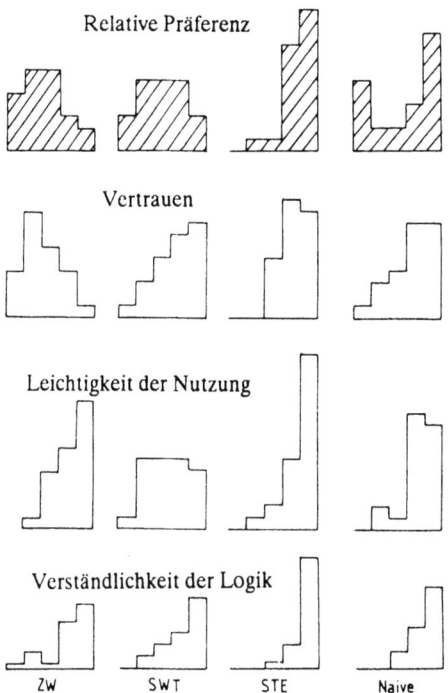

Abb.78: *Histogramm (in allen Fällen wächst der Kriterienwert nach rechts hin.)*

Eine Betrachtung der Tabelle und Abbildung 78 läßt sicher schon einige Schlüsse über die Eignung der Verfahren zu. So kann ohne Zweifel eine Dominanz des Verfahrens von Steuer über die anderen als gegeben angesehen werden. Eine eindeutige Ordnung der Verfahren kann jedoch sicherlich nicht bestimmt werden. Selbst wenn dies gelänge, dann gälte sie eben nur für die vorliegende Gruppe von Versuchspersonen, deren Vorbildung, Motivation und Engagement, und für die betrachtete Art von Problem. Für die Auswahl eines geeigneten Verfahrens zur Lösung eines Problems ist die Tatsache, daß es kein allgemein bestes Verfahren gibt, jedoch wenig relevant: Ausschlaggebend ist lediglich, daß man für einen bestimmten Nutzer und Problemtyp Aussagen über die Eignung verschiedener Verfahren machen kann, und daß man die Mühe hierzu nicht scheuen sollte.

Literatur zu § 14

Brockhoff, K.: 1985, Experimental Test of MODM Algorithms in a Modular Approach,
European Journal of Operational Research, Volume 22, Number 2, 1985
S. 159-166.

Buchanan, J.T./ Daellenbach H.G.: 1987, A Comparative Evaluation of
Interactive Solution Methods for Multiple Objective Decision Models
European Journal of Operational Research, Volume 29, 1987
S. 353-359.

Evans, G.W.: 1984, An Overview of Techniques for Solving Multiobjective
Mathematical Programs, Management Science, Volume 30, 1984
S. 1268-1282.

Haimes, Y.Y./ Hall, W.A.: 1974, Multiobjectives in Water Resources Systems
Analysis: The Surrogate worth Tradeoff Method,
Water Resources Research, Volume 10, 1974
S. 615-624.

Haksever, C./ Ringuest J.L.: 1990, Computational Efficiency and Interactive
Molp Algorithms: An Implementation of the Simolp Procedure
Computers Operations Research, Volume 17, 1990
S. 39-50.

Posner, M.E./ Wu, C.-T.: 1981, Linear Max-Min Programming
Mathematical Programming, Volume 20, 1981
S. 166-172.

Sakawa, M./ Seo, F.: 1983, Interactive Multiobjective Decision-Making in
Environmental Systems Using the Fuzzy Sequential Proxy Approximation
Technique, Large Scale Systems, Volume 4, 1983
S. 223-243.

Steuer, R.E., Choo, E.U.: 1983, An Interactive Weighted Tchebycheff
Procedure for Multiple Objective Programming,
Mathematical Programming, Volume 26, 1983
S. 326-344.

Wallenius, J.: 1975, Comparative Evaluation of Some Interactive
Approaches to Multicriterion Optimization,
Management Science, Volume 21, 1975
S. 1387-1396.

Zionts, Stanley, Wallenius, Jyrki: 1983, An Interactive Multiple Objective
Linear Programming Method for a Class of Underlying Nonlinear Utility
Functions,
Management Science, Volume 29, Number 5, 1983
S. 519-529.

Zionts, Stanley, Wallenius, Jyrki: 1976, An Interactive Programming Method
for Solving the Multiple Criteria Problem,
Management Science, Volume 22, Number 6, 1976
S. 652-663.

Literaturverzeichnis

Ahrens, Hans Joachim: 1988, Messung und Skalierung, S. 445-454
    in: Handwörterbuch der Psychologie
    herausgegeben von Roland Asanger und Gerd Wenninger
    4. Auflage 1988, Psychologie-Verlags-Union, München/Weinheim

Baas, M. S./Kwakernaak, H.: 1977, Rating and ranking of multiple-aspects
    alternatives using fuzzy sets
    Automatica, Volume 13, 1977
    S. 47-58.

Bamberg, Günter/Coenenberg, Adolf Gerhard: 1989, Betriebswirtschaftliche
    Entscheidungslehre, 272 Seiten
    Verlag Franz Vahlen, München, 5. Auflage 1989

Benayoun, R./de Montgolfier, J./Tergny, J./Laritchev, O.:1971,
    Linear Programming with Multiple Objective Functions:
    Step Method (STEM)
    Mathematical Programming, Volume 1, 1971
    S. 366-375.

Benayon, R./Roy, B./Sussmann, B.: 1966, ELECTRE: Une méthode pour le guider
    le choix en présence de points de vue multiples
    Note de travail No. 49 (juin 1966)
    SEMA (Metra International), Direction Scientifique

Bernardo, John J./Blin, J. M.: 1977, A Programming Model of Consumer Choice
    among Multi-Attributed Brands
    Journal of Consumer Research, Volume 4, September 1977
    S. 111-118.

Bitz, Michael: 1981, Entscheidungstheorie, 439 Seiten
    Verlag Franz Vahlen, München 1981

Bonissone, Piero P./Decker, Keith S.: 1986, Selecting Uncertainty Calculi and
    Granularity: An Experiment in Trading-off Precision und Complexity,
    in: Kanal, Laveen N./Lemmer, John F. (Herausgeber): Uncertainty in
    Artificial Intelligence, 509 Seiten
    (Machine Intelligence and Pattern Recognition, Volume 4)
    North-Holland, Elsevier Science Publishers,
    Amsterdam/New York/Oxford 1986
    S. 217-247.

Brans, J. P./Mareschal, B.: 1990, The PROMETHEE Methods For MCDM;
    The PROMCALC, GAIA And BANKADVISER Software,
    in: Bana e Costa, Carlos A. (Herausgeber):
    Readings in Multiple Criteria Decision Aid, 660 Seiten
    Springer-Verlag, Berlin/Heidelberg/New York/Tokyo 1990
    S. 216-252.

Brans, J. P./Vincke, Ph.: 1985, A Reference Ranking Organisation Method
    Management Science, Volume 31, No. 6, June 1985
    S. 647-656.

Brans, J. P./Vincke, Ph./Mareschal, B.: 1986, How to select and how to rank projects:
    The PROMETHEE method
    European Journal of Operational Research, Volume 24, 1986
    S. 228-238.

Brockhoff, K. 1985: Experimental Test of MODM Algorithms in a Modular Approach,
    European Journal of Operational Research, Volume 22, Number 2, 1985
    S. 159-166.

Buchanan, J.T./ Daellenbach H.G. : 1987, A Comparative Evaluation of
    Interactive Solution Methods for Multiple Objective Decision Models
    European Journal of Operational Research, Volume 29, 1987
    S. 353-359.

Chankong, Vira/Haimes, Yacov Y.: 1983, Multiobjective Decision
    Making: Theory and Methodology, 406 Seiten
    Verlag North Holland, New York/Amsterdam/Oxford 1983

Charnes, A./ Cooper, W.W.: 1961, Management Models and Industrial Applications of
    Linear Programming
    New York/London/Sydney 1961

Dinkelbach, Werner: 1982, Entscheidungsmodelle, 285 Seiten
    Verlag Walter de Gruyter, Berlin/New York 1982

Dinkelbach, Werner: 1969, Sensitivitätsanalysen und parametrische
    Programmierung, 190 Seiten
    Springer-Verlag, Berlin/Heidelberg/New York 1969

Dorsch, Friedrich: 1987, Psychologisches Wörterbuch, 11. Auflage 1987
    Verlag Hans Huber, Bern/Stuttgart/Toronto

Dubois, Didier/Pade, Henri: 1984, Criteria Aggregation and
    Ranking of Alternatives in the Framwork of Fuzzy Set Theory,
    in: Zimmermann, Hans-Jürgen/Zadeh, Lotfi Asker/Gaines, Brian R.
    (Herausgeber):Fuzzy Sets and Decision Analysis, 522 Seiten
    (TIMS Studies in the Management Sciences, Volume 20)
    North-Holland, Elsevier Science Publishers,
    Amsterdam/New York/Oxford 1984
    S. 209-240.

Dyer, James S.: 1990, A Clarification of "Remarks on the Analytic Hierarchy Process",
    Management Science, Volume 36, No.3, März 1990, S. 274-275

Dyer, James S.: 1990, Remarks on the Analytic Hierarchy Process,
    Management Science, Volume 36, No.3, März 1990, S. 249-258

Dyer, James S./Sarin, Rakesh K.: 1979, Measurable Multiattribute Value Functions,
    Operations Research, Volume 27, No. 4, July-August 1979
    S. 810-822.

Eisenführ, Franz: 1989, Betriebswirtschaftliche Planung und Entscheidung,
    151 Seiten
    Skript zur Vorlesung an der RWTH Aachen, 2. Auflage WS 1989/90
    Verlag Augustinus-Buchhandlung, Aachen

Evans, G.W. 1984, An Overview of Techniques for Solving Multiobjective
    Mathematical Programs, Management Science, Volume 30, 1984
    S. 1268-1282.

Fishburn, Peter C.: 1970, Utility Theory for Decision Making, 234 Seiten
    John Wiley & Sons, Inc. 1970, New York/London/Sydney/ Toronto,

French, Simon: 1988, Decision Theory:
    An Introduction to the Mathematics of Rationality, 448 Seiten
    Ellis Horwood Limited, Chichester 1988

Gäfgen, Gérard: 1974, Theorie der wirtschaftlichen Entscheidung, 535 Seiten
    Verlag J.C.B. Mohr (Paul Siebeck), Tübingen 1974

Gal, Tomas: 1977, A general method for determining the set of all efficient solutions
    to a linear vectormaximum problem
    European Journal of Operational Research, Band 1, 1977
    S. 307-322.

Gal, Tomas: 1983, On Efficient Sets in Vector Maximum Problems - A Brief Survey
    in: Hansen, Pierre (Herausgeber): Essays and Surveys on Multiple Criteria
    Decision Making, 441 Seiten
    Springer-Verlag, Berlin/Heidelberg/New York 1983
    S. 94-114.

Geoffrion, A. M./ Dyer, J. S./ Feinberg, A.: 1972, An interactive approach
    for multi-criteria optimization, with an application to the operation
    of an academic department
    Management Science, Volume 19, Number 4, December 1972
    S. 357-368.

Goicoechea, Ambrose/ Hansen, Don R./ Duckstein, Lucien: 1982, Multiobjective
    Decision Analysis with Engineering and Business Applications, 519 Seiten
    Verlag John Wiley & Sons, Inc., New York/Chichester/Brisbane/
    Toronto/Singapore 1982

Gutjahr, Walter: 1981, Skalentypen,
    in: Wörterbuch der Psychologie
    herausgegeben von Günter Clauß et. al.
    VEB Bibliographisches Institut Leipzig 1981
    S. 567-568.

Haedrich, Günther/Kuß, Alfred/Kreilkamp, Edgar: 1986,
    Der Analytic Hierarchy Proccess ,Zeitschrift
    "Wirtschaftswissenschaftliches Studium" (WiSt), Heft 3, März 1986
    S. 120-126

Haimes, Y.Y./ Hall, W.A.: 1974: Multiobjectives in Water Resources Systems
    Analysis: The Surrogate worth Tradeoff Method,
    Water Resources Research, Volume 10, 1974
    S. 615-624.

Haksever, C./ Ringuest J.L.: 1990, Computational Efficiency and Interactive
    Molp Algorithms: An Implementation of the Simolp Procedure
    Computers Operations Research, Volume 17, 1990
    S. 39-50

Hamacher, Horst: 1978, Über logische Aggregationen nicht binär explizierter
    Entscheidungskriterien. Ein axiomatischer Beitrag zur normativen
    Entscheidungstheorie, 170 Seiten
    Dissertation an der RWTH Aachen
    Rita G. Fischer Verlag, Frankfurt 1978

Harker, Patrick T.: 1989, The Art and Science of Decision Making:
    The Analytic Hierarchy Process,
    in: Golden, Bruce L./Wasil, Edward E./Harker, Patrick T. (Editors):
    The Analytic Hierarchy Process: Applications and Studies
    Springer-Verlag, Berlin/Heidelberg/New York/Tokio 1989
    S. 3-36.

Harker, Patrick T./Vargas, Luis G.: 1990, Reply to "Remarks on the Analytic Hierarchy
    Process" by J.S. Dyer, Management Science, Volume 36, No.3, März 1990
    S. 269-273.

Harker, Patrick T./Vargas, Luis G.: 1987, The Theory of Ratio Scale Estimation:
    Saaty's Analytic Hierarchy Process
    Management Science, Volume 33, Number 11, November 1987
    S. 1383-1403.

Hwang, Chin-Lai/Masud, Abu Syed Md.: 1979, Multi Objective Decision Making -
    Methods and Applications, 351 Seiten
    Springer-Verlag, Berlin/Heidelberg/New York 1979

Hwang, Chin-Lai/Yoon, Kwangsun: 1981, Multiple Attribute Decision Making,
    Methodes and Applications, 259 Seiten
    Springer-Verlag, Berlin/Heidelberg/New York 1981

Ignizio, James P.: 1976, Goal Programming and Extensions, 261 Seiten
    Lexington Books (D.C. Heath), Lexington, Massachusetts 1976

Ignizio, James P.: 1982, Linear Programming In Single- & Multiple-Objective Systems,
    506 Seiten
    Prentice Hall, Inc., Englewood Cliffs 1982

Isermann, Heinz: 1976, Ein Algorithmus zur Lösung linearer Vektormaximumprobleme
    in: Kohlas, J./Seifert, O./ Stähly, P./Zimmermann, H.-J. (Herausgeber):
    Proceedings in Operations Research Band 5
    Vorträge der Jahrestagung 1975 von DGOR/SVOR
    Physica-Velag, Würzburg/Wien 1976
    S. 55-65.

Isermann, Heinz: 1987, Optimierung bei mehrfacher Zielsetzung,
    in: Gal, Thomas (Herausgeber): Grundlagen des
    Operations Research Band 1, 583 Seiten
    Springer-Verlag, Berlin/Heidelberg/New York 1987
    S. 421-497.

Isermann, Heinz: 1979, Strukturierung von Entscheidungsprozessen bei
    mehrfacher Zielsetzung
    Operations-Research-Spektrum, Band 1, Heft 1, 1979
    S. 3-26.

Isermann, Heinz: 1977, The Enumeration of the Set of All Efficient Solutions for a
    Linear Multiple Objective Program
    Operations Research Quarterly, Volume 28,
    Number 3, ii, 1977
    S. 711-725.

Jaeger, Arno: 1987, Bewältigung von Zielkonflikten mit Hilfe von graduellen Relationen,
Schwellenwerten und Prävalenzen,
in: Dörfler, W./Fischer, R./Peschek, W. (Herausgeber): Wirtschaftsmathematik in
Beruf und Ausbildung, 324 Seiten
(Band 17 der Schriftenreihe "Didaktik der Mathematik")
Gemeinschaftsausgabe der Verlage Hölder-Pichler-Tempsky, Wien und B. G.
Teubner, Stuttgart 1987
S. 69-95.

Jaeger, Arno: 1988, Multikriteria-Analyse im Bankenbereich: Von PROMETHEE zu
BANKADVISER
Die Bank (Zeitschrift für Bankpolitik und Bankpraxis), Heft 6, 1988
S. 324-328.

Jain, Ramesh: 1977, A procedure for multiple-aspect decision making using fuzzy sets
International Journal of Systems Science, Volume 8, No. 1, 1977
S. 1-7.

Keeney, Ralph E./Raiffa, Howard: 1976 Decisions with Multiple Objectives: Preferences
and Value Tradeoffs, 569 Seiten
John Wiley & Sons, Inc., New York/Chichester/Brisbane/ Toronto/Singapore 1976

Korhonen, Pekka J./Laakso, Jukka: 1986a, A visual interactive method
for solving the multiple criteria problem
European Journal of Operational Research, Volume 24, 1986
S. 277-287.

Korhonen, Pekka J./Laakso, Jukka: 1986b, Solving generalized goal
programming problems using a visual interactive approach
European Journal of Operational Research, Volume 26, 1986
S. 355-363.

Korhonen, Pekka J./Wallenius, Jyrki: 1990a, A multiple objective
linear programming decision support system
Decision Support Systems, Volume 6, No. 3, August 1990
S. 243-251.

Korhonen, Pekka J./Wallenius, Jyrki: 1988, A Pareto Race
Naval Research Logistics, Volume 35, No. 6, December 1988
S. 615-623.

Literaturverzeichnis

Korhonen, Pekka J./Wallenius, Jyrki: 1990b, Using qualitative
 data in multiple objective linear programming
 European Journal of Operational Research, Volume 48,
 Number 1,September 5, 1990
 (Special Issue: Decision making by the
 Analytic Hierarchy Process: Theory and Applications)
 S. 81-87.

Krelle, Wilhelm: 1968, Präferenz- und Entscheidungstheorie, 400 Seiten
 Verlag J.C.B. Mohr (Paul Siebeck), Tübingen 1968

Laux, Helmut: 1982/1988, Entscheidungstheorie, zwei Bände
 Band 1: Grundlagen, 349 Seiten, 1982
 Band 2: Erweiterung und Vertiefung, 280 Seiten, 2. Auflage 1988
 Springer-Verlag, Berlin/Heidelberg/New York

Lee, Sang M.: 1972, Goal Programming For Decision Analysis, 387 Seiten
 Auerbach Publishers, Inc., Philadelphia 1972

Mag, Wolfgang: 1990, Grundzüge der Entscheidungstheorie, 233 Seiten
 Verlag Franz Vahlen, München 1990

Müschenborn, Wolfgang: 1990, Interaktive Verfahren zur Lösung
 linearer Vektormaximumprobleme
 Ein Beitrag zur Wirtschaftsmathematik, 167 Seiten
 Reihe Wirtschaftswissenschaften Band 364
 Verlag Harri Deutsch, Thun/Frankfurt am Main 1990

Neumann, John von/ Morgenstern, Oskar: 1961, Spieltheorie und wirtschaftliches
 Verhalten, 668 Seiten
 Physica-Verlag, Würzburg, 1. Auflage 1961

Nitzsch, Rüdiger von: 1990, Präferenzmodellierung in der Nutzwertanalyse, im AHP und
 in der multiattributiven Nutzentheorie - Ein Vergleich, 17 Seiten
 Arbeitsbericht Nr. 90-02, Institut für Wirtschaftswissenschaften, RWTH Aachen,
 Aachen 1990

Pfohl, Hans-Christian: 1976, Praktische Relevanz von Entscheidungstechniken
Die Unternehmung (Schweizerische Zeitschrift für Betriebswirtschaft)
Heft 2, 1976
S. 73-93.

Posner, M.E./ Wu, C.-T.: 1981, Linear Max-Min Programming
Mathematical Programming, Volume 20, 1981
S. 166-172.

Rauhut, Burkhard/Schmitz, Norbert/Zachow, Ernst-Wilhelm: 1979, Spieltheorie, 400 Seiten
B.G. Teubner-Verlag, Stuttgart 1979

Rommelfanger, Heinrich: 1988, Entscheiden bei Unschärfe,
Fuzzy Decision Support-Systeme, 304 Seiten
Springer-Verlag, Berlin/Heidelberg 1988

Roy, Bernard: 1977, Partial Preference Analysis and Decision Aid: The Fuzzy
Outranking Relation Concept, S.40-75
in: Bell, David E./ Keeney, Ralph L./Raiffa, Howard (Herausgeber):Conflicting
Objectives in Decisions,
442 Seiten
(Band 1 der "International Series on Applied Systems Analysis")
John Wiley & Sons, Inc. 1977, Chichester/New York/ Brisbane/Toronto

Roy, Bernard: 1990, Decision-Aid And Decision-Making,
in: Bana e Costa, Carlos A. (Herausgeber):
Readings in Multiple Criteria Decision Aid, 660 Seiten
Springer-Verlag, Berlin/Heidelberg/New York/Tokyo 1990
S.17-35.

Roy, Bernard: 1980, Selektieren,Sortieren und Ordnen mit Hilfe von
Prävalenzrelationen: Neue Ansätze auf dem Gebiet der
Entscheidungshilfe für Multikriteria-Probleme
(deutsch von Arno Jaeger und Heinz-Michael Winkels)
Zeitschrift für betriebswirtschaftliche Forschung, Gabler-Verlag,
Wiesbaden, 32. Jahrgang, 1980
S. 465-497.

Roy, Bernard: 1990, The Outranking Approach And The Foundations Of ELECTRE Methods,
in: Bana e Costa, Carlos A. (Herausgeber):
Readings in Multiple Criteria Decision Aid, 660 Seiten
Springer-Verlag, Berlin/Heidelberg/New York/Tokyo 1990
S.155-183.

Saaty, Rozanne W.: 1987, The Analytic Hierarchy Process - What It Is and How It Is Used
Mathematical Modelling, Volume 9, No. 3-5, 1987
S. 161-176.

Saaty, Thomas L.: 1990, An Exposition of the AHP in Reply to the Paper "Remarks on the Analytic Hierarchy Process",
Management Science, Volume 36, No.3, März 1990
S. 259-268.

Saaty, Thomas L.: 1990, How to make a decision: The Analytic Hierarchy Process
European Journal of Operational Research, Volume 48, Number 1, September 5, 1990
(Special Issue: Decision Making by the Analytic Hierarchy Process: Theory and Applications)
S. 9-26.

Saaty, Thomas Lorie: 1980, The Analytic Hierarchy Process, 287 Seiten
McGraw-Hill, Inc., New York/London/Toronto u.a. 1980

Saaty, Thomas L./Kearns, Kevin P.: 1985, Analytical planning: the organisation of systems, 208 Seiten
International series in modern applied mathematics and computer science, Volume 7
Pergamon Press, Oxford/New York/Toronto/Sydney/Frankfurt 1985

Sakawa, M./ Seo, F.: 1983: Interactive Multiobjective Decision-Making in Environmental Systems Using the Fuzzy Sequential Proxy Approximation Technique, Large Scale Systems, Volume 4, 1983
S. 223-243.

Schneeweiß, Hans: 1967, Entscheidungskriterien bei Risiko, 214 Seiten
Springer-Verlag, Berlin/Heidelberg/New York 1967

Sixtl, Friedrich: 1982, Meßmethoden der Psychologie:
Theoretische Grundlagen und Probleme
517 Seiten, 2. Auflage, Beltz-Verlag, Weinheim/Basel 1982

Steuer, Ralph E.: 1976, A Five Phase Procedure For Implementing A Vector-Maximum
Algorithm For Multiple Linear Programming Problems,
in: Thiriez, Hervé/Zionts, Stanley (Herausgeber):
Multiple Criteria Decision Making, 409 Seiten,
Proceedings of a Conference Jouy-en-Josas, France 1975
Springer-Verlag, Berlin/Heidelberg/New York 1976
S. 59-169.

Steuer, Ralph E.: 1977, An Interactive Multiple Objective Linear
Programming Procedure,
in: Starr, Martin K./Zeleny, Milan (Herausgeber):
Multiple Criteria Decision Making, 326 Seiten,
TIMS Studies in the Management Sciences, Volume 6
Verlag North Holland, Amsterdam/New York/Oxford 1977
S. 225-239.

Steuer, Ralph E.: 1986, Multiple Criteria Optimization:
Theory, Computation, and Application, 546 Seiten
Verlag John Wiley & Sons, Inc.,
New York/Toronto/Singapore/Chichester/Brisbane 1986

Steuer, R.E./ Choo, E.U.: 1983: An Interactive Weighted Tchebycheff
Procedure for Multiple Objective Programming,
Mathematical Programming, Volume 26, 1983
S. 326-344.

Steuer, Ralph E./Schuler, Albert T.: 1978, An Interactive Multiple-Objective
Linear Programming Approach to a Problem in Forest Management
Operations Research, Volume 26, No. 2, March-April 1978
S. 254-269.

Thole, U./ Zimmermann, H.-J./Zysno, P.: 1979, On the Suitability of Minimum
and Product Operators for the Intersection of Fuzzy Sets
Fuzzy Sets and Systems, Volume 2, 1979
S. 167-180.

Tong, R. M./Bonissone, P. P.: 1984, Linguistic solutions to fuzzy decision problems
   In: Zimmermann, H.-J./Zadeh, L. A./Gaines, B. R. (Herausgeber):
   Fuzzy Sets and Decision Analysis
   Verlag North-Holland, Amsterdam/New York/Oxford 1984
   S. 323-334.

Tversky, Amos: 1972, Choice by Elimination
   Journal of Mathematical Psychology, Volume 9, Number 4, November 1972
   S. 341-367.

Tversky, Amos: 1972, Elimination by Aspects: A Theory of Choice
   Psychological Review, Volume 79, Number 4, July 1972
   S. 281-299.

Vargas, Luis G.: 1990, An overview of the Analytic Hierarchy Process and its applications
   European Journal of Operational Research, Volume 48, Number 1, September 5, 1990
   (Special Issue: Decision Making by the Analytic Hierarchy Process: Theory and Applications)
   S. 2-8.

Ven, Ad van der: 1980, Einführung in die Skalierung,
   409 Seiten
   übersetzt und herausgegeben von Jo Groebel
   Verlag Hans Huber, Bern/Stuttgart/Wien 1980

Vincke, Philippe: 1986, Analysis of multicriteria decision aid in Europe
   European Journal of Operational Research, Band 25, 1986
   S. 160-168.

Wallenius, J.: 1975: Comparative Evaluation of Some Interactive
   Approaches to Multicriterion Optimization,
   Management Science, Volume 21, 1975
   S. 1387-1396.

Weber ,Martin: 1983, Entscheidungen bei Mehrfachzielen: Verfahren zur Unterstützung
   von Individual- und Gruppenentscheidungen, 225 Seiten
   Gabler-Verlag, Wiesbaden 1983 (Band 26 der Bochumer Beiträge zur
   Unternehmensführung und Unternehmensforschung)

Winkels, Heinz-Michael: 1983, Über einige Weiterentwicklungen der
ELECTRE-Verfahren,
in: Bühler, W./ Fleischmann, B./Schuster, K. P./Streitferdt, L./Zander, H.
(Herausgeber):
Operations Research Proceedings 1982
Springer-Verlag, Berlin/Heidelberg/New York 1983
S. 401-411.

Winkler, Robert L.: Decision Modelling and Rational Choice: AHP and Utility Theory,
Management Science, Volume 36, No.3, März 1990
S. 247/248.

Winterfeldt, Detlof von/Edwards, Ward: 1986, Decision analysis and behavorial research,
604 Seiten
University Press, Cambridge/London u.a. 1986

Witte, Eberhard: 1972, Das Informationsverhalten in Entscheidungsprozessen,
222 Seiten
Verlag J.C.B. Mohr (Paul Siebeck), Tübingen 1972

Yager, Ronald R.: 1978, Fuzzy decision making including unequal objectives
Fuzzy Sets und Systems, Volume 1, 1978
S. 87-95.

Zeleny, Milan: 1974a, A concept of compromise solutions and the method
of the displaced ideal
Computers & Operations Research, Volume 1, 1974
S. 479-496.

Zeleny, Milan: 1974b, Linear Multiobjective Programming,
220 Seiten
Springer-Verlag, Berlin/Heidelberg/New York 1974
S. 180-182.

Zeleny, Milan: 1976, The theory of the diplaced ideal,
in: Zeleny, Milan (Herausgeber):
Multiple Criteria Decision Making
Kyoto 1975
Springer-Verlag, Berlin/Heidelberg/New York 1976
S. 153-206.

Zimmermann, Hans-Jürgen: 1980, Entscheidungswissenschaften und
    Unternehmensführung, S. 395-419
    in: Hahn, Dietger (Herausgeber):
    Führungsprobleme industrieller Unternehmungen, 491 Seiten
    Festschrift für Friedrich Thomée zum 60. Geburtstag
    Walter de Gruyter-Verlag, Berlin/New York
    S. 395-419.

Zimmermann, Hans-Jürgen: 1987a, Fuzzy Sets, Decision Making, and Expert Systems,
    335 Seiten
    Kluwer Academic Publishers, Boston 1987

Zimmermann, Hans-Jürgen: 1990, Fuzzy Set Theory - and its Applications, 432 Seiten
    Kluwer-Nijhoff Publishing, Boston/Dordrecht/Lancaster
    2. revidierte Auflage 1990

Zimmermann, Hans-Jürgen: 1987, Methoden und Modelle des Operations Research,
    364 Seiten
    Vieweg-Verlag, Braunschweig/Wiesbaden 1987

Zimmermann, Hans-Jürgen: 1975, Optimale Entscheidungen bei unscharfen
    Problembeschreibungen
    Zeitschrift für betriebswirtschaftliche Forschung, Band 27, 1975
    S. 785-795.

Zimmermann, H.-J./Zysno, P.: 1980, Latent Connectives in Human Decision Making
    Fuzzy Sets and Systems, Volume 4, 1980
    S. 37-51.

Zionts, Stanley/ Wallenius, Jyrki: 1983: An Interactive Multiple Objective Linear
    Programming Method for a Class of Underlying Nonlinear Utility Functions,
    Management Science, Volume 29, Number 5, 1983
    S. 519-529.

Zionts, Stanley/ Wallenius, Jyrki: 1976: An Interactive Programming Method for
    Solving the Multiple Criteria Problem,
    Management Science, Volume 22, Number 6, 1976
    S. 652-663.

Stichwortverzeichnis

A

A posteriori Information 30
A priori Information 30, 110ff.
Absolut-Skala 11, 12
Abstandsmessung 122, 126
Abweichungsvariable 124
Achievement scalarizing function 177
Aggregationsphase 260, 268
AHP 65-91
Aktion 2-5
Akzeptanz 139, 140, 274, 277
Algorithmus von Frank-Wolfe 143-145
Alternative 2
Alternative-Rangplatz-Matrix 60, 61
Analytic Hierarchy Process 65-91
Anspruchsniveau 47, 48, 51, 119-121, 164-169
Äquivalenzklasse 16
Äquivalenzordnung 16
Archimedisches Zielprogrammieren 122-125, 127, 164
Aspektweise Elimination 51
Attributvektor, idealer 35, 99, 165
Ausgangsfluß 227-229, 233
Austauschraten 29
Averaging Operator 245

B

Bandbreite 63, 91
Bayes-Regel 5
Befriedigende Lösung 35
Benachbart 106
Benutzerfreundlichkeit 176, 181, 277

Berechnungsphasen 137, 138
Beschränkte Rationalität 7, 8
Bezugsrichtung 179, 181

D

Decision aid 26, 202
Deskriptive Entscheidungstheorie 5-8
Direkte Meßmethoden 14
Disjunktives Vorgehen 48
Diskordanz-Dominanz-Matrix 211
Diskordanz-Matrix 210, 216-218
Diskordanzindex 210-212, 217
Diskordanzmenge 209, 210
Diskreter Lösungsraum 25, 274
Diskriminationsvermögen 268
Dissonanzen, kognitive 8
Dominanz-Matrix 211, 212, 218, 219
Dominanz-Strategie 42, 43
Dominiert 42
Durchschnitt unscharfer Mengen 243, 244, 246, 248, 250, 265

E

Effizienter Trade-off-Vektor, 154
    Testprogramm 154, 157-159
Effizienz 274, 276
Effizienztheoreme 104, 105, 186
Eigenvektor 58, 59, 86
Eigenvektor-Methode 57-60
Eigenwert 58, 59, 78, 79, 85-87
Eingangsfluß 228, 229, 233
Einzelwertfunktion 62
ELECTRE 207-220, 228, 234, 235

Elimination, aspektweise 51, 52
Empfindlichkeit 117, 268
Endpunkt-Tableau 187, 190
Entscheidung bei
    Risiko 4
    Sicherheit 4
    Ungewißheit 4
    Unsicherheit 4
    entscheidungstechnologisch 202, 206, 207
    in der deskriptiven Entscheidungstheorie 6
    in der Entscheidungslogik 5
    maximierende 248
    Multi-Criteria- 21-24
    optimale (unscharfe) 247-251
Entscheidungsfällung, Grundmodell 3
Entscheidungshilfe 26, 202, 206
Entscheidungslogik 2-5
Entscheidungsmatrix 4
Entscheidungsphasen 137
Entscheidungsprinzip 4
Entscheidungsprozeß 6-8, 22-24
Entscheidungsregel 4
Entscheidungstechnik 26
Entscheidungstechnologie 26, 202-272
Entscheidungstheorie,
    allgemeine 2-8
    deskriptive 5-8
    empirisch-kognitive 5-8
    normative 2-5
    präskriptive 2-5
Entscheidungsvariable 2
Erfolgsziel 66
Ergebnis 2, 4
Ergebnismatrix 3, 4
Explizite Trade-offs 141, 142

F
Filter-Technik 196
Formalwissenschaft 2
Funktional-effiziente Lösung 35, 99, 100, 103-107
Fuzzy number 241
Fuzzy relation 213
Fuzzy sets 240

G
Gamma-Operator 246
Gaußsches Kriterium 225, 226
GDF 142-150
Generatoren 185, 187-193
Geschlossenes Modell 5
Gewicht 54, 63, 113-115
Gewichtete Summen-LP's 184
Gewichtete kleinste Quadrate 56
Gewichtevektor 54, 56-60
Gewichtung, einfache additive 62-64
Gewöhnliches Kriterium 222
Goal 121, 122, 125, 126, 130, 132
Goal-effizient 132
Goal Programming, 121
    visual interactive (VIG) 176-183
Graduelle Relation 213
Grad der Zugehörigkeit 240
Grenzraten der Substitution 30, 140, 141
Grundmodell Entscheidungsfällung 3
Gruppenentscheidung 22, 66
Güte der Lösung 275

H
Halbordnung, strenge 16, 17
Handlungsalternative 2
Hierarchie 65-69
    Beispiele 75, 82

Hodges-Lehmann-Prinzip 5
Hurwicz-Prinzip 4

I

Ideale Lösung 35, 99
Idealer Attributvektor 35
Idealer Zielwertvektor 99
Image 6
Implizite Trade-offs 30, 141
Indifferenz 16, 205
Indifferenzordnung 16
Indirekte Meßmethoden 14
Individuelle Optimallösung 35, 99
Individuelles Optimum 35, 99
Information,
    a posteriori 30
    a priori 30, 110ff.
    progressive 30
    unscharfe 26, 240
    unvollständige 26, 202
Informationsverarbeitungsprozeß 6-8
Initialphase 106
Inkonsistent 54
Inkonsistenz 58-60, 69
Inneres Modell 6
Interaktion 137
Interaktiver Frank-Wolfe-Algorithmus 143
Interaktives visuelles Zielprogrammieren 176
Interaktive Verfahren 137-142
Interval Criterion Weights/
    Vector Maximum Approach 183
Intervall-Skala 12, 13
Intraindividuelle Konflikte 8
Irreflexiv 15
Iterationsphase 106

K

Kardinal-Skala 13
Klassifikation
    von Multi-Criteria-Entscheidungen 25-27
    von entscheidungstechnologischen Ansätzen 29, 30
    zum MADM 27-29
    zum MODM 30, 31
Kognitive Dissonanzen 8
Kognitiver Streß 8
Kompensation 25, 28
Kompensationsfähigkeit von Operatoren 247
Kompensatorisch 27, 28
Kompromißlösung 35, 111
Kompromißmenge 171-173
Kompromißmodell 110
Kompromißzielfunktion 110
Konflikte, intraindividuelle 8
Konjunktives Vorgehen 47
Konkordanz-Matrix 209
Konkordanzanalyse 207
Konkordanz-Dominanz-Matrix 210, 211
Konkordanzindex 209
Konkordanzmenge 209
Konsistenzbedingung 55, 69
Konsistenz bei interaktiven Verfahren 141
Konsistenzindex 59
    Beispiel 87, 88
Konsistenzwert 60, 69
    Beispiel 87, 88
Konstante Zielgewichtung 113-118, 123
Konstruktionsphase 107
Kontraktion des Kriterienkegels 184-190, 197

Kriterienkegel 185, 187-189, 192-194
Kriterium,
    Gaußsches 225, 226
    gewöhnliches 222
    mit linearer Präferenz 223, 224
    mit linearer Präferenz und Indifferenzbereich 225
    Quasi- 223
    Stufen- 224
    verallgemeinertes 220-226
Kritischer Vektor 187

L

Laplace-Regel 5
Lexikographische Methode, 49
    mit Halbordnung 50
Lexikographisches Zielprogrammieren 125-130
Lineares Vektormaximumproblem 98, 105, 107
Lineare Skalen-Transformation 38
Lineare Zuordnungsmethode 60-62
Linguistisches "und" 246
Linguistische Variable 37, 242
Lösung,
    befriedigende 35
    dominierte 42
    funktional-effiziente 35, 99, 100, 103-107
    goal-effiziente 132
    ideale 35, 99
    Kompromiß- 35, 111
    nicht-dominierte 35, 42
    pareto-optimale 35
    perfekte 35, 99
    utopische 99
    vollständige 35, 100, 103-107

Lösungsbegriffe 35, 98-103
Lösungsgraph 106, 107
Lösungsgüte 275
Lösungsraum
    diskreter 25, 274
    stetiger 25, 274
Lp-Norm 122, 126, 173

M

MADM 25-29
Matrix, reziproke 55
Maximax-Strategie 44
Maximierende Entscheidung 248, 255, 262
Maximierende Menge 264-266
Maximin-Strategie 43, 44
Maximum-Operator 243, 244
Mehrziel-Simplextableau 150-152
Menge, maximierende 264-266
Menge, unscharfe 240-242
Messen 11
Meßmethoden 13, 14
    direkte 14
    indirekte 14
Meßtheorie 11-14
Methode der verschobenen Ideallösung 171-176
Minimax-Regel 4, 5
Minimum-Operator 243, 244, 246-248
Modell, inneres 6
Modellierung 176, 277
MODM 25, 30, 31
MODM-Problem 97
Multi-Attribut-Entscheidungen (MADM) 25-29
Multi-Criteria-Entscheidungen 21-27
Multi-Criteria-Problem 21, 25

Multi-Objective-Entscheidungen
(MODM) 25, 30, 31

N
Nettofluß 228, 230
Nicht-dominierte Lösung 35, 42
Nichtkompensatorisch 27
Nichtkontrollierbare Faktoren 2
Nominal-Skala 11, 13
Normative Entscheidungstheorie 2
Normierung 37-40
Nutzen 2-4
Nutzenfunktion, 15, 17, 111-113
    Existenz der 17
Nutzenmodell 111
Nutzentheorie 15-18
Nutzenwert 15

O
Oberziel 66, 71-73
Optimale Entscheidung 248
Optimallösung, individuelle 35, 99
Optimismusparameter 4
Optimum, individuelles 35, 99
Ordinal-Skala 11-14
Ordinale Wertfunktion 18
Ordnen 206, 207
Ordnung,
    schwache 16, 17
    strenge 16
Ordnungsphase 260
Ordnungsrelation 15, 16
Outranking 202-207, §12
Outranking-Graph 227
Outranking-Relation 206, 218, 226-230

P
Paarvergleichsmatrix 54-56, 58-60
Parameter 2
PARETO RACE 176, 181-183
Pareto-optimale Lösung 35
Partielle Präordnung 229
Pay-off-Tableau 165
Perfekte Lösung 35, 99
Permutationsmatrix 61, 62
Präferenz, 2, 3, 15-18, 205
    schwache 205, 206, 221
    strikte 204-206
Präferenzenfunktion 2
Präferenzfunktion 221-226
Präferenzindex 227
Präferenz-Indifferenz 16, 17
Präferenzordnung 15, 16
    strenge 16
Präferenz-Situationen 205
Präferenzstärke 222
Präferenzunabhängig 64, 112
Präordnung,
    partielle 229
    vollständige 229, 230
Präskriptive Entscheidungstheorie 2
Prioritätsklasse 126, 127
Progressive Information 30
PROMETHEE 212, 220-236

Q
Quantifizierung 36, 37
Quasi-Kriterium 223
Quotientenmenge 16, 17

R
Range 63, 91
Ratio-Skala 11, 12

Rationalität, 2
  beschränkte 7
  subjektive 6-8
Realwissenschaft 5
Reference direction 179
Referenz-Kriterium 146, 149
Reflexiv 15, 16
Reize 13, 14
Relation,
  fuzzy 213
  graduelle 213
  irreflexive 15, 16
  reflexive 15, 16
  symmetrische 15, 16
  transitive 15, 16
  vollständige 15, 16
  zweistellige 15, 16
Reziproke Matrix 55

S
S-Norm 245
Satisfizierungsziel 119
Schwache Präferenz 205, 206, 221
Schwache Ordnung 16, 17
Schwellenwert 210, 211, 219, 223, 224
Selektion 206
Set, fuzzy 240
Skala,
  Intervall- 12
  kardinale 13
  nominale 11
  ordinale 11
  Ratio- 12
  Verhältnis- 12
Skalen-Transformation, lineare 38
Skalenniveau 11-14
Sortieren 206, 207

Spannweite 63, 91, 170
Stabilität 117, 226, 268
Stabilitätseigenschaften 226
State 2
STEM 164-170
Stetiger Lösungsraum 25, 274
Stimuli 13
Strategie 2-5
Strenge Halbordnung 16, 17
Strenge Ordnung 16
Streß kognitiver 8
Strikte Präferenz 204-206
Stufen-Kriterium 224
Subjektive Rationalität 6-8
Substitution 29
Summen-LP's, gewichtete 184
Symmetrisch 15, 16

T
T-Conorm 245
T-Norm 245
Toleranzgröße 254
Toleranzintervall 253
Trade-offs, 29-31
  explizite 30, 141, 142, §10
  implizite 30, 141, 142, §11
Trade-off-Vektor, effizienter 154
Transformation, zulässsige 12
Transitiv 15, 16, 202, 204, 206
Transitivität 204

U
Unscharfe Entscheidung 247-251
Unscharfe Information 26, 27, §13
Unscharfe Menge, 240-242
  Durchschnitt 243-246
  Vereinigung 243, 244

Unscharfe Zahl 241, 242
Unvergleichbarkeit 205, 235
Unvollständige Information 26, 29, 202, 204
Utility 2
Utopische Lösung 99

V
Value function 18, 62
Variable, linguistische 37, 242
Vektor, kritischer 187
Vektormaximumproblem, 97
 lineares 98, 104-107
 unscharfe Version 252-256
Vektor-Normierung 38
Vektoroptimierungsmodell 25
Verallgemeinerte Kriterien 220-226
Verbessernde, zulässige Richtung 144
Vereinigung unscharfer Mengen 243, 244
Verfahren von
 Benayoun, de Montgolfier, Tergny und Laritchev (STEM) 164-170
 Benayoun, Roy und Sussmann (ELECTRE) 207-219
 Bernado und Blin 60-62
 Brans, Vincke und Mareschal (PROMETHEE) 220-234
 Geoffrion, Dyer und Feinberg (GDF) 142-150
 Jain 264-266
 Korhonen (VIG) 176-183
 Saaty (AHP) 65-91
 Steuer 183-197
 Tversky 51, 52
 Yager 261-264
 Zeleny 171-176
 Zionts und Wallenius 150-161

Vergleichbar 204, 205
Verhältnis-Skala 12
Verschiebung der Ideallösung 175
Vertrauensparameter 5
VIA 183
VIG 176-183
Visual Interactive Approach 183
Visuelles interaktives Zielprogrammieren 176
Vollständig 15, 16
Vollständige Lösung 35, 100, 103-107
Vollständige Präordnung 229, 230

W
Wechselseitig präferenzunabhängig 64, 112
Weight 54
Wertfunktion,
 ordinale 18
 Einzel- 62

Z
Zahl, unscharfe 241, 242
Zielerreichungsmatrix 36
Zielgewichtung, konstante 113-118, 123
Zielkonflikt 21, 22
Zielprogrammieren,
 archimedisches 122-125, 127, 164
 interaktives visuelles 176
 lexikographisches 125-130
Ziel-Skalierungsfunktion 177
Zueinander benachbart 106
Zugehörigkeitsfunktion 240, §13
Zulässige Transformation 12, 13
Zuordnungsmethode, lineare 60-62
Zustände 2-5

Abbildungsverzeichnis

Abb. 1:	Schematische Darstellung des Grundmodells der Entscheidungsfällung	S. 3
Abb. 2:	Ergebnismatrix	S. 3
Abb. 3:	Entscheidung als Informationsverarbeitungsprozeß (in Anlehnung an [Zimmermann, 1987, S. 40])	S. 7
Abb. 4:	Zulässige Transformationen von Skalenniveaus	S. 13
Abb. 5:	Multi-Criteria-Entscheidung als fünfstufiger Prozeß (nach Chankong/Haimes)	S. 24
Abb. 6:	Einteilung der hier zu behandelnden Multi-Criteria-Entscheidungen	S. 27
Abb. 7:	Einteilung einiger klassischer MADM-Ansätze nach der Art der gegebenen Information	S. 28
Abb. 8:	Gliederung einiger entscheidungstechnologischer Ansätze	S. 30
Abb. 9:	Einteilung der MODM-Verfahren nach der Art der gegebenen Information	S. 31
Abb.10:	Zielerreichungsmatrix	S. 36
Abb.11:	Quantifizierung qualitativer Attributausprägungen	S. 37
Abb.12:	Wirksamkeit der Dominanz-Strategie in Abhängigkeit von der Anzahl der Attribute aus [Hwang/Yoon, S. 60]	S. 43
Abb.13:	9-Punkte-Skala von Saaty für die Paarvergleiche (nach [Haedrich/Kuß/Kreilkamp, 1986, S. 123])	S. 58
Abb.14:	Tabelle der RI-Werte (aus [Harker, 1989, S. 32])	S. 59
Abb.15:	Hierarchie eines Entscheidungsproblems	S. 65
Abb.16:	"Umkehrung" der Fragerichtung beim Paarvergleich	S. 68
Abb.17:	Flußdiagramm zum AHP	S. 70

Abb.18:	Bewertung eines Elementes x_i auf das Oberziel z	S. 71
Abb.19:	Ergebnis des k. Iterationsschrittes	S. 73
Abb.20:	Hierarchie zu dem Beispiel "Kauf eines Autos"	S. 75
Abb.21:	Bewertete Hierarchie zu dem Beispiel "Kauf eines Autos"	S. 80
Abb.22:	Alternativenbewertung in dem Beispiel "Kauf eines Autos"	S. 81
Abb.23:	Hierarchie zu dem Beispiel "Stellensuche"	S. 82
Abb.24:	Bewertung der obersten drei Hierarchieebenen in dem Beispiel "Stellensuche"	S. 89
Abb.25:	Ergebnis der Bewertung für die 2. Ebene im Hinblick auf das Oberziel Z (Beispiel "Stellensuche")	S. 89
Abb.26:	Alternativenbewertung in dem Beispiel "Stellensuche"	S. 90
Abb.27:	Darstellung des Vektormaximumproblems im x_1-x_2-Raum der Lösungen (Aktionsraum)	S.100
Abb.28:	Darstellung des Vektormaximumproblems im z_1-z_2-Raum der Zielfunktionswerte (Funktionalraum)	S.101
Abb.29:	Darstellung des Vektormaximumproblems im x_1-x_2-Raum der Lösungen(Aktionsraum)	S.102
Abb.30:	Darstellung des Vektormaximumproblems im z_1-z_2-Raum der Zielfunktionswerte (Funktionalraum)	S.103
Abb.31:	Der Zulässigkeitsbereich im Beispiel 9.1 (schraffiert)	S.116
Abb.32:	Graphische Darstellung des Beispiels zum lexikographischen Zielprogrammieren	S.127
Abb.33:	Lösungsmenge des 1. Teilproblems (P_1) (schraffiert)	S.129
Abb.34:	Allgemeiner Ablauf eines interaktiven Verfahrens (in Anlehnung an [Isermann, 1987, S.471]	S.138
Abb.35:	Gegenüberstellung von Vor- und Nachteilen interaktiver Verfahren	S.139

Abb.36:	Graphische Darstellung der Zielwertvektoren in der Richtung d^r in Abhängigkeit von $\lambda \in [0,1]$ für die Bestimmung der Schrittweite (in Anlehnung an [Hwang/Masud, 1979, S. 109]	S.147
Abb.37:	Flußdiagramm des Verfahrens von Geoffrion, Dyer und Feinberg	S.148
Abb.38:	Mehrziel-Simplextableau zur aktuellen Basislösung x^r	S.152
Abb.39:	Flußdiagramm des Verfahrens von Zionts und Wallenius	S.158
Abb.40:	Flußdiagramm des STEM-Verfahrens	S.168
Abb.41:	Wirkungsweise der l_p-Normen im Raum $\mu(X)$	S.174
Abb.42:	Verschiebung der Ideallösung im Raum $z(X)$	S.175
Abb.43:	Bildschirmoberfläche von PARETO RACE (aus [Korhonen/Wallenius, 1988, S. 619])	S.182
Abb.44:	Kontraktion des Kriterienkegels K_C zu K_D (aus [Steuer, 1976, S. 163])	S.188
Abb.45:	Kontraktion des Kriterienkegels K_C zu K_E (aus [Steuer, 1976, S. 165])	S.190
Abb.46:	Verteilung der konvex kombinierten Zielfunktionsgradienten im Kriterienkegel K_C für den Fall $k=3$ (aus [Steuer, 1986, S. 391])	S.194
Abb.47:	Querschnitte des neuen Kriterienkegels K_C für die 2. und 5. Konvexkombination (aus [Steuer, 1986, S. 392])	S.194
Abb.48:	Flußdiagramm des Verfahrens von Steuer (in Anlehnung an [Isermann, 1979, S. 19])	S.195
Abb.49:	Präferenz-Situationen zwischen zwei Aktionen a und b (nach [Roy, 1980, S. 468])	S.205
Abb.50:	Darstellung der Outranking-Relation durch einen Graphen	S.218
Abb.51:	Allgemeine Form der Präferenzfunktion p	S.221
Abb.52:	Gewöhnliches Kriterium	S.222
Abb.53:	Quasi-Kriterium	S.223
Abb.54:	Kriterium mit linearer Präferenz	S.223

Abb.55:	Stufen-Kriterium	S.224
Abb.56:	Kriterium mit linearer Präferenz und Indifferenzbereich	S.225
Abb.57:	Gaußsches Kriterium	S.225
Abb.58:	Bewertung des Outranking-Graphen	S.227
Abb.59:	Veranschaulichung des Ausgangsflusses $F^+(a)$	S.228
Abb.60:	Darstellung des Eingangsflusses F^-	S.228
Abb.61:	Graphische Darstellung der partiellen Präordnung nach PROMETHEE I	S.233
Abb.62:	Graphische Darstellung der vollständigen Präordnung nach PROMETHEE II	S.234
Abb.63:	Unscharfe Menge "sichere Autobahngeschwindigkeit"	S.241
Abb.64:	Unscharfe Zahl "ungefähr 10"	S.242
Abb.65:	Linguistische Variable "Alter" (in Anlehnung an [Rommelfanger, 1988, S. 280])	S.242
Abb.66:	Veranschaulichung der Vereinigung zweier unscharfer Mengen mit dem Maximum-Operator und des Durchschnitts zweier unscharfer Mengen mit dem Minimum-Operator	S.244
Abb.67:	Verknüpfung zweier unscharfer Mengen durch verschiedene Operatoren	S.245
Abb.68:	Verhältnis des linguistischen "und" zum mengentheoretischen Durchschnitt	S.246
Abb.69:	"Attraktive" Dividende	S.249
Abb.70:	"Bescheidene" Dividende	S.250
Abb.71:	"Optimale" Dividende x_0	S.251
Abb.72:	Lineare Zugehörigkeitsfunktion der unscharfen Ungleichung $(Bx)_i \leq d_i$	S.254
Abb.73:	Zugehörigkeitsfunktion der scharfen Ungleichung $(Ex)_j \leq f_j$	S.255

Abbildungsverzeichnis

Abb.74: Darstellung des Vektormaximumproblems (8) im x_1-x_2-Raum der Lösungen . . . S.258

Abb.75: Darstellung der aggregierten unscharfen Bewertung R_i einer Alternative a_i und der maximierenden Menge M . . . S.266

Abb.76: Konstruktion einer reellen Bewertung $\mu_0(a_i)$ für Alternative a_i nach Jain . . . S.266

Abb.77: Kriterien zum Vergleich von MADM-Verfahren mit unscharfen Mengen . . . S.267

Abb.78: Histogramm. . . . S.279

G. Franke, H. Hax

Finanzwirtschaft des Unternehmens und Kapitalmarkt

2., verb. Aufl. 1990. XVI, 494 S. 68 Abb. (Springer-Lehrbuch) Brosch. DM 55,-
ISBN 3-540-52667-6

Zu den Besonderheiten des Buches gehört neben der Anknüpfung an die Kapitalmarkttheorie auch, daß die Zusammenhänge zwischen Finanzwirtschaft und Rechnungswesen des Unternehmens ausführlich erörtert werden.
Dem Leser wird ein Überblick über die moderne Kapitalmarkttheorie vermittelt und ihre Bedeutung für unternehmerische Entscheidungen im Investitions- und Finanzierungsbereich verdeutlicht.

H. Laux, F. Liermann

Grundlagen der Organisation

Die Steuerung von Entscheidungen als Grundproblem der Betriebswirtschaftslehre

2. durchges. Aufl. 1990. XXIII, 597 S. 127 Abb. (Heidelberger Lehrtexte Wirtschaftswissenschaften) Brosch. DM 75,-
ISBN 3-540-52249-2

Aus den Besprechungen zur 1. Auflage:
„Es dürfte kein vergleichbares Grundlagenwerk der entscheidungsorientierten Organisationstheorie geben, das die organisatorischen Gestaltungsprobleme der Praxis ähnlich umfassend, tiefgründig, differenziert und variantenreich diskutiert wie die vorliegende Arbeit. Die Grundlagen der Organisation könnten zu einem Klassiker der entscheidungsorientierten Organisationsliteratur werden."
Professor Hartmut Kreikebaum
Frankfurter Allgemeine Zeitung

H. Laux

Entscheidungstheorie II
Erweiterung und Vertiefung

2. Aufl. 1988. XIX, 280 S. 26 Abb. (Heidelberger Lehrtexte Wirtschaftswissenschaften) Brosch. DM 49,- ISBN 3-540-19184-4

Dieses Lehrbuch gibt eine gründliche Einführung in die Entscheidungstheorie. Der Band „Grundlagen" behandelt die elementaren Aussagen der Theorie zur Konstruktion und Beurteilung von Entscheidungsmodellen.
Im vorliegenden Band „Erweiterung und Vertiefung" werden zunächst speziellere Problemstellungen der Theorie der Individualentscheidung behandelt: Bernoulli-Prinzip und zustandsabhängige Nutzenfunktionen, die Messung subjektiver Wahrscheinlichkeiten bei zustandsabhängigen Nutzenfunktionen, Versicherungen und Glücksspiele im Licht des Bernoulli-Prinzips, Bewertung von Informationen bei Nichtrisikoneutralität.
Im Anschluß daran wird das Problem der Entscheidungsfindung in Gruppen analysiert.

H. Laux

Entscheidungstheorie I
Grundlagen

2., verb. Aufl. 1991. Etwa 380 S. 82 Abb. (Heidelberger Lehrtexte Wirtschaftswissenschaften) Brosch. DM 49,80
ISBN 3-540-54237-X

Preisänderung vorbehalten

Ch. Schneeweiß
Einführung in die Produktionswirtschaft

3. rev. Aufl. 1989. XV, 272 S. 67 Abb.
(Heidelberger Taschenbücher, Bd. 244).
Brosch. DM 25,- ISBN 3-540-50538-5

Inhaltsübersicht: Produktionssysteme und ihre Planung. - Produktions- und kostentheoretische Grundlagen. - Modellbildung in der Produktionsplanung. - Rahmenbedingungen der Produktion. - Mittelfristige Produktionsplanung. - Materialbedarfsplanung. - Kapazitätsabgleich und Ablaufplanung. - Integrierte Produktionsplanung und deren DV-Unterstützung. - Literaturverzeichnis. - Stichwortverzeichnis.

K. Backhaus, B. Erichson, W. Plinke, R. Weiber
Multivariate Analysemethoden
Eine anwendungsorientierte Einführung

6., überarb. Aufl. 1990. XXIV, 416 S. 126 Abb. 137 Tab. (Springer-Lehrbuch) Brosch. DM 49,80
ISBN 3-540-52851-2

Dieses Lehrbuch behandelt die wichtigsten multivariaten Analysemethoden, nämlich Regressionsanalyse, Varianzanalyse, Faktorenanalyse, Clusteranalyse, Diskriminanzanalyse, Kausalanalyse (LISREL), Multidimensionale Skalierung und Conjoint-Analyse.

W. Busse von Colbe, G. Laßmann
Betriebswirtschaftstheorie
Band 1: Grundlagen, Produktions- und Kostentheorie

5. durchges. Aufl. 1991. XVI, 356 S. 112 Abb.
(Springer-Lehrbuch) Brosch. DM 36,-
ISBN 3-540-54101-2

Die Themengebiete werden systematisch und umfassend dargestellt, besonderer Wert wird auf die Darstellung der praktischen Bedeutung modelltheoretisch abgeleiteter Aussagen gelegt. Zahlreiche Beispiele aus der Praxis veranschaulichen die Modellaussagen.

W. Busse von Colbe, P. Hammann, G. Laßmann
Betriebswirtschaftstheorie
Band 2: Absatztheorie

3.verb. Aufl. 1990. XVI, 356 S. 62 Abb.
(Springer-Lehrbuch) Brosch. DM 36,-
ISBN 3-540-51966-1

Band 2 dieses Standardlehrbuchs liegt nun in dritter Auflage vor. Gegenstand des Buches sind Grundbegriffe, Ansätze zur Erklärung des Käuferverhaltens, absatzstrategische Grundentscheidungen sowie das absatzpolitische Instrumentarium. Danach werden integrierte Produktions- und Absatzplanungsmodelle für verschiedene Marktformen und praxisorientierte Methoden der Absatzplanung erörtert.

W. Busse von Colbe, G. Laßmann
Betriebswirtschaftstheorie
Band 3: Investitionstheorie

3. durchges. Aufl. 1990. XVI, 311 S. 52 Abb.
(Springer-Lehrbuch) Brosch. DM 34,80
ISBN 3-540-52170-4

Der dritte Band der Betriebswirtschaftstheorie behandelt die wichtigsten Teile der betrieblichen Investitionstheorie. Dargestellt werden die Grundlagen der modernen Kapitalmarkttheorie und der Portefeuilletheorie sowie ihre Anwendung für die betrieblichen Investitionsentscheidungen.
Die dritte Auflage dieses Buches wurde aktualisiert und ergänzt, Änderungen von steuerlichen Vorschriften wurden berücksichtigt.

Preisänderung vorbehalten

MIX
Papier aus verantwortungsvollen Quellen
Paper from responsible sources
FSC® C105338

If you have any concerns about our products,
you can contact us on
ProductSafety@springernature.com

In case Publisher is established outside the EU,
the EU authorized representative is:
**Springer Nature Customer Service Center GmbH
Europaplatz 3, 69115 Heidelberg, Germany**

Printed by Libri Plureos GmbH
in Hamburg, Germany